Kurshefte Geschichte

China und die imperialistischen Mächte

Erarbeitet von

Dr. Heidi Martini

 Die Webcodes zum Lehrwerk geben Sie auf **www.cornelsen.de/webcodes** ein.

Kurshefte Geschichte
China und die imperialistischen Mächte

Das Lehrwerk wurde erarbeitet von Dr. Heidi Martini (Hamburg)

mit Beiträgen von
Dr. Uta Dehnert, Dr. Wolfgang Jäger, Dr. Silke Möller, Marian Picker, Markus Rassiler, Robert Rauh, Ursula Vogel und Cajus Wypior

Die Probeklausur und deren Lösungshinweise wurden konzipiert von
Joachim Biermann (Lingen), Daniela Brüsse-Haustein (Meppen)

Redaktion: Dr. Silke Möller, Erlangen
Fachliche Beratung: Jonas Schmid, Odila Schröder (China-Schul-Akademie der Universität Heidelberg)
Karten: Carlos Borrell Eiköter, Berlin
Bildassistenz: Anne Dombrowsky
Umschlaggestaltung: Ungermeyer, grafische Angelegenheiten, Berlin
Umschlagbild: Nachbildung eines Terrakotta-Krieger gefunden in Xian, China/ stock.adobe.com/zhu difeng 朱迪锋版权所有
Technische Umsetzung: Straive

www.cornelsen.de

Die Webseiten Dritter, deren Internetadressen in diesem Lehrwerk angegeben sind, wurden vor Drucklegung sorgfältig geprüft. Der Verlag übernimmt keine Gewähr für die Aktualität und den Inhalt dieser Seiten oder solcher, die mit ihnen verlinkt sind.

1. Auflage, 1. Druck 2022

Alle Drucke dieser Auflage sind inhaltlich unverändert
und können im Unterricht nebeneinander verwendet werden.

© 2022 Cornelsen Verlag GmbH, Berlin

Dieses Werk berücksichtigt die Regeln der reformierten Rechtschreibung und Zeichensetzung. Ausnahmen bilden Originaltexte, bei denen lizenzrechtliche Gründe einer Änderung entgegenstehen.

Das Lehrwerk enthält Fremdtexte, die aus didaktischen Gründen gekürzt wurden; sie sind in den Literaturangaben mit * gekennzeichnet.

Das Werk und seine Teile sind urheberrechtlich geschützt. Jede Nutzung in anderen als den gesetzlich zugelassenen Fällen bedarf der vorherigen schriftlichen Einwilligung des Verlages. Hinweis zu §§ 60 a, 60 b UrhG: Weder das Werk noch seine Teile dürfen ohne eine solche Einwilligung an Schulen oder in Unterrichts- und Lehrmedien (§ 60 b Abs. 3 UrhG) vervielfältigt, insbesondere kopiert oder eingescannt, verbreitet oder in ein Netzwerk eingestellt oder sonst öffentlich zugänglich gemacht oder wiedergegeben werden. Dies gilt auch für Intranets von Schulen.

Druck: Firmengruppe APPL, aprinta Druck, Wemding

ISBN: 978-3-06-066061-2 (Schülerbuch)
ISBN: 978-3-06-066062-9 (E-Book)

PEFC zertifiziert
Dieses Produkt stammt aus nachhaltig bewirtschafteten Wäldern und kontrollierten Quellen.

www.pefc.de

Inhaltsverzeichnis

    Zur Arbeit mit diesem Kursheft 4

    Schauplatz „China und die imperialistischen Mächte" 6

1 Wandlungsprozesse in der Geschichte 8

2 Selbstverständnis und Weltbild der Chinesen und der Europäer 18
    Methode: Geschichtskarten interpretieren 34
    Anwenden und wiederholen 36

3 Chinesische Kontakte mit den imperialistischen Mächten und ihre Folgen 38
    Stationenlernen: Japan 58
    Methode: Schriftliche Quellen interpretieren 64
    Methode: Karikaturen interpretieren 66
    Anwenden und wiederholen 68

4 Chinesische Reaktionen zwischen Anpassung und Widerstand 70
    Methode: Darstellungen analysieren 98
    Anwenden und wiederholen 100

5 Kernmodul 102

6 Wahlmodul: Die Kreuzzüge 112
    Anwenden und wiederholen 122

7 Wahlmodul: Spanischer Kolonialismus 124
    Anwenden und wiederholen 134

AV Abiturvorbereitung
    Hinweise zu den Operatoren 136
    Formulierungshilfen für die Bearbeitung von Quellen und Darstellungen 141
    Tipps zur Vorbereitung auf die Abiturthemen 143
    Probeklausur mit Lösungshinweisen 144

A Anhang
    Zusatzaufgaben und Tipps 149
    Lösungen zu den Methodenseiten 152
    Ausspracheregeln für chinesische Begriffe 157
    Unterrichtsmethoden 158
    Fachmethoden 160
    Literaturhinweise 163
    Zeittafel 165
    Begriffslexikon 167
    Personenlexikon und Personenregister 171
    Sachregister 174
    Bildquellen 176

Zur Arbeit mit diesem Kursheft

Vorwissen aus SEK I oder Alltagswissen aktivieren

Die **Schauplatz**-Seiten aktivieren Ihr Vorwissen mithilfe spielerischer, quizähnlicher Aufgaben.

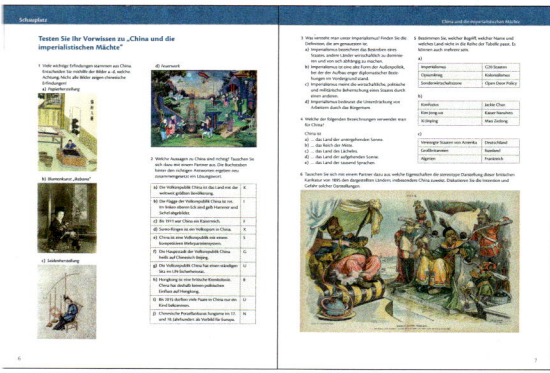

Sich orientieren und eigene Fragen und Hypothesen formulieren

Jedes Kapitel beginnt mit der **Auftaktseite.** Interessante Bilder bieten erste Gesprächsanlässe. Ein kurzer Text führt in das Kapitelthema ein. Arbeitsaufträge regen Sie zur Formulierung von Fragen und Hypothesen an. Ein Zeitstrahl ermöglicht die zeitliche Orientierung.

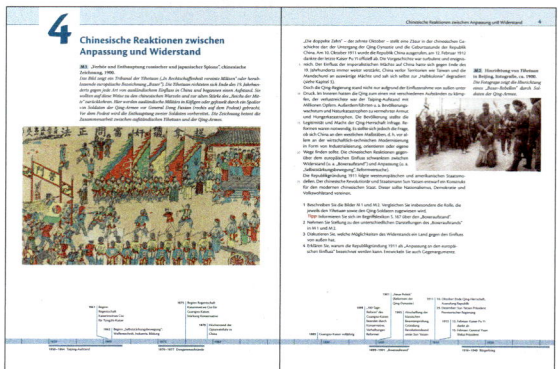

Ein Thema untersuchen

Am Anfang der **Themeneinheit** orientiert Sie ein Hinweiskasten über die zentralen Inhalte des Kapitels. Der **Darstellungstext** erläutert das Thema. In der Randspalte finden Sie Porträtbilder mit biografischen Informationen, Begriffserläuterungen, Verweise auf die Materialien sowie Webcodes.
Der anschließende **Materialteil** bietet Quellen, Darstellungen, Abbildungen, Karten und statistische Materialien zur eigenständigen Bearbeitung. Ein einführender Kasten gibt Ihnen „Hinweise zur Arbeit mit den Materialien". Die Arbeitsaufträge regen immer wieder zu Partner- oder Gruppenarbeit, Präsentationen und kreativen Lernarrangements an. Tipps geben Ihnen Hilfestellung. Bei Wahlaufgaben können Sie unter verschiedenen Zugängen und/oder Materialien zum Thema auswählen. Vertiefungsangebote ermöglichen Ihnen eine weitergehende Beschäftigung mit dem Thema.

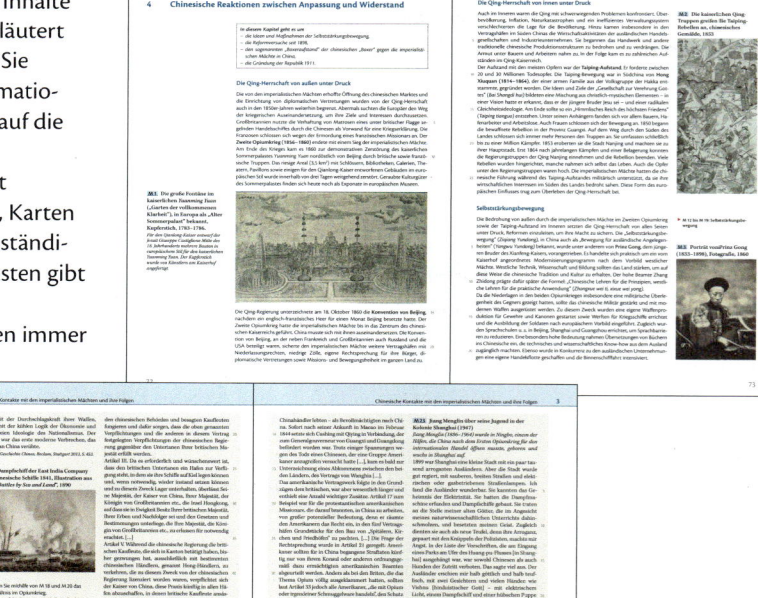

Zur Arbeit mit diesem Kursheft

Methodisch arbeiten

Die **Methodenseiten** sind exemplarisch ins Kapitel integriert und trainieren Ihre Kompetenzen im Umgang mit Quellen, Darstellungen und anderen Materialien. Arbeitsschritte bieten Ihnen eine Anleitung für die Bearbeitung eines Übungsbeispiels. Mithilfe der Lösungshilfen im Anhang können Sie sich selbst überprüfen.

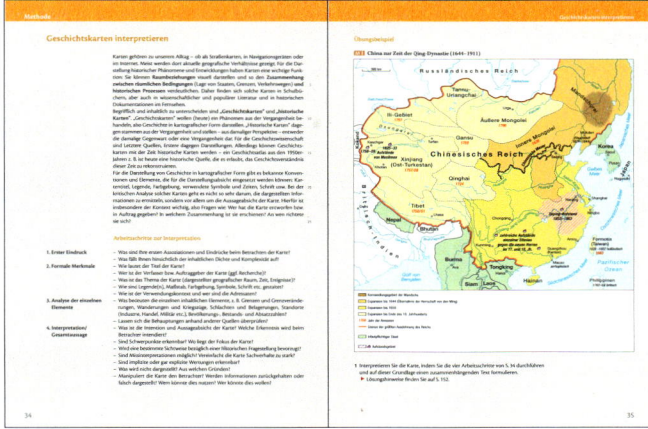

Mehr Sicherheit

Jedes Kapitel schließt mit der „**Anwenden und wiederholen**"-Seite. Ein **Anwendungsbeispiel** trainiert Ihre Kompetenz in der schriftlichen Klausur bzw. Abiturprüfung. Arbeitsaufträge mit Wahl- und Vertiefungsmöglichkeiten, Formulierungshilfen sowie zentrale Begriffe ermöglichen Ihnen das **Wiederholen** zentraler Kapitelinhalte.

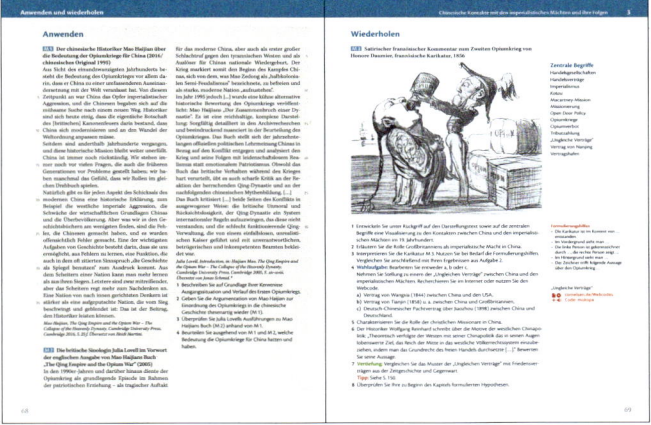

Kernmodul und Wahlmodule

Ein eigenes Kapitel zum **Kernmodul** bietet theoretische Texte und verknüpft sie durch Arbeitsaufträge und Verweise mit den anderen Kapiteln.
Zwei **Vertiefungskapitel** bereiten weitere Wahlmodulthemen als Themeneinheit auf. Die Arbeitsaufträge fordern immer wieder zum Vergleich mit den anderen Wahlmodulthemen auf.

Hilfen im Anhang

Der Anhang unterstützt Sie bei der Arbeit mit dem Buch. Hier finden Sie:
– Hinweise zu den Operatoren,
– Formulierungshilfen für die Arbeit mit Quellen und Darstellungen,
– Zusatzaufgaben und inhaltliche Tipps,
– eine Probeklausur mit Lösungshinweisen,
– Lösungshilfen zu den Methodenseiten,
– eine Übersicht der eingeführten Unterrichts- und Fachmethoden,
– Lexika und Register.

Schauplatz

Testen Sie Ihr Vorwissen zu „China und die imperialistischen Mächte"

1 Viele wichtige Erfindungen stammen aus China. Entscheiden Sie mithilfe der Bilder a–d, welche. Achtung: Nicht alle Bilder zeigen chinesische Erfindungen!

a) *Papierherstellung*

b) *Blumenkunst „Ikebana"*

c) *Seidenherstellung*

d) *Feuerwerk*

2 Welche Aussagen zu China sind richtig? Tauschen Sie sich dazu mit einem Partner aus. Die Buchstaben hinter den richtigen Antworten ergeben neu zusammengesetzt ein Lösungswort.

a)	Die Volksrepublik China ist das Land mit der weltweit größten Bevölkerung.	K
b)	Die Flagge der Volksrepublik China ist rot. Im linken oberen Eck sind gelb Hammer und Sichel abgebildet.	I
c)	Bis 1911 war China ein Kaiserreich.	F
d)	Sumo-Ringen ist ein Volkssport in China.	X
e)	China ist eine Volksrepublik mit einem kompetitiven Mehrparteiensystem.	S
f)	Die Hauptstadt der Volksrepublik China heißt auf Chinesisch Beijing.	G
g)	Die Volksrepublik China hat einen ständigen Sitz im UN-Sicherheitsrat.	U
h)	Hongkong ist eine britische Kronkolonie. China hat deshalb keinen politischen Einfluss auf Hongkong.	B
i)	Bis 2015 durften viele Paare in China nur ein Kind bekommen.	U
j)	Chinesische Porzellankunst fungierte im 17. und 18. Jahrhundert als Vorbild für Europa.	N

3 Was versteht man unter Imperialismus? Finden Sie die Definition, die am genauesten ist.
a) Imperialismus bezeichnet das Bestreben eines Staates, andere Länder wirtschaftlich zu dominieren und von sich abhängig zu machen.
b) Imperialismus ist eine alte Form der Außenpolitik, bei der der Aufbau enger diplomatischer Beziehungen im Vordergrund stand.
c) Imperialismus meint die wirtschaftliche, politische und militärische Beherrschung eines Staates durch einen anderen.
d) Imperialismus bedeutet die Unterdrückung von Arbeitern durch das Bürgertum.

4 Welche der folgenden Bezeichnungen verwendet man für China?

China ist
a) … das Land der untergehenden Sonne.
b) … das Reich der Mitte.
c) … das Land des Lächelns.
d) … das Land der aufgehenden Sonne.
e) … das Land der tausend Sprachen.

5 Bestimmen Sie, welcher Begriff, welcher Name und welches Land nicht in die Reihe der Tabelle passt. Es können auch mehrere sein.

a)

Imperialismus	G20-Staaten
Opiumkrieg	Kolonialismus
Sonderwirtschaftszone	Open Door Policy

b)

Konfuzius	Jackie Chan
Kim Jong-un	Kaiser Naruhito
Xi Jinping	Mao Zedong

c)

Vereinigte Staaten von Amerika	Deutschland
Großbritannien	Russland
Algerien	Frankreich

6 Tauschen Sie sich mit einem Partner dazu aus, welche Eigenschaften die stereotype Darstellung dieser britischen Karikatur von 1895 den dargestellten Ländern, insbesondere China zuweist. Diskutieren Sie die Intention und Gefahr solcher Darstellungen.

1 Wandlungsprozesse in der Geschichte

> *In diesem Kapitel geht es um*
> - *China zwischen Kontinuität und Wandel,*
> - *Eigen- und Fremdbilder,*
> - *Erklärungsmodelle zu Transformationsprozessen,*
> - *Kulturkontakt und Kulturkonflikt,*
> - *China und die imperialistischen Mächte.*

China, Europa und die Welt

M1 Der chinesische Staatspräsident Xi Jinping und Bundeskanzlerin Merkel in Berlin, Fotografie, 2014

Obwohl China fast täglich in den Medien präsent ist und der Prozess der Globalisierung für Annäherungen und Verflechtungen der Länder weltweit sorgt, erscheint doch vieles an China aus deutscher bzw. europäischer Sicht unverständlich und unbekannt. Dies hängt u. a. mit unterschiedlichen kulturellen Traditionen von China und Europa zusammen. In einer eng vernetzten Welt ist jedoch das Verständnis füreinander, der reflektierte Umgang mit der Differenz und der kritische Blick auf Eigen- und Fremdbilder von großer Bedeutung. Eine Auseinandersetzung mit der Geschichte, den Wurzeln und der Entwicklung dieser Kulturen, die sich im Laufe der Jahrhunderte auch im Kontakt mit anderen Kulturen herausgebildet und verändert haben, kann zu diesem Verständnis und einem reflektierten Umgang beitragen. Chinas Kontakt mit den imperialistischen Mächten im 19. Jahrhundert und die beiderseitigen Reaktionen können ein Beispiel für die Analyse solcher Wechselwirkungen sein, die Kreuzzüge und die Spanische Kolonisation sind weitere Beispiele.

China zwischen Kontinuität und Wandel

China blickt auf eine lange Geschichte zurück. Es gehört zu den **frühen Hochkulturen** der Welt, die sich durch Sesshaftigkeit, Ackerbau sowie grundlegende Vorstellungen von Zusammengehörigkeit auszeichneten. Die frühe chinesische Kultur (bis zum 2. Jahrhundert vor unserer Zeitrechnung) zeichnete sich durch eine große innere Vielfalt aus. Auch Einflüsse von außen spielten eine wichtige Rolle. Die Definitionen, wer zur „chinesischen Kultur" gehörte, änderten sich daher auch immer wieder.

Das **chinesische Kaiserreich** währte insgesamt über 2000 Jahre und endete erst 1911. Es wies also formal ein hohes Maß an Kontinuität auf, doch im Inneren war es immer wieder tiefgreifenden Wandlungsprozessen ausgesetzt. Phasen des Einheitsstaates wechselten sich ab mit Phasen des Zerfalls in Teilstaaten. Die Periodisierung der chinesischen Geschichte seit dem 2. Jahrhundert vor unserer Zeit orientiert sich an den herrschenden Dynastien auf dem Kaiserthron. Die Grenzen Chinas änderten sich im Laufe der Jahrhunderte immer wieder. Gebiete wurden erobert, manche Länder als Tributstaaten* an das Reich und den Kaiser gebunden. Welche Gebiete und wer zu China gehörte, änderte sich also oft. Auch Gruppen von außerhalb Chinas eroberten mehrfach das chinesische Kernland. Die letzte Dynastie, die **Qing-Dynastie (1644–1911)**, wurde von den nicht aus China stammenden Mandschuren gegründet. Sie hatten China und weitere Gebiete erobert. Unter dem Qianlong-Kaiser* (1735–1799) erreichte China die größte territoriale Ausdehnung seiner Geschichte.

Trotz wechselnder Dynastien, Bedrohungen von außen und Krisen im Inneren gab es auch wichtige Kontinuitäten. Der Kaiser als „Sohn des Himmels" bildete das Zentrum im „Reich der Mitte", um den sich alle weiteren Bereiche gruppierten. Die kaiserlichen Beamten, seit dem 10. Jahrhundert zunehmend ausgewählt anhand von strengen

Tributstaaten
Diese Länder waren unabhängig, schickten aber Gesandte zum chinesischen Kaiser, die ihm Geschenke (Tribut) brachten und seine herausgehobene Stellung anerkannten. In der Forschung ist umstritten, wie dieses „Tributsystem" definiert werden soll und wie weitreichend es die Beziehungen Chinas mit dem Ausland tatsächlich bestimmte.

Qianlong-Kaiser
Chinesische Kaiser sind meist unter Namen bekannt, die sie sich selbst gegeben haben oder die ihnen posthum verliehen wurden. Die Kaiser der Ming- und Qing-Dynastien sind v. a. nach den von ihnen selbst gewählten Regierungsdevisen benannt. Um dies deutlich zu machen, werden sie vor den Titel „Kaiser" gestellt.

Auswahlprüfungen, sorgten für die Verwaltung des Reiches. Grundlage ihrer Ausbil-
dung war der Konfuzianismus*, der auch die chinesischen Vorstellungen von Gesellschaft und Herrschaft sowie den Wertekanon prägte.

Das 19. Jahrhundert wird in der Volksrepublik China heute als das „Jahrhundert der Schande" bezeichnet. Der Kontakt mit Europa, den USA und schließlich mit Japan wurde vor allem seit der Mitte des Jahrhunderts durch Kriege, „ungleiche Verträge" und die teilweise wirtschaftliche und politische Durchdringung des Landes durch auswärtige Mächte bestimmt. Teile des chinesischen Territoriums wurden von fremden Mächten annektiert. China sah sich politischer und wirtschaftlicher Dominanz von außen ausgesetzt. Doch es kam auch zu Formen des friedlichen Kulturaustauschs und zu Anpassungsprozessen. Auf die Auflösung des Kaiserreichs 1911 folgten durch militärische Auseinandersetzungen und kulturelle Umbrüche bestimmte Jahrzehnte, die die chinesische Gesellschaft umfassend veränderten. 1949 kam es zur Gründung der Volksrepublik China unter Mao Zedong, die bis heute besteht. Auch die Volksrepublik durchlief verschiedene Anpassungs- und Wandlungsprozesse.

Konfuzianismus
Der Begriff bezeichnet die philosophischen, politischen und religiösen Ideen und Vorstellungen, die auf Konfuzius (5. Jh. v. Chr.) und seine Schüler zurückgehen. In den über 2000 Jahren der chinesischen Kaiserzeit änderte sich auch die Interpretation dieser Ideen immer wieder.

M2 Zeiteinteilung im chinesischen und europäischen Kulturraum

Chinas Geschichte ist schwer mit europäischen Epochenbegriffen zu fassen. Für die Geschichte Chinas bilden die Dynastien die Basis für die Zeiteinteilung. Bei der Verwendung der Zeitbezeichnung „vor bzw. nach Christi Geburt" (v. Chr., n. Chr.) bleibt zu bedenken, dass es sich um eurozentrische Begriffe handelt.

China[1]			Europa	
Xia?	bis 17. Jh. v. Chr.			
Shang	17.–11. Jh. v. Chr.	Adelsherrschaft	Antike	ca. 1100 v. Chr. bis
Zhou	11. Jh.–256 v. Chr.	und Königtum		500 n. Chr.
Kaiserzeit:	221 v. Chr.–1911	Dauerhaftes		
Qin	221–206 v. Chr.	Kaisertum, aber		
Han	202 v. Chr.–220 n. Chr.	Wechsel Reichs-		
Drei Staaten	220–280	einheit und Zer-		
Jin	265–420	fall in Teilstaaten		
Südl. + Nördl. Dyn.	420–589		Mittelalter	ca. 500–1500
Sui	581–618			
Tang	618–907			
Fünf Dynastien	907–960			
Song	960–1279			
Yuan (Mongolen)	1271–1368		Neuzeit	16. Jh. bis heute
Ming	1368–1644		*Frühe Neuzeit*	16.–18. Jh.
Qing (Mandschuren)	1635–1912		*Moderne*	ab 19. Jh.
Republik China	1912–1949 (Festland)	Republik		
	1912–heute (Taiwan)			
VR China	1949–heute	Volksrepublik		

1 Dynastientafel zit. nach: Kai Vogelsang, Kleine Geschichte Chinas, Reclam, Stuttgart 2013, S. 24.*

Selbstverständnis und Weltbild

Die sich wandelnden kulturellen Traditionen und Denkmuster prägen auch das Selbstverständnis eines Landes. Ist es jedoch überhaupt möglich, das Selbstverständnis eines großen Reiches wie China oder gar eines Kontinents wie Europa genau zu fassen? Im

▶ Kapitel 2

Folgenden soll zumindest eine Annäherung versucht werden. Im 16. Jahrhundert entwickelten sich in Europa erste nationale Gefühle und Denkmuster, als Europäer sahen sich die Menschen aber eher nicht. Zwar gab und gibt es keinen europäischen Staat, doch verbanden und verbinden die Europäer ähnliche Werte, die aus einem ähnlichen historischen Rahmen zu erklären sind. Das kulturelle Erbe aus der Aufklärung und der Französischen Revolution bildet den Grundstein für Menschen- und Bürgerrechte, Rechtsstaatlichkeit und Demokratie. Die EU, die sich auch als europäische Wertegemeinschaft versteht, bezieht sich auf diese konsensualen Grundsätze und Werte. Oder mit den Worten des spanischen Philosophen Ortega y Gasset aus dem Jahr 1929: „Machten wir heute eine Bilanz unseres geistigen Besitzes – Theorien und Normen, Wünsche und Vermutungen –, so würde sich herausstellen, dass das meiste davon nicht unserem jeweiligen Vaterland, sondern dem gemeinsamen europäischen Fundus entstammt. In uns allen überwiegt der Europäer."

Bestimmt das Selbstverständnis den Blick auf sich selbst bzw. auf das eigene Land, so prägt das Weltbild die Wahrnehmung anderer Länder und Kulturen. Beides hängt jedoch auch eng miteinander zusammen. Sowohl in Europa als auch in China diente beispielsweise der Begriff des „Barbaren" zur Charakterisierung anderer Kulturen. Dieser hatte zudem meist eine herabsetzende Bedeutung. Im Zuge der Spanischen Kolonisation gab es sogar die Debatte, ob es sich bei der indigenen Bevölkerung bzw. den aus Afrika stammenden Sklaven überhaupt um Menschen handele. Außerdem wurde so immer deutlicher gemacht, dass jeder sich selbst im Zentrum seines Weltbildes sah und die anderen als weit entfernt, andersartig und fremd wahrnahm.

▶ M 6: Jürgen Osterhammel über „Barbaren"

▶ Kap. 7: Spanische Kolonisation, M 10

Eigen- und Fremdbilder

M 3 Chinoiserie, Stich nach François Boucher, Frankreich 1750

Wenn wir heute so selbstverständlich von „fremden" Kulturen, Zivilisationen, Staaten, Gesellschaften usw. sprechen, liegt dem die europäische „Semantik der Differenz" zugrunde, die sprachliche Zuweisung von Unterschieden: hier „wir", dort „die". Diese bildete sich verstärkt im 19. Jahrhundert heraus, als „Nation" zu einer politischen Vorstellung und in der Folge Nationalstaaten zur neuen politischen Ordnungseinheit in Europa wurden. Da es keine natürlichen Merkmale einer nationalen Zugehörigkeit gab, mussten welche gefunden werden. Man suchte und konstruierte Unterscheidungsmerkmale und begann Menschen ein- und auszugrenzen. Viele Begriffe, mit denen wir immer noch andere Menschen und Gesellschaften, Staaten und uns selbst beschreiben, wurden erst in dieser Zeit intensiv mit Bedeutung gefüllt: Nation, Gesellschaft, Volk, Bürger, Ethnie, Rasse, Europa, Okzident/Abendland, Orient/Morgenland, „der" Westen, „der" Osten und viele mehr. Besonders wichtig wurde der Begriff der Kultur. Er wurde zum Unterscheidungsmerkmal ausgebaut und diente dazu, eine eigene, noch gar nicht vorhandene nationale Kultur zu definieren, die Kultur aller anderen davon abzugrenzen – und in der Regel abzuwerten, um sich selbst aufzuwerten. Ganze Kulturkreise wurden so erdacht und von Europa aus definiert, wie z. B. der Orient. Man nennt diesen Vorgang Othering. Othering ist nicht nur ein Ausgrenzen, sondern meint vielmehr das weitergehende Fremdmachen.

Besonders folgenreich wirken sich negative Fremdbilder aus. Sie sind oft Projektionen eigener Ängste auf die „Anderen". Als feststehende Ansichten (Feindbild-Stereotype) sind sie bis heute tief verwurzelt und bestimmen unser Denken und Handeln immer noch. Das Gegenteil, die Verklärung der anderen Kulturen, wird Exotismus genannt. Auch diese positiven Klischees sind Projektionen, aber von Wünschen, Idealen und Sehnsüchten. Sie sperren andere ebenfalls in Klischees und machen sie so fremd. In Europa kam es beispielsweise im späten 17. und im 18. Jahrhundert zu einer Bewunderung für China als „kultiviertes und friedliches Riesenreich". Diese Vorstellungen waren u. a. von den Berichten christlicher Missionare vermittelt worden. Es entstand in Europa die Kunstrichtung der „Chinoiserie", die chinesische Motive, Formen und Techniken aufgreift.

Historische Erklärungsmodelle zu Transformationsprozessen

Der Begriff „Transformation" (lat. *transformare* = umbilden, umwandeln) bezieht sich auf Ereignisse, Vorgänge und Handlungen, bei denen bestimmte Strukturen eine grundlegende Veränderung erfahren. Verwendet wird der Begriff in der Fachsprache unterschiedlicher Wissenschaften. So sprechen Physiker von „Transformation", wenn sie von einem theoretischen Bezugssystem in ein anderes wechseln. Auch Wirtschafts-, Sozial- und Kulturwissenschaftler sowie Historiker greifen auf den Begriff zurück und nutzen ihn als Grundlage von Erklärungsmodellen. Als **historische Transformationsprozesse** werden einerseits tiefgreifende Umbrüche in Politik und Kultur, Gesellschaft und Wirtschaft begriffen, wie Revolutionen und andere krisenhafte Phasen des beschleunigten Wandels. Es geht andererseits aber auch um sich über längere Zeiträume entwickelnde Transformationen, die neben dem Wandel auch viele Kontinuitäten aufweisen. Erklärungsmodelle zu Transformationsprozessen zeigen zudem das Zusammenspiel von Wandel und Kontinuität genauer auf.

Ein wichtiges historisches Erklärungsmodell ist der **Prozess der Modernisierung***. Hier werden ein bestimmtes Muster und eine Richtung der Entwicklung zugrunde gelegt. Gesellschaften werden anhand ausgewählter Kriterien aus den Bereichen Wirtschaft, Politik, Kultur und Gesellschaft als „unterentwickelt" gekennzeichnet. Im Lauf der Geschichte kommt es dann zu schrittweisen Systemtransformationen, beispielsweise zum Übergang von einer agrarisch geprägten Feudalgesellschaft zu einer marktwirtschaftlichen Klassengesellschaft oder zur Umwandlung von Monarchien, Diktaturen oder anderen autoritären Systemen in Demokratien. Dies erfolgt auch in Form von beschleunigten und gewaltsamen Transformationen, z. B. durch Revolutionen oder Kriege. Die Systemveränderungen gehen mit veränderten Denk-, Verhaltens- und Deutungsstrukturen einher. Säkularisation, Rationalismus, Industrialisierung, Differenzierung, Individualismus und Beschleunigung sind wichtige Bestandteile der „Moderne". Das Erklärungsmodell der Modernisierung geriet jedoch zunehmend in die Kritik, da es sich an westlich-europäischen Gesellschaften orientiert und diese zum Maßstab für andere Länder und Kulturen machte.

Neuere sozial- und politikwissenschaftliche Modelle wie die der Transformationsforscher **Wolfgang Merkel (*1952)** und **Raj Kollmorgen (*1963)** betonen die Mehrdimensionalität von Systemtransformationen wie Demokratisierungsprozessen oder sozialem Wandel. Sie können sich beispielsweise evolutionär entwickeln, von Eliten erzwungen oder durch militärische und politische Zusammenbrüche verursacht werden. Dabei werden bestimmte Phasen und Verlaufsformen von Transformationen herausgearbeitet. Sie beziehen soziale, kulturelle, politische und ökonomische Aspekte ein und betonen in ihren Modellen die Wechselwirkungen.

Der französische Historiker **Fernand Braudel (1902–1985)** erarbeitete ein anderes Erklärungsmodell. Es unterscheidet unterschiedliche Zeitschichten, die sich mit verschiedenen Geschwindigkeiten verändern. Sein Modell differenziert zwischen Strukturen, Konjunkturen und Ereignissen. Während Ereignisse (z. B. Herrscherwechsel, Kriege, Aufstände oder Revolutionen) raschen Wandel markierten, würden Konjunkturen (z. B. die periodischen Wechsel zwischen Auf- und Abschwüngen in der Wirtschaftsgeschichte) durch Zyklen bzw. wiederkehrende Wechselfälle des historischen Geschehens bestimmt. Strukturen (z. B. Klima, Geografie, Bevölkerungsentwicklung oder religiöse Einstellungen und kulturelle Mentalitäten) zeigten dagegen häufig eine große Beharrungskraft und prägten das Leben vieler Menschen über weite Strecken der Geschichte hinweg. Fernand Braudel gehört zur Gruppe der französischen *École des Annales**, die die politische Nationalgeschichte mit ihrem Fokus auf Männer, Taten und Ereignisse zurückdrängten und stattdessen stärker „Strukturen" und „Konjunkturen", also Entwicklungen von „langer Dauer" („longue durée") als die Geschichte prägend in den Vordergrund stellen.

Modernisierung
Prozess der Entwicklung einer Gesellschaft; er bezieht sich auf den Übergang von der Agrar- zur Industriegesellschaft und ist meistens verbunden mit dem in der Aufklärung entwickelten Fortschrittsbegriff.

▶ Kap. 5: Kernmodul M 7, M 11

▶ Kap. 5: Kernmodul M 9

▶ M 8: Fernand Braudel über Geschichte und Dauer

École des Annales
(dt. Schule der Annalen) Gruppe französischer Historiker, die sich um die 1929 gegründete und bis heute bestehende Zeitschrift *„Annales d'histoire économique et sociale"* versammelt haben. Statt Ereignissen stellen sie „Strukturen von langer Dauer" (*longue durée*) in den Vordergrund. Ihr Schwerpunkt liegt auf der Wirtschafts- und Sozialgeschichte sowie der Kultur- und Mentalitätsgeschichte.

Kulturkontakte und Kulturkonflikte

Historische Wandlungsprozesse werden nicht nur durch veränderte Lebensbedingungen innerhalb einer Gesellschaft angestoßen, sondern vollziehen sich auch infolge von Begegnungen mit einer anderen Kultur. In den letzten Jahrzehnten wurden verschiedene Modelle diskutiert, die die Begegnungen von Kulturen und deren Auswirkungen jeweils unterschiedlich beschreiben und erklären. Der Schweizer Historiker Urs Bitterli (1935–2021) hat am Beispiel seiner Analysen des Spanischen Kolonialismus die **Begriffe „Kulturberührung", „Kulturbeziehung", „Kulturzusammenstoß"** sowie **„Akkulturation"** und **„Kulturverflechtung"** entwickelt. Obgleich Bitterli mit seinem Modell einen umfangreichen Zugriff auf die „Überseegeschichte" (sie ersetzt begrifflich und konzeptionell die als überholt geltende Kolonialgeschichte) ermöglicht, ist kritisch zu prüfen, ob die den Begriffen zugrunde liegenden Konzepte auf andere Begegnungen unterschiedlicher Kulturkreise angewendet werden können – etwa auf China und die imperialistischen Mächte im 19. Jahrhundert oder auf die Kreuzzüge.
Der britische Kulturhistoriker Peter Burke (*1937) beleuchtet mit dem Begriff der **„Transkulturation"** Prozesse kulturellen Austauschs zwischen verschiedenen Kulturen. Der Begriff verdeutlicht, wie sich in Kulturbegegnungen die Elemente aller beteiligten Kulturen mischen und miteinander interagieren. Kultureller Austausch kann sich dabei auf religiöser Ebene vollziehen (Synkretismus), wenn sich etwa bei den durch die Spanier „eroberten" Südamerikanern heimische Kulte mit dem Katholizismus vermischen. Kultureller Austausch kann aber auch die Übernahme und Vermischung rechtlicher und bürokratischer Elemente umfassen. So verfolgte beispielsweise in China die sogenannte Selbststärkungsbewegung seit 1862 die Strategie, durch die Übernahme westlichen Wissens, technischen Know-hows sowie von bestimmten Organisationsstrukturen sich besser gegen Angriffe von außen zu wappnen. Kulturbegegnungen und Kulturkontakte rufen mitunter auch Konflikte hervor. Dies kann in einen offen ausgetragenen Konflikt – Bitterli nannte dies „Kulturzusammenstoß" – münden, die Kreuzzüge sind hierfür ein Beispiel. In China weist der „Boxeraufstand" von 1900/01 vergleichbare Strukturen auf. Die chinesischen „Boxer-Rebellen" zerstörten Einrichtungen der imperialistischen Mächte und ermordeten christliche Missionare. Die imperialistischen Mächte schlugen den Aufstand militärisch nieder.

▶ Kap. 5: Kernmodul, M 1–M 6

M 4 „Kreuzfahrer zur Zeit des ersten Kreuzzuges bewundern den Reichtum des Orients", Holzstich nach Gustave Doré, 1877, spätere Kolorierung

China und die imperialistischen Mächte

Im Mittelpunkt des vorliegenden Kursheftes stehen die Entwicklungen in China vom Ende des 18. Jahrhunderts bis zum Ende des chinesischen Kaiserreichs 1911. Die Interaktion zwischen China und den imperialistischen Mächten in dieser Zeit soll aber nicht nur unter dem Aspekt des Imperialismus, sondern auch unter dem Aspekt des Austauschs untersucht werden. Es sollen also nicht nur Prozesse der Machtausübung (Kriege, erzwungene Friedensverträge) und der wirtschaftlichen Durchdringung (Handelsverträge) in den Blick genommen werden, sondern auch Prozesse des Kulturaustauschs. Dabei sind besonders die Wechselwirkungen von Bedeutung. In China werden infolge des Kontakts mit den auswärtigen Mächten westliche Ideen diskutiert und Teile davon in die eigenen Konzepte einer modernen Gesellschaft und Herrschaft integriert.
Im zweiten Kapitel wird als Basis für die folgenden Kapitel versucht, mithilfe der Begriffe **Selbstverständnis** und **Weltbild** die kulturellen Wurzeln Chinas und Europas näher zu bestimmen. Gleichzeitig soll ihr Charakter als historische Konstrukte deutlich

▶ Kap. 2: Selbstverständnis und Weltbild der Chinesen und der Europäer

gemacht werden. Die Grundlagen eines chinesischen Selbstverständnisses sollen anhand von Konfuzius' Lehren, dem Verständnis als „Reich der Mitte" und dem damit verbundenen Bild des Fremden vermittelt werden. Das europäische Selbstverständnis wird mithilfe der Ideen der Aufklärung und den wirtschaftlichen und politischen Folgen der Industrialisierung skizziert.

Im 19. Jahrhundert veränderte sich der **Kontakt Chinas** mit den westlichen Mächten. Europa und die USA sowie später Japan wurden zu imperialistischen Mächten, die in China mithilfe von Kriegen, ungleichen Verträgen sowie dem Aufbau von Kolonien und Pachtgebieten Einfluss nahmen und Druck ausübten. Standen zunächst die Sicherung von vorteilhaften Handelsbedingungen im Vordergrund, so ging es in der zweiten Hälfte des 19. Jahrhunderts immer mehr auch um politische Kontrolle. Diese Formen des Kontakts sind Thema von Kapitel 3 und umfassen die außenpolitische Ebene wie Opiumkriege, die sogenannten „ungleichen Verträge" und die *Open Door Policy*. Hier zeigt sich der imperialistische Zugriff auf China. Außerdem wird u. a. am Beispiel der Missionierung der Versuch der imperialistischen Mächte analysiert, auch kulturell von außen auf China Einfluss zu nehmen. Zu Beginn des 20. Jahrhunderts besaß China kaum noch außenpolitischen Spielraum. Es war zwar formal keine Kolonie, doch die imperialistischen Mächte übten z. B. mithilfe von Verträgen, eigenen Wirtschaftsunternehmen und verschiedenen Sonderrechten (Justiz, Zölle, Missionen etc.) „informelle Macht" über China aus. Man bezeichnet China deshalb in der Forschung als „Halbkolonie".

Im vierten Kapitel liegt der Fokus auf den Entwicklungen in China, die parallel zu den außenpolitischen Konfrontationen verliefen und zum Teil eng mit ihnen verbunden waren. Die chinesischen Reaktionen auf den Druck von außen bewegen sich zwischen **Anpassung und Widerstand.** Die sogenannte Selbststärkungsbewegung der 1860er-Jahre versuchte beispielsweise mithilfe moderner Waffentechnik, Förderung von Industrie sowie Reformen im Bildungssystem und der Außenpolitik westliche Konzepte zu übernehmen und für China nutzbar zu machen. Das Gleiche gilt für weitere Reformversuche um die Jahrhundertwende, mit denen die regierende Qing-Dynastie versuchte, ihre Herrschaft zu stabilisieren. Ein Beispiel für den Widerstand Chinas ist der sogenannte „Boxeraufstand" gegen die imperialistischen Mächte, der auf beiden Seiten tiefe Spuren hinterlassen hat, auch weil er die Formen eines „Kulturzusammenstoßes" annahm. Hier werden die Wechselwirkungen zwischen den kulturell-politischen Einflüssen von außen und der chinesischen Kultur besonders deutlich.

Die „Kreuzzüge" und der „Spanische Kolonialismus" weisen vergleichbare Wechselwirkungsprozesse, aber auch Unterschiede auf. Diese können in den zwei abschließenden Kapiteln dieses Kursheftes untersucht werden.

▶ Kap. 3: Chinesische Kontakte mit den imperialistischen Mächten

M 5 Europäische Mächte in China um 1900, Karikatur aus „Der Wahre Jacob", 11. September 1900

▶ Kap. 4: Chinesische Reaktionen zwischen Anpassung und Widerstand

▶ Kap. 6: Kreuzzüge

▶ Kap. 7: Spanischer Kolonialismus

Lernmodule der China-Schul-Akademie
cornelsen.de/Webcodes
Code: zoxoci

1 Erläutern Sie auf der Basis des Darstellungstextes die verschiedenen Modelle zu historischen Transformationsprozessen.
Tipp: Siehe S. 149.

2 **Partnerarbeit/Mindmap:** Erstellen Sie eine Mindmap zur Frage, warum Chinas Kontakt mit den imperialistischen Mächten geeignet ist, um sich mit Wechselwirkungen zwischen verschiedenen Kulturen auseinanderzusetzen.

3 **Diskussion:** Der Darstellungstext analysiert die Entstehung von positiven und negativen Fremdbildern. Diskutieren Sie in Ihrem Kurs über aktuelle Fremdbilder, nicht nur in Bezug auf China, und beziehen Sie Ihre persönliche Perspektive mit ein.

4 **Vertiefung:** Bewerten Sie, ob eine Übertragung der europäischen Epocheneinteilung „Antike, Mittelalter, Neuzeit" auf China angemessen ist.

Hinweise zur Arbeit mit den Materialien

Die folgenden Materialien ermöglichen einen Einstieg in das Thema mithilfe von ausgewählten übergreifenden Aspekten. Zunächst beleuchten Jürgen Osterhammel (M 6) und Ursula Ballin (M 7) die Entstehung und Funktion von Fremdbildern und Stereotypen. Der Text von Fernand Braudel (M 8) führt anschließend in die Vielschichtigkeit von historischen Wandlungsprozessen ein. Der Historiker Thoralf Klein (M 9) stellt den Bezug zu China im 19. Jahrhundert her.

Zur Vernetzung mit dem Kernmodul

- M 6 und M 7 werden im Kernmodul erweitert durch die Materialien M 1 bis M 6 zu Kulturkontakt und Kulturkonflikt.
- M 8 kann durch eine weitere Schrift Braudels (M 9) ergänzt und durch eine Verknüpfung mit M 10 (Suter/Hettling) vertieft werden.
- M 9 kann mit M 12 bis M 14 kombiniert werden.

M 6 Der Historiker Jürgen Osterhammel über „Viererlei Barbarei" (1998)

Auch noch im 18. Jahrhundert blieben die europäischen Vorstellungen von Gesellschaften, die anders organisiert waren als die eigenen, von Begriffen aus der Ethnografie der Antike bestimmt. Viele der frühneuzeitlichen Erfassungsformen des Fremden waren bereits von den Griechen vorausgedacht worden: der binäre Kontrast von Zivilisation und ihrem Gegenteil, die vergleichende Beschreibung von Zivilisationen, die Herleitung biologischer und kultureller Unterschiede aus klimatischen und anderen Umweltbedingungen, Theorien der Entstehung und der Evolution von Kultur. Unabhängig davon entwickelten sich in anderen Zivilisationen, etwa der chinesischen und der arabisch-islamischen, ganz ähnliche Weisen der Klassifizierung, Erklärung und praktischen Behandlung des Fremden. In zahlreichen außereuropäischen Sprachen gibt es wertende Bezeichnungen, denen in Europa das Bedeutungsfeld des „Barbarischen" entspricht. Kein Ausdruck aus dem Repertoire der Bezeichnungen des Fremden wurde noch im Europa des 18. Jahrhundert so ausgiebig verwendet wie der des Barbaren und der Barbarei. Da er mit der Zeit eine kolossale semantische Unbestimmtheit angenommen hatte, bringt seine etymologische Zurückführung auf den griechischen Sprachgebrauch ebensowenig wie der Versuch einer halbwegs exakten Definition. [...]

[...] Europäer barbarisch zu nennen bedeutete, ihren Anspruch auf Überlegenheit als heuchlerisch zu entlarven. Dass die eigentlichen Barbaren sich barbarisch verhielten, blieb dabei die unausgesprochene Voraussetzung und der letzte Maßstab des Urteils. Alexander von Humboldt wiederholt einen Topos der frühen spanischen Kolonialismuskritik (etwa bei Bartolomé de Las Casas), wenn er die Ansicht vertritt, die Europäer „benehmen sich außerhalb ihrer eigenen Länder barbarischer wie die Türken – und schlimmer, weil sie noch fanatischer sind". [...]

Eine dritte Verwendung von „barbarisch" tritt dort auf, wo die Lebensweise eines ganzen Kollektivs als unzivilisiert bezeichnet wird. Dies muss kein ausgesprochen grausames Betragen einschließen; Barbaren können auch vitale Naturtalente oder harmlose Tölpel sein. Barbarei ist hier der Gegenbegriff zu Zivilisiertheit, genauer: ein negativer belasteter Defizienzbegriff. Barbaren sind Menschen, die die kulturellen Selbstverständlichkeiten – Sprache, Religion, Rechtsvorstellungen, Geselligkeitsformen – des imperialen Zentrums nicht teilen. [...]

[...] Niemand in Europa kam auf die Idee, die Japaner als „Barbaren" zu bezeichnen. Japan war das einzige Land Asiens, dessen andersartige Zivilisiertheit stets anerkannt wurde. Bei China konnte man bereits unterschiedlicher Meinung sein, auch wenn die Stimmen, die es als barbarisch bezeichneten, zu jedem Zeitpunkt in der Minderheit geblieben sein dürften.

[...] Viertens: Die Vorstellung von Barbarei als einem defizienten Anti-Zustand wurde im Laufe des 18. Jahrhunderts allmählich durch die Idee von Barbarei als einem Stadium der Gesellschaftsentwicklung abgelöst. [...] Sie [waren] mit einigen der intellektuell brisantesten Fragen der Epoche verbunden: Fragen nach dem Verhältnis von biblischer *historia sacra* und ihrer Zeitrechnung zu der womöglich noch weiter, vielleicht sogar hinter Adam, zurückreichenden Geschichte heidnischer Nationen wie der Chinesen, der Ägypter und der Chaldäer; nach der Entwicklung religiöser Vorstellungen und insbesondere nach der Entstehung des Monotheismus; nach dem Ursprung der Sprache; nach der Konstituierung von gesellschaftlicher Bindung, sozialer Ungleichheit und herrscherlicher Autorität aus einem ursprünglichen Zustand der Menschheit.

Jürgen Osterhammel, Viererlei Barbarei, in: ders., Die Entzauberung Asiens – Europa und die asiatischen Reiche im 18. Jahrhundert, C. H. Beck, München 2010, S. 242 f.*

1 Erklären Sie ausgehend von M 6 den Begriff der „Barbarei" und seine Verwendung.
2 Erläutern Sie mithilfe des Darstellungstextes S. 10 und von M 6 Entstehung und Funktion von Feindbildern.

M7 **Die Sinologin Ursula Ballin über europäische Chinabilder und Fremdbilder in China (1998)**

Von jeher machen sich Menschen von anderen Menschen Bilder. Die Sozialpsychologie spricht von (Hetero-)Stereotypen, wobei „Stereotyp" als vorurteilsgetrübtes, meist negatives Bild gilt; es kann Individuen, aber auch ein ganzes Volk, eine fremde Kultur betreffen. Übrigens gibt es auch positive Stereotypen. Gemeinsam ist „guten" wie „bösen", dass sie wenig mit der Wirklichkeit des Objekts zu tun haben und fast immer durch Interessen des Subjekts gelenkt sind. [...] Unter dem Druck extremer gesellschaftlicher Widersprüche werden jedoch mitunter Hoffnungen auf Ausgleich „unserer" Defizite in ein idealisiertes Fremdbild projiziert [...]. In China wie in Europa, das heißt in ihren Bildern voneinander und von sich selbst, finden sich während der letzten zweitausend Jahre alle genannten Varianten.

Seit dem Altertum ist China im Okzident als Seidenproduzent bekannt. Doch bis ins Spätmittelalter kursieren über Land und Leute abenteuerliche Märchen. Die Jesuiten des 16. und 17. Jahrhunderts senden erste „wissenschaftliche" Kunde von China nach Europa. Willig übernehmen Philosophen und Physiokraten der Aufklärung das Idealbild von einem seit Jahrtausenden stabilen Reich, wo Kaiser und Beamte weise über ein fügsames Bauernvolk herrschen und eine säkulare Ethik (Konfuzianismus) die Gesellschaft harmonisiert. Dass es sich um das Autostereotyp einer schmalen chinesischen Elite handelt, mit der die Jesuiten exklusiv verkehren, wollen die Aufklärer kaum so genau wissen: Allzu gut eignet sich das Ideal eines Gelehrtenstaates mit „natürlicher Religion" (Leibniz) für den Kampf gegen Absolutismus und Kirche. Dass auch die Jesuiten angesichts innerkirchlicher Konflikte an der Vermittlung eines retuschierten Chinabildes interessiert sind, sei hier nur angedeutet. Die europäische Oberschicht verharmlost die Idealisierung zur Chinoiserie des Rokokos. Im 19. Jahrhundert verliert China seine Rolle als Vorbild. [...] Nach wie vor auf die jesuitischen Quellen gestützt, wird Chinas „Stabilität" zur „Stagnation" abgewertet. [...] Die Sinologie etabliert sich in Russland und im frühen 19. Jahrhundert in Frankreich (der erste deutsche Lehrstuhl wird erst 1911 eingerichtet). Auf das volkstümliche Chinabild haben Gelehrte keinen Einfluss; es beruht bis ins 19. Jahrhundert auf dem alten Exotismus. Im Zeitalter des europäischen Kolonialimperialismus, das für das Deutsche Reich erst in den achtziger Jahren des 19. Jahrhunderts beginnt, sinkt die westliche Chinarezeption auf ihr bisher niedrigstes Niveau. [...] Nach der Ermordung des deutschen Gesandten Ketteler in Peking [Juni 1900] steigert sich die gelenkte Sinophobie in Deutschland, bestärkt durch Wilhelms II. denkwürdige Hunnenrede („Pardon wird nicht gegeben") bei der Ausschiffung deutscher Soldaten nach China. Kaum eine christliche Stimme tadelt das Morden und Plündern der Truppen. Nur einige Sozialdemokraten erheben im Reichstag Protest und ernten Spott. [...]

Auch in China gibt es seit dem Altertum Fremdbilder von den nicht assimilierten Randvölkern als Barbaren, die albern sprechen, sich grotesk kleiden und weder Sitte noch politische Ordnung (nämlich die chinesische) kennen. Wie im Westen sind solche Bilder durch politische Interessen gelenkt. Zwar schützt sich China gegen Invasionen im Norden durch die Große Mauer, doch ist es lange in den Grenzen seines kulturdominanten Selbstverständnisses weltoffen, treibt Überseehandel und nimmt kulturelle Fremdeinflüsse auf. [...] Erst die gewaltsame Konfrontation seit den Opiumkriegen (seit 1840) zwingt die Herrscher der Qing-Dynastie (1644–1911), die Fremden wahrzunehmen. Dennoch bleiben Reformen in China anders als in Japan in Ansätzen stecken. Außenseiter wie der Reformer Kang Youwei warnen vor dem Stereotyp der rein mechanisch verstandenen Stärke Europas und weisen auf institutionelle und ethische Faktoren hin. Doch konservative Kreise um den Drachenthron sperren sich gegen jede objektive Sicht ihrer nahezu verlorenen Position. [...] Der durchaus westlich orientierte Reformer des chinesischen Bildungswesens seit 1917, Cai Yuanpei, auch er ein Freund Richard Wilhelms[1], befindet noch 1927, dass zwar Sinologen sich um eine Würdigung der chinesischen Kultur bemühten, dass das gängige europäische Chinabild jedoch auf oberflächlichen Reiseberichten, vorurteilsgetrübten Darstellungen von Missionaren und politisch motivierten Entstellungen durch „Journalisten und Imperialisten" beruhe. [...] Auf beiden Seiten halten sich bis in unsere Tage Vorurteile und Illusionen.

Zit. nach: https://www.dhm.de/archiv/ausstellungen/tsingtau/katalog/auf1_18.htm (Download vom 8. Dezember 2021).*

1 *Richard Wilhelm (1873–1930):* deutscher Missionar und Sinologe

1 Beschreiben Sie die von Ballin in M 7 genannten Stereotypen im Wandel der Zeit.
2 Diskutieren Sie die These, dass sich „Vorurteile und Illusionen" auf beiden Seiten bis heute gehalten haben.
3 Zusatzaufgabe: Siehe S. 149.

M 8 Fernand Braudel über die Geschichte und die Dauer in ihren verschiedenen Formen (1969)

Jede historische Arbeit zerlegt die vergangene Zeit und entscheidet sich je nach mehr oder weniger bewussten Vorlieben und mehr oder weniger exklusiven Standpunkten für die eine oder andere der chronologischen Realitäten. Die traditionelle Geschichtsschreibung hat sich auf die kurze Zeit, auf das Individuum spezialisiert, und so sind wir seit langem an einen überstürzten, dramatischen, kurzatmigen Bericht gewöhnt. Der neuen Wirtschafts- und Sozialgeschichte dagegen geht es bei ihren Untersuchungen in erster Linie um die zyklischen Schwankungen und deren Dauer; [...] und so gesellt sich heute zum Bericht [...] das Rezitativ¹ der Konjunktur, das die Vergangenheit in großen Zeiträumen von 10, 20, 50 Jahren betrachtet.

Dieses zweite Rezitativ wiederum wird überlagert von einer Geschichte mit einem noch viel längeren, über Jahrhunderte hinweg reichenden Atem: von der Geschichte der langen, der sehr langen Dauer. [...] Sie bezeichnet das Gegenstück zu François Simiands Ereignisgeschichte, wie er die kurzatmige Geschichte als einer der Ersten [...] taufte.

Nun sind diese Begriffe allerdings nicht absolut eindeutig. Nehmen wir das Wort Ereignis. Ich für meinen Teil würde es in der kurzen Dauer ansiedeln, einsperren: Für mich ist das Ereignis etwas Explosives, eine „klingende Neuigkeit", um einen Ausdruck aus dem 16. Jahrhundert zu gebrauchen. Es erfüllt das Bewusstsein der Zeitgenossen mit seiner übermäßigen Rauchentwicklung, ist aber schnell verpufft, sodass kaum Zeit bleibt, die Flamme wahrzunehmen. [...]

Darum wollen wir uns anstelle von Ereignis für den eindeutigeren Begriff der kurzen Zeit entscheiden, die kurze Zeit der Individuen, des Alltags, unserer Illusionen, für den Augenblick des Bewusstwerdens – mit einem Wort, für die Zeit par excellence des Chronisten und Journalisten. Denn Chronik wie Tageszeitung berichten außer über die großen, die sogenannten historischen Ereignisse auch über Ereignisse von mittlerer Bedeutung aus dem täglichen Leben wie Feuersbrünste, Eisenbahnkatastrophen, Getreidepreise, Verbrechen, Theateraufführungen, Überschwemmungen. Und ebenso haben, was wohl niemand bezweifeln wird, auch die anderen Formen des Lebens, das wirtschaftliche, soziale, literarische, institutionelle, religiöse, ja sogar das geografische (in Form eines Windstoßes, eines Sturms), und natürlich auch das politische, ihre kurze Zeit. [...]

Den [...] weitaus nützlicheren Schlüssel liefert das Wort Struktur, das, ob gut oder schlecht gewählt, die Probleme der langen Dauer beherrscht. Die Beobachter des Sozialen verstehen darunter eine Organisation, einen Zusammenhang, relativ feste Beziehungen zwischen bestimmten Realitäten und sozialen Massen. Für uns Historiker ist eine Struktur zweifellos etwas Zusammengefügtes, ein Gebäude, mehr noch aber eine Realität, der die Zeit nicht viel anhaben kann und die sie deshalb sehr lange mitschleppt. Ja, manche Strukturen werden aufgrund ihrer Langlebigkeit für zahllose Generationen zu einem festen Bestand und behindern dadurch die Geschichte, hemmen sie, indem sie ihren Ablauf beherrschen. Andere Strukturen wiederum zerfallen schneller. Alle aber sind gleichzeitig Stütze und Hindernis. Hindernis, insofern sie Grenzen bezeichnen [...], die der Mensch und seine Erfahrung kaum zu überschreiten vermögen. Man denke nur, wie schwer sich in manchen Fällen ein bestimmter geografischer Rahmen, bestimmte biologische Realitäten, bestimmte Produktionsgrenzen bzw. die einen oder anderen geistigen Zwänge sprengen lassen: denn auch die geistigen Rahmen sind Langzeitgefängnisse. Das einleuchtendste Beispiel scheint noch immer der von der Geografie ausgeübte Zwang zu sein. [...] Man nehme nur einmal [...] die Dauerhaftigkeit bestimmter Lebensbereiche der Küstenregionen oder die Standorttreue der Städte und der Straßen und damit auch des Verkehrs, kurzum, die erstaunliche Festigkeit des geografischen Rahmens der Kulturen. [...]

Fernand Braudel, Geschichte und Sozialwissenschaften. Die lange Dauer, in: ders., Schriften zur Geschichte 1. Gesellschaften und Zeitstrukturen. Übersetzt von Gerda Kurz/Siglinde Summerer, Klett-Cotta, Stuttgart 1992 (zuerst 1969), S. 52–67.*

1 *Rezitativ:* ein künstlerisch vorgetragener Gesang oder literarischer Text

1 Arbeiten Sie heraus, was Braudel unter Ereignis und Struktur versteht.
2 Analysieren Sie die Rolle von Historikerinnen und Historikern im Umgang mit der Vergangenheit.
3 **Vertiefung:** Nehmen Sie Stellung, inwieweit Historikerinnen und Historiker bei ihrer Arbeit auch Fremdbildern unterliegen können.

M 9 Der Historiker Thoralf Klein über „Nationalismus" und „Kulturalismus" in China (2009)

Die Idee der Nation begann sich etwa gleichzeitig mit dem modernen Revolutionsbegriff, d. h. ab etwa 1900, als politisches Konzept in China zu verbreiten. Ihre langfristige Wirkung in der historischen Forschung hat sie vor allem in der Auseinandersetzung mit dem Imperialismus entfaltet. Chinesische Historiker haben die unterschiedlichsten Formen antiimperialistischen Widerstands besonders seit den

1950er-Jahren gerne als „patriotisch" (*aiguo*) klassifiziert: Im politischen Sprachgebrauch der VR China stellt der Begriff Patriotismus eine weniger offensive Ersatzvokabel für die Loyalität zur chinesischen Nation dar.

In der europäischen und nordamerikanischen Chinaforschung hat die Untersuchung des chinesischen *nation building* eine weitere Perspektive auf die große Transformation Chinas im späten 19. und frühen 20. Jahrhundert geliefert. Dabei konzentrierte sich die Analyse zunächst auf einen fundamentalen Wandel im chinesischen Selbstverständnis vom Kulturalismus zum Nationalismus. Seit der Begründung des chinesischen Kaiserreichs im 3. Jahrhundert v. Chr. orientierte sich dieses Selbstverständnis, so die These, nicht am Staat oder einer wie immer begründeten nationalen Gemeinschaft, sondern an der chinesischen Kultur. Damit waren zwei weitere Überzeugungen verbunden: erstens die Annahme von der Überlegenheit der chinesischen Kultur über die sie umgebenden „Barbaren" und zweitens das Prinzip, dass der Herrscher auf der Grundlage der für universal gültig erklärten Normen des Konfuzianismus regieren müsse. In diesem „sinozentrischen" Weltbild war kein Platz für zwischenstaatlichen Wettbewerb. Umgekehrt konnten sogar „barbarische" Völker China regieren, sofern die Herrscher sich an die chinesische Kultur anpassten. Erst durch die Desintegration des Kaiserreiches und den radikalen Wandel seines internationalen Umfeldes im 19. Jahrhundert erwies sich die chinesische Zivilisation als nicht mehr fähig, die Loyalität der Bevölkerung zu sichern. An ihre Stelle trat nunmehr die Nation. Bei der Entstehung des Nationalismus handelt es sich somit um eine grundlegende kulturelle Umwälzung, um ein revolutionäres und modernes Projekt.

Ähnlich wie beim Tradition-Moderne-Schema lässt sich auch bei der Kulturalismus-Nationalismus-These die allzu holzschnittartige Gegenüberstellung entgegengesetzter Konzepte kritisieren. Tatsächlich haben zahlreiche Nationalismusforscher diese These kritisiert und verfeinert, ohne allerdings die Meistererzählung von der Nation grundsätzlich infrage zu stellen. Erst seit Mitte der 1990er-Jahre wurden Alternativen aus zwei Richtungen angeboten: zum einen unter Rückgriff auf postmoderne, poststrukturalistische Theorien, zum anderen mit Blick auf die Debatten um transnationale und globale Geschichte.

[…] Einen besonders fruchtbaren Ansatz hat vor einigen Jahren William Kirby entwickelt, als er die internationale Dimension in der Republikzeit (1911–1949) in den Blick nahm. Kirby geht dabei von der einfachen Feststellung aus, dass in dieser Periode sämtliche Bereiche der chinesischen Politik, Gesellschaft und Kultur ganz wesentlich von den auswärtigen Beziehungen des Landes geprägt waren. Dies ist kein Rückfall in das *impact-response*-Schema [das dem Ausland eine aktive und China eine weitgehend passive Rolle zuschreibt], weil Kirby nicht mehr danach fragt, ob die Wurzeln der chinesischen Transformation in China selbst oder im Westen lagen. Vielmehr legt er das Schwergewicht auf die zwischen beiden Seiten ablaufenden Prozesse von Konflikt und Kooperation. Über den von Kirby abgesteckten Zeitrahmen hinaus kann eine solche internationale bzw. globale Geschichte für weite Teile der chinesischen Geschichte im 19. und 20. Jahrhundert, ja womöglich auch noch für frühere Perioden geschrieben werden.

[…] Der chinesische Nationalismus war mehr als nur eine Reaktion auf die gewaltsame Einbindung Chinas in ein internationales imperialistisches Ordnungssystem. Er beinhaltete je länger je mehr einen aktiv gestalteten Prozess der Rekonstituierung Chinas mit dem Ziel, seine Handlungsfähigkeit auf der internationalen Bühne wiederherzustellen.

Thoralf Klein, Geschichte Chinas. Von 1800 bis zur Gegenwart, Ferdinand Schöningh, Paderborn 2009, S. 28 ff.*

1 Erläutern Sie, welche Rolle „die Idee der Nation" in China gespielt hat.

2 Vertiefung: Vergleichen Sie mit Europa. Beziehen Sie den Darstellungstext S. 10 mit ein.

3 Erklären Sie auf der Basis von M 9 die „Kulturalismus-Nationalismus-These" der europäischen und US-amerikanischen Chinaforschung.

4 Stellen Sie Hypothesen auf, inwieweit der Kontakt zwischen China und den imperialistischen Mächten zu einer Transformation auf einer der beiden Seiten/beiderseits beigetragen hat.
Tipp: Siehe S. 149.

5 Zusatzaufgabe: Siehe S. 149.

2 Selbstverständnis und Weltbild der Chinesen und der Europäer

M1 Kaiser Qianlong als Feldherr, Gemälde von Giuseppe Castiglione, 1758

206 v. Chr. – 220 n. Chr. | Han-Dynastie: Papierherstellung, staatliche Anerkennung des Konfuzianismus

220–589 | Zerfall in Teilreiche: Erste Druckverfahren, Verbreitung des Buddhismus setzt ein.

589–907 | Sui- und Tang-Dynastie: Porzellanherstellung, Beamtenprüfungssystem, starke Verbreitung des Buddhismus

907–960 | Zerfall in Teilreiche

Selbstverständnis und Weltbild der Chinesen und der Europäer

Zwischen China und Europa liegen Welten? Damals und heute? Das kann man so nicht sagen. Die Kontakte zwischen Europa und China haben eine lange Tradition, und sie waren vielfältig, kulturell, ökonomisch, wissenschaftlich und bei weitem nicht nur ag-
5 gressiver Natur. Sie beginnen nicht erst mit den westlichen Angriffen auf China im 19. Jahrhundert wie dem Opiumkrieg von 1839. Bereits zur Zeit der Han-Dynastie wusste man in China vom Römischen Reich und Seide aus China war in Rom ein begehrtes Gut. Objekte, Ideen, Personen, Religionen und Sprachen flossen seitdem zwischen den beiden Enden Eurasiens hin und her. Im 16. Jahrhundert in-
10 tensivierten sich diese Handelsbeziehungen: Silber aus Amerika war in China und chinesisches Porzellan und Seide waren in Europa sehr gefragt. Katholische Jesuiten, die als Missionare unter anderem nach China gingen, brachten europäisches Wissen nach China und Wissen über China nach Europa. Das europäi-
15 sche Bild von China war zu dieser Zeit positiv geprägt. Viele Philosophen der Aufklärung wie Voltaire, Diderot und Leibniz sahen China sogar als kulturell überlegen an. Mit der Französischen Revolution und der beginnenden Industrialisierung änderte sich dies. Der chinesische Kaiser wurde nun als Despot gesehen, das
20 Land insgesamt als rückständig. China wurde zudem vor allem als wichtiger Markt für den Welthandel betrachtet, den es zu öffnen und zu erobern galt. Der Historiker Jürgen Osterhammel spricht für die Zeit um 1800 von der „Entzauberung" Asiens in den Augen Europas.
25 Starke, modern geprägte europäische Staaten wie Großbritannien und Frankreich trafen im 19. Jahrhundert auf das ebenso selbstbewusste und expandierende Qing-Kaiserreich in China. Will man die Wechselwirkungen und Anpassungsprozesse zwischen beiden Seiten im 19. Jahrhundert differenziert betrachten, dann muss man sich zunächst mit den Wurzeln dieses Selbstbewusstseins auseinanderset-
30 zen. Dies soll hier mithilfe der Begriffe „Selbstverständnis" und „Weltbild" erfolgen. Es soll untersucht werden, welche Ideen und Konzepte jeweils das Bild der Staaten von sich selbst prägen und wie sie auf die anderen bzw. auf die Welt insgesamt schauen.

M 2 „König Ludwig XIV. von Frankreich auf einem Pferd", Gemälde von René Antoine Houasse, um 1685

1 Beschreiben Sie auf der Basis der Einleitung, wie sich die Kontakte zwischen China und Europa seit dem 16. Jahrhundert verändert haben.
2 Erläutern Sie, was der Historiker Jürgen Osterhammel mit „Entzauberung Asiens" meint.
3 Recherchieren Sie biografische Informationen zu Kaiser Qianlong und König Ludwig XIV. Interpretieren Sie anschließend die Herrscherdarstellungen von M 1 und M 2 und vergleichen Sie diese.

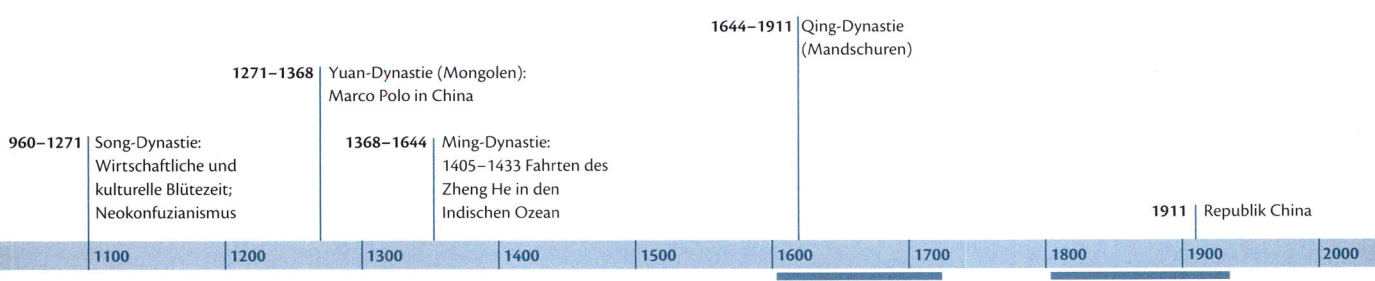

2 Selbstverständnis und Weltbild der Chinesen und der Europäer

> *In diesem Kapitel geht es um*
> - *das Selbstverständnis und das Weltbild der Chinesen im Kaiserreich,*
> - *den Konfuzianismus als Grundlage des chinesischen Selbstverständnisses,*
> - *China als „Reich der Mitte",*
> - *das Selbstverständnis und das Weltbild der Europäer in der Neuzeit,*
> - *die Folgen der Aufklärung für das europäische Selbstverständnis und Weltbild,*
> - *die ökonomischen und politischen Folgen der Industrialisierung.*

Selbstverständnis

Selbstverständnis
Vorstellung von sich selbst, mit der eine Person, eine Gruppe o. Ä. lebt, sich in der Öffentlichkeit darstellt und sich selbst wahrnimmt

kollektives Gedächtnis
Der Begriff stammt von dem frz. Philosophen Maurice Halbwachs. Er wird auch in der Geschichtswissenschaft verwendet. Er meint die gemeinsame Gedächtnisleistung einer Gruppe, die als Basis für Verhalten, Normen und Denken fungiert.

Ein Verständnis von sich selbst basiert nicht nur auf klaren Fakten, wie sie beispielsweise in einem Ausweis festgehalten sind (Geburtsdatum, Größe, Augenfarbe, Nationalität etc.). Jedes **Selbstverständnis*, also jede Vorstellung von sich selbst**, wird sowohl durch individuelle Erfahrungen, Eigenschaften und Werte als auch durch kollektive Normen und Erwartungen geprägt. Das Selbstverständnis einer Nation, eines Landes oder eines Staatenverbundes ist noch schwerer zu bestimmen, obwohl wir in der Alltagssprache oft von „den Franzosen", „den Chinesen" oder „den Europäern", also vermeintlich klar definierbaren Kollektiven sprechen. Eine wichtige Rolle bei der Bestimmung spielen Traditionen, Werte oder auch das kollektive Gedächtnis*. All diese Elemente unterliegen der historischen Veränderung und der Deutung. Das nationale/kollektive Selbstverständnis ist also stets konstruiert. Manchmal erfolgt das mit einem bestimmten Ziel, es wird politisch instrumentalisiert. Es gibt also nicht *das* chinesische oder *das* europäische Selbstverständnis einer bestimmten Zeit. Man kann sich nur auf die Suche nach wichtigen Bestandteilen dieser Konstrukte machen und ihre Bedeutung interpretieren.

Weltbild

Weltbild
umfassende Vorstellung von der Welt auf der Basis wissenschaftlicher und philosophischer Erkenntnisse, die die Wahrnehmung der Menschen von der Welt prägt

sinozentrisch
China wird in den Mittelpunkt gestellt, z. B. in das Zentrum eines Weltbildes oder einer Ideologie.

Sinologie
Sinologie ist die Wissenschaft, die sich mit China beschäftigt. Dabei gibt es verschiedene Fachbereiche, die sich mit spezifischen Themenfeldern auseinandersetzen: chinesische Geschichte, chinesische Literatur, Religion in China, Politik in China etc., also China wird breit verstanden, umfasst den gesamten chinesischsprachigen Kulturraum (eben auch Taiwan, Hongkong, Singapur, Überseechinesen etc.).

Das Verständnis von sich selbst bzw. das nationale Selbstverständnis hat auch Einfluss auf das **Weltbild*, also die Art und Weise, wie man die Welt wahrnimmt und deutet**. Auf Karten und digitalen Navigationssystemen verdeutlicht ein roter Punkt oder ein buntes Auto, wo man sich gerade befindet. Von dort aus startet die Navigation. Ähnlich verhält es sich mit dem Weltbild. Natürlich ist jeder Mensch und somit auch jede Nation erstmal bei sich und sieht sich im Mittelpunkt. Auf diese Weise wird der Standpunkt und die Perspektive verdeutlicht. Zugleich ist von diesem Standpunkt aus aber nicht alles sichtbar. Das Gleiche gilt auch wieder für Karten. Auch sie beinhalten bestimmte Perspektiven. Sie verraten somit auch viel über die Überzeugungen des Kartografen, über das Wissen seiner Zeit und das jeweilige Verständnis der Welt.
Die europäische Sicht auf die Welt änderte sich mit der Hochzeit der Entdeckungen im 15./16. Jahrhundert. Europa blieb im Mittelpunkt, aber die Weltkarten wurden immer wieder korrigiert und erweitert. Die chinesische Sicht auf die Welt wurde zu Beginn des 15. Jahrhunderts durch die Fahrten des chinesischen Gesandten Zheng He in den Indischen Ozean, die bis nach Afrika reichten, weiter präzisiert. Doch auch hier blieb das sinozentrische* Weltbild mit China im Mittelpunkt erhalten, das sich spätestens im 3. Jahrhundert v. Chr. mit der Reichseinigung unter der Dynastie der Qin herausgebildet hatte. Chinesen und Europäer blickten also jeweils aus einer eigenen, **sinozentrischen bzw. eurozentrischen Perspektive auf die Welt** und deuteten Ereignisse gemäß ihren spezifischen Vorstellungen. Dabei wurden die jeweils anderen meist als fremd wahrgenommen, oft auch als unterlegen oder als potenzielle Feinde.

Selbstverständnis und Weltbild der Chinesen und der Europäer

M1 Chinesische Weltkarte „*Kunyu wanguo quantu*" von Matteo Ricci, jesuitischer Missionar in China, 1602

Die „Gesamtkarte der unzähligen Länder der Welt" (Kunyu wanguo quantu) wurde vom italienischen Jesuiten-Missionar Matteo Ricci in Zusammenarbeit mit dem chinesischen Gelehrten Li Zhizao erstellt. Sie verbindet in den Erklärungen europäisches und chinesisches geografisches Wissen und entstand in mehreren Varianten ab 1602. Der Mittelpunkt der Karte auf dem Pazifik und China wird von der Forschung als Versuch Riccis interpretiert, den Gewohnheiten der chinesischen Bildungselite entgegenzukommen.

M2 Europäische Weltkarte nach G. Mercator und J. Hundius, Kupferstich, 1602

Die Karte entstammt dem Mercator-Atlas des 16. Jahrhunderts, der 1602 neu aufgelegt wurde. 1604 erwarb der Verleger und Kartograf Jodocus Hundius die Druckplatten von den Erben von Gerhard Mercator.

M 3 Porträt des Qianlong-Kaisers, Gemälde von Giuseppe Castiglione, um 1737.

Der Qianlong-Kaiser (1711–1799) entstammte der mandschurischen Qing-Dynastie. Die Männer der Mandschu trugen traditionell das Haar zu einem Zopf gebunden.

▶ M 7 bis M 9: Konfuzianismus

Daoismus
Die Lehre entsteht im 4. Jahrhundert v. Chr. und geht auf den Meister Laozi (6. Jh. v. Chr.) zurück. Sie legt den Schwerpunkt auf das private Leben des Einzelnen und seine Einbindung in die natürliche Einheit der Welt.

Buddhismus
Der Buddhismus beruht auf den Lehren des in Nordindien im 5./6. Jh. v. Chr. lebenden Siddhartha Gautama. Er kam im 2./3. Jahrhundert n. Chr. nach China. Während der Tang-Dynastie (618–907) wurde der Buddhismus Staatsreligion und überlagerte die chinesischen Philosophien.

Das Selbstverständnis und Weltbild der Chinesen

China ist nicht klassisch wie beispielsweise Frankreich, *La Grande Nation*, als Nationalstaat zu verstehen, sondern als „Zivilisationsstaat" (Martin Jacques). Es besteht aus einer Vielzahl an Volksgruppen. 2021 sind es 56 offiziell erfasste Ethnien. Der heutige Staat, die Volksrepublik China, sieht sich in der Tradition einer über 2500-jährigen Geschichte. Seit dem 3. Jahrhundert v. Chr. folgten verschiedene Dynastien wie die Qin, die Han oder später die Ming oder Qing aufeinander. Sie regieren als Kaiser ein wachsendes Imperium. Seine größte Ausdehnung besaß China Mitte des 18. Jahrhunderts unter der von den Mandschuren gegründeten Qing-Dynastie (1644–1911). Insgesamt wechselten sich in der chinesischen Geschichte Phasen des Einheitsstaates mit Perioden des Zerfalls in Teilstaaten ab. Mit der Gründung einer Republik endete 1911 das chinesische Kaiserreich. Allerdings wurde die Zeit der Republik durch Kämpfe zwischen lokalen Kriegsherren sowie durch den Kampf zwischen zwei Parteien, den Nationalisten und Kommunisten geprägt. Eine weitere wichtige Zäsur bildete schließlich die Ausrufung der kommunistischen Volksrepublik durch Mao Zedong 1949, die bis heute fortbesteht.

Die Geschichte des multiethnischen Reiches prägte auch das chinesische Selbstverständnis und Weltbild im 19. Jahrhundert. Eine wichtige Funktion besaßen der Kaiser als „Himmelssohn", die kaiserlichen Beamten als Verwalter, die Sprache und die Schrift sowie die Lehren von Konfuzius (Konfuzianismus), Laozi (Daoismus) und der Buddhismus. Im Folgenden sollen zwei zentrale Bestandteile genauer vorgestellt werden: der Konfuzianismus und das „Reich der Mitte".

Konfuzianismus – und der Meister sprach …

Die Bezeichnung Konfuzianismus geht zurück auf den Gelehrten Konfuzius (551–479 v. Chr.). Seine Lehren standen in der Tradition älterer Überlieferungen, schufen also kein neues Wissen, sondern ordneten altes Wissen und deuteten es zum Teil neu. Es gibt keine direkte Überlieferung seiner Lehren, sondern nur die spätere Wiedergabe durch seine Schüler. Viele Lehren des Konfuzius wurden also von seinen Anhängern und unterschiedlichen Traditionslinien ergänzt. Zu den wichtigsten überlieferten und Konfuzius und seinen Schülern zugeschriebenen Schriften gehören das *Lunyu* (Die Gespräche des Konfuzius) und das *Liji* (Buch der Riten). Hier finden sich Anekdoten und Aphorismen sowie Gedanken zu einer idealen Gesellschaftsordnung.

Zu Konfuzius' Lebzeiten bestand China aus Einzelstaaten, die um die Vorherrschaft kämpften. Konfuzius' Lehren schienen gerade in dieser Zeit, die Hoffnung auf Ordnung zu stützen und Wege aufzuzeigen, wie in diesem Durcheinander ein gelungenes Leben möglich war. Im Kern war der Konfuzianismus eine Moral- und Staatsphilosophie, die als Grundlage für die gesellschaftlichen Beziehungen fungierte. Das Individuum sollte Tugenden wie Menschlichkeit, Klugheit und Anstand anstreben und sich gegenüber der Gemeinschaft als loyal und höflich erweisen. Eine wichtige Rolle spielte auch die Verehrung der Eltern und Ahnen. So sollte jedes Individuum in der Gesellschaft seinen Platz einnehmen, die Ordnung einhalten und damit den Staat sichern. Mit der Han-Dynastie (206 v. Chr.–220 n. Chr.) wurde der Konfuzianismus zur bedeutendsten Philosophie und Verhaltenslehre im Kaiserreich. So bildeten die konfuzianischen Schriften vom 7. bis zum 20. Jahrhundert zum Beispiel die Grundlage für die Prüfungen im Auswahlverfahren der kaiserlichen Beamten. Es gab jedoch auch konkurrierende Philosophien bzw. Religionen in China: den **Daoismus*** und den **Buddhismus***.

China als „Reich der Mitte"

Das traditionelle chinesische Weltbild lässt sich u. a. mit dem Begriff „Reich der Mitte" (*zhongguo*) näher bestimmen. Mit diesem Namen bezeichneten die Chinesen ihr Land.

Es meint zum einen eine räumlich-geografische Lage. Im Gebiet mitten zwischen den großen Flüssen *Chang Jiang* (Langer Fluss, in Europa bekannt unter dem Namen Yangzi) und *Huang He* (Gelber Fluss) entstand die chinesische Hochkultur. Zum anderen beinhaltete „Reich der Mitte" auch die Vorstellung, dass das chinesische Kaiserreich als einziges zivilisiertes Reich umgeben sei von „Barbaren". Bei Letzteren wurden noch die an China angrenzenden Gebiete als eine eigene Gruppe unterschieden, da sie tributpflichtig waren, also dem chinesischen (auch kulturellen) Einfluss unterlagen und damit zum Imperium gehörten.

Der Kaiser bildete im „Reich der Mitte" das absolute Zentrum. Als Herrscher über alles „unter dem Himmel" (*tianxia*) besaß er das „Mandat des Himmels" (*tianming*). Dieser Vorstellung nach erhielt er seine Befähigung zum Herrschen vom Himmel übertragen. Dies erfolgte nicht im Sinne des europäischen Gottesgnadentums, sondern als Mandat, welches verliehen wurde und wieder genommen werden konnte. Auf diese Basis gründete der Kaiser seine politische Macht über China. Das Mandat bedeutete aber auch die Verpflichtung, weise und klug zu agieren sowie die moralische und politische Ordnung im Staat aufrechtzuerhalten. Missernten oder Naturkatastrophen wurden als Zeichen des Himmels gedeutet und dem Herrscher angelastet. Der Herrscher verfügte demnach nicht mehr über das Mandat des Himmels. Der Kaiser war Autorität und Vorbild, ein Familienoberhaupt in der konfuzianischen Deutung der Gesellschaft als Familie. Er hatte die Menschen zu umsorgen und gleichzeitig zu erziehen. Nur so konnte aus chinesischer Sicht Ordnung und Stabilität im Reich gewährleistet werden. Den engeren Kreis um den Kaiser bildete der Kaiserpalast mit einem inneren, nur dem engsten Kreis vorbehaltenen Teil und einem äußeren Teil. Um den Palast herum lag die Hauptstadt (seit dem 15. Jahrhundert Beijing). Illustriert wird diese Form des Weltbildes und Selbstverständnisses beispielsweise durch das „Bild der fünf Zonen der Unterwerfung" (M 4), das auf alte Schriften aus den Jahrhunderten vor der Gründung des chinesischen Kaiserreiches zurückgeht und um das Zentrum des Reiches fünf Quadrate als Herrschafts- und Verwaltungssphären zieht. Es gibt auch andere Modelle mit neun Quadraten.

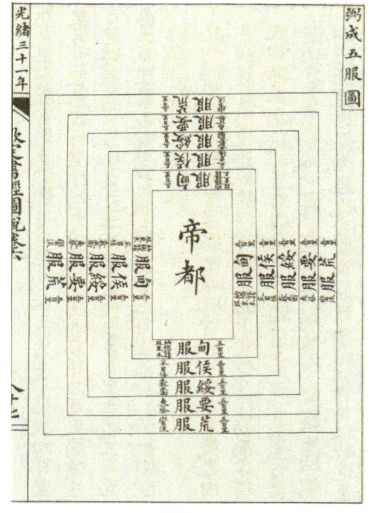

M 4 Bild der fünf Zonen der Unterwerfung (*Wufu Tu*), aus einem Werk aus der Zeit der Qing-Dynastie

Das Selbstverständnis und Weltbild der Europäer

Möchte man das Selbstverständnis und Weltbild der Europäer in der Geschichte näher bestimmen, trifft man ebenfalls auf Schwierigkeiten. Auf den ersten Blick ist Europa zunächst einmal nur eine Bezeichnung für den Kontinent Europa, seine Einwohner sind dementsprechend „die Europäer". Es gab in der Geschichte bis zur Gründung der Europäischen Gemeinschaft im 20. Jahrhundert jedoch kein Imperium oder Staat mit dem Namen „Europa". Es gab nur eine Abfolge von unterschiedlichen Imperien/Reichen sowie nationalen Staaten, Fürstentümern und anderen Territorien: antikes Griechenland, Römisches Reich, Frankreich, Heiliges Römisches Reich deutscher Nation, Großbritannien usw. Die Einwohner bezeichneten sich als Franzosen, Briten, Preußen, aber nicht als Europäer. Es gab eine politische und wirtschaftliche Konkurrenz untereinander. Und doch existieren gemeinsame Wurzeln, ein verbindender Bezugsrahmen, auf die alle „Europäer" immer wieder verwiesen. Ein wichtiger Bestandteil dieser Gemeinsamkeit sind Kultur, Werte und Normen, die u. a. auf die Hochkultur und Zivilisation der Griechen und Römer sowie auf das Christentum zurückgeführt werden. In der Charta der EU heißt es: „[…] in dem Bewusstsein ihres geistig-religiösen und sittlichen Erbes gründet sich die Union auf die unteilbaren und universellen Werte der Würde des Menschen, der Freiheit, der Gleichheit und der Solidarität".

In der Geschichte betrachteten sich auch die Europäer gegenüber anderen als überlegen. Sie führten das auf ihre Kultur und das Christentum zurück. Daraus leitete sich auch ihr Anspruch ab, im Zentrum der Welt zu stehen, diese zu entdecken, zu erforschen, in andere Kontinente ihre Zivilisation zu bringen und sie zu beherrschen. Natürlich

bpb-Dossier: Weltbilder auf Karten

cornelsen.de/Webcodes
Code: fopucu

Selbstverständnis und Weltbild der Chinesen und der Europäer

Aufklärung
von Rationalismus und Fortschrittsglauben bestimmte europäische geistige Strömung des 17. und besonders des 18. Jahrhunderts, die sich gegen Aberglauben, Vorurteile und Autoritätsdenken wendet

Industrialisierung
Prozess des technischen, wirtschaftlichen und sozialen Wandels von einer agrarisch geprägten Gesellschaft zu einer Industriegesellschaft

▶ M 15: Immanuel Kant über die Aufklärung

Encyclopédie
Es handelt sich um ein Nachschlagewerk, in dem der gesamte Wissensstoff aller Disziplinen oder nur eines Fachgebiets in alphabetischer oder systematischer Anordnung dargestellt ist.

▶ M 16: Götz Hamann über Diderots *Encyclopédie*

M 5 „Toleranz" von Daniel Chodowiecki, Druckgrafik, 1791

Soziale Frage
Soziale Frage meint die komplexen Probleme und sozialen Herausforderungen, die sich durch die massiven Veränderungen der Arbeitswelt und im Lebensalltag infolge der Industrialisierung im 19. Jahrhundert ergaben.

unterlagen auch das Selbstverständnis und das Weltbild der Europäer historischen Veränderungen. Wichtige Veränderungen brachten die **Aufklärung*** und die **Industrialisierung*** mit sich. Ihre Folgen prägten Selbstverständnis und Weltbild im 19. und 20. Jahrhundert.

Folgen der Aufklärung

Die Aufklärung (frz. *Siècle des Lumières*; engl. *Enlightenment*) als maßgebliche Bewegung des späten 17. Jahrhunderts hat sich insbesondere durch französische Denker im Laufe des 18. Jahrhunderts entwickelt und in ganz Europa verbreitet. Sie erreichte in der zweiten Hälfte des 18. Jahrhunderts ihren Höhepunkt und prägt bis heute Denken und Ideale der westlichen Welt. Die Aufklärung krempelte das Verständnis und die Ordnung der Welt um. Sie forderte ein, die Natur zu beobachten und auf Wissen und Vernunft zu bauen anstatt auf die Allmächtigkeit der Kirche. Das christlich geprägte Weltbild, Gottesgnadentum und das Primat der Kirche wurden kritisiert und dem Glauben die Vernunft, wissenschaftliche Methoden und die Empirie entgegengestellt. Der Philosoph Immanuel Kant (1724–1804) beantwortete 1784 den Aufruf einer Zeitschrift auf die Frage „Was ist Aufklärung?" u. a. mit der Aufforderung: „*sapere aude!*" („Wage zu wissen" oder „Habe den Mut, dich deines Verstandes zu bedienen"). Diese wurde zum Leitspruch der Aufklärung und Kant zu ihrem wichtigsten deutschen Vertreter. Eines der bedeutendsten Werke der französischen Aufklärung ist die *Encyclopédie** von Denis Diderot (1713–1784) und Jean Baptiste le Rond d'Alembert (1751–1780), die versuchte, alles Wissen ihrer Zeit zusammenzutragen und der Weltöffentlichkeit als Nachschlagewerk zu offerieren. An diesem Projekt zeigte sich auch die Gegenwehr der traditionellen Kräfte, die beide Autoren mit Gefängnis bedrohten. Erst die Französische Revolution verhalf den Ideen der Aufklärung in Europa schrittweise politisch zum Durchbruch. In den USA war es die Amerikanische Revolution. Begriffe und Normen wie Freiheit, Toleranz und Menschenrechte wurden zum neuen Maßstab. Sie stärkten das westlich-europäische Selbstverständnis. In der Überzeugung, überlegen zu sein, führten die Europäer gewaltvolle und kriegerische Auseinandersetzungen mit außereuropäischen Völkern. Insgesamt führten Freiheitsideen und wissenschaftliche Forschung zu grundlegenden Veränderungen in Gesellschaft und Politik und bereiteten den Weg für eine weitere wichtige Zäsur im westlich-europäischen Selbstverständnis.

Folgen der Industrialisierung

Die Industrialisierung, die der italienische Wirtschaftshistoriker Carlo M. Cipolla mit Blick auf England als „dramatisch revolutionär" bezeichnet, erfasste im Laufe des 19. Jahrhunderts ganz Europa mit einer großen Dynamik. Die politischen und ökonomischen Folgen waren vielfältig und weitreichend. Der Fortschritt durch die Wissenschaft, von der Dampfmaschine über die Elektrizität und die Chemie bis hin zum Automobil, sorgte für eine neue Arbeits- und Alltagswelt, brachte Urbanisierung, Mobilität und Beschleunigung. Einerseits etablierte sich ein großer Fortschrittsglaube, alles könne von den Menschen mit Anstrengung und Verstand bewältigt werden. Andererseits ergaben sich durch die massiven Veränderungen neue politische und gesellschaftliche Problemlagen: die Soziale Frage*, Migration, Fabrik-/Fließbandarbeit, Arbeiterbewegung, Massengesellschaft und Individualisierung sind nur einige Aspekte.

Zu den wichtigsten ökonomischen Folgen gehörte die Durchsetzung des Systems des „Kapitalismus". Dabei bestimmten auf einem prinzipiell freien Markt Angebot und Nachfrage die Produktion und die Preise. Das Kapital in Form von Maschinen, Arbeitskräften und Geld gehörte den Unternehmern. Die Arbeiter wurden zu abhängigen Lohnarbeitern, einer eigenen gesellschaftlichen Klasse, die selbst kein Kapital besaßen. Karl Marx und Friedrich Engels analysierten die Abhängigkeiten der Arbeiter in diesem System und setzten dem Kapitalismus als politisch-ökonomische Lösung den Sozialismus* gegenüber. Nur eine „Diktatur des Proletariats" könne Gerechtigkeit und Gleichheit ermöglichen.

Doch nicht nur im Binnenmarkt eines Staates bestimmten der Wettbewerb und das Prinzip der Gewinnmaximierung die Entwicklungen, auch auf dem europäischen Markt konkurrierten die Staaten miteinander. Kolonialmächte wie Großbritannien, die Niederlande und Frankreich verstärkten vor diesem Hintergrund außerdem ihre Bemühungen, weltweit Märkte für ihre nun industriell gefertigten Produkte zu finden und gleichzeitig Rohstoffe aus den von ihnen beherrschten Ländern zu beziehen. Die westlich-europäischen Staaten wurden zu Industriestaaten und versuchten zunehmend die globalen Märkte zu dominieren.

Im 19. Jahrhundert bildeten sich in Europa organisierte Parteien heraus, die liberale, konservative oder demokratische Ideen in den Parlamenten und den Regierungen vertraten. Infolge der Industrialisierung kamen sozialistische bzw. sozialdemokratische Parteien hinzu. Sie setzten sich gezielt für die Interessen der neu entstandenen sozialen Gruppe der Arbeiter ein, indem sie Arbeitsschutzmaßnahmen, höhere Löhne, bessere Wohnungen und Bildungsmöglichkeiten forderten. Weitere Lösungsversuche der sozialen Probleme kamen von kirchlicher, unternehmerischer und sozialkonservativer Seite und führten zu ersten Ansätzen einer modernen Sozialpolitik. Um 1900 hatte sich Europa infolge der Industrialisierung ökonomisch und politisch stark verändert.

Sozialismus
politische Theorie und Bewegung, die u. a. durch Aufhebung von Privateigentum und Einführung einer Planwirtschaft gesellschaftliche Gleichheit und Gerechtigkeit herstellen will

▶ **M 20:** Tabelle Weltindustrieproduktion
▶ **M 21:** David Landes über die Industrialisierung und die sozialen Veränderungen

M6 Der Arbeiterführer Ferdinand Lassalle als Kämpfer für die Sozialdemokratie und die Menschenrechte, Druck, 1872/1892

1. Vergleichen Sie die Karten M 1 und M 2 im Hinblick auf Unterschiede und Gemeinsamkeiten im Selbstverständnis und Weltbild der Chinesen und der Europäer.
2. Arbeiten Sie das Herrschaftsverständnis des „Reiches der Mitte" heraus.
3. Erläutern Sie thesenartig die Veränderungen des europäischen Selbstverständnisses infolge der Aufklärung und Industrialisierung.
4. Stellen Sie in einer Tabelle gegenüber, wie Chinesen und Europäer jeweils ihre Überlegenheit gegenüber anderen Kulturen begründen.
   Tipp: Siehe S. 149.
5. Diskutieren Sie in Ihrem Kurs, was es für Sie gegenwärtig mit Blick auf das historische Erbe bedeutet, „Europäer" zu sein.

Hinweise zur Arbeit mit den Materialien
Zunächst können Grundideen des Konfuzianismus und seine Rolle im chinesischen Kaiserreich mithilfe verschiedener Materialien (M 7 bis M 9) erarbeitet werden. Anschließend bieten M 10 bis M 12 einen multiperspektivischen Zugang zum Begriff „Reich der Mitte". Den Abschluss zu China bildet ein aktueller Text zum chinesischen Selbstverständnis (M 13). Die europäische Aufklärung, ihre Ideen und Folgen können mithilfe von M 14 bis M 17 analysiert werden. Die Industrialisierung und ihre wirtschaftlichen und politischen Folgen sind Thema von M 18 bis M 21. Der Europablock wird abgeschlossen mit einem zeitgenössischen Text zum europäischen Selbstverständnis (M 22) sowie einem Sekundärtext zur Frage des Eurozentrismus in der Geschichtsschreibung (M 23).

Zur Vernetzung mit dem Kernmodul
M 14 bis M 18 ermöglichen einen Bezug zu M 3 Urs Bitterli: Kulturkontakt.
Bei M 19 bis M 22 bietet sich ein Bezug zu Transformationsprozessen an (z. B. M 7: Wolfgang Merkel).

China: Konfuzianismus

M 7 Auszug aus dem „Buch der Riten (Liji)"
Das Buch, das Konfuzius zugeschrieben wird, setzt sich mit Verhaltensweisen und Normen auseinander, die eine ideale Gesellschaftsordnung der „Großen Einheit" schaffen sollen.

Meister Kong [Konfuzius] sprach: „Die Zeiten, da der große Weg auf Erden herrschte, und die Zeiten der großen Männer der drei ersten Herrscherhäuser habe ich nicht erlebt, aber ich kenne Überlieferungen darüber. Zur Zeit, als der große Weg herrschte, war die Welt gemeinsamer Besitz. Man wählte die Tüchtigsten und Fähigsten zu Führern; man sprach die Wahrheit und pflegte die Eintracht. Darum liebten die Menschen nicht nur ihre eigenen Eltern und versorgten nicht nur ihre eigenen Kinder. Die Alten konnten in Ruhe ihrem Ende entgegensehen; die kräftigen Männer hatten ihre Arbeit; die Witwer und Witwen, die Waisen und Kinderlosen und die Kranken hatten alle ihre Pflege; die Männer hatten ihre Stellung und die Frauen ihr Heim. Die Güter wollte man nicht ungenützt verlorengehen lassen; aber man suchte sie nicht unter allen Umständen für sich selbst aufzustapeln. Die eigene Kraft wollte man nicht unbetätigt lassen; aber man arbeitete nicht um des eigenen Vorteils willen. Mit allen Listen und Ränken war es zu Ende; man brauchte sie nicht. Diebe und Räuber, Mörder und Totschläger gab es nicht. Darum hatte man zwar draußen Tore; aber man schloss sie nicht. Das war die Zeit der großen Gemeinsamkeit. Nun aber, da der große Weg sich verborgen hat, ist die Weltherrschaft Familienerbe geworden. Jeder liebt zunächst seine Eltern, jeder ist besorgt für seine Kinder. Die Güter und die Arbeit dienen nur dem eigenen Nutzen. Dass Herrscher ihre Macht auf Söhne vererben, ist nun die Sitte. Man baut Mauern und Türme, Gräben und Teiche, um die Städte zu sichern. Man gebraucht die Sitte und das Recht als Grundlage, um das Verhältnis von Fürst und Diener zu ordnen, die Liebe zwischen Vater und Sohn, die Eintracht zwischen älterem und jüngerem Bruder, die Harmonie zwischen Gatte und Gattin, um Regeln und Ordnungen zu schaffen, um Felder und Weiler zu gründen, um Mut und Weisheit zu fördern, um Werke für sich selbst zu tun. Es kamen Listen und Pläne infolge davon auf, und Waffen erhoben sich deshalb. Die Herrscher Yu und Tang, die Könige Wen, Wu, Zhong und der Fürst von Zhou trafen infolgedessen ihre Auswahl der Sitten. Diese sechs Herrscher waren allezeit aufs äußerste besorgt um die Sitte, um die Gerechten ans Licht zu bringen, um die Zuverlässigen zu prüfen, um die Fehler ans Licht zu bringen, um der Güte Gestalt zu verleihen, die Verträglichkeit zu betonen und dem Volk zu zeigen, dass es feste Regeln gibt. Wenn Menschen sich nicht nach diesen Dingen richteten, so wurden sie von den Mächtigen entfernt, und alles Volk sah sich die Übeltäter an. Das heißt „die Zeit des kleinen Wohlstands".

Li Gi, Das Buch der Riten, Sitten und Gebräuche, übersetzt von Richard Wilhelm, Eugen Diederichs Verlag, Düsseldorf/Köln 1981, S. 56f. Umschrift der chinesischen Begriffe und Namen angepasst.*

M 8 Der Sinologe Philip Clart über Religion und Herrschaftslegitimation (2014)

Der chinesische Staat zwang seinen Untertanen keine Staatsreligion im europäischen Sinne auf, andererseits war das chinesische Reich auch nie religiös neutral. Im kaiserlichen China war die Legitimation des Herrschers religiös begründet. Und fand Ausdruck in einem komplexen Staatskult. [...] Mit dem Aufkommen der Idee vom Mandat des Himmels (*tianming*) und dem Herrscher als Himmelssohn (*tianzi*) entwickelte dieses Verständnis von Herrschaft seine Grundzüge, die China bis zum Ende der letzten Dynastie 1911 kennzeichneten. Der Kaiser war nicht nur für die Geschicke der menschlichen Gesellschaft verantwortlich, sondern regulierte das kosmische Gefüge insgesamt. In einer Welt, in der sich die „Drei Kräfte" von Himmel, Erde und Menschenwelt gegenseitig beeinflussten, konnte jeder

Komet... s Erdbeben und jede Naturerscheinung als pol... Kommentar gedeutet werden. Der ideale Her... nielt diese Ordnung durch rituelles Handeln aufrecht, wie durch die komplexe Abfolge der Opferhandlungen des Staatskultes.

Philip Clart, Religionen und Religionspolitik in China, in: Doris Fischer/Christoph Müller-Hofstede (Hg.), Länderbericht China, Bundeszentrale für politische Bildung, Bonn 2014, S. 622 f.*

M 9 „Die Essig-Tester", Buddha, Konfuzius und Laozi versammelt um ein Essigfass, ohne Jahr.
Das Bild der Essigverkostung versinnbildlicht die unterschiedlichen Einstellungen der wichtigsten chinesischen Religionen/Philosophien zum Leben: Konfuzius – sauer (Regeln sind wichtig), Buddha – bitter (Leben ist Leiden), Laozi – süß (Mensch von Natur aus perfekt).

Das „Reich der Mitte"

M 10 Der Sinologe Martin Hofmann über das chinesische Herrschaftsverständnis (2018)
Zunächst einmal verweist der räumliche Begriff „*tianxia*", der „unter dem Himmel" bedeutet, aber oft mit „Alles unter dem Himmel" übersetzt wird, auf den Anspruch des chinesischen Herrschers auf Vorherrschaft. Als „Sohn des Himmels" („*tianzi*") herrschte er nominell über das gesamte bekannte Territorium. In diesem Sinne war die Vorstellung von „Alles unter dem Himmel" umfassend und im Wesentlichen grenzenlos und schloss sogar alle fremden Völker ein, die nicht unter der direkten Kontrolle des chinesischen Herrschers standen, aber seine Autorität anerkannten, indem sie Tribut leisteten […]. Das Konzept ähnelt damit der griechischen Vorstellung von „*oecumene*" als die gesamte bewohnte Welt, und er wird manchmal tatsächlich entsprechend übersetzt. Er wurde aber auch in einem engeren Sinne verwendet und bezeichnete die räumliche Sphäre, in der (chinesische) Kultur und Moral vorherrschten, womit er dem römischen Begriff der „*oecumene*" als der „zivilisierten" Welt ähnelt.
Zweitens ist der Begriff „*zhongguo*" weithin als zeitgenössische Bezeichnung für China bekannt. In frühen chinesischen Texten taucht er jedoch in verschiedenen Kontexten auf und bezeichnete […] also nicht unbedingt eine tatsächliche geografische Zentralität, sondern implizierte im Allgemeinen einen Anspruch auf politische Legitimität oder kulturelle Überlegenheit, was auf einen Unterschied zurückgeht zwischen den von Chinesen bewohnten Ländern (oft als „*Hua*" und/oder „*Xia*" bezeichnet) und den von Nicht-Chinesen bewohnten Gebieten (oft als „*Yi*" zusammengefasst), die sie umgaben.

Christoph Mauntel u. a., Mapping Continents, Inhabited Quarters and The Four Seas, in: Journal of Transcultural Medieval Studies 5, de Gruyter, Berlin/Boston/München 2018, S. 295–366, S. 306 f. Übersetzt von Jonas Schmid.*

M 11 Der Übersetzer Ma Huan über „barbarische Länder" (15. Jahrhundert)
Ma Huan nahm an drei der sieben Fahrten des Seefahrers Zheng He (geb. 1371) als Übersetzer teil. Nach seiner Rückkehr nach China verfasste er ein Buch, in dem er über die Fahrten und besuchten Orte berichtet. Dem Buch vorangestellt ist folgendes „Gedicht über die Reise":
Des Kaisers glorreicher Gesandter empfing die himmlisch-kaiserliche Order, die Worte des Kaisers zu verkünden und in die barbarischen Länder zu fahren. Sein riesiges Schiff ritt auf den tosenden Wellen des grenzenlosen Ozeans, eine weite Fahrt über die

---

1 Analysieren Sie auf der Basis von M 7 und des Darstellungstextes die Ideen des Konfuzianismus.
2 Erklären Sie die Rolle des Konfuzianismus im chinesischen Herrschaftsverständnis (M 8).
3 Interpretieren Sie das Bild M 9.

rollenden Wogen, die weit und grenzenlos schienen. [...] Weit entfernt ist Shepo [Java] vom blühenden Reich der Mitte [China], das Wetter dort drückend heiß und die Menschen anders. Unbedeckte Köpfe und nackte Füße, eine unkultivierte Sprache sprechen sie; Kleider und Hüte tragen sie nicht, noch verfolgen sie Riten oder Tugend.

Als die himmlisch-kaiserliche Schrift kam, erhoben sich fröhliche Rufe, die Oberhäupter und Anführer der Barbaren wetteiferten darum, sie zu begrüßen. Edelmetalle aus dem Süden und seltene Edelsteine aus der Ferne werden schnell zum Tribut gebracht; dankbar, unsere Güte bewundernd, zeigen sie sich treu und aufrichtig. [...]

Hohe Berge und mächtige Wellen sah ich zuvor nur wenige; seltene und außergewöhnliche Schätze erschienen mir nun. Unter dem Himmel sind alle Untertanen des Kaisers, die ehrwürdige Ming [Dynastie] vereinte *Huaxia* [China], wer kann sich damit – vom Altertum bis in die Gegenwart – vergleichen?

Der Gesandte, pflichtbewusst, fürchtet Verzögerung; wenn der Südwind kommt, der ihm den Weg nach Hause weist. Über Wellen groß wie Drachen segeln die Schiffe hinweg. Der Blick zurück zeigt trostlose und ferne Flecken verborgen im Dunst.

Ma Huan, zit. nach John V. Mills (Hg.), The Overall Survey of the Ocean's Shores, Cambridge Univ. Press, Cambridge 1970, S. 73–75. Übersetzt von Jonas Schmid.*

1 Erläutern Sie mithilfe von M 10 den Begriff „Alles unter dem Himmel".
2 Arbeiten Sie auf der Basis von M 11 typische Elemente des Weltbilds und Selbstverständnisses der chinesischen Kaiserzeit heraus.

M 12 Die „Verbotene Stadt", Beijing, Foto 2014.
Die „Verbotene Stadt" besteht aus 890 Gebäuden, im Zentrum der Kaiserpalast. Die Anlage wurde von 1406 bis 1420 unter Kaiser Yongle erbaut. Hier lebten bis 1924 die chinesischen Kaiserfamilien.

1 Erklären Sie den Zusammenhang zwischen dem „Bild der fünf Zonen der Unterwerfung" (siehe M 4, S. 23) und der „Verbotenen Stadt".
2 **Vertiefung:** Informieren Sie sich über Leben und Politik des Yongle-Kaisers (1360–1424).
3 **Zusatzaufgabe:** Siehe S. 149.

Selbstverständnis der Chinesen

M 13 Der chinesische Historiker Ge Zhaoguang zur Frage „Was ist China?" (2018)

Was ist „China" aus historischer Sicht eigentlich? [...] Wenn wir auf die Geschichte „Chinas" zurückblicken, können wir, vereinfacht gesagt, sagen, dass ein China mit politischer und kultureller Kontinuität schon sehr früh entstanden ist. Vom dritten Jahrhundert v. u. Z., als Qin Shi Huangdi ein einheitliches Reich errichtete und seine offizielle Macht dazu nutzte, dafür zu sorgen, dass „alle Gewichte und Maße, die Spurweite von Radfahrzeugen und das Schriftsystem vereinheitlicht wurden", bis zum zweiten Jahrhundert v. u. Z., als die Han-Dynastie in ihrer Philosophie „nichts anderes als den Konfuzianismus bewunderte", [...] hatte sich ein chinesisches Kaiserreich (*Zhonghua diguo*) gebildet, das in Bezug auf Politik, Kultur und Sprache relativ einheitlich war. Im Laufe der langen mittelalterlichen Periode erlebte China zahlreiche Kriege und territoriale Teilungen, war Schauplatz der Vermischung verschiedener nationaler Gruppen und wurde von einer langen Reihe von Anführern aus verschiedenen Clans und nationalen Gruppen regiert. Dennoch war China bis in die Zeit der Sui- und der Tang-Dynastie hinein ein Reich, das sich über weite Teile Ostasiens erstreckte und ein hohes Maß an Kontrolle über die verschiedenen Völker in seinem Territorium ausübte. [...] Erst während der Song-Dynastie (d. h. vom zehnten bis zum vierzehnten Jahrhundert) kam es zu größeren Veränderungen in den Beziehungen Chinas zu seinen Nachbarländern. Das China der Song-Dynastie befand sich in einem multistaatlichen, internationalen Umfeld und begann, ein Gefühl für das „Reich der Mitte" zu entwickeln, das bis in die heutige Zeit reicht. [...]

Es muss jedoch darauf hingewiesen werden, dass sich die politischen Grenzen des Staates und das internationale Umfeld auch nach der Herausbildung des Prototyps dieses Staates ständig veränderten. Selbst ein geschrumpftes China hielt an der traditionellen Vorstellung von einem expansiven, grenzenlosen „Alles-unter-dem-Himmel" und einem „auf sich selbst zentrierten" Tributsystem fest. Ab der Song-Dynastie stieß dieses „China", das allmählich kulturelle Einheit und politische Einigung erlangte, auf noch mehr Schwierigkeiten. [...]

Das Große Ming-Reich wurde in eine noch größere Weltordnung hineingezogen, und die chinesische Geschichte wurde zu einem Teil der globalen Geschichte. Auch die chinesische Kultur begann, sich den Herausforderungen der westlichen Zivilisation zu stellen. Auch wenn diese Herausforderung in der mittleren und späten Periode der Ming-Dynastie nicht besonders offensichtlich war, wurde dieser historische Trend der sogenannten frühen Globalisierung immer stärker. Von den Opiumkriegen bis zur späten Qing-Dynastie drangen die Westler mit Schiffen und Kanonen ein und verlangten von China die Zustimmung zu allen möglichen ungleichen Verträgen. Diese Entwicklungen führten dazu, dass „Alles-unter-dem-Himmel" allmählich zu einer „internationalen" Weltsicht wurde: Ein riesiger Teil der Welt, der geografisch, historisch und kulturell nie viel Kontakt mit China gehabt hatte, wurde plötzlich bedeutsam. [...]

Ich betone, dass „China" im Laufe der Geschichte ein sich wandelndes „China" ist. Obwohl China sich weiterhin als ein großes, einheitliches himmlisches Reich betrachtete, war es weiterhin mit den drei komplizierten historischen Fragen konfrontiert, was das Innere, die Peripherie und das Äußere ausmacht.

Aus diesen Gründen ist „China" eine besondere Art von „Staat". Es ist wichtig, dass wir verstehen, dass sich dieses China [wie ich an anderer Stelle geschrieben habe] „nicht zu einem Nationalstaat [wie in Europa] entwickelt hat. Zwar war die Idee eines begrenzten Staates in der Vorstellung eines Reiches ohne Grenzen enthalten. Der moderne Nationalstaat ist das Produkt des traditionellen zentralisierten Imperiums und bewahrt die Überreste der Ideologie des Imperiums, woraus wir erkennen können, dass die Geschichte beider miteinander verflochten war."

Aus diesen Gründen ist die europäische Idee des frühneuzeitlichen Nationalstaates vielleicht gar nicht so gut für China geeignet, während China, dieser besondere Staat, nur verstanden werden kann, wenn man in die Geschichte zurückgeht.

Ge Zhaoguang, What is China? Territory, Ethnicity, Culture, and History, The Belknap Press, Cambridge/Massachusetts 2018, S. 2–10. Übersetzt von Jonas Schmid. *

1 Fassen Sie zusammen, wie Ge Zhaoguang Chinas historische Entwicklung charakterisiert (M 13).
2 Erörtern Sie die Rolle „politischer und kultureller Kontinuität" (Z. 4) und die Idee eines einheitlichen Chinas im Vergleich zur Entwicklung Europas.

Europa: Folgen der Aufklärung

M 14 „Aufklärung", Zeichnung von Daniel Chodowiecki, 1791

1 **Partnerarbeit:** Beschreiben Sie das Bild M 14. Ordnen Sie bestimmte Bildelemente wichtigen Ideen der Aufklärung zu.
Tipp: Nutzen Sie den Darstellungstext, S. 23 f.

M 15 Der Philosoph Immanuel Kant (1724–1804) über „Was ist Aufklärung?" (1785)

Aufklärung ist der Ausgang des Menschen aus seiner selbstverschuldeten Unmündigkeit. Unmündigkeit ist das Unvermögen, sich seines Verstandes ohne Anleitung eines anderen zu bedienen. Selbst verschuldet ist diese Unmündigkeit, wenn die Ursachen derselben nicht am Mangel des Verstandes, sondern der Entschließung und des Mutes liegt, sich seiner ohne Leitung eines andere zu bedienen. *Sapere aude!* Habe Mut, Dich Deines eigenen Verstandes zu bedienen! Ist also der Wahlspruch der Aufklärung. Faulheit und Feigheit sind die Ursachen, warum ein so großer Theil der Menschen, nachdem sie die Natur längst von fremder Leitung freigesprochen (*naturaliter majorennes*), dennoch gerne zeitlebens unmündig bleiben; und warum es Anderen so leicht wird, sich zu deren Vormündern aufzuwerfen. Es ist so bequem, unmündig zu sein. [...]

[...] Es ist also für jeden einzelnen Menschen schwer, sich aus der ihm beinahe zur Natur gewordenen Unmündigkeit herauszuarbeiten. Er hat sie sogar liebgewonnen, und ist vor der Hand wirklich unfähig, sich seines eigenen Verstandes zu bedienen, weil man ihn niemals den Versuch davon machen ließ. Satzungen und Formeln, diese mechanischen Werkzeuge eines vernünftigen Gebrauchs oder vielmehr Missbrauchs seiner Naturgaben, sind die Fußschellen einer immerwährenden Unmündigkeit. Wer sie auch abwürfe, würde dennoch auch über den schmalesten Graben einen nur unsicheren Sprung thun, weil er zu dergleichen freier Bewegung nicht gewöhnt ist. [...] Dass aber ein Publikum sich selbst aufkläre, ist eher möglich; ja es ist, wenn man ihm nur Freiheit lässt, beinahe unausbleiblich. Denn da werden sich immer einige Selbstdenkende, sogar unter den eingesetzten Vormündern des großen Haufens, finden, welche, nachdem sie das Joch der Unmündigkeit selbst abgeworfen haben, den Geist einer vernünftigen Schätzung des eigenen Werths und des Berufs jedes Menschen selbst zu denken um sich verbreiten werden.

[...] Durch eine Revolution wird vielleicht wohl ein Abfall von persönlichem Despotismus und gewinnsüchtiger oder herrschsüchtiger Bedrückung, aber niemals wahre Reform der Denkungsart zu Stande kommen; sondern neue Vorurtheile werden, eben sowohl als die alten, zum Leitbande des gedankenlosen großen Haufens dienen. [...] Leben wir jetzt in einem aufgeklärten Zeitalter? So ist die Antwort: Nein, aber in einem Zeitalter der Aufklärung.

Immanuel Kant, Beantwortung der Frage: Was ist Aufklärung, in: Berlinische Monatsschrift 1784, Zwölftes Stück, Siehe Dec. Was ist Aufklärung?, Berlin, S. 516.*

1 Erläutern Sie, warum Kant (M 15) von einer „selbst verschuldeten Unmündigkeit" (Z. 2) spricht.
2 Weisen Sie mithilfe von M 15 nach, dass die Aufklärung eine neue „Denkart" einleitete.
Tipp: Siehe S. 149.
3 Nehmen Sie Stellung, inwiefern „Freiheit" als grundlegender Wert oder Bedingung auch moderner staatlicher Strukturen zu betrachten ist.
4 **Vertiefung:** Erarbeiten Sie über Bibliotheks- und Internetrecherche die Ideen eines weiteren wichtigen Denkers der Aufklärung: z. B. Jean-Jacques Rousseau, Adam Smith, John Locke, Georg Wilhelm Friedrich Hegel, Alexis de Tocqueville oder Auguste Comte.

M 16 Der Journalist Götz Hamann über Diderots *Encyclopédie* (2011)

Geht es um ihren Anspruch, hat die Wikipedia einen historischen Urahn, Diderots *Encyclopédie* von 1751. Auch sie sammelte das Wissen ihrer Zeit und erleuchtete sie damit.

Die ersten Bände der *Encyclopédie ou Dictionnaire raisonné des sciences, des arts et des Métiers* erschienen im Jahr 1751 und trafen [...] auf ein immenses Interesse. Intellektuelle, Ingenieure, aufgeklärte Staatsdiener, Juristen, Ärzte und Manufakturkapitalisten in ganz Europa kauften das Werk des Aufklärers Denis Diderot. Denn es veränderte die Welt, die bis dahin aus Hörensagen, mündlicher Überlieferung, einzelnen aufklärerischen Schriften und kleineren Lexikon-Editionen bestanden hatte.

Diderots *Encyclopédie* schien den Kontinent zu erleuchten. Sie war ein Angriff auf das christliche Weltbild, das Primat der Kirche und die von Gott abgeleitete Macht der Könige. Denn sie stellte Vernunft, wissenschaftliche Methoden und die Empirie über den Glauben und gilt als das wichtigste Werk der Aufklärung. Das blieb nicht ohne Kritik. Da Diderot seine Haltung auch in diversen Essays kundgetan hatte, war er noch vor Erscheinen der ersten Bände verhaftet worden und mehrere Monate lang inhaftiert gewesen. Danach wurde er vorsichtiger, publizierte weniger Schriften und versteckte seine radikalen Ansichten in der *Encyclopédie* oft in frechen Verweisen. So steht unter dem Eintrag über Menschenfresserei der Hinweis „siehe auch unter Eucharistie, Kommunion, Altar etc".

Mit diesem Lexikon bekam die Aufklärung einen *Common Ground* [gemeinsame Grundlage]. Die gebildeten Menschen Europas bedienten sich nun aus demselben Wissensschatz. Und indem sie die *Encyclopédie* nutzten und zitierten und übersetzten und erweiterten, verständigten sie sich darüber, wie die Welt ist. Die *Encyclopédie* zeigte, was die Elite Europas jenseits persönlicher Vorlieben, religiöser Überzeugungen und politischer Haltungen gemeinsam über die Welt aussagen konnte. Denis Diderot selbst schrieb in seinem lexikalischen Beitrag zum Stichwort „Enzyklopädie": Sie ziele „darauf ab, die auf der Erdoberfläche verstreuten Kenntnisse zu sammeln, und es den nach uns kommenden Menschen zu überliefern, damit die Arbeit der vergangenen Jahrhunderte nicht nutzlos für die kommenden Jahrhunderte gewesen sei". Mit diesem Tun verband er die Hoffnung, dass „damit unsere Enkel nicht nur gebildeter, sondern gleichzeitig auch tugendhafter und glücklicher werden, und damit wir nicht sterben, ohne uns um die Menschheit verdient gemacht zu haben".

Götz Hamann, „Das gesammelte Wissen der Welt". ZEIT Online, 17.01.2011.*

M 17 Plakat aus der Zeit der Französischen Revolution, 1792–1797

1 Fassen Sie Diderots Intention der Enzyklopädie auf der Basis von M 16 zusammen.
2 Analysieren Sie die Folgen von Diderots „Encyclopédie" für das europäische Weltbild.
3 Arbeiten Sie aus dem Plakat M 17 Bezüge zur Aufklärung heraus.
   Tipp: Siehe S. 149 f.

M 18 Der Soziologe Bernhard Schäfers über die „Ambivalenzen der Aufklärung" (2016)
Es wurde früh gesehen und kritisiert, dass das Aufklärungsdenken einen zu ausschließlich wissenschaftlichen und technisch fundierten Impetus hatte und mit diesem „Programm" der „Entzauberung der Welt" (Max Weber) Gefahren neuer Art verbunden waren. Hier liegt auch der Grund für das Zerwürfnis von Rousseau mit den Enzyklopädisten, namentlich mit Diderot. [...] Rousseau sah die Gefahren einer Herrschaft der Vernunft in Verbindung mit wissenschaftlich-technischer Rationalität. Dem setzte er die Welt der Gefühle entgegen, wie im Erziehungsroman *Émile* oder in *Julie oder die neue Héloise* (beide Werke 1761). Ambivalenzen der Aufklärung bzw. der Moderne spielen auch in der Soziologie eine wichtige Rolle, so bei Georg Simmel und Max Weber. Doch weder Simmel noch Weber stellten die Aufklärung grundsätzlich infrage. Das geschah erst nach den Katastrophen zweier Weltkriege, am radikalsten bei Theodor W. Adorno (1903–1969) und Max Horkheimer (1895–1973) in ihrem noch im amerikanischen Exil verfassten Werk, „Dialektik der Aufklärung". Den Nationalsozialismus mit seiner Ideologie und der Praxis der Vernichtung von Völkern und Kulturen sahen sie als „Selbstzerstörung der Aufklärung", als Umschlag in eine neue Mythologie der Gewalt [...]. In der Diskussion um die mit der Aufklärung beginnende wissenschaftlich-technische Fundierung des Sozialen nimmt das Werk von Michel Foucault (1926–1984) einen zentralen Stellenwert ein. In „Überwachen und Strafen" (1976) zeigte er, wie seit der Aufklärung und dem Beginn des wissenschaftlich-technischen Zeitalters neue Formen des Separierens, Aufteilens und Disziplinierens, nunmehr wissenschaftlich begründet, möglich wurden. Gefängnisse, Heilanstalten, Erziehungsheime wurden zu Einrichtungen eines Überwachungs- und Bestrafungssystems.

Bernhard Schäfers, Sozialgeschichte der Soziologie. Die Entwicklung der soziologischen Theorie seit der Doppelrevolution, Springer VS, Wiesbaden 2016, S. 23 f.

1 Beschreiben Sie die „Ambivalenzen der Aufklärung".
2 Diskutieren Sie im Kurs, inwiefern Ideen der Aufklärung im Kontakt mit anderen Kulturen Konflikte mit sich bringen können.
   ▶ Kernmodul: M 3 Urs Bitterli

Folgen der Industrialisierung

M 19 Der Wirtschaftshistoriker Felix Butschek über die Industrialisierung (2006)
Noch zu Beginn des 20. Jahrhunderts konnte man sagen, dass Europa die gesamte Welt direkt oder indirekt beherrschte. [...] Eine solche drückende Überlegenheit resultierte aus einem Prozess, der sich nur und ausschließlich in Europa und seinen überseeischen Abkömmlingen, also Nordamerika, Australien und Neuseeland, vollzogen hatte: der Industriellen Revolution! Diese bewirkte nicht nur, dass pro Kopf der Bevölkerung in Europa ein Vielfaches dessen produziert wurde, was die übrige Welt erzeugte, sondern sich auch ein gewaltiger Abstand des technischen Wissens aufgetan hatte; jener Kenntnis, die zum Motor der Industriellen Revolution geworden war. [...]

[...] Dieser Kontinent repräsentierte, verglichen mit den außereuropäischen [Kulturen], etwa der chinesischen, eine relativ junge Kultur. Jene existierte bereits Jahrtausende, bevor Europa die Weltbühne betrat, und hatte beeindruckende Leistungen, nicht nur in Architektur und Kunst, sondern auch durchaus in Technik und Verwaltung aufzuweisen. [...]
Auch wenn alle Wirtschaftshistoriker dem technischen Fortschritt und der Innovation stets eine zentrale Rolle in der Industriellen Revolution zuschrieben, lehnten sie es ab, darin die einzige Ursache zu sehen. Sie waren sich darüber im Klaren, dass dieser Prozess durch eine Reihe von Faktoren vorangetrieben gewesen sein musste, die auch über den unmittelbar ökonomischen Bereich hinausgingen. [...]
Während der Übergangsperiode des späten 17. und frühen 18. Jahrhunderts beginnen sich das wissenschaftliche Denken und der wissenschaftliche Diskurs in der Wirtschaft durchzusetzen. Initiative, risikobereite Menschentypen mit einem neuen Wertekanon treten in den Vordergrund. Die entstehenden Nationalstaaten bekunden hohes Interesse am Wirtschaftswachstum, um ihre finanziellen Ressourcen auszuweiten. Um dieses zu ermöglichen, erhöhte der Staat seine Investitionen sowohl in die Transportinfrastruktur als auch in das Bildungswesen. Mit wachsendem Überseehandel wird der Markt ausgeweitet, es entwickeln sich kommerzielle und Finanzierungsorganisationen, die die unternehmerische Disposition erleichtern.

Felix Butschek, Industrialisierung – Ursachen, Verlauf, Konsequenzen, UTB, Wien 2006, S. 9 ff.*

M 20 Weltindustrieproduktion 1880–1938 (Anteil ausgewählter Länder in %)

	1880	1900	1913	1928	1938
Großbritannien	22,9	18,5	13,6	9,9	10,7
Vereinigte Staaten	14,7	23,6	32,0	39,3	31,4
Deutschland	8,5	13,2	14,8	11,6	12,7
Frankreich	7,8	6,8	6,1	6,0	4,4
Russland	7,6	8,8	8,2	5,3	9,0
Österreich-Ungarn	4,4	4,7	4,4	–	–
Italien	2,5	2,5	2,4	2,7	2,8

Nach: Paul M. Kennedy, Aufstieg und Fall der großen Mächte, Random House, Frankfurt/M. 1989, S. 311.

1 Erläutern Sie, wie Butschek (M 19) die „drückende Überlegenheit" (Z. 3 f.) Europas begründet.
2 Bestimmen Sie mithilfe von M 20 die Rolle Europas im Rahmen der Industrialisierung.
3 **Zusatzaufgabe:** Siehe S. 150.

M 21 Der Wirtschaftshistoriker David Landes über Industrialisierung und Modernisierung (1973)
Die Industrialisierung bildet ihrerseits das Kernstück eines größeren und komplexeren Prozesses, den man häufig als Modernisierung bezeichnet. Es handelt sich hier um jene Kombination von Veränderung – der Produktions- und der Regierungsweise, der sozialen und institutionellen Ordnung, des Wissens, des Verhaltens und der Werte –, die im 20. Jahrhundert einer Gesellschaft ihre Eigenständigkeit bewahrt. [...] Aber auch das industrielle Europa litt an Wachstumsschmerzen. [...] Jeder Wandel hat etwas Dämonisches. Er schafft Neues, vernichtet aber auch Bestehendes. [...] Das 18. und 19. Jahrhundert erlebten aber das Anwachsen einer arbeitenden Klasse, wie es sie in dieser Zahl und Konzentration niemals zuvor gegeben hatte. Mit der Größe und der Konzentration kamen Slums und Klassenbewusstsein, Arbeiterparteien und radikale Heilmittel.

David Landes, Der entfesselte Prometheus, Kiepenheuer & Witsch, Köln 1973, S. 20 f.*

M 22 „Zeit-Controllapparate", Grafik aus der Leipziger Illustrierten, 1889

1 Arbeiten Sie auf der Basis von M 21 und M 22 den Zusammenhang zwischen sozialen und politischen Folgen der Industrialisierung heraus.
2 Erörtern Sie Transformationsprozesse in Europa als Folge der Industrialisierung.
▶ Kernmodul: M 7: Wolfgang Merkel

Selbstverständnis der Europäer

M 23 Der französische Gelehrte Louis de Jaucourt in einem Artikel über „Europa" (1751)
EUROPA (geog.), große Region der bewohnten Welt. […] Europa hatte weder immer denselben Namen noch dieselben Ausmaße, was auf die Völker, die es bewohnten, zurückzuführen ist; und die Unterteilungen hängen mangels der Historiker, die uns einen Faden reichen sollten, mit dem wir aus diesem Labyrinth finden, von einer unmöglichen Kleinigkeit ab. […] Wie dem auch sei, Europa ist immer noch der kleinste Teil der Welt; aber, wie der Autor des Werkes „Geist der Gesetze" [Montesquieu] bemerkt, hat sie so ein Ausmaß an Kraft und Einfluss erlangt, dass der Historiker dem nichts entgegensetzen kann, wenn er das unendliche Ausmaß an Ausgaben, die Größe der militärischen Verpflichtungen, die Anzahl der Truppen und ihre Unterhaltskosten, auch wenn diese wahrlich unnütz sind, weil sie nur der Schau dienen, betrachtet. Im Übrigen tut es wenig zur Sache, dass Europa bezüglich seiner geografischen Ausdehnung der kleinste der vier Weltenteile ist, weil er aufgrund des Handels, der Schifffahrt, der Fruchtbarkeit, der Aufgeklärtheit der Bewohner, der Industrie, der Kenntnisse in Kunst, Wissenschaft und Handwerk und, was am wichtigsten ist, aufgrund des Christentums, dessen wohltuende Moral zur Glückseligkeit der Gesellschaft führt, der bemerkenswerteste ist. Wir schulden dieser Religion in der Regierung ein bestimmtes politisches Recht und im Krieg ein gewisses Völkerrecht, das die menschliche Natur nicht angemessen zu würdigen weiß. Indem sie nur das Glück eines anderen Lebens als Ziel zu haben scheint, sorgt sie auch für unser Glück in diesem Leben.

Louis de Jaucourt, Artikel „Europa" in Enzyklopädie oder ein durchdachtes Wörterbuch der Wissenschaften, der Künste und Berufe, in: Rotraud von Kulessa/Catriona Seth (Hg.), Die Europaidee im Zeitalter der Aufklärung, Open Book Classics, Cambridge 2017, S. 26–28.*

M 24 Der Historiker Jürgen Osterhammel über „Europa" im 19. Jahrhundert (2011)
Weltgeschichte will „Eurozentrismus" ebenso wie jede andere Art von naiver kultureller Selbstbezogenheit überwinden. Dies geschieht nicht durch die illusionäre „Neutralität" eines allwissenden Erzählers oder die Einnahme einer vermeintlich „globalen Beobachterposition", sondern ein bewusstes Spiel mit der Relativität von Sichtweisen. Dabei kann nicht übersehen werden, wer für wen schreibt. Dass sich ein europäischer (deutscher) Autor an europäische (deutsche) Leser wendet, wird den Charakter des Textes nicht unberührt lassen: Erwartungen, Vorwissen und kulturelle Selbstverständlichkeiten sind nicht standortneutral. […]
Kein anderes Jahrhundert [als das 19. Jahrhundert] war in einem auch nur annähernden Maße eine Epoche Europas. Es war, wie der Philosoph und Soziologe Karl Acham treffend formuliert hat, eine „Epoche übermächtiger und übermächtigender europäischer Initiativen". Nie zuvor hatte die westliche Halbinsel Eurasiens derart große Teile des Globus beherrscht und ausgebeutet. Niemals hatten Veränderungen, die von Europa ausgingen, eine solche Durchschlagskraft in der übrigen Welt. Niemals wurde auch die europäische Kultur – weit jenseits der Sphäre kolonialen Zugriffs – dermaßen begierig aufgenommen. Das 19. Jahrhundert war also auch deshalb ein Jahrhundert Europas, weil die Anderen Maß an Europa nahmen. Europa übte in der Welt dreierlei aus: Macht, die es oft gewaltsam zum Einsatz brachte; Einfluss, den es sich über die zahllosen Kanäle kapitalistischer Expansion zu sichern verstand; und eine Vorbildwirkung, gegen die sich sogar viele von Europas Opfern nicht sperrten. Die multiple Übermacht hatte es in der frühneuzeitlichen Phase der europäischen Expansion nicht gegeben. Weder Portugal, noch Spanien, noch die Niederlande, noch England vor etwa 1760 hatten ihre Macht in entfernte Winkel der Erde projiziert und die „Anderen" kulturell so beeindruckt, wie es Großbritannien und Frankreich im 19. Jahrhundert taten. […] Niemals hat Europa einen ähnlichen Überschuss an Innovationskraft und Initiative, gleichzeitig auch von Überwältigung und Arroganz freigesetzt.

Jürgen Osterhammel, Die Verwandlung der Welt. Eine Geschichte des 19. Jahrhunderts, C. H. Beck, München 2011, S. 19 f.*

1 Analysieren Sie, wie Louis de Jaucourt die Überlegenheit Europas begründet (M 23).
2 Geben Sie die Argumentation Osterhammels wieder, wie Europa die Welt dominierte (M 24).
3 Nehmen Sie Stellung zu der Problematik, dass die Geschichtsschreibung immer kulturell gebunden ist.
4 **Diskussionsrunde**: Vergleichen Sie das chinesische Selbstverständnis mit dem europäischen. Führen Sie eine Diskussion durch, in der eine Gruppe China und eine Gruppe Europa vertritt. Tauschen Sie sich über Fragen des Selbstverständnisses aus.

Methode

Geschichtskarten interpretieren

Karten gehören zu unserem Alltag – ob als Straßenkarten, in Navigationsgeräten oder im Internet. Meist werden dort aktuelle geografische Verhältnisse gezeigt. Für die Darstellung historischer Phänomene und Entwicklungen haben Karten eine wichtige Funktion: Sie können **Raumbeziehungen** visuell darstellen und so den **Zusammenhang zwischen räumlichen Bedingungen** (Lage von Staaten, Grenzen, Verkehrswegen) **und historischen Prozessen** verdeutlichen. Daher finden sich solche Karten in Schulbüchern, aber auch in wissenschaftlicher und populärer Literatur und in historischen Dokumentationen im Fernsehen.

Begrifflich und inhaltlich zu unterscheiden sind **„Geschichtskarten"** und **„historische Karten"**. „Geschichtskarten" wollen (heute) ein Phänomen aus der Vergangenheit behandeln, also Geschichte in kartografischer Form darstellen. „Historische Karten" dagegen stammen aus der Vergangenheit und stellen – aus damaliger Perspektive – entweder die damalige Gegenwart oder eine Vergangenheit dar. Für die Geschichtswissenschaft sind Letztere Quellen, Erstere dagegen Darstellungen. Allerdings können Geschichtskarten mit der Zeit historische Karten werden – ein Geschichtsatlas aus den 1950er-Jahren z. B. ist heute eine historische Quelle, die es erlaubt, das Geschichtsverständnis dieser Zeit zu rekonstruieren.

Für die Darstellung von Geschichte in kartografischer Form gibt es bekannte Konventionen und Elemente, die für die Darstellungsabsicht eingesetzt werden können: Kartentitel, Legende, Farbgebung, verwendete Symbole und Zeiten, Schrift usw. Bei der kritischen Analyse solcher Karten geht es nicht so sehr darum, die dargestellten Informationen zu ermitteln, sondern vor allem um die Aussageabsicht der Karte. Hierfür ist insbesondere der Kontext wichtig, also Fragen wie: Wer hat die Karte entworfen bzw. in Auftrag gegeben? In welchem Zusammenhang ist sie erschienen? An wen richtete sie sich?

Arbeitsschritte zur Interpretation

1. Erster Eindruck
- Was sind Ihre ersten Assoziationen und Eindrücke beim Betrachten der Karte?
- Was fällt Ihnen hinsichtlich der inhaltlichen Dichte und Komplexität auf?

2. Formale Merkmale
- Wie lautet der Titel der Karte?
- Wer ist der Verfasser bzw. Auftraggeber der Karte (ggf. Recherche)?
- Was ist das Thema der Karte (dargestellter geografischer Raum, Zeit, Ereignisse)?
- Wie sind Legende(n), Maßstab, Farbgebung, Symbole, Schrift etc. gestaltet?
- Wie ist der Verwendungskontext und wer sind die Adressaten?

3. Analyse der einzelnen Elemente
- Was bedeuten die einzelnen inhaltlichen Elemente, z. B. Grenzen und Grenzveränderungen, Wanderungen und Kriegszüge, Schlachten und Belagerungen, Standorte (Industrie, Handel, Militär etc.), Bevölkerungs-, Bestands- und Absatzzahlen?
- Lassen sich die Behauptungen anhand anderer Quellen überprüfen?

4. Interpretation/ Gesamtaussage
- Was ist die Intention und Aussageabsicht der Karte? Welche Erkenntnis wird beim Betrachter intendiert?
- Sind Schwerpunkte erkennbar? Wo liegt der Fokus der Karte?
- Wird eine bestimmte Sichtweise bezüglich einer historischen Fragestellung bevorzugt?
- Sind Missinterpretationen möglich? Vereinfacht die Karte Sachverhalte zu stark?
- Sind implizite oder gar explizite Wertungen erkennbar?
- Was wird nicht dargestellt? Aus welchen Gründen?
- Manipuliert die Karte den Betrachter? Werden Informationen zurückgehalten oder falsch dargestellt? Wem könnte dies nutzen? Wer könnte dies wollen?

Übungsbeispiel

M1 China zur Zeit der Qing-Dynastie (1644–1911)

■	Kernsiedlungsgebiet der Mandschu
■	Expansion bis 1644 (Übernahme der Herrschaft von den Ming)
■	Expansion bis 1659
■	Expansion bis Ende des 18. Jahrhunderts
1759	Jahr der Annexion
—	Grenze der größten Ausdehnung des Reichs
■	tributpflichtiger Staat
▨	Aufstandsgebiet

1 Interpretieren Sie die Karte, indem Sie die vier Arbeitsschritte von S. 34 durchführen und auf dieser Grundlage einen zusammenhängenden Text formulieren.
   ▶ Lösungshinweise finden Sie auf S. 152.

Anwenden

M1 Der chinesische Philosoph Wang Fuzhi über die Herrschaft in China (17. Jh.)

Wang Fuzhi (1619–1692) stammte aus einer chinesischen Beamtenfamilie, die unter der Dynastie der Ming diente. Als 1644 die mandschurischen Qing den Kaiserthron eroberten, lehnte Wang ihre Herrschaft ab. Wang gilt als Vordenker eines ethnisch begründeten, chinesischen Nationalismus. Die Qing waren für ihn „Barbaren", weil sie nicht chinesisch waren. Seine kritischen Schriften wurden erst im 19. Jahrhundert veröffentlicht.

Der Unterschied zu den Barbaren liegt in der Kargheit ihrer Gesetze und Verfassungen, in der Rohheit ihrer Unterkünfte, ihrer Nahrung und ihrer Kleidung sowie ihrem gewalttätigen und wilden Tempera-
5 ment. Wenn sie diese Sitten nicht ändern, können sie sich eines großen Vorteils erfreuen. Und gleichzeitig kann China dadurch einem Schaden entgehen. Aber wenn sie einmal anfangen, sich zu ändern und chinesische Sitten anzunehmen, dann werden sich
10 auch die Vor- und Nachteile ihrer Lage ändern. Sie können dadurch mit der Zeit mutiger und mächtiger werden als die Chinesen, was ein Vorteil sein wird, aber sie werden so auch den Weg für eine eventuelle Schwäche öffnen. [...] Solange sich die Barbaren da-
15 mit begnügen, auf der Suche nach Wasser und Weideland umherzuziehen, sich im Bogenschießen und Jagen zu üben, keinen Unterschied zwischen Herrscher und Untertan zu machen, nur rudimentäre Heirats- und Regierungssysteme zu besitzen und je
20 nach den Erfordernissen der Jahreszeiten in ihrem Gebiet hin und her zu ziehen, solange kann China sie niemals kontrollieren. Und solange die Barbaren nicht erkennen, dass Städte befestigt und erhalten werden können, dass Märkte Gewinn bringen, dass
25 Felder bestellt und Steuern erhoben werden können, solange sie die Herrlichkeit ausgeklügelter Heirats- und Amtssysteme nicht kennen, werden sie China weiterhin als ein gefährliches und unwirtliches Dornenbeet betrachten. [...] Die beiden Länder werden
30 sich gegenseitig ignorieren, zum Vorteil für beide. Es entspricht der Ordnung des Himmels und den Geboten des menschlichen Zusammenlebens, dass jeder auf seine Weise und auf seinen eigenen Wegen das Licht findet.

Zit. nach: William Theodore de Bary u. a. (Hg.), Sources of Chinese tradition. 1. From earliest times to 1600, Columbia University Press, New York 1999, S. 547. Übersetzt von Jonas Schmid.*

M2 Der Ökonom Johann Heinrich Gottlob von Justi über das europäische Selbstverständnis (1762)

Johann Heinrich Gottlob von Justi (1720–1771) arbeitete in verschiedenen Positionen in der Verwaltung und an Universitäten. Er war beeinflusst von den Werken des französischen Philosophen Montesquieu.

So allgemein dieser Nationalstolz allen Völkern ist; so treiben wir Europäer diese hohe Einbildung von uns selbst doch viel höher als alle anderen Nationen des Erdbodens. Unser Vorzug scheinet uns gar nicht zweifelhaftig. Wir setzen uns kühn über alle anderen Völ- 5
ker der übrigen Weltteile hinaus. Sie sind in unseren Augen nichts als ungeschickte, rohe und unwissende Barbaren, wenn wir ihnen nicht die Ehre erzeigen, dass wir sie nicht gar unter die Wilden zählen. Alle ihre Sitten, Gebräuche und Regierungsverfassungen 10
kommen uns durchaus ungereimt, unvernünftig, töricht und lächerlich vor. Unsere Vernunft, unsere Erkenntnis, unsere Einsichten dünken uns so erhaben zu sein, dass wir auf alle andere[n] Völker des Erdbodens als auf um uns herumkriechende, elende Wür- 15
mer herabsehen; und in der Tat betragen wir uns auch nicht anders gegen sie. Wir führen uns als Herren des ganzen Erdbodens auf; wir bemächtigen uns ohne Bedenken der Länder aller Völker in allen drei übrigen Weltteilen; wir schreiben ihnen in ihren Lan- 20
den Gesetze vor; wir begegnen ihnen als unsern Sklaven; und wenn sie sich im geringsten zu widersetzen unterstehen; so rotten wir sie ganz und gar aus; was das Sonderbarste ist; wir tun dieses alles, ohne dass einmal jemand in Europa einfällt, dass wir dadurch 25
himmelschreiende Ungerechtigkeiten begehen.
Ich habe einen großen Vorsatz gefasst: Ich will mich bemühen, in verschiedenen Werken die hohe Einbildung zu mäßigen, die wir Europäer von uns selbst haben.

Johann Heinrich Gottlob von Justi, Vergleichungen der Europäischen mit den Asiatischen und andern vermeintlich barbarischen Regierungen, Verlag J.H. Rüdigers, Berlin 1762, S. 3 f.

---

1 Analysieren Sie, wie Wang Fuzhi die „Barbaren" charakterisiert (M 1).

2 Erläutern Sie auf der Basis von M 1 die Grundideen von Herrschaft und Gesellschaft im chinesischen Kaiserreich.

3 Geben Sie wieder, was Justi unter „Barbaren" versteht (M 2).

4 Erklären Sie, inwiefern M 2 Ideen der Aufklärung widerspiegelt.

5 Beurteilen Sie, ob die beiden Autoren typisch für das chinesische Selbstverständnis und das europäische Selbstverständnis sind.

Selbstverständnis und Weltbild der Chinesen und der Europäer

Wiederholen

M 3 „Ein Kirgise präsentiert Kaiser Qianlong ein Pferd als Tribut", Gemälde von Giuseppe Castiglione, Jesuit und Maler am chinesischen Hof, 18. Jahrhundert.

Bei einem Empfang beim Kaiser galten strenge Regeln. Alle Besucher mussten sich vor dem Kaiser niederwerfen und mehrmals mit der Stirn den Boden berühren („Kotau", chinesisch koutou). Das Bild ist ein Ausschnitt aus einer hängenden Schriftrolle des italienischen Jesuiten und Hofmalers Giuseppe Castiglione.

Zentrale Begriffe
„Alles unter dem Himmel"
Aufklärung
Eurozentrismus
Industrialisierung
Konfuzianismus
„Reich der Mitte"
Selbstverständnis
Sinozentrismus
Vernunft
Weltsicht

1 Beschreiben Sie die wesentlichen Bildelemente des Gemäldes von Giuseppe Castiglione (M 3). Nutzen Sie bei Bedarf die Formulierungshilfen.
2 Charakterisieren Sie mithilfe von M 3 und Ihres im Kapitel erworbenen Wissens die Rolle des Kaisers im chinesischen Kaiserreich.
3 Erläutern Sie den Einfluss der Aufklärung auf das europäische Selbstverständnis.
4 **Wahlaufgabe:** Bearbeiten Sie entweder a, b oder c.
   a) Skizzieren Sie in Thesen, welche Veränderungen die Industrialisierung in Europa brachte.
   b) Erarbeiten Sie ein Lernplakat zu den Veränderungen in Europa infolge der Industrialisierung.
   c) Erläutern Sie den Zusammenhang zwischen Industrialisierung und Imperialismus.
5 Einem Schüler des Konfuzius wird der Satz zugeschrieben: „Es gibt selten Menschen, die ihren Eltern mit Ehrfurcht, ihren älteren Brüdern mit Achtung begegnen und die trotzdem gegen die Obrigkeit rebellieren wollen [...]." Erklären Sie das sich daraus ableitende Gesellschaftsbild und nehmen Sie dazu Stellung.
6 Stellen Sie das chinesische Selbstverständnis und Weltbild dem europäischen in einer Tabelle gegenüber.
   Tipp: Verwenden Sie die folgenden Oberbegriffe: Gesellschaft, Kaiser/Monarch, Werte, Wirtschaft, Außenpolitik.
7 **Vertiefung:** Der Sinologe Karl-Heinz Pohl setzt sich mit Problemen eines interkulturellen Vergleichs zwischen China und Europa auseinander und stellt fest: „Die populäre Unterscheidung zwischen einem auf dem Christentum gründenden Westen und einem konfuzianisch orientierten Ostasien ist natürlich eine Vereinfachung, und sie ist deshalb [...] häufig kritisiert worden." Erörtern Sie Probleme eines solchen interkulturellen Vergleichs.

Formulierungshilfen für die Bildbeschreibung
– Auf dem Bild ist/sind ... zu sehen.
– Die dargestellten Personen sind mit ... bekleidet.
– Ihre Gestik/Mimik/Körperhaltung ist durch ... gekennzeichnet.
– Eine herausgehobene Stellung nimmt ... ein.
– Folgende Gegenstände/Symbole werden verwendet: ...
– Farbgebung/Perspektiven/Proportionen sind ... gestaltet und erzielen die Wirkung, dass ...
– Das Gemälde versucht, folgendes Bild der chinesischen Herrschaft zu erzeugen: ...

3 Chinesische Kontakte mit den imperialistischen Mächten und ihre Folgen

M1 „Uncle Sam öffnet die Tür nach China, und England und Russland schauen zu", US-amerikanische Karikatur, 1900

1644 | Beginn der Qing-Dynastie

1729 | Opiumverbot durch Kaiser Yongzheng

Unter der Dynastie der Qing (1644–1911) erlebte China zunächst eine Phase der Expansion und des Wohlstands. Der Handel in Asien florierte. Europa interessierte sich ebenfalls für die chinesischen Produkte wie Porzellan, Seide und Tee und schickte seine Handelsgesellschaften nach China. Die chinesische Regierung kontrollierte den Handel mit Europa, indem sie ihn u. a. auf wenige Häfen, vor allem den Hafen von Guangzhou (Kanton), beschränkte. An europäischen Produkten bestand in China wenig Interesse. Es gab also keinen ausgeglichenen Handel zwischen beiden Seiten, sondern die Europäer mussten zum Erwerb chinesischer Produkte hohe Silberzahlungen an China leisten. Die Briten schickten 1792/93 eine diplomatische Mission unter Lord Macartney an den Kaiserhof, um bessere Bedingungen auszuhandeln, scheiterten jedoch. Kaiser Qianlong schrieb: „Wie Euer Gesandter mit eigenen Augen sehen kann, besitzen wir alles. Ich lege keinen Wert auf Gegenstände, die fremdländisch oder geschickt erfunden sind, und ich habe keine Verwendung für die Produktion Eures Landes." Im Kontakt zwischen China und Europa hatte China eindeutig die besseren Karten in der Hand.

Die Lage änderte sich im 19. Jahrhundert aus verschiedenen Gründen. Ein Grund war der Opiumhandel. Das von den Briten in Indien produzierte Rauschgift fand auf illegalen Wegen reißenden Absatz in China. Nun floss vor allem Silber aus China nach Großbritannien. Als sich die Situation immer weiter zuspitzte, reagierte der chinesische Kaiser mit einem Opiumverbot und strengen Strafmaßnahmen. Die Briten waren empört. Von den „unzivilisierten" Chinesen wollte man sich den vermeintlichen Freihandel nicht verbieten lassen und demonstrierte „nationale Stärke": Kriegsschiffe wurden nach China geschickt. Der Erste Opiumkrieg (1839–1842) war auch der erste Krieg zwischen einer europäischen Macht und China. Die Briten waren militärisch überlegen und konnten im Nanjing-Vertrag China die Bedingungen diktieren: Öffnung des Handels und damit auch Zugriff auf die Wirtschaft in China, diplomatische Vertretungen und damit mehr politischer Einfluss, Zulassung von christlichen Missionen und damit kulturell-gesellschaftlicher Zugang. Schnell folgten andere Staaten mit eigenen „ungleichen Verträgen": Frankreich, Russland, die USA, später auch das Deutsche Reich und Japan. Untereinander vereinbarten sie, dass die Privilegien, die ein Staat in China durch Verträge erhalten hatte, auch für alle anderen Staaten galten. Die Autorität der Qing-Dynastie war massiv geschwächt. Der Kontakt wurde nun von den imperialistischen Mächten dominiert.

1 Interpretieren Sie die Karikatur M 1 und ordnen Sie diese mithilfe des Einleitungstextes in den historischen Kontext ein.
2 **Begriffscluster:** Reaktivieren Sie Ihr Vorwissen, indem Sie im Kurs ein Begriffscluster zum Thema „Imperialismus" erstellen. Berücksichtigen Sie dabei alle Begriffe und Assoziationen, die Ihnen hierfür relevant erscheinen.
3 Stellen Sie Hypothesen zum Einfluss der imperialistischen Mächte in China auf. Überprüfen Sie diese nach Bearbeitung dieses Kapitels.

1792/93	Macartney-Mission: brit. Gesandter fordert vom Kaiser bessere Handelsbedingungen
1838/39	Opiumverbot durch den Daoguang-Kaiser
1839–1842	Erster Opiumkrieg (Großbritannien und China)
1842	Vertrag von Nanjing
1856–1860	Zweiter Opiumkrieg (Großbritannien, Frankreich und China)
1860	Zerstörung des kaiserlichen Sommerpalastes durch brit.-frz. Truppen
1884/85	Niederlage Chinas im Krieg gegen Frankreich
1894/95	Niederlage Chinas im Krieg gegen Japan, Taiwan wird japanische Kolonie
1897	Deutsches Reich besetzt Qingdao
1899	Open Door Policy Note von US-Außenminister John Hay
1880–1914	Phase des Hochimperialismus

3 Chinesische Kontakte mit den imperialistischen Mächten und ihre Folgen

In diesem Kapitel geht es um
- *die Mission des britischen Gesandten Macartney 1793 nach China,*
- *den „Ersten Opiumkrieg" 1839 bis 1842 zwischen China und Großbritannien,*
- *den Abschluss „ungleicher Verträge" zwischen China und den Großmächten,*
- *die christliche Missionierung in China,*
- *die von den USA durchgesetzte „Open Door Policy",*
- *einen Vergleich mit der Entwicklung von Japan (Stationenlernen).*

China und Europa bis zum Ende des 18. Jahrhunderts

Reise- und Missionsberichte vom 16. bis zum 18. Jahrhunderts zeichneten in Europa von China nicht nur das Bild eines kultivierten und vorbildhaften Landes, sondern rückten auch exotische Produkte wie Tee, Seide und Porzellan in den Fokus. Man betrachtete das reiche China also auch als interessanten Handelspartner mit attraktiven Produkten für den europäischen Markt.

Chinesische und europäische Händler – darunter vor allem Portugiesen, Spanier, Niederländer und Briten – schufen in Ostasien ab dem 16. Jahrhundert ein dichtes Handelsnetz. Waren ursprünglich vor allem Gewürze aus Südostasien interessant, wurden auch Tee, Seide und Porzellan aus China bald begehrte Waren in Europa. Die europäischen Händler wiederum brachten Silber, das in China als klassisches Zahlungsmittel gefragt war. Es strömte auf spanischen Galleonen aus Südamerika nach China, wo es begierig aufgenommen wurde.

Unter der Qing-Dynastie wurde 1759 Guangzhou (Kanton) an der Südküste Chinas zum einzigen offiziellen Umschlagplatz für diese begehrten Waren. Gleichzeitig waren die Briten mit ihrer Kolonie in Indien bis Mitte des 18. Jahrhunderts zur führenden Handelsmacht aufgestiegen. Insbesondere der unstillbare Durst nach Tee ließ China als Handelspartner für Großbritannien so bedeutsam werden: Der Teeimport der Briten war von 200 Pfund pro Jahr im 17. Jahrhundert auf 400 000 Pfund zu Beginn des 18. Jahrhunderts gestiegen. Organisiert wurde dieser Handel von englischer Seite durch die 1600 für den Indienhandel gegründete *East India Company* (EIC). Diese hatte Zugriff auf eine Flotte, Stützpunkte in mehreren Hafenstädten Afrikas und Asiens und das nötige Kapital für die Finanzierung.

M1 Blick auf Guangzhou (Kanton), chinesisches Gemälde, zwischen 1760 und 1770.

Das chinesische Gemälde wurde für einen britischen Händler angefertigt. Es zeigt die von Stadtmauern umgebene „Altstadt" von Guangzhou. Westlich davon befindet sich die Neustadt. Hier sind direkt am Wasser die Handelsgebäude verschiedener ausländischer Handelsgesellschaften, gekennzeichnet mit ihren jeweiligen Flaggen zu erkennen ebenso wie ausländische Schiffe.

Zunächst lieferten die Briten an die Chinesen indische Baumwolle im Austausch für den Tee. Doch als dies nicht mehr ausreichte, wurden die Tee-Lieferungen mit Silber beglichen. Insgesamt waren die Handelsbedingungen für die Engländer in China jedoch in der zweiten Hälfte des 18. Jahrhunderts schwieriger geworden.

Die Macartney-Mission 1792/93

Um bessere Handelsbedingungen auszuhandeln, beschloss die britische Regierung 1792, eine Gesandtschaft nach China an den Hof des Qianlong-Kaisers zu schicken. Ausgewählt wurde der erfahrene Diplomat **George Macartney (1737–1806),** der auch mit dem britischen König Georg III. verwandt war. Er sollte dem Kaiser einen Brief des Königs mit einer Reihe von „Vorschlägen" zur engeren Zusammenarbeit überreichen. Dazu gehörte u. a. die Errichtung einer diplomatischen Vertretung in Beijing und die Öffnung weiterer Häfen für den britischen Handel. Im Sommer 1793 erreichte die fast hundert Personen umfassende britische Delegation den Hafen Tianjin an der Ostküste Chinas. Die Chinesen empfingen die Briten ihren formalen Regeln entsprechend wie eine Gesandtschaft, die dem Kaiser Tribut leisten wollte, und geleiteten sie an den Sommersitz des Kaisers in Jehol weiter. Neben dem Brief des Königs hatte die Delegation auch Teleskope, Barometer, kunstvolle Uhren sowie Glas- und Silberwaren als Geschenke dabei, die gleichzeitig auch die britische Leistungsfähigkeit demonstrieren sollten. Das Gleiche galt für in der Delegation mitreisende Naturwissenschaftler und Künstler.

Während der offiziellen **Audienz beim Qianlong-Kaiser (1711–1799)** im September 1793 beschränkte sich Macartney gegenüber dem Kaiser auf eine Verbeugung mit gebeugtem Knie, wie es an europäischen Königshöfen üblich war. Am chinesischen Kaiserhof war dagegen der sogenannte *Kotau* verpflichtend, eine in kniender Haltung ausgeführte, tiefe Verbeugung, bei der der Kopf mehrfach den Boden berührte (siehe M 3, S. 37). Anschließend trug Macartney die zentralen Bitten der Briten nach diplomatischer Vertretung und Öffnung weiterer Häfen für den Handel vor. Kaiser Qianlong wies jedoch alle Vorschläge freundlich, aber bestimmt zurück.

In der älteren Forschung wird die Verweigerung des *Kotaus* durch Macartney als wichtiger Grund für die chinesische Ablehnung eingestuft. Bei dieser Audienz seien Welten aufeinandergetroffen, die kulturell so unterschiedlich gewesen seien, dass eine Verständigung kaum möglich gewesen wäre. Eine Konfrontation der beiden Seiten sei im 19. Jahrhundert praktisch unausweichlich gewesen. Die neuere Forschung sieht dagegen eher eine Konfrontation zwischen zwei Imperien mit starkem Machtanspruch. Die britischen Forderungen nach freiem Handel und diplomatischem Austausch, die den Vorgaben der Qing-Dynastie widersprachen, erscheinen so als Provokation.

Der Qianlong-Kaiser hielt seine Antwort an den britischen König in zwei Schreiben fest. In einem Schreiben antwortete er genau auf jede Forderung der Briten und begründete die chinesische Ablehnung. Ein zweites, allgemeineres Schreiben wurde in Europa als Ausdruck des Selbstverständnisses des chinesischen Kaiserreichs gelesen.

Insgesamt gilt die Macartney-Mission als Auftakt zu den Konfrontationen des 19. Jahrhunderts zwischen dem Imperium China auf der einen Seite und den imperialistischen Mächten Großbritannien und Frankreich sowie gegen Ende des Jahrhunderts Russland, den USA, Deutschland und Japan auf der anderen Seite. Der Kontakt zwischen beiden Seiten wurde zunehmend durch militärische Aktionen und politischen Druck bestimmt.

Erster Opiumkrieg 1839–1842

Nach dem Scheitern der Macartney-Mission mussten die Briten den Handel mit China weiter zu den alten Bedingungen betreiben. Da der Bedarf und Import von Tee, Seide und Porzellan aus China immer weiter anstieg, waren die Briten gezwungen, auch immer

▶ M 10: Auftrag für Lord Macartney

M 2 Der britische Gesandte Macartney im Jahr 1793 beim Qianlong-Kaiser, Ausschnitt aus einer Zeichnung von William Alexander, 1794.

Das Bild zeigt, wie Lord Macartney vor dem Kaiser das Knie beugt, aber nicht den traditionellen „Kotau" macht.

▶ M 14: Alain Peyrefitte über die Macartney-Mission

▶ M 15: Henrietta Harrison über die Macartney-Mission

▶ M 12 und M 13: Schreiben vom Qianlong-Kaiser

3 Chinesische Kontakte mit den imperialistischen Mächten und ihre Folgen

▶ **M 16:** Tabelle Opiumexport

▶ **M 17 und M 18:** Folgen des Opiumhandels für China

M 3 „Britischer Handel", französische Karikatur zum Opiumhandel, 1840.

Der Untertitel der Karikatur lautet: „Ihr müsst dies Gift sofort kaufen. Wir wollen, dass ihr euch vollkommen vergiftet, damit wir genug Tee haben, um unsere Beefsteaks zu verdauen."

▶ **M 21:** Auszüge aus dem Vertrag von Nanjing

Ungleiche Verträge
Der Begriff stammt aus den 1920er-Jahren und wurde rückwirkend auf die Verträge von imperialistischen Mächten mit China und Japan angewandt.

mehr Silber für die Bezahlung aufzuwenden. Die einzige britische Ware, für die in China eine Nachfrage bestand, war aus Mohn gewonnenes Opium, das die Briten in Indien anbauen ließen. Opium war in China als Arzneimittel und auch als Rauschmittel bekannt, war aber bereits 1729 vom Yongzheng-Kaiser verboten worden. Das Verbot wurde jedoch durch britische und chinesische Schmuggler umgangen. Die Briten intensivierten um 1800 ihren indischen Mohnanbau und lieferten das Opium tonnenweise entlang der gesamten Südküste nach China. Von dort wurde es von bestens organisierten Netzwerken in das Landesinnere transportiert und verkauft. In den Folgejahren wuchs der Opiumschmuggel enorm an und mit ihm die Zahl der Drogensüchtigen in China. Um 1830 sollen mehr als 10 Millionen Chinesen abhängig gewesen sein. Für die Briten zahlte sich der Handel aus, denn nun flossen große Mengen Silber zurück in britische Kassen. In China wurden die Drogenabhängigen, es waren auch viele Beamte und Militärangehörige darunter, sowie die Kosten für das Opium als politisches, wirtschaftliches und gesellschaftliches Problem betrachtet. So wirkte sich u. a. der Abfluss von Silber verheerend auf die Wirtschaft aus. Aufgrund des gestiegenen Silberpreises konnte der Staat kaum noch die Gehälter von Beamten und Militärs bezahlen.

1838/39 kam es zu einem erneuten **Opiumverbot durch den Daoguang-Kaiser (reg. 1821–1850)**. Der Erfolg der verhängten Maßnahmen war dieses Mal enorm. Der kaiserliche Sonderbeauftragte **Lin Zexu** wurde in die Hafenstadt Guangzhou (Kanton) entsandt, um dort gegen den Schmuggel und Handel vorzugehen. Er soll dort innerhalb eines Jahres mehr als 7 Tonnen Rauschgift beschlagnahmt und vernichtet haben. Konsumenten, chinesische Zwischenhändler sowie die ausländischen Händler mussten empfindliche Strafen hinnehmen. Die Händler wurden interniert und aus der Hafenregion von Guangzhou vertrieben. Aufgrund der Vernichtungsaktionen stieg der Preis für Opium stark an, der Handel mit Opium war so lukrativ wie nie zuvor.

Auf die Strafmaßnahmen der chinesischen Verwaltung gegen den Drogenschmuggel reagierte die britische Regierung mit Empörung und ihrer Militärmacht. Nationale Töne und eine Herabwürdigung der Chinesen dominierten die Debatte in England. Moralische Bedenken gegen den Rauschgifthandel äußerten nur wenige. Eine Flotte von acht gepanzerten Kanonenbooten und weitere Schiffe mit insgesamt 4000 Soldaten wurden nach China entsandt. Diese erreichten im Juni 1840 Guangzhou. Die schlecht organisierten und bezahlten Truppen der Qing-Dynastie waren den Angriffen mit überlegener Waffentechnik nicht gewachsen. Innerhalb eines Jahres folgte die Einnahme strategischer Hafenorte an der Süd- und Ostküste Chinas. Nach der Eroberung Shanghais fuhren die Briten auf dem Yangzi weiter aufwärts bis Nanjing. Als die Briten im August 1842 den Angriff auf die Stadt vorbereiteten, kapitulierten die kaiserlichen Truppen. Der **Friedensvertrag von Nanjing** beendete den Opiumkrieg und sicherte den Briten größere Handelsmöglichkeiten in China zu.

„Ungleiche Verträge"

Der Friedensvertrag von Nanjing war der erste in einer ganzen Reihe von sogenannten „ungleichen Verträgen"* zwischen den imperialistischen Mächten und China. Sie waren insofern ungleich, als sie nur einem Vertragspartner bestimmte Rechte einräumten, nämlich im Fall des Friedensvertrags von Nanjing den Briten. Die Chinesen mussten nach der militärischen Niederlage im Opiumkrieg britischen Forderungen nachgeben. Zu den wichtigsten Bestimmungen des Vertrags von Nanjing gehörten die Öffnung der Häfen Guangzhou, Xiamen, Fuzhou, Ningbo und Shanghai für den Handel sowie die Abtretung der Insel Hongkong als Kolonie an Großbritannien. Darüber hinaus wurden die Chinesen zu Reparationen in Höhe von 21 Millionen Silberdollar verpflichtet. Und schließlich wurden englische Diplomaten in China zugelassen, die den chinesischen Beamten gleichgestellt wurden. China verlor also in vielen Bereichen seine Souveränität.

Die ungleichen Verträge verschafften bis ins 20. Jahrhundert hinein den imperialistischen Mächten nicht nur den Zugang zum chinesischen Markt, sie beinhalteten auch Gebietsabtretungen sowie die Errichtung von Pachtgebieten* und von Kolonien*.
Bis 1912 wurden u. a. folgende weitere Verträge geschlossen:

Jahr	Vertrag	Unterzeichner / Inhalte
1844	Vertrag von Wangxia	China + USA / u. a. Freihandel, Grundstückserwerb für Bau von Kirchen
1844	Vertrag von Huangbu	China + Frankreich / u. a. Freihandel, katholische Mission, eigene Rechtsprechung
1858	Vertrag von Aihun	China + Russland / u. a. Abtretung Teile Mandschurei an Russland
1858	Vertrag von Tianjin	China + Frankreich, Großbritannien, Russland, USA / u. a. Ausweitung Vertragshäfen, Freizügigkeit, unbeschränkte Missionstätigkeit
1860	Konvention von Beijing	China + Frankreich, Großbritannien, Russland, USA / u. a. weitere Vertragshäfen, Erlaubnis Auswanderung für Chinesen
1861	Handels-, Freundschafts- und Schifffahrtsvertrag	China + Preußen und Zollverein / u. a. Freihandel
1895	Vertrag von Shimonoseki	China + Japan / u. a. Abtretung Taiwan, Unabhängigkeit Koreas, Öffnung von vier Vertragshäfen für Japan, Japan darf dort Fabriken errichten
1898	Zweite Konvention von Beijing	China + Großbritannien / u. a. Verpachtung von Hongkong für 99 Jahre an GB
1898	Vertrag von Guangzhouwan	China + Frankreich / Guangzhouwan wird frz. Pachtgebiet (bis 1943!)
1898	Deutsch-chinesischer Pachtvertrag über Jiaozhou	China + Deutschland / Kiautschou (heute Jiaozhou) wird dt. Pachtgebiet
1901	Vertrag von 1901 („Boxerprotokoll")	China + Achtstaatenallianz (GB, USA, Jap., Russl., F, D, Italien, Ö-Ungarn) / u. a. Entschuldigung für Morde, Reparationen, Verbot Waffen

Um 1900 besaßen die wichtigsten **Großmächte eigene Kolonien und Pachtgebiete in China,** über die sie politisch und wirtschaftlich bestimmen konnten. Das chinesische Kaiserreich war zu einer Halbkolonie* geworden. Zahlreiche Vertragshäfen ermöglichten den freien Handel mit ganz China, doch auch dieser war einseitig von den Interessen der Großmächte bestimmt. Die imperialistischen Mächte betreiben ebenfalls im eigenen Interesse den Bau von Industrieunternehmen in den Vertragshäfen sowie den Ausbau von Eisenbahnen und anderer Verkehrswege, um auch das Landesinnere für den Handel zugänglich zu machen. Die Konkurrenz der ausländischen Mächte in China untereinander verhinderte jedoch die Vormachtstellung einer einzelnen Macht. So lag es im Interesse der ausländischen Regierungen, die chinesische Zentralregierung als Schaltzentrale für den gleichen Zugang zu Handel und Verkehrswegen im Land zu erhalten. Als das Qing-Reich beispielsweise durch den Taiping-Aufstand (siehe Kap. 4, S. 73) innenpolitisch unter massiven Druck geriet, unterstützten die Europäer die chinesische Regierung militärisch.

Pachtgebiet
Gebiet eines Staates, das dieser durch einen Vertrag einem anderen Staat überlässt. Es bleibt Staatsgebiet, aber der pachtende Staat erhält die Gebietshoheit – meist für eine bestimmte Zeitdauer.

Kolonie
Auswärtige Besitzung eines Staates, die politisch und wirtschaftlich von ihm abhängig ist

▶ **M 22:** Jonathan D. Spence über die „Ungleichen Verträge"

Halbkolonie
Als Halbkolonie besitzt ein Land zwar die formelle politische Souveränität, seine Wirtschaft und Politik wird aber wesentlich von imperialistischen Staaten bestimmt.

3 Chinesische Kontakte mit den imperialistischen Mächten und ihre Folgen

▶ Kap. 6: Kreuzzüge

▶ Kap. 7: Spanischer Kolonialismus

▶ Kap. 5: Kernmodul: Kulturkontakt

M 4 Der britische Missionar Robert Morrison bei der Übersetzung der Bibel ins Chinesische, Druck nach einem Gemälde von George Chinnery, 1853

▶ M 25 bis M 31: Protestantische Missionierung

▶ M 32: John Hays *First Open Door Note*

▶ M 33: Karikatur

▶ M 34: Wolfgang Mommsen über Hochimperialismus

Informeller Imperialismus
Ein Staat verschafft sich in einem anderen Land durch Verträge wirtschaftliche Vorteile und übt mithilfe eigener Verwaltungsinstitutionen Kontrolle aus. Die Strukturen des Landes bleiben aber bestehen.

Missionierung

Christliche Missionare handelten in dem Selbstverständnis, mit dem christlichen Glauben den Menschen ein „Geschenk" und die „Wahrheit" zu bringen. Allerdings ging die christliche Missionierung weltweit oft mit Gewalt einher und war u. a. Teil der Eroberungsmechanismen durch die Entdecker. Ihren ersten Höhepunkt erlebte die Missionierung in China mit dem italienischen Jesuiten Matteo Ricci Mitte des 16. Jahrhunderts, der einen besonderen Weg einschlug. Er erlernte die chinesische Sprache und setzte sich intensiv mit der Kultur einschließlich des Konfuzianismus auseinander. Er lebte am Hof in Beijing. Die Jesuiten setzten diesen Austausch ca. 150 Jahre fort und ihre positiven Berichte prägten die Vorstellungen über China in Europa tief. So gelang ihnen ein Kulturaustausch, der für die chinesische und europäische Welt bereichernd war.
Im 19. Jahrhundert folgte eine christliche Missionierungswelle mit anderer Ausrichtung. Viele Missionare setzten sich zwar mit der chinesischen Kultur auseinander und lernten u. a. die Sprache, aber Ziel war vor allem die „Zivilisierung" der chinesischen Bevölkerung durch die christliche Religion. Außerdem zielte die Missionierung nun auf die breite Bevölkerung und beschränkte sich nicht wie im 16. Jahrhundert auf den Kaiserhof und die chinesischen Eliten. Die Missionierung musste von China geduldet werden, da der Vertrag von Nanjing von 1842 eine Klausel enthielt, die protestantischen Missionaren den Aufenthalt in fünf Vertragshäfen erlaubte. Später kam auch die Konzession für katholische Missionare hinzu. Nach Chinas Niederlage im Zweiten Opiumkrieg (1856–1860) wurden die Rechte ausgeweitet. Missionare konnten überall im Land leben, ihre Religion verbreiten und in den Vertragshäfen sogar Kirchen, Schulen und Friedhöfe errichten. Protestantische und katholische Mission verfolgten keinen ökumenischen Ansatz, sondern arbeiteten und missionierten getrennt voneinander. Die protestantische Mission wurde unter anderem von britischen, amerikanischen und deutschen Missionaren getragen, während die katholischen Missionen von Frankreich und Italien unterstützt wurden. In vielerlei Hinsicht war die christliche Missionierung Teil des Kolonialisierungsprozesses durch die imperialistischen Mächte.

Open Door Policy

Eng verbunden mit dem System der ungleichen Verträge und anderen imperialistisch motivierten Eingriffen in Chinas Souveränität war auch die vor allem von den USA vorangetriebene *Open Door Policy* (Politik der offenen Tür). Der Schwerpunkt der Politik lag im Bereich des freien Handels, der zuvor schon schrittweise in den meist bilateralen ungleichen Verträgen durchgesetzt worden war, sowie im Bereich der Außenpolitik. John Hay, Außenminister der USA, sandte 1899 eine sog. „First Open Door Note" an die Regierungen von Frankreich, Großbritannien, Russland, Japan und Deutschland. Darin erklärte er die amerikanischen Vorstellungen bezüglich der zukünftigen „Kooperation" mit China. Kern war die Forderung an China, jeder imperialistischen Macht automatisch die gleichen Rechte in China zuzugestehen, die auch in bilateralen Verträgen ausgehandelt worden waren. Der Grund für seine Initiative lag vor allem in der sich immer weiter zuspitzenden Konkurrenz der ausländischen Mächte untereinander, um ihre Markt- und Machtanteile in China jeweils auszuweiten. Die USA wollten so eine Aufteilung Chinas unter den europäischen Mächten und Japan verhindern sowie den eigenen Anteil sichern.
Die Politik der offenen Tür stützte und legitimierte das seit Mitte des 19. Jahrhunderts errichtete System des **informellen Imperialismus*** in China. Verträge sicherten ausländischen Staaten wirtschaftliche Vorteile in China und ermöglichten ihnen, mithilfe eigener Verwaltungen rechtliche und politische Kontrolle auszuüben. Das chinesische Kaiserreich blieb jedoch mit allen seinen Strukturen bestehen. Mit Ausnahme der Pachtgebiete fand keine direkte koloniale Beherrschung in China statt.

Chinesische Kontakte mit den imperialistischen Mächten und ihre Folgen 3

M 5 Einflussgebiete und Stützpunkte ausländischer Mächte in China bis 1912

Folgen des Imperialismus in China und Japan

Die gewaltsame Öffnung der chinesischen Märkte zerstörte alte Handwerks- und Gewerbestrukturen. Der Einfluss der ausländischen Mächte untergrub zudem die Legitimation und Autorität der kaiserlichen Regierung. Hinzu kamen sich verschlechternde Lebensbedingungen aufgrund von Bevölkerungswachstum und Missernten. Die Folgen
5 waren innere Unruhen und eine wachsende politische Instabilität. Die Reaktionen von Politik und gesellschaftlichen Gruppen auf die äußeren und inneren Herausforderungen Chinas schwankten zwischen Anpassung und Widerstand.
Einen anderen Verlauf nahm im 19. Jahrhundert der Kontakt zwischen Japan und den imperialistischen Mächten. Im 17. Jahrhundert war in **Japan,** das militärisch-autoritär
10 von dem Shogunat der Tokugawa regiert wurde, per Gesetz der Kontakt zum Ausland stark eingeschränkt worden. Dies sorgte im 17./18. Jahrhundert für einen funktionierenden Binnenmarkt und ein Wachstum der Städte. Als das Land im 19. Jahrhundert von innen und außen unter Druck geriet, öffnete sich Japan für den Westen. Es stieß jedoch auch innere Reformen an, die die Basis für Modernisierung und Industrialisie-
15 rung in Japan schufen. Es befreite sich aus den ungleichen Verträgen mit den westlichen Mächten und wurde selbst zur imperialistischen Macht.

▶ M 35: Wolfgang Reinhard über China Ende des 19. Jh.

▶ Kap. 4: Chinesische Reaktionen zwischen Anpassung und Widerstand, S. 70 ff.

▶ Stationenlernen: Japan, S. 58 ff.

1 Beschreiben Sie mithilfe der Karte M 5 den Einfluss ausländischer Mächte in China bis 1912.
2 Gliedern Sie auf der Grundlage des Darstellungstextes den Kontakt zwischen China und den imperialistischen Mächten in verschiedene Phasen.
3 **Lernprojekt:** Arbeiten Sie die Folgen des Imperialismus für China heraus. Stellen Sie Ihre Ergebnisse grafisch dar, etwa in Form einer Concept-Map. Ergänzen Sie Ihr Lernprodukt schrittweise, nachdem Sie die weiteren Materialien dieses Kapitels ausgewertet haben.

China und der Westen im 19. Jahrhundert
cornelsen.de/Webcodes
Code: vofohe

3 Chinesische Kontakte mit den imperialistischen Mächten und ihre Folgen

Hinweise zur Arbeit mit den Materialien

*Die Materialien M 6 und M 7 erläutern aus verschiedenen Perspektiven die Begriffe „Imperialismus" und „imperialistische Mächte". Anschließend kann auf der Basis von M 8 und M 9 die Situation in China Ende des 18. Jh. analysiert werden. Zur **Macartney-Mission** von 1793 finden sich folgende Materialien: eine Quelle (M 10) enthält die britischen Forderungen, ein Bild (M 11) zeigt die Situation vor der Audienz. Die Antwort-Edikte von Qianlong (M 12, M 13) bilden die Basis für die Diskussion und Beurteilung der Gründe für das Scheitern der Mission (M 14, M 15). Der Themenbereich **Opiumkrieg** als erster militärischer Kontakt wird mit Materialien zur Opium-Problematik und ihren Folgen eingeleitet (M 16 bis M 18). Ein Bild (M 20) zeigt Aspekte des Krieges. Mithilfe eines Sekundärtextes (M 19) kann der Opiumkrieg historisch eingeordnet werden. Die Phase der **ungleichen Verträge** kann mithilfe des Vertrags von Nanjing (M 21), eines Sekundärtextes (M 22), einer Quelle (M 23) und eines Bildes (M 24) analysiert werden. Zum Thema **Missionierung** ermöglichen die Materialien M 25 bis M 31 die Analyse von Einstellungen, Methoden, Umfang und Folgen. Eine Quelle (M 32) und eine Karikatur (M 33) zeigen die Ziele der imperialistischen Mächte bei der **Open Door Policy**. Abschließend kann die Situation in China Ende des 19. Jh. diskutiert werden (M 34, M 35).*

Zur Vernetzung mit dem Kernmodul
- *Bezug Macartney-Mission zu Kulturkontakt (Osterhammel, Bitterli, Burke, M 1 bis M 6)*
- *Bezug imperialistische Politik zu Kulturkonflikt (M 3 Bitterli) und Kulturbeziehungen (M 12 Mühlhahn)*

Imperialismus und imperialistische Mächte

M 6 Der Historiker Jürgen Osterhammel über „Imperialismen" im 19. Jahrhundert (2009)

Hinter diesen Expansionsprozessen standen ganz unterschiedliche Triebkräfte und Motive. Daher ist ein deskriptiver Begriff des Imperialismus von Vorteil, der seine Benutzer nicht auf eine bestimmte – politische,
5 ökonomische oder kulturelle – Erklärung festlegt. Unter Imperialismus lässt sich dann die Summe von Handlungen verstehen, die auf die Eroberung und den Erhalt eines Imperiums abzielen. [...] Imperialismus ist durch einen besonderen Stil von Politik gekenn-
10 zeichnet: Grenzen überschreitend, den Status quo nicht achtend, interventionistisch, das Militär schnell einsetzend, Krieg riskierend, Frieden diktierend. Imperialistische Politik geht von einer Hierarchie der Völker aus, immer einer von Starken und Schwachen,
15 meist kulturell oder rassisch abgestuft. Imperialisten sehen sich als zivilisatorisch überlegen und daher zur Herrschaft über andere berechtigt. [...]
Nicht alle Imperialismen waren im 19. Jahrhundert gleich aktiv, und die Differenzierung folgt nicht der
20 Trennlinie zwischen landgestützten und maritimen Mächten. Es gab drei während des ganzen 19. Jahrhunderts imperial tätige Großmächte des europäischen Staatensystems: das Vereinigte Königreich, Russland, Frankreich. Deutschland kam kolonial 1884 hinzu, be-
25 trieb aber unter Bismarck bewusst noch keine „Weltpolitik". Das war dann die Parole des Wilhelminismus an der Jahrhundertwende, dem das bescheidene Kolonialreich bald zu eng wurde. Österreich war Großmacht, allerdings seit dem preußischen Triumph
30 1866/71 eine Großmacht zweiten Ranges, und zugleich Imperium, trieb aber keine expansive imperialistische Politik. Die Nicht-Großmächte Niederlande, Portugal und Spanien pflegten alte Kolonialbesitzungen, denen sie nichts Wesentliches hinzufügten. Die
35 einst überaus kriegerischen und dynamischen Imperien China und Osmanisches Reich bewahrten einen rudimentären Reichszusammenhang, standen aber (China noch relativ weniger als das Osmanische Reich) gegenüber den Europäern in der Defensive. Japan war
40 ab 1895 ein sehr aktiver imperialistischer *player*. Die Imperien des 19. Jahrhunderts unterschieden sich durch das Ausmaß ihrer imperialistischen Intensität. Was auf den ersten Blick [...] wie ein geschlossener Imperialismus anmutet, zerfällt, wenn man genauer hin-
45 sehen will, in den Plural der Imperialismen.

Jürgen Osterhammel, Die Verwandlung der Welt, C. H. Beck, München 2009, S. 620f., 623.*

M 7 „Der Teufelsfisch in ägyptischen Gewässern", US-amerikanische Karikatur, 1882

1 Beschreiben Sie die Rolle, die die Karikatur M 7 England zuschreibt.
2 Erklären Sie ausgehend von Jürgen Osterhammel (M 6) den Begriff „Imperialismus".
3 Arbeiten Sie mithilfe von M 6 die wichtigsten imperialistischen Mächte im 19. Jahrhundert heraus.

China am Ende des 18. Jahrhunderts

M 8 Die US-amerikanischen Historiker Jane Burbank und Frederick Cooper über China als Imperium (2010)

Die Qing mussten sich nun der schlimmsten aller imperialen Situationen stellen: angegriffen von anderen Imperien zu einem Zeitpunkt, als ihnen die Kontrolle im Innern entglitt. Die beiden Gefahren hingen miteinander zusammen. Die Qing hatten im Laufe ihrer mehrere Jahrhunderte währenden Expansion ein Reich geschaffen, dessen ausgedehnte Land- und Seegrenzen lokalen Eliten Gelegenheiten boten, mit der Außenwelt zu interagieren. Sowohl westliche – ans islamische Zentralasien grenzende – als auch südliche Regionen in Richtung Birma und Vietnam waren nicht vollständig in das Verwaltungssystem der Han-Gebiete[1] integriert. Im Westen überließ man einen Großteil der Lokalverwaltung lokalen muslimischen Führern, während in Garnisonen Mandschu- und Han-Soldaten konzentriert waren; im Süden übten nach wie vor verschiedene Stammesfürsten Autorität aus. Die zahlreichen Kanäle der Macht boten lokalen Eliten und lokalen Qing-Beamten Gelegenheiten, ihre eigenen Geschäfte zu machen – nicht zuletzt mit Schmuggel, Opium inbegriffen. Die Landgrenzen, nicht nur die maritime Schnittstelle mit europäischen Mächten, wurden zu einem großen Problem.
Die Qing spielten das Imperialspiel nach ihren alten Regeln – konzentriert auf die Kontrolle des gewaltigen chinesischen Territoriums und seiner schwierigen Grenzen […].

Jane Burbank/Frederick Cooper, Imperien der Weltgeschichte, Campus, Frankfurt/M. 2010, S. 371 f. Übersetzt von Thomas Bertram.*

1 Han: die größte chinesische Ethnie

M 9 Der Sinologe Kai Vogelsang über China im 18. Jahrhundert (2013)

Die Zeit von Kangxi bis Qianlong, 1662–1796, markiert den Höhepunkt der Qing-Dynastie, ja den Höhepunkt des chinesischen Kaiserreichs überhaupt. Nie war das Reich stärker, größer und selbstbewusster als in diesen 135 Jahren. Die Qing waren Herrscher der Mongolen und Chinesen sowie Schutzpatrone der tibetischen Lamas; sie hatten die muslimischen Völker Ostturkestans unterworfen, Taiwan erobert, die Miao im Südwesten aus ihrem Stammland vertrieben und die heutigen Provinzen Yunnan und Guizhou dem Reich einverleibt.
Das Qing-Reich genoss Frieden und Wohlstand. […] Das Bevölkerungswachstum, das seit der Ming unverändert anhielt, sowie warmes Klima sorgten für reiche Ernten und hohe Steuereinnahmen. Mitte des 18. Jahrhunderts nahm der Staat jährlich offiziell 44 Millionen Unzen Silber ein und gab etwa 35 Millionen aus: bis in die 1780er-Jahre verfügte die Staatskasse über einen jährlichen Überschuss von rund 10 Millionen Unzen. Die Einwohnerzahl des Qing-Reichs stieg um 1700 auf rund 275 Millionen und ein Jahrhundert später auf über 350 Millionen. Jetzt begann China zu dem Riesenreich anzuschwellen, das es heute ist. Gleichzeitig sank der Lebensstandard nicht etwa, sondern – ein vormodernes Wirtschaftswunder – stieg sogar deutlich. Die landwirtschaftliche Produktion wuchs durch massiven Einsatz von Dünger aus Baumwoll-, Raps- und Sojarückständen (1750 importierte China jährlich drei Millionen Tonnen Dünger), Anbau von Feldfrüchten aus der Neuen Welt und regionale Diversifikation. Die Chinesen verbrauchten im 18. Jahrhundert durchschnittlich rund 2000 Kalorien pro Tag – so viel wie die Engländer im 19. Jahrhundert. Die bessere Ernährung steigerte die Lebenserwartung auf 34–39 Jahre – deutlich über den europäischen Werten zur selben Zeit –, verringerte die Kindersterblichkeit und vor allem die Kindstötung. Überregionaler und Überseehandel florierten. Zwischen Xiamen, Nagasaki, Manila und Batavia entstand jetzt ein großes Handelsnetz. Seide, Porzellan, Zucker und Tee wurden aus Südchina verschifft, dafür wurden Silber, Kupfer sowie Zimt, Pfeffer und andere Gewürze aus Südostasien, Baumwolle aus Indien, Reis aus Thailand importiert. Die Bauern, die von dem Handel profitierten, begannen, ihre Hanfkittel gegen Baumwoll- und sogar Seidenkleider einzutauschen, sie möblierten ihre Häuser mit Bänken, Truhen, sogar Spiegeln und konsumierten immer mehr Luxusgüter wie Zucker, Tee und Tabak. Die Qing waren im 18. Jahrhundert nach vormodernen Maßstäben eine reiche Gesellschaft.

Kai Vogelsang, Kleine Geschichte Chinas, Reclam, Stuttgart 2013, S. 269 f.*

1 Erläutern Sie auf der Basis von M 8 die Probleme der Qing-Herrschaft am Ende des 18. Jahrhunderts.
2 Vergleichen Sie die Ergebnisse aus Aufgabe 1 mit den Aussagen von Kai Vogelsang (M 9).
Tipp: Siehe S. 150.

3 Chinesische Kontakte mit den imperialistischen Mächten und ihre Folgen

Die Macartney-Mission

M 10 Der Auftrag des britischen Innenministers, Henry Dundas, an Lord Macartney (1792)

Bisher war Großbritannien gezwungen, den Handel mit diesem Land unter höchst entmutigenden Umständen zu betreiben, die für die dort beschäftigten Agenten gefährlich und für die verschiedenen Interessen, die damit verbunden sind, prekär waren. Der einzige Ort, an dem die Untertanen Seiner Majestät das Privileg einer Fabrik haben, ist Kanton. Der faire Wettbewerb des Marktes wird dort durch die Vereinigungen der Chinesen zerstört; unseren Händlern wird der offene Zugang zu den Gerichten des Landes und die gleiche Ausführung seiner Gesetze verweigert, und sie werden insgesamt in einem höchst willkürlichen Zustand der Unterdrückung gehalten [...]. [...]
Ihr solltet hervorheben:
[...] Erstens den beiderseitigen Nutzen aus einem Handel zwischen den beiden Nationen [...].
Zweitens, dass der große Umfang unserer Handelsgeschäfte in China einen sicheren Ort als Depot für diejenigen unserer Waren erfordert [...], und dass wir zu diesem Zweck eine Bewilligung für ein kleines Stück Land oder eine abgelegene Insel erhalten möchten, aber in einer günstigeren Lage als in Kanton [...].
Sollte eine neue Niederlassung bewilligt werden, werdet Ihr sie im Namen des Königs von Großbritannien annehmen. Ihr werdet euch bemühen, sie zu den vorteilhaftesten Bedingungen zu erhalten, mit der Befugnis, die Polizei zu regulieren und die Gerichtsbarkeit über unsere eigenen Abhängigen auszuüben. [...]
Es ist notwendig, dass Sie sich vor einer Bedingung hüten, die vielleicht von Ihnen verlangt werden wird, nämlich dem Verzicht auf den Opiumhandel in den chinesischen Herrschaftsgebieten, der nach den Gesetzen des Reiches verboten ist; sollte dieses Thema zur Sprache kommen, so muss es mit größter Vorsicht behandelt werden. Es steht außer Zweifel, dass ein nicht unbeträchtlicher Teil des Opiums, das in unseren indischen Gebieten angebaut wird, tatsächlich nach China gelangt.

Zit. nach: Pei-Kai Cheng/Michael Lestz, The Search for Modern China. A Documentary Collection, New York 1999, S. 93–98. Übersetzt von Jonas Schmid.*

1 Arbeiten Sie die zentralen Anliegen der Briten gegenüber China heraus (M 10).
2 Beurteilen Sie Form und Inhalt des Auftrags (M 10).
3 Beschreiben Sie die Szene vor Beginn der Audienz (M 11).
Tipp: Siehe S. 150.

M 11 Der Qianlong-Kaiser auf dem Weg zum Empfang, kolorierter Stich, 1793.
Auf der rechten Seite sieht man Lord Macartney und seine Delegation. Im Zentrum des Bildes steht der Kaiser, der zum Empfang getragen wird, der im Gebäude im Hintergrund stattfindet. Der Zeichner des Bildes war selbst kein Augenzeuge der Audienz in Chengde/Jehol. Er war in Beijing.

M 12 Erstes Edikt des Qianlong-Kaisers auf die Anfrage des britischen Königs Georg III. (1793)

Ihr versichert, dass Eure Hochachtung für Unsere Himmlische Dynastie Euch mit dem Wunsch nach unserer Kultur erfüllt. Doch muss darauf hingewiesen werden, dass unsere Gebräuche und Gesetzgebung
5 sich so vollständig von den Euren unterscheiden [...]. Daher würde durch die Bestellung eines Botschafters nichts gewonnen werden, wie geschickt er auch sein würde. Meine Herrschaft über die weite Welt hat das eine Ziel, vollkommen zu regieren und die Staatspflich-
10 ten zu erfüllen: fremde und kostspielige Gegenstände interessieren mich nicht.
Wenn ich die von Euch, o König, gesandten Tributgaben annehmen ließ, so geschah das lediglich in Anbetracht der Gesinnung, die Euch veranlasste, mir diese
15 von weither zu senden. Der hervorragende Ruf unserer Dynastie ist in jedes Land unter den Himmel gelangt, und Herrscher aller Völker haben ihre Tributgabe auf dem Land- und Seeweg überbracht. Wie Euer Gesandter mit eigenen Augen sehen kann, besitzen wir alles.
20 Ich lege keinen Wert auf Gegenstände, die fremdländisch oder geschickt erfunden sind, und ich habe keine Verwendung für die Produktion Eures Landes. Dieses ist nun meine Antwort auf Eure Bitte, eine Vertretung an meinem Hof zu ernennen, eine Bitte, die im Gegen-
25 satz zu unserem dynastischen Brauch steht [...].

Zit. nach: Hans Süßmuth, Die Geschichte der Volksrepublik China, ein didaktischer Entwurf, in: Beilage zur Wochenzeitung „Das Parlament" vom 16.08.1967, S. 8.*

M 13 Zweites Edikt des Qianlong-Kaisers auf die Anfrage des britischen Königs Georg III. (1793)

Gestern hat Euer Botschafter meine Minister ersucht, mir ein Memorandum über Euren Handel mit China zu übermitteln, aber sein Vorschlag entspricht nicht unseren dynastischen Gepflogenheiten und kann nicht in
5 Erwägung gezogen werden. [...]
1. Euer Botschafter bittet um Erleichterungen für Schiffe Eurer Nation, Ningbo, Zhoushan, Tianjin und andere Orte zu Handelszwecken anlaufen zu können. Bis jetzt wurde der Handel mit den europäischen Nationen im-
10 mer in Macao abgewickelt [...]. Ihre Nation hat sich seit Jahren gehorsam an diese Regelung gehalten, ohne Einwände zu erheben. In keinem der anderen genannten Häfen wurden *Hongs* [chinesische Händler, die als Mittelsmänner im Handel mit dem Ausland fungierten]
15 eingerichtet, sodass Ihre Schiffe, selbst wenn sie dorthin fahren würden, keine Möglichkeit hätten, ihre Ladung zu entsorgen. Außerdem stehen keine Dolmetscher zur Verfügung, sodass sie keine Möglichkeit hätten, ihre Wünsche zu erläutern, und nichts als allge-
20 meine Unannehmlichkeiten entstehen würden. [...]

2. Die Bitte, dass Eure Kaufleute in der Hauptstadt meines Reiches ein Lagerhaus für die Aufbewahrung und den Verkauf Eurer Produkte errichten dürfen, ist noch undurchführbarer als die vorhergehende. Meine Hauptstadt ist der Dreh- und Angelpunkt, um den sich alle Teile der Welt drehen. [...] Der Außenhandel wurde bisher in Macao abgewickelt, weil es in der Nähe des Meeres liegt und daher ein wichtiger Sammelpunkt für die Schiffe aller Nationen ist, die von und nach Beijing
30 fahren. Würde man in Beijing Lagerhäuser errichten, so würde die Abgelegenheit Eures Landes, das weit nordwestlich meiner Hauptstadt liegt, den Transport äußerst schwierig machen. [...] Auch dieser Antrag wird abgelehnt.

35 3. Eure Bitte um eine kleine Insel in der Nähe von Zhoushan, auf der sich Eure Kaufleute niederlassen und ihre Waren lagern können, entspringt Eurem Wunsch, den Handel zu fördern. [...] Jeder Zentimeter des Territoriums unseres Reiches ist auf den Landkarten eingezeich-
40 net und wird strengstens überwacht [...]. Bedenkt außerdem, dass England nicht das einzige barbarische Land ist, das mit unserer Zivilisation in Verbindung treten und mit unserem Reich Handel treiben möchte: Angenommen, alle anderen Nationen würden Euer
45 schlechtes Beispiel nachahmen und mich bitten, ihnen allen ein Gelände für Handelszwecke zu überlassen, wie könnte ich dem nachkommen? [...]

5. Was Eure Bitte um Erlass oder Ermäßigung der Zölle auf Waren betrifft, die von Euren britischen barbari-
50 schen Kaufleuten in Macao umgeschlagen und im Landesinneren verteilt werden, so gibt es für die Waren der barbarischen Kaufleute einen regulären Zolltarif, der für alle europäischen Nationen gleichermaßen gilt. Es wäre ebenso falsch, die Zölle auf die Waren Eurer Nati-
55 on zu erhöhen, weil der größte Teil des Außenhandels in Euren Händen liegt, wie in Eurem Fall eine Ausnahme in Form von besonders reduzierten Zöllen zu machen. [...]

7. Was die Verehrung des Herrn des Himmels [Chris-
60 tentum] durch Euer Volk betrifft, so ist es dieselbe Religion wie die der anderen europäischen Völker. Seit Anbeginn der Geschichte haben die weisen Kaiser und Herrscher China ein moralisches System verliehen und einen Kodex eingeschärft, der von jeher von den Zehn-
65 tausenden meiner Untertanen religiös befolgt wurde. Die Unterscheidung zwischen Chinesen und Barbaren ist sehr streng, und die Forderung Ihres Botschafters, den Barbaren volle Freiheit zur Verbreitung ihrer Religion zu gewähren, ist völlig unangemessen.

Zit. nach: Pei-Kai Cheng/Michael Lestz: The Search for Modern China. A Documentary Collection, W. W. Norton & Company, New York 1999, S. 106–109. Übersetzt von Jonas Schmid.*

1 Erläutern Sie das Selbstverständnis des chinesischen Kaisers im Ersten Edikt (M 12).
2 Arbeiten Sie heraus, inwiefern sich die Argumentation im Zweiten Edikt (M 13) im Vergleich zum Ersten unterscheidet.
Tipp: Unterscheiden Sie zwischen realpolitischen und aus dem Selbstverständnis resultierenden Argumenten.
3 Beurteilen Sie auf der Basis von M 12 und M 13 die Gründe für das Scheitern der Macartney-Mission.
4 **Zusatzaufgabe:** Siehe S. 150.

M 14 Der französische Historiker Alain Peyrefitte über die Antworten von Qianlong (1992)

Jede der Bitten [des britischen Königs] Georg III. – der Austausch fortschrittlicher britischer Technologie gegen chinesische Techniken, die Normalisierung des Handels zwischen Macao und Kanton und seine Aus-
5 weitung auf andere Häfen, die Verbesserung der Lebensbedingungen der in China ansässigen Europäer, die Erschließung neuer Märkte, die Einrichtung einer ständigen Botschaft in Peking – wurden unter Berufung auf unantastbare, jahrhundertealte Rituale abgelehnt.
10 Was festgeschrieben war, konnte nicht geändert werden. Was abgeschottet war, konnte unmöglich geöffnet werden. Wahrscheinlich hat es nie eine Gesellschaft gegeben, die unbeweglicher oder verschlossener war.
[...] Dieses Edikt ist nicht nur das bemerkenswertes-
15 te und wichtigste Dokument in den chinesisch-westlichen Beziehungen von Marco Polo bis Deng Xiaoping, sondern auch ein eindrucksvolles Beispiel für einen Irrweg, dessen Spuren im Verhalten vieler Völker zu finden sind, auch wenn keine Nation ihn
20 jemals so weit getrieben hat wie Mandschu-China. Diese Anomalie besteht darin, dass ein Volk – oder eine Kultur – nicht nur glaubt, allen anderen überlegen zu sein, sondern auch so handeln zu können, als sei es allein auf der Welt. Man könnte es fast als kol-
25 lektiven Autismus bezeichnen.

Alain Peyrefitte, The Immobile Empire, Alfred A. Knopf, New York 1992, S. 292. Übersetzt von Jonas Schmid.*

M 15 Die britische Sinologin Henrietta Harrison über die Antworten von Qianlong (2017)

Ein Wendepunkt zeigte sich Ende September 1793, als zwei zentrale Ereignisse eintraten: [...] Die Liste der britischen Forderungen wurden ins Chinesische übersetzt. Als der Kaiser diese las, fand er sie
5 höchst geschmacklos: Die Briten wollten nicht nur eine diplomatische Vertretung in Beijing (um die Provinzregierung in Guangdong zu umgehen), sondern sie wollten auch die Öffnung von Häfen entlang der Küste für ihren Handel, Steuerermäßigungen sowie die Übertragung einer der Zhoushan-
10 Inseln nahe dem Hafen von Ningbo und einen Handelsstützpunkt in der Nähe von Guangzhou. Alle diese Forderungen hatten entscheidende politische und steuerliche Implikationen, die der Kaiser schnell erfasste. Ein formelhafter Brief, der zuvor
15 als Antwort auf die Botschaft des britischen Königs verfasst worden war, wurde verworfen und eine neue Version wurde nach den genauen und persönlichen Anweisungen des Kaisers geschrieben. Der Brief geht alle britischen Forderungen Schritt für
20 Schritt durch und lehnt sie alle ab. Viele Leser haben angenommen, dass der Ärger des Kaisers auf Macartneys Verweigerung des Kotau zurückging. Doch der Kotau oder andere protokollarische Angelegenheiten werden in dem Schreiben nicht er-
25 wähnt. Der Fokus liegt klar auf der detaillierten Zurückweisung der wesentlichen britischen Forderungen. [...]
Wir sehen, dass der Qianlong-Kaiser zwar innerhalb des formalen Rahmens der Qing-Ansprüche auf uni-
30 verselle Herrschaft handelte, aber auch Maßnahmen ergriff, um die [britische] Gesandtschaft als militärische Bedrohung zu behandeln und gleichzeitig mögliche wirtschaftliche Verluste zu vermeiden. Er erkannte richtig, dass er unmittelbare Schwierigkeiten
35 abwenden konnte, wenn er Lord Macartney mit vagen Versprechungen über künftige Handelsverhandlungen beruhigte, aber Qianlong blieb äußerst vorsichtig. Der Qing-Hof wusste zwar nur sehr wenig über die Einzelheiten der britischen Expansion, aber
40 der Kaiser und seine Berater waren eindeutig kluge und kompetente politische Akteure.

Henrietta Harrison, The Qianlong Emperor's Letter to George III and the Early-Twentieth-Century Origins of Ideas about Traditional China's Foreign Relations, in: American Historical Review, 2017, S. 687, 700. Übersetzt von Jonas Schmid.*

1 **Arbeitsteilige Partnerarbeit:** Geben Sie jeweils eine der Analysen der Macartney-Mission (M 14, M 15) thesenartig wieder. Tauschen Sie sich anschließend zu zweit dazu aus.
2 Nehmen Sie Stellung zu den Analysen.
3 **Vertiefung:** Erörtern Sie mithilfe der Analysen von Jürgen Osterhammel und Urs Bitterli die „Situation des Kulturkontakts" während der Macartney-Mission.
▶ Kernmodul: M 1 Jürgen Osterhammel, M 3 Urs Bitterli

Erster Opiumkrieg 1839–1842

M 16 Britische Opiumexporte nach China (in Kisten à 140 Pfund)

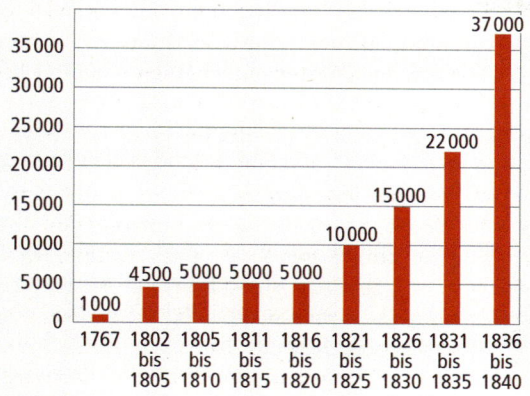

Nach: Jürgen Osterhammel, China und die Weltgesellschaft, C. H. Beck, München, 1989, S. 140, und Patricia Buckley Ebrey, China, Campus, Frankfurt/M. 1996, S. 236.

M 17 Throneingabe des chinesischen Beamten Xu Naiji (1836)

Früher brachten die barbarischen Kaufleute ausländisches Geld nach China, das im Austausch gegen Waren gezahlt wurde und den Menschen in allen Provinzen am Meer einen finanziellen Vorteil verschaffte. Aber in
5 letzter Zeit haben die barbarischen Kaufleute heimlich Opium gegen Geld verkauft, was es für sie überflüssig gemacht hat, ausländisches Silber einzuführen. Auf diese Weise ist ausländisches Geld aus dem Land geflossen, während keines ins Land gekommen ist. [...] In
10 früheren Zeiten wurde ein Tael [alte chinesische Münzeinheit] reines Silber für etwa 1000 Kupfermünzen eingetauscht, aber in den letzten Jahren hat dieselbe Summe den Wert von 1200 oder 1300 Münzen gehabt [...]. Wie kommt dies zustande, wenn nicht
15 durch den unbemerkten Abfluss von Silber? [...]
Es wurde vorgeschlagen, den Außenhandel ganz zu unterbinden und so das Übel an der Wurzel zu entfernen. Die himmlische Dynastie würde in der Tat nicht zögern, auf die wenigen Millionen an
20 Zöllen zu verzichten, die sich aus dem Außenhandel ergeben. Aber alle Nationen des Westens haben seit mehr als tausend Jahren einen offenen Markt für ihre Schiffe, während die Opiumhändler nur Briten sind; es wäre falsch, um den Handel mit
25 England zu unterbinden, auch den aller anderen Nationen abzubrechen. Außerdem sind Hunderttausende von Menschen, die entlang der [chinesischen] Küste leben, für ihren Lebensunterhalt vollständig auf den Handel angewiesen, und wie sollte man sie dann versorgen?
30
Zit. nach: Pei-Kai Cheng/Michael Lestz, The Search for Modern China. A Documentary Collection, W. W. Norton & Company, New York 1999, S. 112 f. Übersetzt von Jonas Schmid.*

1 Charakterisieren Sie die Entwicklung und Folgen der britischen Opiumexporte nach China (M 16, M 17).

M 18 Brief des kaiserlichen Kommissars Lin Zexu an die britische Königin Victoria (1839)

Historikerinnen und Historiker gehen davon aus, dass das Schreiben die britische Königin nie erreicht hat.
Unser großherziger Kaiser beruhigt und befriedet China und die fremden Länder, er betrachtet alle mit gleicher Freundlichkeit. Wenn es Gewinn gibt, teilt er ihn mit den Völkern der Welt. Wenn es Schaden gibt, beseitigt er ihn zugunsten der Welt. Denn er macht 5
den Wunsch von Himmel und Erde zu seinem Wunsch. [...]
Wir haben Eure mehrfachen Tributeingaben gelesen, die sagten: „Im Allgemeinen haben unsere Landsleute, die zum Handel nach China fahren, immer gnädi- 10
ge Behandlung und gleichartige Gerechtigkeit von Seiner Majestät, dem Kaiser, erhalten." [...] Aus welchem Recht aber benutzen sie dann im Austausch die giftige Droge, um das chinesische Volk zu verletzen? [...] Lasst uns fragen: „Was ist Euer Gewis- 15
sen?"
Ich habe gehört, dass in Eurem Lande das Opiumrauchen sehr streng verboten ist. Und das, weil der Schaden, den das Opium verursacht, klar erkannt wird. Wenn es nicht erlaubt ist, Eurem eigenen Lande Scha- 20
den zuzufügen, dann solltet Ihr [das Gift] umso weniger zum Schaden anderer Länder weitergeben lassen – wie viel weniger erst an China. Von allem, was China nach fremden Ländern ausführt, gibt es keine einzige Sache, die für die Leute nicht nützlich wäre. 25

Zit. nach: Bodo von Borries, Kolonialgeschichte und Weltwirtschaftssystem, Schwann, Düsseldorf 1986, S. 236.*

M 19 Der Sinologe Kai Vogelsang über den Opiumkrieg in der Historiografie (2013)

Der (erste) Opiumkrieg galt lange als *das* Schlüsselerlebnis der modernen Geschichte Chinas. Westliche Historiker des 20. Jahrhunderts haben darin die Wasserscheide zwischen „traditionalem" und „modernem" China erkannt, auch chinesische Historiker 5
ließen ihre „moderne Geschichte" mit dem Jahr 1840 beginnen. Auch wenn die chinesische Gesellschaft in mancher Hinsicht schon viel früher moderne Züge ausgeprägt hatte – im Opiumkrieg wurde sie schonungslos mit den Konsequenzen der Moderne kon- 10

frontiert: mit der Durchschlagskraft ihrer Waffen, aber auch mit der kühlen Logik der Ökonomie und der moralfreien Ideologie des Nationalismus. Der Opiumkrieg war das erste moderne Verbrechen, das der Westen an China verübte.

Kai Vogelsang, Geschichte Chinas, Reclam, Stuttgart 2013, S. 453.

M 20 Ein Dampfschiff der East India Company zerstört chinesische Schiffe 1841, Illustration aus „England's Battles by Sea and Land", 1890

1 Beschreiben Sie mithilfe von M 18 und M 20 das Kräfteverhältnis im Opiumkrieg.
2 Erörtern Sie auf der Basis von M 19 die Rolle des Opiumkrieges für China.
3 **Vertiefung:** Recherchieren Sie zu Handelskonflikten in der Gegenwart und vergleichen Sie.

Ungleiche Verträge

M 21 Auszüge aus dem Nanjing-Vertrag (1842)
Artikel I. Es soll künftig Frieden und Freundschaft herrschen zwischen Ihrer Majestät, der Königin des Vereinigten Königreiches von Großbritannien und Irland, und Seiner Majestät, dem Kaiser von China, und ihren Untertanen, die in den Herrschaftsgebieten des Anderen volle Sicherheit und Schutz ihrer Person und ihres Hab und Guts genießen sollen.
Artikel II. Seine Majestät, der Kaiser von China, erklärt, dass es britischen Untertanen erlaubt sein soll, sich unbelästigt und unbehindert mit ihren Familien und ihrem Inventar in den Städten und Ortschaften Kanton [= *Guangzhou*], Amoy [= *Xiamen*], Fuzhou, Ningbo und Shanghai niederzulassen zu dem Zweck, dort Handel zu treiben. Ihre Majestät, die Königin von Großbritannien etc., wird Superintendenten oder Konsularbeamte ernennen, die in jeder der oben genannten Städte und Ortschaften residieren, als Vermittler zwischen den chinesischen Behörden und besagten Kaufleuten fungieren und dafür sorgen, dass die oben genannten Verpflichtungen und die anderen in diesem Vertrag festgelegten Verpflichtungen der chinesischen Regierung gegenüber den Untertanen Ihrer britischen Majestät erfüllt werden.
Artikel III. Da es erforderlich und wünschenswert ist, dass den britischen Untertanen ein Hafen zur Verfügung steht, in dem sie ihre Schiffe auf Kiel legen können und, wenn notwendig, wieder instand setzen können und zu diesem Zweck Lager unterhalten, überlässt Seine Majestät, der Kaiser von China, Ihrer Majestät, der Königin von Großbritannien etc., die Insel Hongkong, auf dass sie in Ewigkeit Besitz Ihrer britischen Majestät, Ihrer Erben und Nachfolger sei und den Gesetzen und Bestimmungen unterliege, die Ihre Majestät, die Königin von Großbritannien etc., zu erlassen für notwendig erachtet. […]
Artikel V. Während die chinesische Regierung die britischen Kaufleute, die sich in Kanton betätigt haben, bisher gezwungen hat, ausschließlich mit bestimmten chinesischen Händlern, genannt Hong-Händlern, zu verkehren, die zu diesem Zweck von der chinesischen Regierung lizenziert worden waren, verpflichtet sich der Kaiser von China, diese Praxis künftig in allen Häfen abzuschaffen, in denen britische Kaufleute ansässig sind, und ihnen zu gestatten, ihre Geschäfte mit jedem Beliebigen zu tätigen. […]
Artikel VIII. Der Kaiser von China verpflichtet sich, bedingungslos alle Untertanen Ihrer britischen Majestät freizulassen (ob sie nun in Europa oder in Indien geboren sind) […].
Artikel X. Seine Majestät, der Kaiser von China, verpflichtet sich, in allen Häfen, die durch den zweiten Artikel dieses Vertrages britischen Kaufleuten geöffnet werden, Export- und Importzölle und andere Abgaben gerecht und gleichmäßig zu erheben und ihre Höhe öffentlich der Allgemeinheit bekannt zu geben.

Zit. nach: Harley Farnsworth Mac Nair, Modern Chinese History. Selected Readings, Bd. 1, Shanghai 1927, S. 174. Übers. unbekannt.*

M 22 Der US-amerikanische Sinologe Jonathan D. Spence über die „Ungleichen Verträge" (1995)
Die Klauseln des Vertrags von Nanjing und ihre Ergänzungen wurden von den anderen Mächten sorgfältig studiert. 1843 entsandte Präsident John Tyler im Namen der Vereinigten Staaten und ihrer beträchtlichen Interessen am Chinahandel Caleb Cushing – ein Mitglied des Kongresses aus der Küstenregion von Massachusetts, wo viele der reichsten amerikanischen

Chinahändler lebten – als Bevollmächtigten nach China. Sofort nach seiner Ankunft in Macao im Februar 1844 setzte sich Cushing mit Qiying in Verbindung, der zum Generalgouverneur von Guangxi und Guangdong befördert worden war. Trotz einiger Spannungen wegen des Todes eines Chinesen, der eine Gruppe Amerikaner anzugreifen versucht hatte [...], kam es bald zur Unterzeichnung eines Abkommens zwischen den beiden Ländern, des Vertrags von Wanghia [...].
Das amerikanische Vertragswerk folgte in den Grundzügen dem britischen, war aber wesentlich länger und enthielt eine Anzahl wichtiger Zusätze. Artikel 17 zum Beispiel war für die protestantischen amerikanischen Missionare, die darauf brannten, in China zu arbeiten, von großer potenzieller Bedeutung, denn er räumte den Amerikanern das Recht ein, in den fünf Vertragshäfen Grundstücke für den Bau von „Spitälern, Kirchen und Friedhöfen" zu pachten. [...] Die Frage der Rechtsprechung wurde in Artikel 21 geregelt: Amerikaner sollten für in China begangene Straftaten künftig nur von ihrem Konsul oder anderen ordnungsgemäß dazu ermächtigten amerikanischen Beamten abgeurteilt werden. Anders als bei den Briten, die das Thema Opium völlig ausgeklammert hatten, sollten laut Artikel 33 jedoch alle Amerikaner, „die mit Opium oder irgendeiner Schmuggelware handeln", den Schutz der Vereinigten Staaten verlieren und den Chinesen übergeben werden. [...]

Jonathan D. Spence, Chinas Weg in die Moderne, Hanser Verlag, München 1995, S. 200f.*

1 Analysieren Sie auf der Basis von M 21 und M 22 das System der „Ungleichen Verträge".
2 Erörtern Sie die Folgen der Verträge für China.

M 23 Jiang Menglin über seine Jugend in der Kolonie Shanghai (1947)

Jiang Menglin (1886–1964) wurde in Ningbo, einem der Häfen, die China nach dem Ersten Opiumkrieg für den internationalen Handel öffnen musste, geboren und wuchs in Shanghai auf.

1899 war Shanghai eine kleine Stadt mit ein paar tausend arroganten Ausländern. Aber die Stadt wurde gut regiert, mit sauberen, breiten Straßen und elektrischen oder gasbetriebenen Straßenlampen. Ich fand die Ausländer wunderbar. Sie kannten das Geheimnis der Elektrizität. Sie hatten die Dampfmaschine erfunden und Dampfschiffe gebaut. Sie traten an die Stelle meiner alten Götter, die im Angesicht meines naturwissenschaftlichen Unterrichts dahinschmolzen, und besetzten meinen Geist. Zugleich dienten sie auch als neue Teufel, denn ihre Arroganz, gepaart mit den Knüppeln der Polizisten, machte mir Angst. In der Liste der Vorschriften, die am Eingang eines Parks am Ufer des Huang-pu-Flusses [in Shanghai] ausgehängt war, war sowohl Chinesen als auch Hunden der Zutritt verboten. Das sagte viel aus. Der Ausländer erschien mir halb göttlich und halb teuflisch, mit zwei Gesichtern und vielen Händen wie Vishnu [hinduistischer Gott] – mit elektrischem Licht, einem Dampfschiff und einer hübschen Puppe in der einen Hand und einem Polizeiknüppel, einem Revolver und einer Handvoll Opium in der anderen. Wenn man seine helle Seite betrachtete, war er ein Engel; auf der dunklen Seite war er ein Dämon.

Chiang Monlin [Jiang Menglin], Tides from the West. A Chinese Autobiography, Yale University Press, New Haven 1947, S. 43. Übersetzt von Jonas Schmid.

M 24 Ein Mandarin empfängt eine Delegation europäischer Diplomaten, chinesische Malerei, 1860

1 Charakterisieren Sie mithilfe von M 23 und M 24 Veränderungen in China infolge der wirtschaftlichen und politischen Öffnung für die imperialistischen Mächte.
2 Vergleichen Sie das Bild M 24 mit M 3, S. 37.
3 **Mindmap:** Analysieren Sie das Verhältnis zwischen China und den imperialistischen Mächten um 1860 und visualisieren Sie die Ergebnisse mithilfe einer Mindmap.

Missionierung

M 25 Ausschnitt zu China aus dem Allgemeinen Missions-Atlas (1869)

China (richtiger Tschina), von seinen Bewohnern das „Reich der Mitte" genannt, hatte sich bis vor Kurzem im stolzen Selbstgefühl, das seine uralte Kultur ihm verlieh, schroff abgeschlossen gegen alle Einflüsse christlicher
5 Nationen, die ihm nur als Barbaren des Westens erschienen. [...] Die Religion, wie sie im Volksleben zur Erscheinung kommt, ist überall die gleiche, wenn sie auch aus sehr verschiedenen Quellen entsprungen ist. Kong-fu-tsz (Confucius) war es (im 6. Jahrhundert vor
10 Chr.), der die alte Verehrung der Geister und Dämonen nicht verdrängte, aber ihr nur eine beschränkte Stellung in seinem rationalistisch-moralischen System gewährte. Neben diesem hat der wenig jüngere Tāuismus (Taïsmus) des Lāu tsz (Lao tse) nicht in so weitem Maße Ein-
15 gang gefunden. Die Anhänger desselben, einem groben Mysticismus ergeben, leben in Klöstern und als Einsiedler. Sie sind als Zauberer und Geisterbeschwörer renommiert [...]. Viel später drang von Indien her der Buddhismus ein. Hier wird er Lehre des Fo genannt und
20 ist mehr als irgendwo veräußerlicht und zu totem Formelwesen erstarrt. [...] Aus diesen Elementen hat sich die chinesische Volksreligion gebildet, die bei den niederen Klassen sich namentlich als Aberglaube zeigt, während sie bei den gebildeten einer flachen Aufklä-
25 rung mit allerlei Tugendschätzerei Platz gemacht hat.

Reinhold Grundemann, Allgemeiner Missions-Atlas nach Originalquellen, Justus Perthes, Gotha 1869, S. 41.*

1 Analysieren Sie die europäische Sicht auf die chinesischen Religionen (M 25).
2 Charakterisieren Sie die Einstellung von Karl Gützlaff zur Rolle der Missionsarbeit (M 26).

M 26 Aus dem Tagebuch des deutschen Missionars Karl Gützlaff in China (1910)

Vom 17. Mai 1831: Mein Aug ist nun ganz auf China gerichtet, nicht aus eigner Wahl, sondern aus Überzeugung, dass der Herr mir diesen Weg weist und darin mein Gebet erhört. Ich will die 100 Millionen an das
5 hohepriesterliche Herz des Herrn Jesus legen.
Vom 6. Juni 1841: Da alle Bemühungen, um den Kaiser zu friedlichen Gesinnungen zu zwingen, vergeblich gewesen sind, so wird der Kampf [der Opiumkrieg, in dem Gützlaff den Briten als Übersetzer half] wohl erst
10 in Peking enden. Die Folgen werden ungeheuer sein. Als Christen haben wir nichts mit dem Kriege zu tun, unsere Pflicht ist es, hin zum Thron der Gnade zu eilen, und dort unsern Erlöser anzuflehen, dass er doch noch eine weite Tür seinem Evangelio öffnen möge.
15 [...] Der jetzige Kampf wird Epoche in der Weltgeschichte machen; es handelt sich um nichts weniger, als ob China für immer seine Türen jedem Fremden verschließen könne oder nicht.
Vom 6. Dezember 1846: Seit der Errichtung des Chinesi-
20 schen Vereins, was jetzt drei Jahre her ist, beläuft sich die Anzahl der Getauften auf 304, das heißt noch nicht einen Einzigen auf eine Million von der ganzen chinesischen Bevölkerung. Dies ist in der Tat sehr beschämend, und weckt uns zu ernstem Gebet und reger Ar-
25 beitsamkeit auf. Allein in dem gegenwärtigen Jahre sind die Segnungen viel größer gewesen, als in den zwei vorhergehenden zusammengenommen. [...] Immer mehr erblicken wir die Hand Gottes im ganzen Werk; auf allen Unternehmungen ruht der Segen.

Zit. nach: Werner Raupp (Hg.), Mission in Quellentexten – Geschichte der Deutschen Evangelischen Mission von der Reformation bis zur Weltmissionskonferenz Edinburgh 1910, Erlanger Verlag für Mission und Ökumene, Fulda 1990, S. 288–290.*

M 27 Protestantische Missionen in China im Jahr 1905

Herkunft	Anzahl Ausländer	Chinesische Mitarbeiter	Anzahl der Missionsposten	Größe der christlichen Gemeinden
Großbritannien	1 727	4 553	2 744	118 810
USA	1 304	4 547	1 888	111 883
Europa (Schweden, Norwegen, Deutschland, Finnland)	207	655	345	19 780

Zusammenstellung nach: R. G. Tiedemann (Hg.), Handbook of Christianity in China, vol. 2: 1800–present, Brill, Leiden 2010, S. 958 ff.*

1 Beschreiben Sie auf der Basis von M 27 den Umfang der protestantischen Missionsarbeit in China im Jahr 1905.
2 **Kurzvortrag:** Recherchieren Sie zu protestantischen Missionaren in China, z. B. Karl Gützlaff, Richard Wilhelm oder Robert Morrison. Stellen Sie Ihre Ergebnisse in einem Kurzvortrag im Kurs vor.

M 28 Der Historiker Thoralf Klein über die Methoden der christlichen Mission in China (2007)

Zweifellos war die streckenweise sehr enge Symbiose zwischen Mission und Kolonialismus kein Zufall. In einer oftmals feindlichen Umwelt stellte der Kolonialstaat der Mission diejenigen Machtstrukturen bereit, in
5 denen sie ihre Tätigkeit entfalten konnte. [...]

Die Aufgabe der Missionare bestand darin, einzelne Chinesen von der Notwendigkeit eines Übertritts zum Christentum zu überzeugen. Dazu bedienten sie sich einer Reihe von Mitteln: Öffentliche Predigten und die
10 Verbreitung christlicher Schriften waren die direktesten Methoden, um Chinesen anzusprechen, allerdings oft auch die am wenigsten erfolgreichen. [...] Auch die zahlreichen sozialen und karitativen Maßnahmen wie der Betrieb von Krankenhäusern, Waisenhäusern und
15 Schulen galten vielen Missionaren in erster Linie als strategisches Mittel, um das Vertrauen der chinesischen Bevölkerung zu erlangen und dadurch Anknüpfungspunkte für die christliche Botschaft zu schaffen. Dass die Missionare hierdurch ebenso wichtige Beiträ-
20 ge zur Transformation der Wirtschaft, Gesellschaft und Kultur Chinas leisteten wie durch die Übersetzung wissenschaftlicher Texte ins Chinesische, steht außer Frage. Aber erst nach 1900 gewann, in erster Linie bei den Protestanten, das Programm *Social Gospel* an Boden,
25 wonach das Christentum vor allem durch soziale und karitative Tätigkeiten und nicht mehr primär durch direkte Evangelisierung verbreitet werden sollte.

Thoralf Klein, Aktion und Reaktion? Mission und chinesische Gesellschaft, in: Mechthild Leutner/Klaus Mühlhahn (Hg.), Kolonialkrieg in China. Die Niederschlagung der Boxerbewegung, Ch. Links Verlag, Berlin 2007, S. 32 ff.*

1 Arbeiten Sie mithilfe von M 28 die Methoden und Möglichkeiten der protestantischen Missionare in China heraus.
2 Beurteilen Sie Kleins These von der Symbiose zwischen Kolonialismus und Mission.
3 **Vertiefung:** Setzen Sie M 28 in Beziehung zu Urs Bitterlis These, dass der Missionar immer „Exponent der europäischen Kultur" blieb.
▶ Kernmodul: M 3 Urs Bitterli, Z. 88 ff.

M 29 Der deutsche Sinologe, Theologe und Missionar Richard Wilhelm über die Deutschen in China (1900)

In einem chinesischen Schriftstück, das mir unter die Hände kam, steht der Satz, dass die Chinesen bisher immer zwei Stücke am deutschen Volke zu schätzen wussten: Schlagfertigkeit und Stärke des Militärs und ein
5 gerechtes mildes Regiment. Möge es uns gelingen, diesen alten Ruhm auch hier durch die Praxis zu verdienen. Möge es der Eisenbahn, an deren Bau schon wieder rüstig gearbeitet wird, gelingen, den Reichtum des Landes zu erschließen und den Segen der Kultur zu verbreiten, wie durch die imponierende Stärke unseres Militärs 10 die Macht des Widerstands gebrochen wurde.

Zit. nach: Mechthild Leutner, Musterkolonie Kiautschou. De Gruyter, Berlin 1997 S. 290.

M 30 „Gruss aus Kiao-Tschau", deutsche Feldpostkarte, 1900

M 31 St. Michael Gallery in Qingdao, ehemaliges Tsingtau, Hauptstadt des deutschen Pachtgebietes Kiautschou, Fotografie, 2004

1 Beschreiben Sie auf der Basis von M 29 und M 30 die Ziele und Methoden der Deutschen im Pachtgebiet von Kiautschou.
2 Setzen Sie sich mit den langfristigen Folgen der christlichen Missionsarbeit in China auseinander (M 31).
3 **Vertiefung:** Recherchieren Sie zur Arbeit katholischer Missionare in China im 19. Jahrhundert.
4 **Wahlaufgabe:** Formulieren Sie eine Stellungnahme aus heutiger Sicht gegenüber Richard Wilhelm (M 29). Wählen Sie eine der folgenden Textsorten aus:
   a) einen Leserbrief in einer Zeitung,
   b) eine Stellungnahme in Form eines Klausurtextes,
   c) einen Debattenbeitrag für eine Plenumsdiskussion.

Open Door Policy

M 32 Auszüge aus „*The Open Door Note*" von **John Hay, US-amerikanischer Staatssekretär des Äußeren (1899)**

Zu dem Zeitpunkt, als die Regierung der Vereinigten Staaten von der deutschen Regierung darüber informiert wurde, dass sie von Seiner Majestät dem Kaiser von China den Hafen von Jiaozhou [Qingdao] und das
5 angrenzende Gebiet in der Provinz Shantung gepachtet hatte, wurde dem Botschafter der Vereinigten Staaten in Berlin vom deutschen Reichsminister des Auswärtigen zugesichert, dass die Rechte und Privilegien, die den Bürgern der Vereinigten Staaten durch Verträ-
10 ge mit China zugesichert worden waren, in dem Gebiet, über das Deutschland auf diese Weise die Kontrolle erlangt hatte, nicht beeinträchtigt werden würden.

In jüngerer Zeit hat die britische Regierung jedoch
15 durch ein förmliches Abkommen mit Deutschland das ausschließliche Recht des letzteren Landes anerkannt, in dem besagten Pachtgebiet und der angrenzenden „Einfluss- oder Interessensphäre" bestimmte Privilegien zu genießen, insbesondere solche, die sich auf Ei-
20 senbahnen und Bergbauunternehmen beziehen; da aber die genaue Art und der Umfang der so anerkannten Rechte nicht klar definiert worden sind, ist es möglich, dass jederzeit ernsthafte Interessenkonflikte [...] innerhalb des besagten Gebietes entstehen können
25 [...].

Die Vereinigten Staaten sind ernsthaft bestrebt, jeden Grund für Spannungen zu beseitigen und gleichzeitig dem Handel aller Nationen die unbezweifelbaren Vorteile zu sichern, die sich aus einer formellen
30 Anerkennung durch die dort „Interessenssphären" beanspruchenden Mächte ergeben würden. Alle Nationen sollen sich vollständiger Gleichheit bei der Behandlung ihres Handels und ihrer Schifffahrt innerhalb ihrer Sphären erfreuen können. Deshalb
35 würde es die Regierung der Vereinigten Staaten begrüßen, wenn die Regierung Ihrer Majestät formelle Zusicherungen gäbe und Unterstützung dabei leisten würde, vergleichbare Zusicherungen von anderen interessierten Mächten (über die folgenden Punkte) zu
40 bekommen.

Erstens: Es soll keine Interventionen in den Vertragshäfen und bezüglich der Privilegien innerhalb Chinas geben.

Zweitens: Der aktuelle chinesische Vertragszoll soll
45 auf alle Güter innerhalb der genannten „Interessenssphären" erhoben werden (außer in den „freien Häfen"), und zwar unabhängig davon, von welcher Nation diese Güter stammen. [...]

Drittens: Keiner soll höhere Hafengebühren für Schiffe fremder Nationalität in einem Hafen innerhalb einer
50 solchen Sphäre erheben dürfen, und es sollen von keiner Nation höhere Eisenbahnfrachtraten für Güter verlangt werden, als sie für ähnliche Güter von den eigenen Bürgern über gleiche Entfernungen erhoben werden.
55

http://www.digitalhistory.uh.edu/disp_textbook.cfm?smtID=3&psid=4068 (Download vom 15. Dezember 2021). Übersetzt von Heidi Martini.*

M 33 „As to China", Karikatur aus dem US-amerikanischen Satiremagazin „Puck", Beginn 20. Jahrhundert.

Das Bild zeigt Uncle Sam, Japan und John Bull (Personifikation für Großbritannien) als Hunde. Auf der Tür steht „Chinahandel".

1 Erläutern Sie ausgehend von M 32 die Haltung und Intention der USA in Bezug auf China und die anderen imperialistischen Mächte.
2 Interpretieren Sie die Karikatur (M 33). Beachten Sie dabei besonders die Darstellung der drei imperialistischen Mächte.
Tipp: Siehe S. 150.
3 **Zusatzaufgabe:** Siehe S. 150.

China am Ende des 19. Jahrhunderts

M 34 Der Historiker Wolfgang Mommsen über die Periode des Hochimperialismus (1977)

Die Periode des Hochimperialismus ist u. a. dadurch gekennzeichnet, dass in vielen Fällen die älteren Formen informeller oder halbformeller imperialistischer Herrschaft zusammenbrachen. [...] Für den Hochimperialismus ist zunächst charakteristisch, dass in den europäischen Industriestaaten und in den USA und dem Einfluss des raschen industriellen Wachstums und politischer Modernisierungsprozesse, die zum Eintritt neuer sozialer Schichten in die politische Arena führten, neue politische Energien von bisher unbekannter Gewalt freigesetzt wurden, die zumindest teilweise die Schubkraft der imperialistischen Prozesse jener Periode abgaben. Hinzu kommt, dass die technologische und ökonomische und natürlich auch machtpolitische Überlegenheit der Industriestaaten gegenüber den traditionalistischen Gesellschaften der Dritten Welt [!] diesen weder geistig noch militärisch noch materiell ausreichende Gegenkräfte entgegenzusetzen vermochten und daher den Prozess kolonialer Landnahme zumeist ohne größeren Widerstand über sich ergehen ließen. [...] Dies steigerte aufseiten der weißen Kolonisten, Händler und Militärs die Versuchung, gegebenenfalls auch gegen den ausdrücklichen Willen der im fernen Europa residierenden, schlecht informierten regierenden Staatsmänner zu weiterer imperialistischer Ausdehnung ihrer Territorien schreiten. Diese beiden Faktoren zusammen erklären, warum es seit den frühen 1880er-Jahren zu einem an Umfang und Intensität ständig zunehmenden Prozess der Expansion in die überseeische Welt, sei es mithilfe indirekter ökonomischer, sei es mithilfe direkter politischer Methoden gekommen ist.

Wolfgang Mommsen, Imperialismus. Seine geistigen, politischen und wirtschaftlichen Grundlagen, Hoffmann und Campe, Hamburg 1977, S. 20f.*

M 35 Der Historiker Wolfgang Reinhard über die innere Entwicklung Chinas (2016)

Die Schwäche Chinas war nicht nur auf äußere Ursachen wie den Opiumhandel und die westliche Aggression zurückzuführen. Vielmehr wurden die äußeren Kräfte nur wirksam infolge einer inneren Systemkrise, in der eine fast unglaubliche Bevölkerungsexplosion eine zentrale Rolle spielte. Vom späten 17. Jahrhundert bis zur Mitte des 19. Jahrhunderts wuchs die Bevölkerung Chinas von ca. 150 auf 450 Millionen Menschen. Die britische Bevölkerung hat zwar im selben Zeitraum proportional fast ebenso stark zugenommen, aber dort fand die Entwicklung in der industriellen Revolution statt, während sie in China fast völlig vom Agrarsektor aufgefangen werden musste. Trotz Neulandgewinnung und Intensivierung wurden die landwirtschaftlichen Methoden nicht wesentlich verbessert. Anders als das okzidentale (westeuropäische) setzte dieses Wirtschaftssystem nicht auf Arbeitsersparnis durch tierische oder maschinelle Energie, sondern auf vermehrten Einsatz menschlicher Arbeit. Bei dem Überangebot an Menschen fanden sich immer Bauern, die noch ungünstigere Pachtbedingungen annahmen, nur um überhaupt Land zu bekommen. Voraussetzung war ein intaktes Herrschaftssystem. Aber die Kaiser des 19. Jahrhunderts wurden immer schwächer und unfähiger, zum Teil einfach deshalb, weil es sich um Kinder und Jugendliche handelte. Infolgedessen wuchs das übliche Maß an Korruption in staatsgefährdendem Umfang an. [...]

Dieses geschlossene System wurde weniger durch die Aggressionen des Westens als durch das Zusammentreffen einer Subsistenzkrise mit der Krise des Herrschaftssystems aufgebrochen. Dazu gehörte eine ökologische Krise. Denn die Neulandgewinnung bedeutete Raubbau an den natürlichen Ressourcen. Bereits chinesische Zeitgenossen erkannten den Zusammenhang zwischen den Rodungen am Oberlauf des Huanghe und den Überschwemmungen am Unterlauf. [...] Wenn Naturkatastrophen mit Angriffen von außen zusammentrafen, bedeutete dies das Ende einer Dynastie, weil das „Mandat des Himmels" abgelaufen war. Chinas äußere Konflikte nehmen sich harmlos aus gegenüber den inneren Aufständen, die das Reich erschütterten. Der wichtigste war die Taiping Revolution, die 1860–64 über 100 Millionen Menschen in Bewegung brachte und 20–30 Millionen Tote forderte. Die Mandschu sollten als fremde Barbaren vertrieben werden.

Wolfgang Reinhard, Die Unterwerfung der Welt, C. H. Beck, München 2016, S. 831 ff.*

1 Fassen Sie die Kernaussage von Mommsen (M 34) zum Hochimperialismus zusammen.
2 Erläutern Sie, inwiefern der Begriff des Hochimperialismus auf China zwischen 1800 und 1914 zutrifft.
3 Nehmen Sie Stellung auf der Basis Ihres in diesem Kapitel erworbenen Wissens zu der These von Wolfgang Reinhard (M 35), dass innere Krisen für China weitreichender als die „äußeren Konflikte" waren.
4 **Vertiefung:** Erstellen Sie eine bebilderte Präsentation zur deutschen Kolonialpolitik in China.

Bildarchiv der deutschen Kolonialgesellschaft
cornelsen.de/Webcodes
Code: sohoco

Stationenlernen: Japan

In diesem Kapitel geht es um
- *die Modernisierung und Industrialisierung Japans,*
- *die internationale Anerkennung Japans als Großmacht.*

Modernisierung und Industrialisierung Japans

Bis Mitte des 19. Jahrhunderts schottete sich Japan in mancher Hinsicht ab. Allerdings durften seit 1720 europäische Bücher eingeführt werden, und auch Wissen wurde weiter ausgetauscht. 1854 erzwang eine amerikanische Flotte unter Commodore Matthew Perry die Öffnung von **Vertragshäfen** und die Aufnahme des Handelsverkehrs. Die in den folgenden Jahrzehnten mit westlichen Kolonialmächten abgeschlossenen „ungleichen Handelsverträge" brachten Japan wenig Vorteile, sodass sich bald Widerstand dagegen organisierte. Innere Machtkämpfe führten 1868 zur Wiederherstellung der politischen Macht des Kaisertums. Die bis 1912 dauernde Herrschaft von Kaiser Mutsuhito erhielt die Bezeichnung „meiji", „Erleuchtete Regierung". Während dieser **Meiji-Restauration** wurden die Grundlagen für das moderne Japan gelegt. Die Regierung wollte innenpolitisch den neuen Einheitsstaat konsolidieren und außenpolitisch die volle Souveränität zurückerlangen, die durch den Abschluss der ungleichen Verträge eingebüßt worden war. Für die Revision dieser Verträge musste Japan als moderner Verfassungsstaat vom Westen anerkannt werden: Die Meiji-Regierung entschied sich für eine konstitutionelle Monarchie. Die japanische Besonderheit war der Kaiserkult, bei dem der Kaiser (Tenno) zum Symbol des Staates und der japanischen Nation wurde und als gottgleich und damit unantastbar verehrt wurde. Der Kaiser wachte als „Vater" über seine „Untertanen-Kinder". Die ernannte Regierung war ihm und nicht dem Parlament verpflichtet. Mit der konstitutionellen Monarchie sollte ein Übergang zum Parlamentarismus und die Einrichtung einer parlamentarischen Regierung verhindert werden, die vom japanischen Bürgertum gefordert wurde. 1882/83 reiste Itō Hirobumi, einflussreiches Regierungsmitglied und späterer Premierminister Japans, zu Studien nach Europa und modernisierte Japan nach diesem Vorbild. Entschlossen, ihr Land nicht vom Westen kolonisieren zu lassen, beseitigte die Regierung die Vorrechte der Samurai („Krieger") und modernisierte das Militärwesen. Vor allem aber stärkte sie die Zentralgewalt. Nicht einzelne Unternehmer, sondern der Staat trieb mit großem Tempo und dirigistischen Methoden die Modernisierung voran. Er garantierte die freie Berufswahl, wandelte die Grundsteuern von Naturalabgaben in Geldsteuern um, hob die Bindung der Bauern an den Boden auf, entwickelte ein modernes Bankwesen, führte die Gewerbefreiheit und die allgemeine Schulpflicht ein, sodass die Analphabetenrate drastisch sank. Darüber hinaus förderte der Staat den Eisenbahnbau und den Export. Obwohl Japan im Vergleich zu Großbritannien, den USA und Deutschland in seiner industriellen Entwicklung zurückblieb, war es doch das einzige nichtwestliche Land, das im ausgehenden 19. und beginnenden 20. Jahrhundert eine Industrielle Revolution durchlief.

M1 Mutsuhito, Meiji-Kaiser von Japan (reg. 1867–1912), Gemälde von 1901

▶ M 4 bis M 6: Meiji-Reformen

▶ M 7 und M 8: Industrialisierung in Japan

Entwicklung und internationale Anerkennung Japans als Großmacht

Besonders die militärischen Reformen, die deutliche **Aufrüstung** sowie die Einführung der Wehrpflicht waren für Japan entscheidend, denn sie führten dazu, dass Mutsuhito auf Augenhöhe mit den Europäern agieren konnte. 1883 umfassten die Militärausgaben fast ein Drittel des japanischen Haushalts. Zunächst war die japanische Strategie auf eine wehrhafte Defensive ausgelegt. Gleichzeitig aber vermittelte die Meiji-Zeit den Japanern eine nationalistische Ideologie. Es entstand die Vorstellung eines großjapani-

schen Reiches mit der Aufgabe, in der Region jene Führungsrolle einzunehmen, die vormals das chinesische Kaiserreich innegehabt hatte. Für Japan war die Brücke nach China das Nachbarland Korea, das zum chinesischen Einflussgebiet gehörte. 1876 ge-
10 lang es Japan, einen Handelsvertrag mit Korea abzuschließen, der Korea in japanische Abhängigkeit brachte. Zu dieser „Befreiungsaktion" für „rückständige" Völker Asiens fühlte sich Japan als ostasiatische Führungsmacht berufen. Die anderen Völker Asiens sollten sich den Japanern unterordnen. Vor allem Chinesen und Koreaner bekamen dies leidvoll zu spüren. 1894 eilten sowohl chinesische als auch japanische Truppen nach
15 Seoul, um eine Rebellion am koreanischen Hof niederzuschlagen. Japan nutzte die Rebellion, um Korea von der formalen chinesischen Vormundschaft zu „befreien": Es besetzte den koreanischen Königspalast und setzte einen neuen Herrscher ein, der wiederum China offiziell den Krieg erklärte. Japan ließ seine Kriegserklärung am 1. August 1894 folgen. Die schlagkräftige und höchst disziplinierte japanische Armee war den
20 Chinesen überlegen. Japans Soldaten drangen in das chinesische Festland ein, sodass China sich zu Friedensverhandlungen bereit erklärte. China musste u. a. Taiwan abtreten, Kriegsentschädigungen zahlen und ging aus dem **Japanisch-Chinesischen Krieg** besiegt und gedemütigt hervor. Bei der Eroberung von Port Arthur, einem chinesischen Hafen, richteten Teile der japanischen Armee im November 1894 ein Massaker an. Die
25 Zahl der getöteten Chinesen ist umstritten und wird mit bis zu 60 000 angegeben. Im zweiten großen Krieg der Meiji-Ära, dem **Russisch-Japanischen Krieg 1904/05**, erreichte Japan schließlich die formelle Schutzherrschaft über Korea und besetzte die Mandschurei. Mit dem Sieg in dieser Auseinandersetzung wurde Japan international als Großmacht anerkannt.

▶ M 9 bis M 11: Japan als Großmacht

▶ M 12 und M 13: Vergleich zwischen Japan und China

M 2 Ein 21-cm-Geschütz aus deutscher Fertigung (Krupp) in einem chinesischen Fort, Fotografie, 1895

1 Erklären Sie, weshalb die Meiji-Restauration als Aufbruch des modernen Japans bezeichnet werden kann.

2 Beurteilen Sie, inwiefern die Modernisierung Japans eine Voraussetzung für den japanischen Imperialismus darstellt.

M 3 Japan 1850–1914

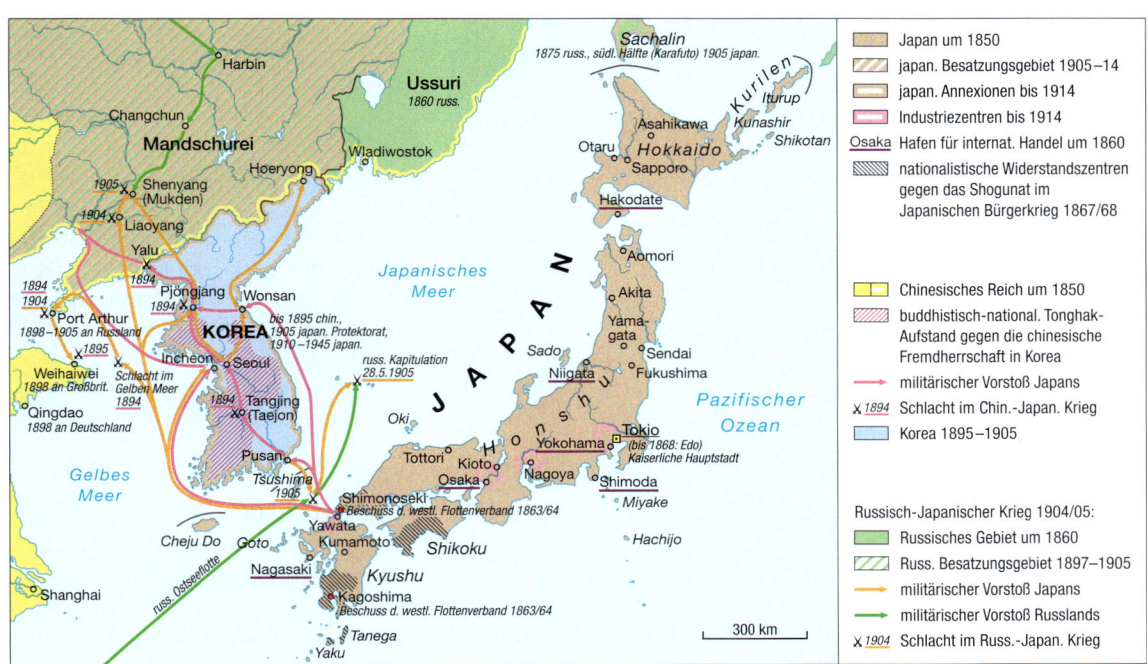

Hinweise zur Arbeit mit den Materialien
Es können folgende Aspekte der Entwicklung Japans zu einer Industrie- und Großmacht erarbeitet werden:
– *Meiji-Reformen,*
– *Industrialisierung,*
– *Japan als Großmacht,*
– *Vergleich zwischen Japan und China.*
Die Materialien können in Form eines Stationenlernens mithilfe der jeweiligen Arbeitsaufträge bearbeitet werden. Jeder muss alle Stationen bearbeiten.

Station 1: Meiji-Reformen

M 4 Äußerungen von Tokugawa Ieyasu (1542–1616), dem Gründer der Tokugawa-Herrschaft, nach einem Zeitgenossen

Ob es Ordnung oder Chaos in der Nation gibt, hängt von den Tugenden und Lastern dieser drei ab [Kaiser, Shogun, Bauern]. Der Kaiser darf, mit Mitgefühl im Herzen für die Bedürfnisse des Volkes, nicht nachlässig sein in der Ausübung seiner Pflichten – von der frühmorgendlichen Verehrung zu Neujahr bis zu den monatlichen Zeremonien am Hof. Zweitens darf der Shogun im Frieden nicht die Möglichkeit von Krieg vergessen und muss seine Disziplin aufrechterhalten. Er sollte in der Lage sein, Ordnung im Land zu erhalten, er sollte Aufmerksamkeit auf die Sicherheit des Herrschers richten und er sollte sich bemühen, die Ängste des Volkes zu zerstreuen. [...] Der wahre Meister des Wegs des Kriegers bewahrt seine kriegerische Disziplin sogar in Friedenszeiten. Drittens, die Mühen des Bauern sind sprichwörtlich – vom ersten Getreidekorn bis zu den hundert Arbeitsgängen. [...]

Zit. nach: Ryusaku Tsunoda u. a., Sources of Japanese Tradition, Columbia Univ. Press, New York 1965, übers. von Klaus Mäding, S. 338.*

M 5 Itō Hirobumi (1841–1909), einflussreicher Reformer der Meiji-Zeit, zu Japan (ohne Jahr)

Von Anfang an war klar, dass die bloße Imitation ausländischer Vorbilder nicht ausreichen würde, denn es gab historische Besonderheiten unseres Landes, die zu beachten waren. Zum Beispiel ist die Krone bei uns eine Einrichtung, die weit tiefer im nationalen Gefühl und in unserer Geschichte verwurzelt ist als in anderen Ländern. [...]
Andererseits gibt es eine Eigenart unserer Gesellschaftsbedingungen, die ohne Parallele in irgendeinem anderen zivilisierten Land ist: die Einheitlichkeit in Rasse, Sprache, Religion und Gefühlen, da wir so lange von der Außenwelt abgeschlossen waren, mit unseren jahrhundertealten Traditionen und der Unbeweglichkeit des Feudalsystems. [...]
In der Industrie sind trotz der ungeheuren Entwicklung von Unternehmen in unserem Land unsere Arbeiter noch nicht zu geistlosen Maschinen und schuftenden Tieren geworden. Noch überlebt zwischen ihnen und dem kapitalistischen Arbeitgeber das Band zwischen Schirmherr und Schutzbefohlenem. Dies ist ein moralischer und gefühlsmäßiger Faktor, der in Zukunft ein gesundes Hindernis gegen das drohende Vordringen sozialistischer Ideen darstellen wird. [...]
Nach der Verfassung [von 1889] hat das Volk das Recht, an der Regierung teilzunehmen, aber dieses Recht ist gleichzeitig nicht nur ein Recht, sondern eine wichtige Pflicht. Zu regieren ist das Vorrecht des Kaisers. Da ihr an der Regierung [...] teilnehmen werdet, müsst ihr dieses Recht als Verantwortung des Volkes, als Ehre des Volkes und als Ruhm des Volkes ansehen.

Zit. nach: Ryusaku Tsunoda u. a., Sources of Japanese Tradition, Columbia Univ. Press, New York 1965, übers. von Klaus Mäding, S. 673–677.*

M 6 Kaiser Mutsuhito besucht die erste japanische National-Ausstellung, japanische Postkarte, Anfang 20. Jahrhundert

1 Erläutern Sie mithilfe von M 4 bis M 6 sowie des Darstellungstextes die politischen Veränderungen in Japan in der Meiji-Zeit.
2 Bewerten Sie die ideologischen Anspielungen Hirobumis in M 5.
Tipp: Achten Sie auf Begriffe wie Nation, Rasse oder Religion.

Station 2: Industrialisierung in Japan

M 7 Die Japanologin Annelotte Piper zur Industrialisierung in Japan (1995)

[Die Meiji-Regierung] baute die Schwerindustrie auf, um Japan militärisch zu rüsten, sie modernisierte das Verkehrs-, Transport- und Nachrichtenwesen, sie leitete die Entwicklung Hokkaidos [Nordinsel Japans]
5 ein und sie schuf, als Sicherung gegen die drohende wirtschaftliche Überfremdung, ein technisches und finanzielles Selbsthilfeprogramm. Die finanziellen Mittel für ihre Aktivität verschaffte sie sich [...] durch ihre Fiskalpolitik.
10 [...] Das Pro-Kopf-Einkommen stieg von 1876 bis 1900 von Yen 100 auf Yen 180, der Pro-Kopf-Verbrauch hingegen sank von etwa Y 80 auf Y 60. Aus diesem Konsumverzicht wurde der Aufbau finanziert – sowohl durch private Spar- und Investitions- oder Kapi-
15 talbildungstätigkeit, als auch durch die Fiskalpolitik, die in Form von Steuern, Staatsanleihen, Papiergeldausgabe usw. die Kapitalbildung der öffentlichen Hand vorantrieb. [...]
Die neue Regierung [nahm] die Hilfe ausländischer
20 Fachleute in Anspruch. Damit die Ausländer nicht die politische und wirtschaftliche Unabhängigkeit Japans gefährdeten, behielt die Regierung alle Schlüsselstellungen ihren eigenen Landsleuten vor. [...]
Der schnellste Weg, einen eigenen Stamm von Techniker heranzubilden, war für die japanische Regie-
25 rung [...], junge Leute auf Staatskosten zu einem dreijährigen Studium nach Amerika oder Europa zu entsenden. [...]
Die ins Ausland entsandten jungen Japaner stellten daher in jeder Hinsicht eine Elite dar. Neben hoher In-
30 telligenz besaßen sie Arbeitswillen und einen großen Ehrgeiz. Vor allem aber zeichneten sie sich durch ihre einzigartige Vaterlandsliebe aus. Ihr brennender Ehrgeiz konzentrierte sich darauf, das, was sie am Westen und seiner überlegenen technischen Zivilisation be-
35 wunderten, auf das eigene Land zu übertragen und Japan zu einem großen Industrieland zu machen.

Annelotte Piper, Japans Weg von der Feudalgesellschaft zum Industriestaat, 2., überarb. Aufl., Verlag Wissenschaft und Politik, Köln 1995, S. 154 f., 168–170.*

1 Arbeiten Sie aus M 7 die Ziele der Meiji-Regierung heraus.
2 Beschreiben Sie die Maßnahmen der Meiji-Regierung und deren Folgen (M 7).
3 Analysieren Sie mithilfe von M 8 den industriellen Wandel in Japan an der Wende vom 19. zum 20. Jahrhundert.
Tipp: Achten Sie besonders auf das Wachstum der unterschiedlichen Sektoren. Welche haben die höchsten, welche die niedrigsten Zuwachsraten?
4 **Zusatzaufgabe:** Siehe S. 150.

M 8 Entwicklung der japanischen Industriebetriebe mit zehn und mehr Beschäftigten 1886–1909

Industriezweig	1886		1900		1909	
	Betriebe	Arbeiter	Betriebe	Arbeiter	Betriebe	Arbeiter
staatliche Industrie	11	11 758	27	36 237	67	117 259
private Industrie	863	63 188	6 966	351 559	15 426	672 221
– Textilindustrie	498	35 144	4 277	237 132	15 426	672 221
– Maschinenbau	42	2 896	414	29 730	1 092	54 810
– Chemie	143	13 235	810	35 396	1 579	65 966
– Nahrungsmittel	36	748	835	25 403	2 396	65 303
– andere	144	11 165	630	23 898	2 058	63 973
Bergbau	69	36 208	k. A.	131 011	k. A.	233 827
Transport- und Nachrichtenwesen	k. A.	22 967	k. A.	166 079	k. A.	366 420

Rudolf Hartmann, Geschichte des modernen Japan. Von Meiji bis Heisei, Akademie Verlag, Berlin 1996, S. 90.

Station 3: Japan als Großmacht

M 9 „Der Kuchen der Könige", Karikatur aus der französischen Zeitung „Le Petit Journal", Paris 1898.

Unter der Illustration steht in Französisch: „In China. Der Kuchen der Könige und ... der Kaiser". Auf den zwei einzeln beschrifteten Kuchenstücken steht: links „Kiao-Tchéou", rechts „Port Arthur". Abgebildete Personen (von links): Königin Victoria (Großbritannien und Irland), Kaiser Wilhelm II. (Deutsches Reich), Zar Nikolaus II. (Russland), die französische Marianne und Kaiser Meiji (Japan). Russland und Frankreich waren seit 1894 Verbündete. Im Hintergrund reckt ein stereotyp dargestellter Beamter der Qing-Dynastie als Vertreter Chinas die Arme in die Höhe.

M 10 Der Japanologe Christian Oberländer über die japanische Außenpolitik (2020)

Keine zwei Jahre nach dem Ende der Kriegshandlungen, am 30. Juli 1907, unterzeichneten Japan und Russland die erste „russisch-japanische Entente". Der offizielle Vertragstext [...] enthielt ein Lippenbekenntnis zu der seit 1899 vor allem von amerikanischer Seite verfolgten „Politik der Offenen Tür" sowie zur Erhaltung des Status quo in China. In einem gleichzeitig geschlossenen Geheimabkommen [...] legten sie fest, was sie unter „Erhaltung des Status quo" verstehen wollten: Danach wurde die nördliche Mandschurei zur russischen, die südliche zur japanischen Einflusssphäre erklärt, Russland erkannte das besondere Interesse Japans an Korea an, während Japan im Gegenzug die speziellen Interessen des Russischen Reichs in der zu China gehörenden Äußeren Mongolei akzeptierte. [...]
Eine der wichtigsten Ursachen für den Russisch-Japanischen Krieg hatte darin bestanden, dass Japan und Russland sich bezüglich ihrer Interessenabgrenzung in Korea nicht hatten einigen können. Der Sieg gegen Russland brachte Japan jedoch nicht nur territoriale Gewinne, sondern auch die Aufnahme als vollwertiges Mitglied in das Konzert der Mächte. Binnen zwei Jahren [...] hatte England eilig die schon bestehende Allianz mit Japan verlängert, Frankreich mit Japan einen Entente-Vertrag geschlossen [...]. Damit war Japan binnen kürzester Frist zu einer regionalen Großmacht geworden.

Christan Oberländer, Japans Weg zum modernen Nationalstaat, in: Josef Kreiner (Hg.), Geschichte Japans, Reclam, 2. Aufl., Stuttgart 2020, S. 285 ff.*

M 11 Der Historiker Jürgen Osterhammel über Kriterien für eine Großmacht (2009)

Zeitgenössische Beobachter und die Politikwissenschaftler der jüngeren Vergangenheit haben komplizierte Erwägungen angestellt, was eine „Großmacht" ausmache. Die meisten dieser Überlegungen führen zu einem einfachen Kern: eine Großmacht ist ein Staat, der von anderen Großmächten als im Prinzip ebenbürtig [...] angesehen wird. Dies geschieht, wenn er seine Interessen notfalls mit militärischen Mitteln zu wahren versteht oder wenn seine Nachbarn ihm zutrauen, dies zu tun. Auch wenn etwa wirtschaftliche Leistungsfähigkeit und territorialer Umfang wichtige Kriterien für den Status einer Großmacht sind, so haben gerade im 19. Jahrhundert mehrfach Kriege die Einstufung in die internationale Hierarchie geklärt.

Jürgen Osterhammel, Die Verwandlung der Welt. Eine Geschichte des 19. Jahrhunderts, C. H. Beck, München 2009, S. 692 f.*

1 Interpretieren Sie die Karikatur M 9.
   Tipp: Achten Sie auf die Konstellation und jeweilige Rolle der einzelnen Großmächte.
2 Erläutern Sie mithilfe von M 10 und der Karte M 3, S. 59, die geostrategischen Interessen von Japan.
3 Beurteilen Sie auf der Basis von M 11, ob Japan zu Beginn des 20. Jahrhunderts als Großmacht gelten kann.
4 **Zusatzaufgabe:** Siehe S. 150.

Station 4: Vergleich Japan und China

M 12 Der Historiker Wolfgang Reinhard über Japan und China im Vergleich (2016)

Auf den ersten Blick hat die Ausgangssituation in Japan sehr viel Ähnlichkeit mit derjenigen in China. Seit 1637 hatte sich auch Japan vom Westen abgeschlossen. Auslandsaufenthalte waren verboten. Die begrenzten und sorgfältig überwachten Außenbeziehungen und der Handel blieben weitgehend auf China und Korea beschränkt sowie auf die streng reglementierte Station der Niederländisch-Ostindischen Kompanie vor Nagasaki. [...] Vor allem kann man aber in Japan wie in China im 19. Jahrhundert von *Wirren im Innern und Bedrohung von außen (naiyū-gaikan)* sprechen. 1854/55 wurde das Land von einer schweren Erdbeben- und Tsunamikatastrophe erschüttert. Auch hier kam es immer wieder zu Aufständen der notleidenden Bauern, während die zunehmenden politischen Intrigen um die Führung oft genug mit Morden ausgefochten wurden und je länger desto mehr Bürgerkriegscharakter annahmen.

Warum aber ist dann im Gegensatz zu China die Modernisierung im ersten Anlauf gelungen? Bei genauerem Hinsehen erweist sich die Ausgangslage eben doch als verschieden, denn zum einen war Japan kleiner als China und daher leichter zu kontrollieren und auch zu aktivieren als jenes Riesenreich, zum anderen unterschied es sich in seiner soziopolitischen Struktur von China. Deren wichtigste Eigentümlichkeiten waren die zweigipflige Spitze des Landes und das Feudalsystem. Auch Japan besaß ein auf kosmologische Mythen gegründetes Kaisertum, das aber von der Politik weitgehend ausgeschlossen war. [...] Die militärische und politische Macht lag beim *shōgun* und seiner Regierungszentrale, dem *bakufu* in Edo (Tokyo). Der Titel des Shōgun ist ein militärischer, denn seine Macht beruhte auf einem ursprünglich kriegerisch geprägten Feudalsystem, dessen Spitze er und nicht der Kaiser darstellte. Seine Vasallen waren die 260 bis 270 *daimyō*, die in ihren Herrschaftsgebieten (*han*) eine fast unumschränkte Gewalt ausübten. Deren Lehensleute wiederum waren die *samurai*, von denen es vielleicht 570 000 gab, mit Familien ca. 2 Millionen [...]. Sie bildeten den ersten Stand einer streng hierarchischen Gesellschaft und besaßen einen exklusiven, auf Treue und kriegerische Tugenden ausgerichteten Ehrenkodex. Obwohl die Ideologie dieses Herrschaftssystems bewusst mit Konfuzianismus angereichert worden war, unterschieden sich die Samurai als seine tragende Schicht doch erheblich von der chinesischen Gentry. Anstelle abstrakter ethischer Normen band sie die feudale Treue an die Zentralgewalt, ihre Ausrichtung war nicht zivil, sondern kriegerisch und ihr Anteil an der Bevölkerung viel größer.

Wolfgang Reinhard, Die Unterwerfung der Welt. Globalgeschichte der europäischen Expansion 1415–2015, C. H. Beck, München 2016, S. 839f.*

M 13 Der in Tokyo tätige deutsche Arzt Erwin Bälz über das Nationalgefühl in Japan (um 1900)

Und die Kenntnis dieser [den Meiji-Reformen gegenüber kritischen] Stimmung ließ es der Regierung klug erscheinen, nachgiebig zu sein, bis das Schicksal ihr eine Gelegenheit bot, ein einigendes Band für die ganze Nation zu schaffen, und zwar in Form des Krieges mit China wegen Korea. Und dieser Krieg hatte die von der Regierung gewünschte Folge: Das ganze japanische Volk war einig und begeistert durch die Erfolge der nationalen Waffen. [...] Das Nationalgefühl erwachte; es setzte eine gesunde Reaktion gegen die blinde Nachahmung alles Fremden ein. Man hörte viel weniger von den Herrlichkeiten der freien Staaten. Die größten Schreier für eine parlamentarische Regierung hielten sich zurück. [...]

Und den tieferen Grund zu diesem der Welt erstaunlichen Sieg über den chinesischen Koloss suchte man jetzt in den spezifisch-japanischen Eigenschaften, und in diesem Japanertum spielte auch das Herrscherhaus mit seiner „ewigen Dynastie" eine große Rolle. So ging dieses gestärkt aus der Krise hervor. Die Person des Kaisers trat mehr und mehr in den Vordergrund. [...] Es erging ein Edikt, das die Grundlage aller sittlichen Erziehung der japanischen Jugend bildet und in dem der Kaiser als eine Art Vater seines Volkes erscheint. Und so wurde der Kult des Kaisers als eines gewissermaßen ideellen symbolischen Repräsentanten der Nation in den an sich uralten, aber jetzt wieder günstig vorbereiteten Boden mit voller Absicht gesät.

Zit. nach: Toku Bälz (Hg.), Erwin Bälz. Das Leben eines deutschen Arztes im erwachenden Japan. Tagebücher, Briefe, Berichte, Engelhorns, 3. Aufl., Stuttgart 1937, S. 96f.*

1 Stellen Sie auf der Basis von M 12 die Entwicklungen in Japan und China gegenüber.
   Tipp: Siehe S. 150.
2 Erläutern Sie Reinhards Begründung für die gelungene Modernisierung Japans.
3 Fassen Sie die innenpolitischen Auswirkungen des japanischen Sieges im Krieg gegen China 1895 auf der Basis von M 13 zusammen.
4 Vergleichen Sie die Rolle und das Selbstverständnis des Kaisers in Japan und in China.

Methode

Schriftliche Quellen interpretieren

M1 Porträt des britischen Königs Georg III., Radierung, 1791

In der Gegenwart zeigt sich die Geschichte in Form von Quellen. Sie bilden die Grundlage unserer historischen Kenntnisse. Doch nicht die Quellen selbst stellen das Wissen dar, erst ihre systematische Analyse ermöglicht uns eine adäquate Rekonstruktion und Deutung von Geschichte. Daher gehört es zu den grundlegenden Kompetenzen im Geschichtsunterricht, Quellen angemessen erschließen und interpretieren zu können.
Die bedeutsamsten Quellen für die Rekonstruktion von Vergangenheit sind schriftliche Zeugnisse. Sie werden unterteilt in **erzählende Quellen,** die zum Zweck der Überlieferung verfasst wurden, z. B. Chroniken, Geschichtsepen, Monografien und Biografien, sowie in **dokumentarische Quellen,** z. B. Urkunden, Akten, Gesetzestexte und Zeitungen, die gesellschaftliche und private Ereignisse und Prozesse unmittelbar und meist unkommentiert wiedergeben.
Bei der Untersuchung schriftlicher Quellen kommt es darauf an, zunächst eine **Leitfrage (1)** zu stellen, unter der man die Quelle untersuchen will. Zusätzlich zur Analyse **formaler** und **inhaltlicher Aspekte (2)** bedarf es einer Einordnung in den **historischen Kontext (3),** um abschließend den Aussagegehalt der Quelle kritisch zu **beurteilen (4).** Nur wenn man bei der Interpretation Tatsachen und Meinung unterscheidet, ist das Ergebnis der Quellenarbeit eine weitgehende Annäherung an die historische Wirklichkeit.

Arbeitsschritte für die Analyse

1. Leitfrage
– Welche Fragestellung bestimmt die Untersuchung der Quelle?

2. Analyse

Formale Aspekte
– Wer ist der Autor (ggf. Amt, Stellung, Funktion, soziale Schicht)?
– Wann, wo ist der Text entstanden bzw. veröffentlicht worden?
– Um welche Textart (z. B. Brief, Rede, Vertrag) handelt es sich?
– Was ist das Thema des Textes?
– An wen ist der Text gerichtet (z. B. Privatperson, Institution, Machthaber, Öffentlichkeit, Nachwelt)?

Inhaltliche Aspekte
– Was sind die wesentlichen Textaussagen (z. B. anhand des gedanklichen Aufbaus bzw. einzelner Abschnitte)?
– Welche Begriffe sind von zentraler Bedeutung (Schlüsselbegriffe)?
– Wie ist die Textsprache (z. B. sachlich, emotional, appellativ, informativ, argumentativ, manipulierend, ggf. rhetorische Mittel)?

3. Historischer Kontext
– In welchen historischen Zusammenhang (Ereignis, Epoche, Prozess bzw. Konflikt) lässt sich die Quelle einordnen?

4. Urteil
Sachurteil (Es erfolgt aus der Sicht des historischen Gegenstands der damaligen Zeit.)
– Welchen politisch-ideologischen Standpunkt nimmt der Autor ein?
– Welche Intention verfolgt der Verfasser des Textes?
– Inwieweit ist der Text glaubwürdig? Enthält er Widersprüche?
– Welche Wirkung soll der Text bei den Adressaten erzielen?

Werturteil
– Wie lässt sich der Text im Hinblick auf die Leitfrage aus heutiger Sicher, nach unseren Maßstäben und Normen bewerten?

Übungsaufgabe

M2 Brief des britischen Königs Georg III. an den Qianlong-Kaiser (1792/Übergabe durch Lord Macartney 1793)

Seine Allerheiligste Majestät Georg der Dritte, von Gottes Gnaden König von Großbritannien, Frankreich und Irland, Herrscher der Meere, Verteidiger des Glaubens usw., sendet dem obersten Kaiser von China, Kien Long [Qianlong], der würdig ist, zehntausend und zehntausend tausend Jahre zu leben, einen Gruß.

Die natürliche Veranlagung eines großen und gütigen Herrschers wie Eurer kaiserlichen Majestät, den die Vorsehung zum Wohle der Menschheit auf einen Thron gesetzt hat, ist es, über den Frieden und die Sicherheit seines Herrschaftsgebietes zu wachen und sich um die Verbreitung von Glück, Tugend und Wissen unter seinen Untertanen zu bemühen [...]. Beeindruckt von solchen Gefühlen, gewährten Wir von Beginn Unserer Herrschaft an, [...] die Segnungen des Friedens unter den gerechtesten Bedingungen. Seit dieser Zeit haben Wir uns nicht damit begnügt, den Wohlstand Unserer eigenen Untertanen in jeder Hinsicht zu fördern, und über das Beispiel früherer Zeiten hinaus haben Wir verschiedene Gelegenheiten ergriffen, um Schiffe auszurüsten und einige der weisesten und gelehrtesten Unserer eigenen Leute auf ihnen auszusenden, um ferne und unbekannte Gegenden zu entdecken, nicht zum Zwecke der Eroberung oder der Vergrößerung Unserer Herrschaftsgebiete [...], sondern um Unser Wissen über den bewohnbaren Globus zu erweitern, die verschiedenen Produktionen der Erde zu erforschen und die Künste und Annehmlichkeiten des Lebens jenen Teilen mitzuteilen, wo sie bisher wenig bekannt waren, [...]; Und vor allem war es unser sehnlichster Wunsch, die berühmten Einrichtungen des bevölkerungsreichen und ausgedehnten Reiches Eurer Majestät kennenzulernen, die seinen Wohlstand zu einer solchen Höhe gebracht haben, dass er die Bewunderung aller umliegenden Nationen erregt – und nun [...] kann keine Zeit so günstig sein, um die Grenzen der Freundschaft und des Wohlwollens auszudehnen, und um vorzuschlagen, jene Vorteile mitzuteilen und zu empfangen, die sich aus einem vorbehaltlosen und freundschaftlichen Verkehr zwischen so großen und zivilisierten Nationen wie China und Großbritannien ergeben müssen.

Viele Unserer Untertanen haben auch für lange Zeit einen entfernten Teil der Herrschaftsgebiete Eurer Majestät zum Zwecke des Handels aufgesucht. Zweifellos fördert der Austausch von Waren zwischen weit entfernten Nationen ihr gegenseitiges Wohlbefinden, ihre Industrie und ihren Wohlstand, da die Segnungen, die der große Gott des Himmels den verschiedenen Böden und Klimazonen verliehen hat, auf diese Weise unter seinen über die Oberfläche der Erde verstreuten Geschöpfen verteilt werden. Aber ein solcher Verkehr muss richtig geführt werden, damit die Neuankömmlinge die Gesetze und Sitten des Landes, das sie besuchen, nicht verletzen, und dass sie andererseits mit Gastfreundschaft empfangen werden und die Gerechtigkeit und den Schutz erfahren, die Fremden zustehen. Wir sind in der Tat gleichermaßen bestrebt, Unsere Untertanen davon abzuhalten, in einem fremden Land Böses zu tun [...], wie Wir auch darauf bedacht sind, dass sie in diesem Land keinen Schaden erleiden. Es gibt keine andere Methode, einen solchen guten Zweck zu erreichen, als durch den Aufenthalt einer geeigneten Person, die von Uns ermächtigt ist, ihr Verhalten zu regeln und Beschwerden gegen sie entgegenzunehmen, wann immer sie Anlass zu solchen geben [...]. [...] All diese Erwägungen haben uns dazu bewogen, einen außerordentlichen und bevollmächtigten Botschafter an Euren Hof zu entsenden, und da wir bereit waren, zu diesem Zweck eine Person auszuwählen, die wirklich würdig ist, uns zu vertreten und vor Eurer augusteischen Gegenwart zu erscheinen, haben wir uns auf unseren recht zuverlässigen und geliebten Vetter und Berater festgelegt, den rechtschaffenen George Lord Viscount Macartney [...].

Wir vertrauen auf die Weisheit und Gerechtigkeit Eurer kaiserlichen Majestät und das allgemeine Wohlwollen gegenüber der Menschheit, das in Eurer langen und glücklichen Herrschaft so auffällig war, dass Ihr bitte unserem Botschafter und Vertreter an Eurem Hof die Gelegenheit gebt, das Beispiel Eurer Tugenden zu betrachten und solche Informationen über Eure gefeierten Institutionen zu erhalten, die ihn befähigen werden, bei seiner Rückkehr Unser Volk zu erleuchten; Er seinerseits wird angewiesen, soweit es Eurer Majestät gefällt, eine vollständige und freie Mitteilung über alle Künste, Wissenschaften oder Beobachtungen zu machen, die entweder von Nutzen oder von Interesse sind, und die der Einfallsreichtum und die Erfahrung der Europäer ihnen ermöglicht haben, zu erwerben: Und auch, dass Ihr Euch freuen werdet, allen Unseren Untertanen, die die Küsten Eurer Herrschaftsgebiete besuchen und sich dort mit Anstand bewegen, einen sicheren Aufenthalt und einen fairen Zugang zu Euren Märkten zu gewähren, unter solchen Gesetzen und Verordnungen, wie Eure Majestät es für richtig halten [...].

Zit. nach: Hosea Ballou Morse (Hg.), The Chronicles of the East India Company trading to China. 1635–1834. Volume II, Clarendon Press, Oxford 1926, S. 244 ff. Übersetzt von Jonas Schmid.*

1 Interpretieren Sie M 2 mithilfe der Arbeitsschritte.
▶ Lösungshinweise finden Sie auf S. 152 ff.

Methode

Karikaturen interpretieren

Karikaturen (von ital. *caricare* = überladen, übertreiben) sind bildliche Darstellungen, bei denen gesellschaftliche und politische Zustände oder menschliche Verhaltensweisen bewusst **überzeichnet** und bis zur Lächerlichkeit **verzerrt** werden. Der Kontrast zur Realität soll den Betrachter zum Nachdenken bewegen.

Karikaturen gab es bereits in der Antike und im Mittelalter. Aber erst durch die Entwicklung des Buchdrucks um 1500 konnte die Karikatur breite gesellschaftliche Wirkungsmöglichkeiten entfalten.

Karikaturen sind eine besondere Form der **historischen Bildquelle**, durch die der Betrachter einen anschaulichen Eindruck von zeitgenössischen Auffassungen erhält. Um die „Botschaft" einer Karikatur zu „entschlüsseln", bedarf es einer Interpretation. Dabei müssen nicht nur die einzelnen Bildinhalte erfasst und gedeutet, sondern auch der historische Zusammenhang herangezogen werden. Es ist zu berücksichtigen, dass Karikaturen stets nur eine zeitgenössische Meinung darstellen.

Arbeitsschritte zur Interpretation

1. Leitfrage
– Welche Fragestellung bestimmt die Untersuchung der Karikatur?

2. Analyse
Formale Aspekte
– Wer ist der Zeichner und/bzw. Auftraggeber (ggf. soziale Herkunft, gesellschaftliche Stellung, Wertmaßstäbe)?
– Wann ist die Karikatur entstanden bzw. veröffentlicht worden?
– Gibt es einen Titel oder/und einen Zusatzkommentar?
– Was thematisiert die Karikatur?

Inhaltliche Aspekte
– Welche Gestaltungsmittel (Figurendarstellung wie Mimik, Gestik, Kleidung, Gegenstände, Symbole, Metaphern, Personifikationen, Vergleiche, Allegorien, Proportionen, Schrift) sind verwendet worden?
– Was bedeuten die einzelnen Gestaltungsmittel?
– Was ist die zentrale Bildaussage („Botschaft") der Karikatur?
– Welche Fragen bleiben bei der Deutung offen?

3. Historischer Kontext
– In welchen historischen Zusammenhang (Ereignis, Epoche, Prozess bzw. Konflikt) lässt sich die Karikatur einordnen?

4. Urteilen
Sachurteil
– Welche Intention verfolgten Zeichner bzw. Auftraggeber?
– Für wen wird Partei ergriffen?
– Welche Wirkung sollte beim zeitgenössischen Betrachter erzielt werden? Mit welchen anderen bildlichen und textlichen Quellen lässt sich die Karikatur ggf. vergleichen?
– Inwieweit gibt die Karikatur den historischen Gegenstand sachlich angemessen wieder?
– Welche Schlussfolgerungen lassen sich im Hinblick auf die Leitfrage ziehen?

Werturteil
– Wie lässt sich die Karikatur aus heutiger Sicht bewerten?

Karikaturen interpretieren

Übungsbeispiel

M 1 „Ein Bild der aktuellen Lage", chinesische Karikatur, um 1899.
Die Karikatur wurde um das Jahr 1899 von dem Chinesen Tse Tsan Tai (mod. Umschrift Xie Zuantai) aus Hongkong veröffentlicht. Die chinesische Beschriftung oben nennt den Titel der Karikatur: Shiju tu. Die Schriftzeichen links und rechts bedeuten: „Ohne Worte begreifbar und auf einen Blick zu verstehen."

1 Interpretieren Sie die Karikatur M 1 mithilfe der systematischen Arbeitsschritte von S. 66.
▶ Lösungshinweise finden Sie auf S. 154 f.

Anwenden

M 1 Der chinesische Historiker Mao Haijian über die Bedeutung der Opiumkriege für China (2016/ chinesisches Original 1995)

Aus Sicht des einundzwanzigsten Jahrhunderts besteht die Bedeutung des Opiumkrieges vor allem darin, dass er China zu einer umfassenderen Auseinandersetzung mit der Welt veranlasst hat. Von diesem Zeitpunkt an war China das Opfer imperialistischer Aggression, und die Chinesen begaben sich auf die mühsame Suche nach einem neuen Weg. Historiker sind sich heute einig, dass die eigentliche Botschaft des [britischen] Kanonenfeuers darin bestand, dass China sich modernisieren und an den Wandel der Weltordnung anpassen müsse.

Seitdem sind anderthalb Jahrhunderte vergangen, und diese historische Mission bleibt weiter unerfüllt. China ist immer noch rückständig. Wir stehen immer noch vor vielen Fragen, die auch die früheren Generationen vor Probleme gestellt haben; wir haben manchmal das Gefühl, dass wir Rollen im gleichen Drehbuch spielen.

Natürlich gibt es für jeden Aspekt des Schicksals des modernen China eine historische Erklärung, zum Beispiel die westliche imperiale Aggression, die Schwäche der wirtschaftlichen Grundlagen Chinas und die Überbevölkerung. Aber was wir in den Geschichtsbüchern am wenigsten finden, sind die Fehler, die Chinesen gemacht haben, und es wurden offensichtlich Fehler gemacht. Eine der wichtigsten Aufgaben von Geschichte besteht darin, dass sie uns ermöglicht, aus Fehlern zu lernen, eine Funktion, die auch in dem oft zitierten Sinnspruch „die Geschichte als Spiegel benutzen" zum Ausdruck kommt. Aus dem Scheitern einer Nation kann man mehr lernen als aus ihren Siegen. Letztere sind zwar mitreißender, aber das Scheitern regt mehr zum Nachdenken an. Eine Nation von nach innen gerichteten Denkern ist stärker als eine aufgeputschte Nation, die vom Sieg beschwingt und geblendet ist: Das ist der Beitrag, den Historiker leisten können.

Mao Haijian, The Qing Empire and the Opium War – The Collapse of the Heavenly Dynasty, Cambridge University Press, Cambridge 2016, S. 25f. Übersetzt von Heidi Martini.

M 2 Die britische Sinologin Julia Lovell im Vorwort der englischen Ausgabe von Mao Haijians Buch „The Qing Empire and the Opium War" (2005)

In den 1990er-Jahren und darüber hinaus diente der Opiumkrieg als grundlegende Episode im Rahmen der patriotischen Erziehung – als tragischer Auftakt für das moderne China, aber auch als erster großer Schlachtruf gegen den tyrannischen Westen und als Auslöser für Chinas nationale Wiedergeburt. Der Krieg markiert somit den Beginn des Kampfes Chinas, sich von dem, was Mao Zedong als „halbkolonialen Semi-Feudalismus" bezeichnete, zu befreien und als starke, moderne Nation „aufzustehen".

Im Jahr 1995 jedoch [...] wurde eine kühne alternative historische Bewertung des Opiumkriegs veröffentlicht: Mao Haijians „Der Zusammenbruch einer Dynastie". Es ist eine reichhaltige, komplexe Darstellung: Sorgfältig detailliert in den Archivrecherchen und beeindruckend nuanciert in der Beurteilung des Opiumkrieges. Das Buch stellt sich der jahrzehntelangen offiziellen politischen Lehrmeinung Chinas in Bezug auf den Konflikt entgegen und analysiert den Krieg und seine Folgen mit leidenschaftslosem Realismus statt emotionalem Patriotismus. Obwohl das Buch das britische Verhalten während des Krieges hart verurteilt, übt es auch scharfe Kritik an der Reaktion der herrschenden Qing-Dynastie und an der nachfolgenden chinesischen Mythenbildung. [...]

Das Buch kritisiert [...] beide Seiten des Konflikts in ausgewogener Weise: die britische Unmoral und Rücksichtslosigkeit, der Qing-Dynastie ein System internationaler Regeln aufzuzwingen, das diese nicht verstanden; und die schlecht funktionierende Qing-Verwaltung, die von einem einfallslosen, unrealistischen Kaiser geführt und mit unverantwortlichen, betrügerischen und inkompetenten Beamten bekleidet war.

Julia Lovell, Introduction, in: Haijian Mao, The Qing Empire and the Opium War – The Collapse of the Heavenly Dynasty, Cambridge University Press, Cambridge 2005, S. xiv-xviii. Übersetzt von Jonas Schmid.*

1 Beschreiben Sie auf Grundlage Ihrer Kenntnisse Ausgangssituation und Verlauf des Ersten Opiumkriegs.
2 Geben Sie die Argumentation von Mao Haijian zur Einordnung des Opiumkriegs in die chinesische Geschichte thesenartig wieder (M 1).
3 Überprüfen Sie Julia Lovells Ausführungen zu Mao Haijians Buch (M 2) anhand von M 1.
4 Beurteilen Sie ausgehend von M 1 und M 2, welche Bedeutung die Opiumkriege für China hatten und haben.

Wiederholen

M 3 Satirischer französischer Kommentar zum Zweiten Opiumkrieg von Honore Daumier, französische Karikatur, 1856

1 Entwickeln Sie unter Rückgriff auf den Darstellungstext sowie auf die zentralen Begriffe eine Visualisierung zu den Kontakten zwischen China und den imperialistischen Mächten im 19. Jahrhundert.
2 Erläutern Sie die Rolle Großbritanniens als imperialistische Macht in China.
3 Interpretieren Sie die Karikatur M 3. Nutzen Sie bei Bedarf die Formulierungshilfen. Vergleichen Sie anschließend mit Ihren Ergebnissen aus Aufgabe 2.
4 **Wahlaufgabe:** Bearbeiten Sie entweder a, b oder c.
Nehmen Sie Stellung zu einem der „Ungleichen Verträge" zwischen China und den imperialistischen Mächten. Recherchieren Sie im Internet oder nutzen Sie den Webcode.
   a) Vertrag von Wangxia (1844) zwischen China und den USA,
   b) Vertrag von Tianjin (1858) u. a. zwischen China und Großbritannien,
   c) Deutsch-Chinesischer Pachtvertrag über Jiaozhou (1898) zwischen China und Deutschland.
5 Charakterisieren Sie die Rolle der christlichen Missionare in China.
6 Der Historiker Wolfgang Reinhard schreibt über die Motive der westlichen Chinapolitik: „Theoretisch verfolgte der Westen mit seiner Chinapolitik das in seinen Augen lobenswerte Ziel, das Reich der Mitte in das westliche Völkerrechtssystem einzubeziehen, indem man das Grundrecht des freien Handels durchsetzte […]." Bewerten Sie seine Aussage.
7 **Vertiefung:** Vergleichen Sie das Muster der „Ungleichen Verträge" mit Friedensverträgen aus der Zeitgeschichte und Gegenwart.
   Tipp: Siehe S. 150.
8 Überprüfen Sie Ihre zu Beginn des Kapitels formulierten Hypothesen.

Zentrale Begriffe
Handelsgesellschaften
Handelsverträge
Imperialismus
Kotau
Macartney-Mission
Missionierung
Open Door Policy
Opiumkriege
Opiumverbot
Tributzahlung
„Ungleiche Verträge"
Vertrag von Nanjing
Vertragshafen

Formulierungshilfen
– Die Karikatur ist im Kontext von … entstanden.
– Im Vordergrund sieht man …
– Die linke Person ist gekennzeichnet durch …, die rechte Person zeigt …
– Im Hintergrund sieht man …
– Der Zeichner trifft folgende Aussage über den Opiumkrieg …

„Ungleiche Verträge"
cornelsen.de/Webcodes
Code: mokopa

4 Chinesische Reaktionen zwischen Anpassung und Widerstand

M1 „Verhör und Enthauptung russischer und japanischer Spione", chinesische Zeichnung, 1900.

Das Bild zeigt ein Tribunal der Yihetuan („In Rechtschaffenheit vereinte Milizen" oder herablassende europäische Bezeichnung „Boxer"). Die Yihetuan richteten sich Ende des 19. Jahrhunderts gegen jede Art von ausländischem Einfluss in China und begannen einen Aufstand. Sie wollten auf diese Weise zu den chinesischen Wurzeln und zur alten Stärke des „Reichs der Mitte" zurückkehren. Hier werden ausländische Militärs in Käfigen oder gefesselt durch ein Spalier von Soldaten der Qing-Armee vor General Dong Fuxian (rechts auf dem Podest) gebracht. Vor dem Podest wird die Enthauptung zweier Soldaten vorbereitet.. Die Zeichnung betont die Zusammenarbeit zwischen aufständischen Yihetuan und der Qing-Armee.

- 1861 | Beginn Regentschaft Kaiserinwitwe Cixi für Tongzhi-Kaiser
- 1862 | Beginn „Selbststärkungsbewegung": Waffentechnik, Industrie, Bildung
- 1875 | Beginn Regentschaft Kaiserinwitwe Cixi für Guangxu-Kaiser, Stärkung Konservative
- 1879 | Höchststand der Opiumeinfuhr in China

1850 | 1860 | 1870 | 1880

1850–1864 Taiping-Aufstand
1870–1877 Dunganenaufstände

Chinesische Reaktionen zwischen Anpassung und Widerstand 4

„Die doppelte Zehn" – der zehnte Oktober – stellt eine Zäsur in der chinesischen Geschichte dar: der Untergang der Qing-Dynastie und die Geburtsstunde der Republik China. Am 10. Oktober 1911 wurde die Republik China ausgerufen, am 12. Februar 1912 dankte der letzte Kaiser Pu Yi offiziell ab. Die Vorgeschichte war turbulent und ereignisreich. Der Einfluss der imperialistischen Mächte auf China hatte sich gegen Ende des 19. Jahrhunderts immer weiter verstärkt, China verlor Territorien wie Taiwan und die Mandschurei an auswärtige Mächte und sah sich selbst zur „Halbkolonie" degradiert (siehe Kapitel 3).

Doch die Qing-Regierung stand nicht nur aufgrund der Einflussnahme von außen unter Druck. Im Inneren hatten die Qing zum einen mit verschiedenen Aufständen zu kämpfen, der verlustreichste war der Taiping-Aufstand mit Millionen Opfern. Außerdem führten u. a. Bevölkerungswachstum und Naturkatastrophen zu vermehrter Armut und Hungerkatastrophen. Die Bevölkerung stellte die Legitimität und Macht der Qing-Herrschaft infrage. Reformen waren notwendig. Es stellte sich jedoch die Frage, ob sich China an den westlichen Maßstäben, d. h. vor allem an der wirtschaftlich-technischen Modernisierung in Form von Industrialisierung, orientieren oder eigene Wege finden sollte. Die chinesischen Reaktionen gegenüber dem europäischen Einfluss schwankten zwischen Widerstand (u. a. „Boxeraufstand") und Anpassung (u. a. „Selbststärkungsbewegung", Reformversuche).

Die Republikgründung 1911 folgte westeuropäischen und amerikanischen Staatsmodellen. Der chinesische Revolutionär und Staatsmann Sun Yatsen entwarf ein Konstrukt für den modernen chinesischen Staat. Dieser sollte Nationalismus, Demokratie und Volkswohlstand vereinen.

M2 Hinrichtung von *Yihetuan* in Beijing, Fotografie, ca. 1900. *Die Fotografie zeigt die Hinrichtung eines „Boxer-Rebellen" durch Soldaten der Qing-Armee.*

1 Beschreiben Sie die Bilder M1 und M2. Vergleichen Sie insbesondere die Rolle, die jeweils den *Yihetuan* sowie den Qing-Soldaten zugewiesen wird.
   Tipp: Informieren Sie sich im Begriffslexikon S. 167 über den „Boxeraufstand".
2 Nehmen Sie Stellung zu den unterschiedlichen Darstellungen des „Boxeraufstands" in M1 und M2.
3 Diskutieren Sie, welche Möglichkeiten des Widerstands ein Land gegen den Einfluss von außen hat.
4 Erklären Sie, warum die Republikgründung 1911 als „Anpassung an den europäischen Einfluss" bezeichnet werden kann. Entwickeln Sie auch Gegenargumente.

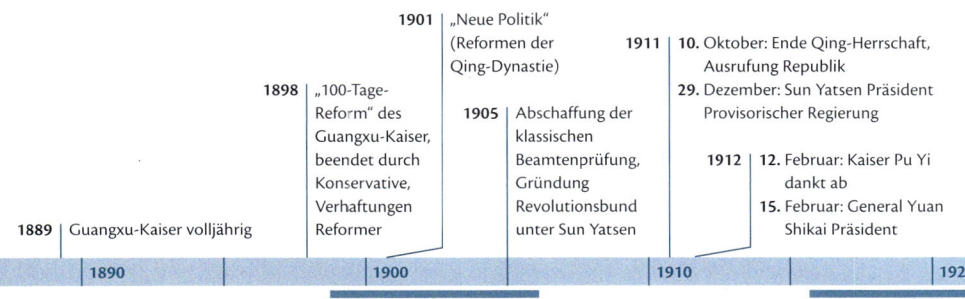

4 Chinesische Reaktionen zwischen Anpassung und Widerstand

> *In diesem Kapitel geht es um*
> - *die Ideen und Maßnahmen der Selbststärkungsbewegung,*
> - *die Reformversuche seit 1898,*
> - *den sogenannten „Boxeraufstand" der chinesischen „Boxer" gegen die imperialistischen Mächte in China,*
> - *die Gründung der Republik 1911.*

Die Qing-Herrschaft von außen unter Druck

Die von den imperialistischen Mächten erhoffte Öffnung des chinesischen Marktes und die Einrichtung von diplomatischen Vertretungen wurden von der Qing-Herrschaft auch in den 1850er-Jahren weiterhin begrenzt. Abermals suchten die Europäer den Weg der kriegerischen Auseinandersetzung, um ihre Ziele und Interessen durchzusetzen. Großbritannien nutzte die Verhaftung von Matrosen eines unter britischer Flagge segelnden Handelsschiffes durch die Chinesen als Vorwand für eine Kriegserklärung. Die Franzosen schlossen sich wegen der Ermordung eines französischen Missionars an. Der **Zweite Opiumkrieg (1856–1860)** endete mit einem Sieg der imperialistischen Mächte. Am Ende des Krieges kam es 1860 zur demonstrativen Zerstörung des kaiserlichen Sommerpalastes *Yuanming Yuan* nordöstlich von Beijing durch britische sowie französische Truppen. Das riesige Areal (3,5 km^2) mit Schlössern, Bibliotheken, Galerien, Theatern, Pavillons sowie einigen für den Qianlong-Kaiser entworfenen Gebäuden im europäischen Stil wurde innerhalb von drei Tagen weitgehend zerstört. Geraubte Kulturgüter des Sommerpalastes finden sich heute noch als Exponate in europäischen Museen.

M1 Die große Fontäne im kaiserlichen *Yuanming Yuan* („Garten der vollkommenen Klarheit"), in Europa als „Alter Sommerpalast" bekannt, Kupferstich, 1783–1786.
Für den Qianlong-Kaiser entwarf der Jesuit Giuseppe Castiglione Mitte des 18. Jahrhunderts mehrere Bauten in europäischem Stil für den kaiserlichen Yuanming Yuan. Der Kupferstich wurde von Künstlern am Kaiserhof angefertigt.

Die Qing-Regierung unterzeichnete am 18. Oktober 1860 die **Konvention von Beijing**, nachdem ein englisch-französisches Heer für einen Monat Beijing besetzte hatte. Der Zweite Opiumkrieg hatte die imperialistischen Mächte bis in das Zentrum des chinesischen Kaiserreichs geführt. China musste sich mit ihnen auseinandersetzen. Die Konvention von Beijing, an der neben Frankreich und Großbritannien auch Russland und die USA beteiligt waren, sicherte den imperialistischen Mächte weitere Vertragshäfen mit Niederlassungsrechten, niedrige Zölle, eigene Rechtsprechung für ihre Bürger, diplomatische Vertretungen sowie Missions- und Bewegungsfreiheit im ganzen Land zu.

Die Qing-Herrschaft von innen unter Druck

Auch im Inneren waren die Qing mit schwerwiegenden Problemen konfrontiert. Überbevölkerung, Inflation, Naturkatastrophen und ein ineffizientes Verwaltungssystem verschlechterten die Lage für die Bevölkerung. Hinzu kamen insbesondere in den Vertragshäfen im Süden Chinas die Wirtschaftsaktivitäten der ausländischen Handels-
5 gesellschaften und Industrieunternehmen. Sie begannen das Handwerk und andere traditionelle chinesische Produktionsstrukturen zu bedrohen und zu verdrängen. Die Armut unter Bauern und Arbeitern nahm zu. In der Folge kam es zu zahlreichen Aufständen im Qing-Kaiserreich.
Der Aufstand mit den meisten Opfern war der **Taiping-Aufstand**. Er forderte zwischen
10 20 und 30 Millionen Todesopfer. Die Taiping-Bewegung war in Südchina von **Hong Xiuquan (1814–1864)**, der einer armen Familie aus der Volksgruppe der Hakka entstammte, gegründet worden. Die Ideen und Ziele der „Gesellschaft zur Verehrung Gottes" (*Bai Shangdi hui*) bildeten eine Mischung aus christlich-mystischen Elementen – in einer Vision hatte er erkannt, dass er der jüngere Bruder Jesu sei – und einer radikalen
15 Gleichheitsideologie. Am Ende sollte so ein „Himmlisches Reich des höchsten Friedens" (*Taiping tianguo*) entstehen. Unter seinen Anhängern fanden sich vor allem Bauern, Hafenarbeiter und Arbeitslose. Auch Frauen schlossen sich der Bewegung an. 1850 begann die bewaffnete Rebellion in der Provinz Guangxi. Auf dem Weg durch den Süden des Landes schlossen sich immer mehr Personen den Truppen an. Sie umfassten schließlich
20 bis zu einer Million Kämpfer. 1853 eroberten sie die Stadt Nanjing und machten sie zu ihrer Hauptstadt. Erst 1864 nach jahrelangen Kämpfen und einer Belagerung konnten die Regierungstruppen der Qing Nanjing einnehmen und die Rebellion beenden. Viele Rebellen wurden hingerichtet, manche nahmen sich selbst das Leben. Auch die Opfer unter den Regierungstruppen waren hoch. Die imperialistischen Mächte hatten die chi-
25 nesische Führung während des Taiping-Aufstandes militärisch unterstützt, da sie ihre wirtschaftlichen Interessen im Süden des Landes bedroht sahen. Diese Form des europäischen Einflusses trug zum Überleben der Qing-Herrschaft bei.

M2 Die kaiserlichen Qing-Truppen greifen die Taiping-Rebellen an, chinesisches Gemälde, 1853

Selbststärkungsbewegung

Die Bedrohung von außen durch die imperialistischen Mächte im Zweiten Opiumkrieg sowie der Taiping-Aufstand im Inneren setzten die Qing-Herrschaft von allen Seiten unter Druck, Reformen einzuleiten, um ihre Macht zu sichern. Die „Selbststärkungsbewegung" (*Ziqiang Yundong*), in China auch als „Bewegung für ausländische Angelegen-
5 heiten" (*Yangwu Yundong*) bekannt, wurde unter anderem von **Prinz Gong**, dem jüngeren Bruder des Xianfeng-Kaisers, vorangetrieben. Es handelte sich praktisch um ein vom Kaiserhof angeordnetes Modernisierungsprogramm nach dem Vorbild westlicher Mächte. Westliche Technik, Wissenschaft und Bildung sollten das Land stärken, um auf diese Weise die chinesische Tradition und Kultur zu erhalten. Der hohe Beamte Zhang
10 Zhidong prägte dafür später die Formel: „Chinesische Lehren für die Prinzipien, westliche Lehren für die praktische Anwendung" (*Zhongxue wei ti, xixue wei yong*).
Da die Niederlagen in den beiden Opiumkriegen insbesondere eine militärische Überlegenheit des Gegners gezeigt hatten, sollte das chinesische Militär gestärkt und mit modernen Waffen ausgerüstet werden. Zu diesem Zweck wurden eine eigene Waffenpro-
15 duktion für Gewehre und Kanonen gestartet sowie Werften für Kriegsschiffe errichtet und die Ausbildung der Soldaten nach europäischem Vorbild eingeführt. Zugleich wurden Sprachschulen u. a. in Beijing, Shanghai und Guangzhou errichtet, um Sprachbarrieren zu reduzieren. Eine besonders hohe Bedeutung nahmen Übersetzungen von Büchern ins Chinesische ein, die technisches und wissenschaftliches Know-how aus dem Ausland
20 zugänglich machten. Ebenso wurde in Konkurrenz zu den ausländischen Unternehmungen eine eigene Handelsflotte geschaffen und die Binnenschifffahrt intensiviert.

▶ M 12 bis M 19: Selbststärkungsbewegung

M3 Porträt von Prinz Gong (1833–1898), Fotografie, 1860

M4 Chinesisches Kriegsschiff, Fotografie aus britischen Archiven, vor 1895

Eine zentrale Maßnahme der Qing-Regierung war 1861 die Einrichtung eines Außenamts (*Zongli Yamen*), das von Prinz Gong geleitet wurde. Die schon mehrmals von den ausländischen Regierungen geforderten diplomatischen Beziehungen nach westlich-europäischen Regeln, die vor allem auch den wirtschaftlichen Interessen der imperialistischen Mächte dienen sollten, nahmen mit diesem Schritt eine neue Form an. Die Außenpolitik wurde aus dem „Ritenministerium" herausgenommen und damit die Diplomatie als politisches Mittel betrachtet, der sich die Qing-Regierung auch in ihrem Sinne beim Kontakt mit den imperialistischen Mächten bedienen konnte. Gleichzeitig erkannte der Kaiserhof damit auch die Ebenbürtigkeit der diplomatischen Gesandten an und verließ die bis dahin vorherrschende Vorstellung, dass es außerhalb des Reichs der Mitte nur mehr oder weniger „barbarische" Tributstaaten gebe, die dem chinesischen Kaiserreich unterlegen seien und ihm aus diesem Grund „Unterwerfung" und Tribut schuldeten.

Viele Vorhaben der Selbststärkungsbewegung brachten nicht den erwünschten Erfolg. Einige Projekte wie beispielsweise der Eisenbahnbau gingen nur langsam voran. Manche Vorhaben wurden zudem dezentral von Provinzialbeamten und nicht von Beijing aus gesteuert. Die Qing-Regierung war außerdem aufgrund der zahlreichen Reparationsverpflichtungen gegenüber anderen Staaten nicht imstande, das nötige Kapital für eine nachhaltige Modernisierung aufzubringen. In der Forschung werden außerdem die ineffiziente Verwaltung und die Korruption als Hindernisse genannt.

Zwischen Reformversuchen und Beharrung

Die Bemühungen der Selbststärkungsbewegung wurden auch von dynastisch-machtpolitischen Problemen der Qing bestimmt. 1861 starb der Xianfeng-Kaiser und hinterließ als Nachfolger nur einen sechsjährigen Sohn, für den mehrere Minister und Prinzen als Regenten eingesetzt wurden. Ihre Herrschaft wurde jedoch schon nach kurzer Zeit mit einem Staatsstreich beendet. Die Macht übernahm die Witwe von Xianfeng, die **Kaiserinwitwe Cixi (1835–1908)**, unterstützt von Prinz Gong, dem Bruder des verstorbenen Kaisers. Bis zu ihrem Tod bestimmte sie als Regentin mit nur kurzen Unterbrechungen die Politik der Qing. 1865 gelang es ihr, Prinz Gong, der die Modernisierung vorangetrieben hatte, zu entlassen und 1884 endgültig zu entmachten. Ihre Politik ist insgesamt schwer einzuordnen, zumal sie einen konservativen Beraterstab um sich hatte. Es ranken sich außerdem viele Mythen und Gerüchte um die mächtige Regentin. Zunächst schaffte sie es jedoch, die Macht der Qing zu stabilisieren. Dabei verfolgte sie eine Politik der Wiederherstellung alter Strukturen, aber sie unterstützte am Anfang auch Vorhaben der Selbststärkungsbewegung.

Zu den China **reformierenden Änderungen** gehörte auf jeden Fall der Ausbau der Kontakte zu den imperialistischen Mächten. Nach der Einrichtung des Außenamtes 1861 schickte China erstmals Gesandtschaften nach England und in die USA, um sich vor Ort zu informieren und Kontakte zu knüpfen. Später wurden diplomatische Vertreter Chinas in den Hauptstädten Europas und der USA etabliert. Sogar das Auslandsstudium von chinesischen Studenten wurde von der Qing-Regierung mit Stipendien gefördert. Die Qing-Herrschaft sah hierbei die Möglichkeit, sich die Kontakte zum Ausland zunutze zu machen. Es handelte sich also keinesfalls nur um ein unterwürfiges Nachgeben auf imperialistischen Druck. Gleichzeitig wurde in den Provinzen, insbesondere im Süden Chinas, die Produktion von modernen Waffen und Schiffen vorangetrieben. Auch hier gab es Kooperationen mit britischen, französischen und US-amerikanischen Experten. So wurden in Fuzhou Dampfschiffe produziert, Waffenfabriken u. a. in Nanjing, Kohleminen und Baumwollmühlen wurden unter der Führung von Provinzbeamten gegründet. Zusätzlich wurden ausländische Waffen für die Aufrüstung der Truppen gekauft. Diese Modernisierungserfolge sind im Wesentlichen auf die Selbst-

M5 Kaiserinwitwe Cixi (1835–1908), Fotografie, 1890

stärkungsbewegung zurückzuführen. Doch gleichzeitig schwächte der wachsende Einfluss der Provinzgouverneure die Zentralmacht der Qing in Beijing. Die Qing steuerten deshalb zunehmend den Bemühungen der Reformen entgegen und schraubten beispielsweise die Finanzierung der Projekte zurück.

Zu konservativen und repressiven Maßnahmen griffen die Qing unter Kaiserinwitwe Cixi immer dann, wenn es um den Kern ihrer Macht und ihres Selbstverständnisses ging. So gaben sie zwar die Übersetzung westlicher Bücher in Auftrag, verschärften jedoch die Zensur bei chinesischen Schriften, die die traditionelle Gesellschaftsordnung infrage stellten. Der Kern der Verwaltungsstrukturen und der Ausbildung der Beamten auf Basis der konfuzianischen Schriften blieb erhalten und fungierte weiter als wesentliche Stützen der Qing-Herrschaft. Insgesamt hatte sich aber das politische Spektrum in China deutlich erweitert und war vielfältiger geworden.

▶ M 18: Kai Vogelsang über Neuerung nach der Selbststärkungsbewegung

Die Hundert-Tage-Reform

Dass die diplomatische, militärische und technische Stärkung nicht ausreiche, um den sich in den 1870er-Jahren wieder verstärkenden imperialistischen Druck von außen abzuwehren, zeigte endgültig der Krieg 1894/95 zwischen Japan und China. Im Streit um den Status von Korea versenkte am 25. Juli 1894 die japanische Marine ohne Vorwarnung ein chinesisches Schiff. In dem darauffolgenden Krieg erlitt China eine verheerende Niederlage, die umso mehr die Autorität der Regierung untergrub, als Korea und Japan aus chinesischer Sicht eigentlich als dem Kaiserreich untergeordnete Tributstaaten wahrgenommen wurden. Als ein wichtiger Grund für die Niederlage wurde die bereits fortgeschrittenere Modernisierung und Industrialisierung Japans gesehen sowie die Taktik der japanischen Armee. Japan galt fortan verstärkt als Vorbild für chinesische Reform- und Modernisierungsansätze und als Ziel von Auslandsstudenten.

▶ M 22: Kang Youwei über Audienz beim Guangxu-Kaiser
▶ M 24: Edikt des Guangxu-Kaisers

Bestärkt durch die Niederlage gegen Japan entwickelte eine Gruppe, gefördert von dem jungen **Guangxu-Kaiser (reg. 1875–1908)**, der bis 1889 aufgrund seines Alters von der Kaiserinwitwe Cixi als Regentin vertreten wurde, Ideen für eine Reform des Kaiserreichs. Als erster Kaiser hatte Guangxu Englisch gelernt und sich mit westlichen Schriften auseinandergesetzt. Anfang 1898 erlaubte der Kaiser allen Bürgern, Eingaben an ihn zu richten, und das nutzten auch die Reformer im Land wie der Gelehrte **Kang Youwei (1858–1957)**. Am 11. Juni 1898 verkündete schließlich der Guangxu-Kaiser das erste Reformedikt. Darin rief er die chinesische Bevölkerung auf, sich für ausländisches Wissen zu öffnen, ohne jedoch die konfuzianischen Lehren aufzugeben. Die Reformvorschläge umfassten vier Bereiche:

– Wirtschaft: Förderung von wirtschaftlichen Aktivitäten auf lokaler und regionaler Ebene durch Beamte; Einrichtung eines Zentralamtes für Landwirtschaft, Industrie und Handel; Einrichtung eines Zentralamtes für Eisenbahnwesen und Bergbau.
– Militär: Bau von 34 Kriegsschiffen; Einführung von westlichen Methoden bei der Militärausbildung; persönliche Inspektion der Truppen durch den Kaiser.
– Verwaltung: Vereinfachung von Verwaltungsvorgängen; Klarheit bei den Zuständigkeiten; Abschaffung von bestimmten Beamtenprivilegien.
– Erziehungswesen: Abschaffung des achtgliedrigen Aufsatzes*, stattdessen war ein freier Aufsatz über praktische Themen möglich; Einrichtung einer nationalen Universität und praxisorientierter Schulen in den Provinzen.

Doch bereits nach 100 Tagen endete die Reformphase. Kaiser Guangxu wurde auf Befehl der Kaiserinwitwe Cixi am 20. September verhaftet und lebenslang auf eine Insel innerhalb des Kaiserpalastes verbannt. Viele Reformer flohen ins Ausland, Kang Youwei konnte beispielsweise nach Japan fliehen. Einige wurden auch hingerichtet.

M 6 Der Gelehrte Kang Youwei (1858–1957), Fotografie, ohne Jahr

Achtgliedriger Aufsatz
Es handelte sich um ein Essay mit acht Abschnitten zu den Lehren des Konfuzius als Teil der Beamtenprüfung. Es galten strenge Regeln zu Anzahl der Sätze, Wörtern, Reimen und Format.

M 7 Deutsche Eisenbahn in Qingdao, Eröffnung der Shandong-Eisenbahn, Fotografie, 1904

▶ M 29: Fotografie Europäer in Qingdao

Die imperialistischen Mächte weiten ihre Aktivitäten aus

Nach der Niederlage gegen Japan 1895 war China gezwungen, im Ausland Darlehen aufzunehmen, um die Reparationen bezahlen zu können. Als Gegenleistung musste die Qing-Herrschaft den imperialistischen Mächten den Bau von weiteren Industrieanlagen und Kohleminen sowie von Eisenbahnen erlauben. Da in den ungleichen Verträgen das Prinzip der Meistbegünstigung festgelegt war, begann unter den ausländischen 5 Mächten praktisch ein „Wettlauf um Konzessionen", um Kohleminen, Eisenhütten und Eisenbahnlinien in China zu bauen. Insbesondere die Eisenbahn diente aber vor allem dazu, das Land zum Zwecke der Ausbeutung immer weiter zu erschließen und zugänglich zu machen. Unter anderem Frankreich, Russland, Deutschland und Belgien bauten Eisenbahnen, um ihre Kolonien und Pachtgebiete mit dem chinesischen Kernland zu 10 verbinden.

Das deutsche Kaiserreich unter Kaiser Wilhelm II. beteiligte sich seit 1890 an dem imperialistischen Wettbewerb. Sein Anspruch war die Gleichberechtigung mit den Großmächten und eine aktive „Weltpolitik". Im Rahmen dieser Politik strebte Deutschland auch nach einem Pachtgebiet in China. Als am 1. November 1897 in der Provinz Shan- 15 dong zwei deutsche Missionare ermordet wurden, nahm die Regierung das als Vorwand, besetzte den Hafen Qingdao in der Jiaozhou-Bucht und errichtete einen Stützpunkt. 1898 kam es zur Unterzeichnung eines 99 Jahre währenden Pachtvertrags über Qingdao und die Jiaozhou-Bucht.

„Boxeraufstand"

„Boxer" ist der herablassende westliche Begriff für die Anhänger einer chinesischen Geheimgesellschaft, die sich gegen die Ausländer im Land wandten. Der Begriff ging auf die regelmäßigen Kampfübungen der Mitglieder zurück. In China ist der Name völlig unbekannt, hier werden die Kämpfer „In Rechtschaffenheit vereinte Milizen" (*Yihetuan*) genannt. Die *Yihetuan* fanden viele Anhänger unter verarmten Bauern, Handwerkern 5 und Bootsleuten, indem sie von Dorf zu Dorf zogen und für ihre Ideen warben. Dabei spielten die Kampfkunst und magische Praktiken eine zentrale Rolle. Ausgangspunkt der Bewegung war die Provinz Shandong im Osten Chinas.

▶ M 28: Fan Wenlan über die *Yihetuan*

M 8 „Boxer" in China, Fotografie, um 1900.
Die Yihetuan trugen einfache und zum Teil zerlumpte Kleidung der Bauern und waren mit Speeren und Stöcken bewaffnet.

Zur Jahrhundertwende verstärkte sich in China der Druck der imperialistischen Mächte und die *Yihetuan* erhielten immer mehr Zulauf. Sie wandten sich gegen die ausländischen Missionare und chinesischen Christen. Die Missionare reklamierten eine Sonderstellung und intervenierten im Schutze ausländischer Konsulate bei lokalen Streitigkeiten zugunsten von chinesischen Konvertiten. Zudem führten Überschwemmungen und Dürren zur Verschlechterung der Lebensbedingungen der chinesischen Landbevölkerung. Mit der Parole „Unterstützt die Qing, vernichtet die Fremden" (*fu Qing mie yang*) wurden Telegraphenmasten, Eisenbahnlinien und Kirchen zerstört sowie mehrere Tausend Menschen, Ausländer (vor allem Missionare) und chinesische Christen getötet.

Die Qing-Dynastie bekämpfte zuerst diese Bewegung, lenkte aber angesichts der militärischen Aktionen der imperialistischen Machthaber um und unterstützte das Vorgehen der *Yihetuan* gegen die Ausländer und Christen. Sie erhoffte sich, die ausländischen Mächte aus dem Reich vertreiben zu können, und paktierte quasi mit den radikalen Aufständischen, die wiederum ihre Regentschaft nicht angriffen. Die Eskalation dieses Konfliktes führte schließlich zu einem internationalen Krieg. Die *Yihetuan* belagerten mithilfe kaiserlicher Truppen das ausländische Gesandtschaftsviertel in der Hauptstadt Beijing. Dort wurde am 20. Juni 1900 der deutsche Gesandte Clemens von Ketteler auf offener Straße erschossen. Dies veranlasste die imperialistischen Mächte, eine „Strafexpedition" gegen China zu unternehmen, die praktisch einem Krieg gleichkam. Beteiligt waren England, Frankreich, Deutschland, Italien, Österreich, Russland, die USA und Japan, die sogenannte **„Allianz der acht Staaten"**. Der deutsche Kaiser Wilhelm II. hielt am 27. Juli eine Rede ohne Manuskript vor den von Bremerhaven nach China aufbrechenden Matrosen und Soldaten. Die Rede wurde als „Hunnenrede" bekannt. Dabei fielen vermutlich die Worte: „Pardon wird nicht gegeben! Gefangene werden nicht gemacht! Wer euch in die Hände fällt, sei euch verfallen!" Nur wenige Stunden später autorisierte Bernhard von Bülow, der Staatssekretär des Auswärtigen, eine Version der Rede, die diesen Ausspruch nicht mehr enthielt.

Den britischen Truppen vor Ort gelang es zunächst nicht, die Belagerung von Beijing zu beenden. Erst die nach China geschickten Truppen der alliierten imperialistischen Mächte schlugen die Aufstände in Tianjin und Beijing brutal nieder. Es kam zu Plünderungen und „Strafaktionen" der ausländischen Truppen; offenbar auch dem Ausspruch Kaiser Wilhelm II. folgend, stachen deutsche Soldaten in ihrem brutalen Vorgehen besonders hervor. Die Allianz erzwang von der Qing-Dynastie am 7. September 1901 die Unterzeichnung des „Boxerprotokolls". In diesem Vertrag wurden u. a. hohe Reparationszahlungen, die Bestrafung von Beamten, militärischer Schutz für die ausländischen Gesandtschaften in Beijing und die Sühnereise eines Mitglieds des chinesischen Kaiserhauses nach Deutschland wegen der Ermordung von Kettelers festgelegt.

▶ M 27: Plakattext der „Boxer"

▶ M 30: Bruno Navarra über die Hintergründe des „Boxeraufstands"

M 9 Zerstörungen in Beijing während des Boxeraufstands, Fotografie, 1900

„Hunnenrede" von Kaiser Wilhelm II.
cornelsen.de/Webcodes
Code: korere

Der Niedergang der Qing-Herrschaft

Nach der Niederlage im Boxeraufstand änderte Kaiserinwitwe Cixi 1901 erneut den politischen Kurs. Sie öffnete das Reich sowie den Kaiserpalast in Beijing für ausländische Gäste. Unter dem Stichwort der „Neuen Politik" (*Xinzheng*) wurde ein umfassender Reformprozess eingeleitet. Der Regierungsapparat wurde umstrukturiert und zentralistisch organisiert. 1905 wurde das zentrale Beamtenprüfungsverfahren abgeschafft und ein modernes, mehrstufiges Schulsystem nach japanischem Vorbild eingeführt. Außerdem wurde das Außenamt in ein „Außenministerium" (*Waiwubu*) umgewandelt. Es wurden Berufsverbände und Handelskammern eingerichtet. Chinesische Studierende wurden ins Ausland entsandt und ausländische Berater ins Land geholt. Sogar die Errichtung einer parlamentarischen Monarchie wurde 1905 in Betracht gezogen, auch um revolutionäre Stimmen zu besänftigen. Es wurden mehrere hohe chinesische Beamte nach

▶ M 38: Reformedikt der Qing-Regierung

▶ M 39 und M 40: Historiker zu Reformen der „Neuen Politik"

Amerika und Europa (auch Deutschland) geschickt, um die dortigen Verfassungen zu studieren. 1906 wurde eine Verfassung angedacht, und ein Jahr später wurden Provinzversammlungen und 1910 eine Nationalversammlung gegründet. 1908 starb die Kaiserinwitwe Cixi und der Kaisertitel ging an den zweijährigen Pu Yi, dessen Vater Prinz Chun II. die Regentschaft übernahm.

Gründung der Republik

▶ M 41 und M 42: Ideen Sun Yatsens

Die Qing-Dynastie konnte ihre Autorität mithilfe der Reformen aber nicht wieder zurückgewinnen. Die wachsende wirtschaftliche Abhängigkeit von den imperialistischen Mächten führte zu einem fortschreitenden Ansehensverlust der Monarchie. Gleichzeitig sammelten sich in China, aber auch im Ausland verschiedene Gruppen von chinesischen Intellektuellen, die die Republik als politische Alternative zum Kaiserreich öffentlich diskutierten. Zu den führenden Persönlichkeiten gehörte der in Südchina und in Honolulu auf Hawaii aufgewachsene Arzt **Sun Yatsen (1868–1925)**, der in Hongkong Medizin studiert und in Macao als Arzt gearbeitet hatte. Sun Yatsen war der Kopf des im japanischen Exil gegründeten „Bundes der Revolutionäre" (*Tongmenghui*), einer Bewegung, die verschiedene revolutionäre Strömungen von Han-Nationalisten bis zu westlich orientierten Revolutionären zusammenfasste. Die Bewegung wurde vor allem von Auslandschinesen finanziert. Sun Yatsen entwickelte das politische Konzept der sogenannten drei Volksprinzipien (*Sanmin Zhuyi*): Nationalismus, Demokratie und Volkswohlstand, die die Leitlinien für ein demokratisches China bilden sollten. Demnach sollte sich China nach dem westeuropäischen und amerikanischen Vorbild völlig umstrukturieren und ein moderner Staat werden. In den **„Zwölf Punkten"** forderten sie u. a. ein Parlament und eine Verfassung.

▶ M 43: Ein revolutionärer Aufruf 1903

▶ M 46: Hans Fenske über die Gründung der Republik

Am 10. Oktober 1911, dem späteren republikanischen Nationalfeiertag des „Doppelzehnten", kam es zu einer Revolution in Wuchang (heute Wuhan). Dort zündeten aufständische Soldaten versehentlich eine Bombe. Da der Polizei eine Liste mit Namen der aufständischen Soldaten vorlag, besetzten die Soldaten die Stadt und riefen die Republik aus. Truppenteile der kaiserlichen „Neuen Armee" schlugen sich auf die Seite der Aufständischen und besetzten Militäreinrichtungen und Industrieunternehmen in der angrenzenden Provinz Hubei. Daraufhin erklärte die Provinzverwaltung ihre Unabhängigkeit von der Qing-Regierung in Beijing. Der Kaiserhof setzte den hochrangigen

M 10 Das chinesische Revolutionskomitee unter Sun Yatsen, Fotografie, 1912.

Das Foto zeigt Sun Yatsen vorne sitzend in der Mitte.

General **Yuan Shikai (1859–1916)** zur Niederschlagung des Aufstandes ein, doch nach nur sechs Wochen hatten bereits 15 von 24 Provinzen, vor allem im Süden Chinas ihre Unabhängigkeit von der mandschurischen Qing-Dynastie erklärt. Am 29. Dezember 1911 wurde Sun Yatsen zum Präsidenten einer Übergangsregierung in Nanjing ernannt, der sich zu Beginn des Aufstands in den USA aufgehalten hatte und erst am 25. Dezember nach einem Zwischenstopp in Europa nach China zurückgekehrt war. Doch die Revolutionäre um Sun Yatsen besaßen keine Truppen, um ihre Macht durchzusetzen. Es kam zu einer Zusammenarbeit zwischen Sun Yatsen und General Yuan Shikai. Als Gegenleistung für die militärische Unterstützung der Revolution versprach Sun Yatsen, das Präsidentenamt an den General abzutreten. Yuan Shikai zwang den Thronregenten, die Abdankung des Kaisers Pu Yi einzuleiten, die am 12. Februar 1912 erfolgte. Kaiser Pu Yi durfte zwar seinen Titel behalten und weiterhin in der „Verbotenen Stadt" leben, besaß aber keinerlei politische Macht mehr. Die Republik war in ganz China etabliert und Yuan Shikai wurde ihr erster Präsident. Die Gründung der Republik beendete das über 2000 Jahre währende chinesische Kaiserreich.

Kontrovers diskutiert wird in der Forschung die Frage, wann in China der „Weg in die Moderne" begann und welche Rolle dabei die imperialistischen Mächte spielten. Dabei wird auch der Begriff der „Nation" in Bezug auf das kaiserliche China problematisiert. In der marxistischen Deutung werden die letzten Jahrzehnte des Kaiserreichs als Phase des „nationalen Kapitalismus" und damit als Vorstufe zur Revolution und Gründung der Volksrepublik 1949 angesehen.

M 11 General Yuan Shikai, kolorierte Fotografie, 1910

▶ M 47–M 49: Geschichte kontrovers

Ausblick

Präsident Yuan Shikai hatte jedoch nicht die Umsetzung der republikanischen Ideale im Sinn. 1915 ernannte sich Yuan Shikai zum Kaiser und ersetzte die Republik erneut durch eine Monarchie. Doch als er im Juni 1916 starb, entstand ein Machtvakuum in China, in dem sich mehrere Jahre lang lokale Kriegsherren mit ihren Armeen gegenüberstanden. Erst 1926 konnte die aus Sun Yatsens *Tongmenghui* hervorgegangene Volkspartei (*Guomindang*) unter Chiang Kai-shek, dem Nachfolger Sun Yatsens, China zumindest nominell einigen. Die 1921 gegründete Kommunistische Partei Chinas (KPCh) ging zunächst eine Kooperation mit der nationalistischen *Guomindang* ein, doch nach dem Tod Sun Yatsens kam es zum Bruch. Jahrzehntelange Kämpfe zwischen GMD und KPCh endeten erst 1949 mit der Gründung der kommunistischen Volksrepublik China unter Mao Zedong und der Flucht der GMD unter Chiang Kai-shek nach Taiwan. In Taiwan besteht bis heute die Republik China.

1 Fassen Sie zusammen, welche Ideen und Träger die verschiedenen Reformphasen (Selbststärkungsbewegung, Hundert-Tage-Reform, „Neue Politik") bestimmen.
2 **Partnerarbeit/Lernplakat:** Arbeiten Sie gemeinsam mit einem Partner Ablauf und Akteure des „Boxeraufstands" heraus. Stellen Sie Ihre Ergebnisse in einem gemeinsamen Lernplakat dar.
3 **Zeitleiste:** Ordnen Sie die Ereignisse bis zur Präsidentschaft von Yuan Shikai auf einer Zeitleiste ein.

4 Chinesische Reaktionen zwischen Anpassung und Widerstand

Hinweise zur Arbeit mit den Materialien
Zunächst können mithilfe von einer Quelle und zwei Bildern Ideen und Reformen der Selbststärkungsbewegung der 1860er-Jahre (M 12 bis M 14) untersucht werden. M 15 und M 16 präsentieren zeitgenössische Gegenstimmen. Anschließend ermöglichen M 17 bis M 19 eine Diskussion der Folgen. Den zweiten Themenschwerpunkt bildet die Hundert-Tage-Reform. Die Materialien decken die Aspekte Vorgeschichte (M 20), Ideen des Reformers Kang Youwei (M 21 bis M 23), Umsetzung durch den Guangxu-Kaiser (M 24) und wissenschaftliche Bilanz (M 25) ab. Mithilfe der Materialien kann auch die übergeordnete Frage diskutiert werden, inwiefern man hier von einer „Anpassung" Chinas sprechen kann. „Widerstand" gegen die imperialistischen Mächte leistete dagegen die „Boxerbewegung" (M 26 bis M 30). Mithilfe der Karikatur M 31 kann eine stereotype Deutung untersucht werden. M 32 dient der Analyse der Motive der Qing-Regierung und M 33 bietet einen Bericht aus deutscher Sicht. In einem kleinen Exkurs kann die europäische Rezeption des Boxeraufstands (M 34, M 35) betrachtet werden. Der Weg zur Gründung der Republik wird von Reformbemühungen der Qing-Regierung (M 37 bis M 40) einerseits und der zunehmenden politischen Opposition (M 36, M 41 bis M 43) andererseits geprägt. Die Materialien M 44 bis M 46 widmen sich schließlich der Republikgründung von 1911. Abschließend können unter der Rubrik „Geschichte kontrovers" Analysen (M 47 bis M 48) diskutiert werden, die sich mit Chinas Weg in die Moderne auseinandersetzen. Ein weiterer kleiner Exkurs ist am Ende der Analyse von Erklärvideos gewidmet.

Zur Vernetzung mit dem Kernmodul
– *Die Materialien zu den verschiedenen Reformbewegungen lassen sich mit den Modellen von Merkel (M 7) und Kollmorgen (M 11) verbinden.*
– *Das Thema „Boxeraufstand" kann als „Kulturzusammenstoß" (Bitterli M 3) diskutiert werden.*
– *Die Republikgründung zeigt sich als beschleunigter Transformationsprozess (Kollmorgen M 11, M 13).*

Selbststärkungsbewegung

M 12 **Forderungen des Beamtengelehrten Feng Guifen (1861)**
Nach einer allgemeinen Geografie […] ist das Territorium Chinas achtmal größer als das Russlands, zehnmal größer als der USA, hundertmal das Frankreichs und zweihundertmal das Großbritanniens. […] Trotzdem werden wir in beschämender Weise von den vier Nationen gedemütigt. […] Unsere Geringerwertigkeit stammt nun nicht vom Himmel, sondern von uns selbst. […] Warum sind die westlichen Nationen klein und doch so stark? Warum sind wir groß und doch schwach? Wir müssen nach den Methoden suchen, um ihnen gleich zu werden, und das hängt allein von menschlichem Bemühen ab. […] Wir brauchen nur eins von den Barbaren zu lernen, und das sind starke Schiffe und wirksame Kanonen. […]
Der Nachdruck unserer Nation auf Beamtenprüfungen hat sich seit langer Zeit tief in das Denken der Menschen eingegraben. Intelligente und glänzende Gelehrte haben ihre Zeit und Energie auf so nutzlose Dinge wie stereotype Prüfungsaufsätze, Prüfungspapiere und strenge Schönschrift verschwendet. […] Wir sollten nun die Hälfte von ihnen veranlassen, sich der Produktion von Instrumenten und Waffen und der Förderung von Studien der Physik zuzuwenden. […] Intelligenz und Begabung der Chinesen sind sicherlich denen der verschiedenen Barbaren überlegen; nur haben wir diese bisher nicht genutzt. […] Anfangs können sie die Ausländer als ihre Lehrer und Vorbilder nehmen; dann werden sie das gleiche Niveau mit ihnen erreichen; schließlich werden sie übertreffen. Dies ist der Weg zur Selbststärkung. […] Einige haben gefragt, warum wir nicht einfach Schiffe kaufen und sie mit Söldnern bemannen, aber die Antwort ist, dass das nicht reicht. Wenn wir sie herstellen, reparieren und nutzen können, erst dann sind es unsere Waffen. […] Nur so können wir Frieden für das Kaiserreich schaffen, nur so können wir die führende Macht der Welt werden.

Zit. nach: William Theodore de Bary u. a. (Hg.), Sources of Chinese Tradition, Columbia University Press, New York 1960, S. 708 f. Übersetzt von Klaus Mäding.*

M 13 **Das Portal des Amtes für Außenbeziehungen in Beijing, Fotografie, 1908.**
Auf der Tafel über dem Eingang steht: „China und das Ausland sind friedlich und glücklich."

M 14 Inspektion einer US-amerikanischen Kanone im Arsenal von Nanjing, Fotografie, 1872

1 Fassen Sie die Reformvorschläge der Selbststärkungsbewegung mithilfe von M 12 bis M 14 zusammen.
2 Erklären Sie, was Feng Guifen (M 12) mit folgendem Satz meint: „Unsere Geringerwertigkeit stammt nun nicht vom Himmel, sondern von uns selbst." (Z. 6 ff.)

M 15 Eingabe des Zensors Zhang Shengzao an die Kaiserinwitwe Cixi (um 1867)

Wenn der Kaiser Beamte einstellt, muss er Leute nehmen, die der klassisch gebildeten Gelehrtenschicht angehören. Sie müssen Konfuzius und Menzius gelesen haben, sie müssen mit den Theorien Yaos und Shuns vertraut sein. Sie müssen diese Dinge verstehen und auch selbst anwenden können. [...] Warum sollte man sie dazu veranlassen, Technik zu studieren? Warum sollten sie sich extra Kenntnisse im Schiffbau und in der Waffenherstellung aneignen? Spricht man über die Selbststärkung, so bedeutet das die Stärkung des Kaiserhofes, dafür sollte man lieber die Gesetze und Prinzipien in Ordnung bringen und deutlich machen, strikt Belohnungen und Strafen ausführen. [Ferner] bemühe man sich noch um andere wichtige Punkte, wie kluge Leute zu suchen, das Volk zu versorgen, Truppen auszubilden und Rationen zu horten. Was die Stärke von Beamten und Volk anbetrifft, so ist der erste und einzige Punkt ihre moralische Standhaftigkeit. Wenn es der Hof fertigbringt, ihre moralische Stärke auszubilden, dann gibt es im ganzen Reich keinen, der nicht mit uns den Feind bekämpfte. Die Katastrophen können gemildert und die Banditen beseitigt werden. Wenn wir diejenigen, die über klassische Bildung verfügen, die Technik erlernen lassen, wenn wir sie mit dem Mittel eines hohen Beamtenpostens und eines lukrativen Salärs verlocken, dann werden nur noch Prestige und materielle Güter für wichtig gehalten. Moralische Tugenden aber werden gering geschätzt. Wenn jemand nicht über moralische Festigkeit verfügt, wie könnten wir da hoffen, dass er eine Leistung erbringt?

Zit. nach: Sabine Nagata, Untersuchungen zum Konservativismus im China des späten 19. [neunzehnten] Jahrhunderts, Hassowitz, Wiesbaden 1978, S. 70.*

M 16 Der Gelehrte Zhu Yixin über den Einsatz westlicher Maschinen (1895)

In den Ländern des Westens ist das Territorium groß, die Bevölkerung aber klein, aus diesem Grund benutzen sie auch bei der Feldarbeit Maschinen. Wenn China diese benutzt, dann kann eine Maschine, die pflügt, leicht zehn Männer ersetzen. Diese zehn sind dann arbeitslos und erwarten das Ende. [...] In China muss zuerst für die Armen Sorge getragen werden. Im Westen hat man die Gewohnheit, den Reichtum für sehr wichtig zu halten und die Armut gering zu schätzen. Die Reichen sind hochmütig und korrupt und die Armen sind ehrenhaft. Im Volk sind alle Inhaber [von Ländereien], sie kann kein Unheil treffen. In China sind die Sitten ganz anders. Schwierigkeiten ohne Ende würden entstehen und eine große Zahl im Volk würde arbeitslos. Wenn wir dem armen Volk die Lebensgrundlage entziehen, sodass sie plötzlich nicht mehr den Tag ausfüllen können, und wenn ein oder zwei Schlauberger die Gelegenheit wahrnehmen würden, dann würden Unruhen um sich greifen.

Zit. nach: Sabine Nagata, Untersuchungen zum Konservativismus im China des späten 19. [neunzehnten] Jahrhunderts, Hassowitz, Wiesbaden 1978, S. 78.*

1 **Mindmap:** Stellen Sie in einer Mindmap die Positionen der Selbststärkungsbewegung und ihrer Gegner einander gegenüber.
2 Erläutern Sie auf der Basis von M 15 und M 16 die Argumente der Gegner der Selbststärkung.
3 Beurteilen Sie die Erfolgsaussichten der Reformen.
Tipp: Lesen Sie noch mal den Darstellungstext S. 73 f.

M 17 Der US-amerikanische Sinologe Benjamin Elman über die Selbststärkungsbewegung (2004)

Wenn wir jedoch genauer auf die gesamte Phase der Selbststärkung von 1865 bis 1895 schauen, dann zeigt sich, dass die unwiderrufliche Schwäche und Rückständigkeit Chinas unter den Qing im Kontrast zum industrialisierten Europa und dem sich zügig industrialisierenden Japan ein Kunstprodukt der internationalen und nationalen Meinungsbildung nach dem Chinesisch-Japanischen Krieg 1895 ist. Perspektiven, die unzufrieden mit Chinas Fortschritten bei der Verwestlichung sind, unterschätzen die zentrale Rolle, die wissenschaftliche Übersetzungen durch Missionare, die Industrialisierung der Arsenale und die neuen staatlichen Schulen für die Entstehung der modernen Wissenschaft und Technik während der späten Qing-Herrschaft hatten. Wir sollten die Arsenale, Fabriken und Übersetzungsschulen auch als Vorboten der chinesischen industriellen Revolution ansehen und nicht nur als Vorgeschichte vom Ende der Qing-Dynastie und des kaiserlichen Chinas.

Benjamin Elman, Naval Warfare and the Refraction of China's Self-Strengthening Reforms into Scientific and Technological Failure, 1865–1895., in: Modern Asian Studies 38: 2 (May 2004), S. 283–326, S. 326.

1 Erläutern Sie die These von Elman, dass die „Rückständigkeit Chinas" ein „Kunstprodukt" sei (M 17).

M 18 Der Sinologe Kai Vogelsang über Neuerungen im Zuge der „Selbststärkung" (2017)

Wie stark die politische Landschaft des Qing-Reichs bereits fragmentiert war, zeigt die Weise, wie „Selbststärkung" im Süden des Reiches interpretiert wurde. Dort entwickelten Akteure in einer ganz unterschiedlichen Umgebung ihre eigenen Ziele. In Städten wie Shanghai standen chinesische Gelehrte in unmittelbarem Kontakt mit Europäern und Amerikanern. Zudem hatte die Ausweitung des chinesischen Buchmarkts seit dem 16./17. Jahrhundert die besten Voraussetzungen für die Vermittlung westlicher Lehren geschaffen: [...]

Zwischen 1843 und 1863 publizierte die „*London Missionary Society Press*" (*Mohai shugan*) in Shanghai zahlreiche Übersetzungen westlicher Werke, im Übersetzungsamt des Jiangnan-Arsenals wurden zwischen 1868 und 1879 143 westliche Werke übertragen. [...] [Z]wischen 1840 und 1890 gründeten Ausländer – größtenteils Missionare – annähernd 170 Chinesische oder westlich-sprachige Zeitungen, die Nachrichten zu Wirtschaft, Politik, Religion, Literatur, Geschichte, Philosophie, Wissenschaft, Kunst und Technik des Westens publizierten. [...]

Eine „öffentliche Meinung" kannte man bereits in China. Hier aber zeigte sich ihre ganze, durch die Druckerpresse vervielfachte Reichweite und ihr Potenzial, die Politik zu demokratisieren. Jetzt begannen chinesische Gelehrte, das politische System der USA schätzen zu lernen. [...] [U]nd Feng Guifen (1809–1874) schlug vor, da „die öffentliche Meinung einer Prüfung allemal überlegen" sei, die Beamtenprüfungen allesamt abzuschaffen und durch Wahlen zu ersetzen. [...]

Auch wenn solche Vorschläge lange nur in kleinen Kreisen zirkulierten – sie zeigen, auf welch wohlbereiteten Boden westliche Lehren bei chinesischen Eliten fielen. Die sozialen Veränderungen des 17.–19. Jahrhunderts – mediale Revolution, Auflösung von Hierarchien, kritische Gelehrsamkeit, Urbanität, Herausbildung einer Öffentlichkeit, ein sich wandelndes Frauenbild – waren die Voraussetzungen für den unerhörten Einfluss westlicher Ideen ab Mitte des 19. Jahrhunderts. Sie wurden zum Katalysator einer Entwicklung, die schon lange im Schwange war: der Herausbildung einer chinesischen Moderne.

In dieser Interpretation der „Selbststärkung" ging es nicht um den Erhalt der Dynastie, sondern um die Rettung des Landes.

Kai Vogelsang, Geschichte Chinas, Reclam, Stuttgart 2017, S. 462 f.*

1 Arbeiten Sie heraus, wie Kai Vogelsang die chinesischen Reaktionen auf den europäischen Einfluss charakterisiert (M 18).

2 Erörtern Sie die Rolle der Selbststärkungsbewegung für die Transformationsprozesse in China.
▶ Kernmodul: M 11 Raj Kollmorgen

M 19 Der deutsche Geograf Ferdinand von Richthofen und Prinz Gong im Gespräch, Selbstporträt, Zeichnung, 1870.

Ferdinand von Richthofen (1833–1905) reiste in den 1860er- und 1870er-Jahren mehrfach zu Studienzwecken durch China. Prinz Gong stand auch nach dem Entzug der Regentschaft noch dem Staatsrat vor und hatte politischen Einfluss am Kaiserhof.

1 Beschreiben Sie das Bild M 19 und charakterisieren Sie das dargestellte Verhältnis der beiden Personen.
2 Beurteilen Sie, inwieweit die Zeichnung von Richthofen gängige Stereotypen aufgreift.
   Tipp: Nehmen Sie M 6 und M 7, Kap. 1, S. 14 f. zu Hilfe.
3 **Zusatzaufgabe:** Siehe S. 150.

1 Erklären Sie die Folgen der chinesischen Niederlage gegen Japan.
2 Nehmen Sie Stellung zu der veränderten Politik der imperialistischen Mächte.
3 **Vertiefung:** Kriegsniederlagen beschleunigen oft Transformationsprozesse. Erstellen Sie eine Liste mit vergleichbaren historischen Beispielen.

Reformversuche: Hundert-Tage-Reform

M 20 Der Historiker Thoralf Klein über die Folgen der Kriegsniederlage gegen Japan (2009)
Die Kriegsniederlage von 1895 demonstrierte auch in den Augen chinesischer Beobachter, dass die Umgestaltung des Qing-Reiches hinter dem ebenfalls ungleichen Verträgen unterworfenen, aber nach 1868 gründlich modernisierten Japan zurückgeblieben sei. Zwar konnten die territorialen Forderungen Japans in der Mandschurei durch den Einspruch des sogenannten Ostasiatischen Dreibundes aus Frankreich, Russland und dem Deutschen Reich abgewehrt werden, doch musste China die Insel Taiwan an den Sieger abtreten. Die europäischen Großmächte suchten nun ihrerseits aus der Schwäche Chinas Kapital zu schlagen. Den Anfang macht das Deutsche Reich, als es im Herbst 1897 in einem Handstreich die Jiaozhou-Bucht besetzte, von China für 99 Jahre pachtete und die Stadt Qingdao (Tsingtau) als Flottenstützpunkt, wirtschaftliches und kulturelles Zentrum gründete. Dem deutschen Beispiel folgend, erzwangen auch andere Staaten im *scramble for concessions* von China die Überlassung von Pachtgebieten: Russland sichert sich Lüshung (Port Arthur) und Dalian an der Südspitze der Liaodong-Halbinsel in der Mandschurei auf 25 Jahre; Großbritannien pachtete Weihaiwei (Shandong) für die gleiche Dauer und die nördlich an Hongkong angrenzenden *New Territories* für 99 Jahre; Frankreich schließlich erhielt Guangzhouwan (Guangdong).
Über den Erwerb von Stützpunkten ließen sich die Mächte von China Gebiete als sogenannte Interessensphären zusprechen, die ohne ihre Zustimmung nicht veräußert werden durften [...]. Das Interesse an solchen Einflusszonen war motiviert durch den Übergang vom Chinahandel zu anderen Formen wirtschaftlicher Durchdringung wie dem Erwerb von Bergbaurechten, von Konzessionen für den Bau von Eisenbahnen sowie der Bereitstellung von Krediten für China. Für eine Weile schien den Zeitgenossen die Aufteilung des Qing-Reiches unter die imperialistischen Mächte greifbar nahe.

Thoralf Klein, Geschichte Chinas. Von 1800 bis zur Gegenwart, UTB, Stuttgart 2009, S. 40 f.*

M 21 Der US-amerikanische Sinologe Jonathan D. Spence über den Gelehrten Kang Youwei (1995)
Der angesehenste unter all diesen Kritikern war bei gebildeten Chinesen im In- und Ausland der namhafte Gelehrte Kang Youwei, der 1895 den *Jinshi*-Grad [oberste Stufe der Beamtenprüfung] erlangt und bei den Reformen von 1898 Kaiser Guangxu als persönlicher Berater gedient hatte. Bis zum Jahr 1911 bedrängte er die Qing unablässig, ihre Regierung zu reformieren und das Land zu modernisieren, um mit den Japanern gleichzuziehen und weitere ausländische Aggressionen abwehren zu können. Zur Propagierung seiner Ansichten gründete Kang verschiedene Organisationen, darunter als wichtigste die „Gesellschaft zum Schutze des Kaisers" und die „Gesellschaft zur Förderung der konstitutionellen Regierungsform". Chinesische Kaufleute und Bankiers in Südostasien, den Vereinigten Staaten (denen er 1905 einen Besuch abstattete) und Kanada ließen ihm großzügige Spenden zukommen, um die Reformen in China voranzutreiben. Nach dem Scheitern zweier von ihm angezettelter Aufstände gegen die Kaiserinwitwe im Jahr 1900 wandte sich Kang von bewaffneten Revolten ein für allemal ab. Stattdessen versuchte er, wie aus den Namen seiner Organisationen ersichtlich, Guangxus Freilassung aus der Palasthaft zu erreichen, sah er doch in dem seit 1898 inhaftierten jungen Kaiser die progressive Führergestalt, die China aus der Misere führen konnte, wie der Meiji-Kaiser im späten 19. Jahrhundert Japan.
Durch Guangxus Tod im Jahr 1908 verlor Kang Youweis Konzept seinen festen Bezugspunkt. Trotzdem hielt er an den Idealen einer legitimen konstitutionellen Monarchie nach westlichen und konfuzianischen Prinzipien fest und unterstützte die Herrschaftsrechte der Mandschu auch weiterhin. Mit dem Erstarken der mandschufeindlichen Strömungen jedoch fanden selbst Kangs persönliche Anhänger seine Position allmählich reichlich exzentrisch, und seine verschiedenen Gönner begannen sich zu fragen, wo denn ihr Geld geblieben sei.

Jonathan D. Spence, Chinas Weg in die Moderne, Carl Hanser Verlag, München 1995, S. 319 f.

M 22 Der Philosoph Kang Youwei über eine Audienz beim Guangxu-Kaiser (16. Juni 1898)

Ich sagte: „Die Fremden bedrängen uns von allen Seiten mit der Absicht, unser Reich zu teilen. Der Zusammenbruch und Fall Chinas scheint bevorzustehen. [...] Wenn während der vergangenen letzten Jahrzehnte Minister davon sprachen, die Institutionen zu reformieren, hatten die meisten von ihnen nur punktuelle Veränderungen und nicht sorgfältig durchdachte und geplante Reformen, die die Gesamtsituation erwogen, im Sinn. Wenn wir von institutionellen Reformen sprechen, sollten wir mit der Veränderung der Einrichtungen und Gesetze beginnen. [...] Der Westen brauchte 300 Jahre, um eine geordnete Herrschaft zu erreichen, doch Japan wurde stark durch Reformen in 30 Jahren. Unser China, groß und bevölkerungsreich, würde drei Jahre mit Reformen benötigen, um auf eigenen Füßen stehen zu können. Es liegt nicht daran, dass die hohen Minister den Staatsgeschäften keine Aufmerksamkeit schenkten. Es liegt daran, dass zu dem Zeitpunkt, da sie durch höheres Alter und langen Dienst höhere Ämter erreicht haben, ihre Vitalität und Energie abnimmt. Mehr noch, sie müssen viele Ämter zugleich innehaben, sodass, selbst wenn sie es wollen, sie nicht die Zeit haben, Bücher zu lesen. Die Erziehung und Ausbildung, die sie sich aus ihrer Jugend aneigneten, bereitete sie nicht vor auf Aufgaben wie die Errichtung moderner Schulen oder die Verwaltung des Handels [...].

Der Grund für die derzeitige Schwierigkeit liegt in der Tatsache, dass der Verstand des Volkes nicht aufgeklärt ist, sodass, obwohl wir eine große Bevölkerung haben, die Leute nicht zu sinnvollen Vorhaben hingeführt werden können. Die Ursache für das Fehlen von Aufklärung im Verstand des Volkes liegt im System des achtgliedrigen Aufsatzes [siehe S. 75] als Vorgabe zum Auswählen von Beamten. Wer das Schreiben des achtgliedrigen Aufsatzes lernt, liest keine Bücher, die nach den Qin- und Han-Perioden[1] veröffentlicht wurden und studiert nicht das Geschehen in anderen Ländern der Welt. Dennoch kann er in höhere Ämter aufsteigen [...]. [...]"

Der Kaiser erwiderte: „Es ist wahr. Die derzeitige Situation wurde von der Tatsache herbeigeführt, dass die Westler sinnvollem Wissen Aufmerksamkeit schenken, während die Chinesen ihre Aufmerksamkeit unwichtigem Wissen zuwenden."

Jung-Pang Lo (Hg.), K'ang Yu-we. A Biography and a Symposium, University of Arizona Press, Tuscon 1976, S. 93 ff. Übersetzt von Gerhard Henke-Bockschatz.*

1 *Qin- und Han-Dynastie*: chinesische Herrscherdynastien aus der Zeit 221 v. Chr.–220 n. Chr.

1 Arbeiten Sie auf der Basis von M 21 und M 22 die Grundpositionen Kang Youweis heraus.
2 Setzen Sie sich mit seiner Position gegenüber dem Westen auseinander.

M 23 Magistrat der Unterpräfektur Longzhou im Kreis seiner Kinder und Enkel, Fotografie, um 1890

1 Setzen Sie das Porträt des Magistrats (M 23) in Beziehung zu der Kritik Kang Youweis an den chinesischen Beamten (M 22).

M 24 Erstes Edikt des Guangxu-Kaisers aus der Zeit seiner Reformära (11. Juni 1898)

Unsere Liebe für unser Volk und unsere Sorge, das Reich von Lethargie und Korruption zu befreien, die es befallen haben und dem Untergang entgegenführen, haben uns veranlasst, diese Reformära der Regierung anzusetzen und eine höhere und umfassendere Erziehung zum Vorteil des Volkes und zur Stärkung und Bereicherung des Reiches einzurichten. Doch wir konnten das nicht mit eigenen Mitteln leisten. Deshalb haben wir entschieden, zu unserer Hilfe Gelehrsamkeit und Wissen des Westens einzuführen, was uns für unsere Zwecke fehlt. Denn die Menschen des Westens sind uns an Eifer und Beharrlichkeit im Bemühen um das Wissen überlegen. [...] So sind wir der Ansicht, dass die Menschen des Westens weise und weitsichtig sind. Sie bringen ihren Familien Wohlstand, Gesundheit. Sie haben das, was den Verstand klar und wach macht und die Person vervollkommnet. Sie haben eine lange Lebenserwartung. All das wird durch ihr Herrschafts- und Erziehungssystem ermöglicht. Die Menschen des Westens sind stets bemüht, alles, was sie zum Wohle und Nutzen ihres Volkes finden, zu verbreiten, damit allen der Vorteil zuteilwird.

Zit. nach: Hans Süßmuth, Die Geschichte der Volksrepublik China, ein didaktischer Entwurf, in: Beilage zur Wochenzeitung „Das Parlament" vom 16.08.1967.

1 Erläutern Sie, welche Absicht Kaiser Guangxu mit diesem Edikt verfolgt.
2 Vergleichen Sie das Edikt mit den Positionen Kang Youweis.

M25 Der Sinologe Hu Kai und der Historiker Gerhard Schildt über die Hundert-Tage-Reform (2014)

Vorgesehen wurden auf politischem Gebiet ein Initiativ- und Petitionsrecht und der Abbau des Beamtenapparats zur Erhöhung der Effizienz. Industrie, Landwirtschaft und Handel sollten gefördert werden. Dazu kamen die Verbesserung des Bildungs- und Prüfungswesens und die Modernisierung der militärischen Ausbildung. Eine konstitutionelle Reform wie die Schaffung einer Verfassung mit einem Parlament, für die Kang [Youwei] und seine Anhänger sich eingesetzt hatten, war jedoch nicht vorgesehen.
Der Verlust von Macht und Privilegien, der den konservativen Bürokraten durch die Reform drohte, führte zu massivem Widerstand. Die Unzufriedenen sammelten sich um die Kaiserinwitwe Cixi (1835–1908), die mächtig genug war, die Macht ihres Sohnes, des amtierenden Kaisers, einschränken zu können, und hintertrieben die Umsetzung der Reformmaßnahmen. Die Konflikte zwischen den Reformkräften und den Konservativen verschärften sich und führten schließlich zu einem Staatsstreich am 21. September 1898, bei dem Cixi den Kaiser festnehmen und inhaftieren ließ. Danach regierte sie als Regentin und erstickte die Reform, die nur 103 Tage gedauert hatte, in einem Blutbad. Während Kang noch fliehen konnte, wurden andere wichtige Reformführer hingerichtet. Die Reformen wurden rückgängig gemacht. Der Kaiser blieb bis an sein Lebensende in Haft. Die Gründung der ersten modernen Hochschule in Beijing [...] ist die einzige Maßnahme [...], die Cixis Unterdrückung überlebt hat.

Hu Kai und Gerhard Schildt, Das moderne China. 19. und 20. Jahrhundert, Reclam, Stuttgart 2014, S. 45.*

1 Charakterisieren Sie die Qing-Herrschaft am Ende des 19. Jahrhunderts.
2 **Zusatzaufgabe:** Siehe S. 150.

„Boxeraufstand"

M26 Europäischer Blick auf China: Gefolterte und ermordete Christen, Zeichnung aus der französischen Zeitschrift „Le Petit Journal", 1891

1 Interpretieren Sie das Bild M 26.
Tipp: Nutzen Sie die methodischen Hinweise S. 161. Weitere inhaltliche Hinweise siehe S. 150.

M27 Plakattext der „Boxer" (1900)

Im Sommer des Jahres 1900 hängten die „In Rechtschaffenheit vereinten Milizen" (Yihetuan) in den Dörfern der nordostchinesischen Provinz Shandong Plakate mit dem folgenden Text auf:

Die Geister helfen den Fäusten, den Milizen für Gerechtigkeit und Eintracht, aus dem einfachen Grund, weil die Teufel in China Unruhe stiften. Vom Himmel regnet es nicht, die Erde ist ausgetrocknet, aus dem einfachen Grund, weil die Teufel den Himmel stören. Der Herrscher des Himmels ist wütend, der Herrscher der Unsterblichen ist ärgerlich, gemeinsam steigen sie die Berge herab, um die Lehre zu verkünden. Die Geister kommen aus den Höhlen heraus, die Unsterblichen steigen die Berge herab, sie verbinden sich mit den menschlichen Körpern, um den Faustkampf zu üben. Sie zerstören Eisenbahngleise, sie reißen Telegraphendrähte herunter und brennen wütend Dampfschiffe nieder. Die großen französischen Teufel sind in ihren Herzen von gewaltiger Angst ergriffen, die Engländer, Amerikaner, Deutschen und Russen sind alle in einer unangenehmen Lage. Die ausländischen Teufel werden alle vollkommen vernichtet. Die große Qing beruhigt das Land völlig.

Zit. nach: Sabine Dabringhaus, Der Boxeraufstand in China (1900/1901): Die Militarisierung eines kulturellen Konflikts, in: Eva-Maria Auch (Hg.), „Barbaren" und „weiße Teufel" – Kulturkonflikte und Imperialismus in Asien vom 18.–20. Jahrhundert, Schöningh, Paderborn 1997, S. 123.

M 28 Der Historiker Fan Wenlan über die „Yihetuan" (1959)

Die „Yihetuan" waren in der Hauptsache Bauern und Handwerker, die infolge der zunehmenden Einfuhr ausländischer Waren und der unaufhaltsamen Entwicklung der neuen Industrie Arbeit und Brot verloren hatten. Sie wollten die alte Produktionsweise erhalten, wobei ihre Rückständigkeit unvermeidlich zutage trat. Die „Yihetuan" strebten blindlings danach, alles Ausländische – Religion, Bücher, Waren, Fachleute, Produktionsmittel – auszurotten. [...] Sie mobilisierten die Massen, indem sie zum Mittel der Geisterverehrung und der Zauberformeln griffen. [...] Sie waren auch der Ansicht, sie brauchten nur die Formel „Ich öffne die Tür zur Höhle im Norden und bitte den Eisernen Buddha herauszukommen. Der Eiserne Buddha sitzt auf einem eisernen Thron, mit einem eisernen Helm, in einem eisernen Panzer, hinter eisernen Wänden. Sie schützen ihn vor dem Feuer der Geschütze" auszusprechen und könnten dann, nur mit Schwert und Spieß bewaffnet, den europäischen Gewehren und Kanonen widerstehen. [...] Nachdem man vor den Täfelchen der Geister zu Boden gefallen war und geschworen hatte, das Getane nicht zu bereuen, wurde vor dem Vorgesetzten ein mündliches Gelübde geleistet: „Nicht die Hand nach Geld oder Frauen ausstrecken, nicht den Befehlen der Eltern zuwiderhandeln, nicht gegen die bestehenden Gesetze verstoßen, Ausländer ausrotten, bestechliche Beamte töten. Wenn man an belebte Orte kommt, gesenkten Hauptes einhergehen und nicht nach rechts und links schielen. Wenn man Gleichgesinnte trifft, soll man sich mit ihnen zusammentun." Die Mitglieder der Gesellschaft wagten es nicht, das Gelübde zu brechen, denn bei Bruch des Gelübdes „wirken die Zauberformeln nicht, siedeln sich die Geister nicht im Körper an, und man kann sich nicht vor Gewehren und Kanonen schützen".

Die „Yihetuan" hielten strenge Disziplin und lebten einfach. [...] Von Aristokraten, hohen Beamten und reichen Leuten wurden Geldbeträge für die Errichtung von Geisteraltären erhoben. [...] Überall, wo die „Yihetuan" hinkamen, wurde zuallererst ein Altar für die Geister errichtet. [...] Die „Yihetuan"-Soldaten traten den Truppen der Imperialisten nur mit Schwertern, Spießen, Stöcken und Steinen bewaffnet entgegen.

Fan Wenlan, Neue Geschichte Chinas, Bd. 1, Dt. Verlag der Wissenschaften (DDR), Berlin 1959, S. 478–483.*

1 Arbeiten Sie mithilfe von M 27 und M 28 die Motive und die Ziele der *Yihetuan* heraus.
2 Setzen Sie M 27 und M 28 in Beziehung zu traditionellen chinesischen Vorstellungen.
3 Nehmen Sie Stellung, ob es sich bei der „Boxerbewegung" um einen Kulturzusammenstoß handelt.
▶ Kernmodul: M 3 Urs Bitterli
Tipp: Siehe S. 150.

M 29 „Europäer lassen sich Tee von chinesischen Boys servieren" in Qingdao, Fotografie, um 1900

1 Vergleichen Sie die Rolle der Europäer in M 29 mit den „Eroberern" in Südamerika, Kap. 7.

M 30 Der deutsche Sinologe Bruno Navarra (1850–1911) über die Hintergründe des „Boxeraufstands" (1901)

Der Druck durch die Fremdmächte wird der chinesischen Regierung immer unerträglicher. [...] Die Zahl der den Fremden geöffneten Häfen ist von anfangs vier im Laufe von kaum sechzig Jahren auf dreißig gestiegen, durchaus nicht auf Wunsch der Chinesen, sondern durch Zwang vom Auslande her. Von der Seeküste sind solche geöffneten Handelsplätze bereits am Yangzi bis 1500 Seemeilen ins Innere des

Landes vorgerückt. Jeder neu geöffnete Hafen entzieht aber den Mandarinen, Zöllnern und dergleichen mehr ein größeres Gebiet ihres unregelmäßigen Einkommens. Auch wachsen damit die Ansprüche an die Beamten behufs Schutzes der Ausländer. [...] China hat sich dazu verstehen müssen, den Missionaren das Recht zu erteilen, im Innern zu wohnen, auch Eigentum zu erwerben, und sieht sich gezwungen, sie auch zu schützen.

Der chinesische Gelehrte bemerkt natürlich mit großem Unbehagen das unaufhaltsame Eindringen fremder Anschauungen, wodurch die altchinesische Gedankenwelt zerstört wird. Alte Staatsgesetze werden fraglich, die absolute Machtbefugnis der Mandarine und anderen Vorgesetzten wird untergraben, das Ansehen der Götter, der Ahnen, überhaupt der alten Reichsreligion sinkt immer mehr; die alten Sitten kommen in Verfall, und dies nicht allein durch die sich jährlich mehrenden Gotteshäuser, deren Diener Hunderttausende von Missionsschriften an die Landeskinder verteilen und die überallhin ihren Weg finden, sondern besonders auch durch Chinesen, die fremde Schulen [...] besucht haben. Ferner kommen jährlich Tausende von Chinesen in ihre Heimat zurück, die lange Jahre im Auslande zugebracht haben. [...]

Leider werden die Chinesen nicht nur mit den Lichtseiten der abendländischen Kultur bekannt, sondern vielleicht in noch höherem Maße mit ihren Schattenseiten. Der rücksichtslose Wettbewerb der Kaufleute, die Eifersucht der Westmächte untereinander sowie die mancherlei Intrigen von deren Vertretern gegen andere in Peking, ferner aber auch die tief bedauernswerte Zersplitterung der christlichen Mission – nicht allein der Hass der Katholiken gegen die Protestanten und umgekehrt, sondern auch das feindliche Auftreten einer protestantischen Mission gegen die andere protestantische – alles das bleibt natürlich den leitenden Kreisen Chinas nicht verborgen. Alles dies bestärkt sie in ihrer Verachtung gegen die Ausländer, die einander selbst nicht achten. Das Leben dieser in den Vertragshäfen entspricht auch nicht immer dem christlichen Ideal, ja vielfach nicht einmal den berechtigten Ansprüchen chinesischer Moral. [...] Jedenfalls fühlt sich die große Mehrzahl der Chinesen mehr abgestoßen als angezogen von alle dem, was sie auch im gesellschaftlichen Leben der Ausländer sich abspielen sehen.

Auf die chinesischen Politiker wirkt noch in empfindlicher Weise die tatsächliche Unzuverlässigkeit der auswärtigen Politik. Man sieht, dass die feierlichsten Verträge nur so lange geachtet werden, bis die eine Partei die Möglichkeit findet, sich zu ihrem Vorteil über sie hinwegzusetzen.

Bruno Navarra, China und die Chinesen, Max Nössler, Bremen 1901, S. 1052f.*

1 Geben Sie wieder, wie Navarra den „Kulturaustausch" zwischen China und dem Westen charakterisiert. (M 30).
2 Bewerten Sie Navarras Einschätzung der Lage.
Tipp: Siehe S. 150.
3 **Vertiefung:** Entwickeln Sie in Partnerarbeit Bedingungen für einen friedlichen Kulturaustausch.

M 31 „The Dragon's Choice" in: Harper's Weekly, 18. August 1900.
Die US-amerikanische Karikatur greift auf dem Höhepunkt des Boxeraufstands auf zwei klassische Stereotype zurück: China als wütender und grausamer Drache und die Vereinigten Staaten, verkörpert durch Uncle Sam, als ruhiger und standhafter Mann mit verschränkter Faust hinter dem Rücken. Es ist die „Wahl des Drachens", so die Bildunterschrift, ob es Frieden oder Krieg gibt.

1 Interpretieren Sie die Karikatur M 31.
2 Vergleichen Sie die Kernaussage der Karikatur (M 31) mit der Einschätzung von Bruno Navarra (M 30).

M 32 Aus dem Schreiben eines hohen Beamten aus dem Kreis der Kaiserinwitwe Cixi (Juli 1900)

Es ist zweifellos eine gute Idee, diese patriotischen Freiwilligen einzusetzen, um die Aggression der Ausländer zurückzuschlagen. Wenn dies sorgfältig geplant und mit strenger Disziplin und guter Führung
5 geleitet wird, kann es zweifellos von sehr hohem Nutzen sein. Aber wenn anders herangegangen wird, werden diese Männer unweigerlich außer Kontrolle geraten, und das einzige Ergebnis wird Chaos und Unglück sein. Sie werden, mein alter Freund und Kol-
10 lege, zweifellos mit mir übereinstimmen, dass die Motive, die die „Boxer"[1] bewegen, patriotische sind. So groß ist das Unbehagen, das zwischen der Masse unseres Volkes und den zum Christentum Bekehrten besteht, dass wir unwiderstehlich bis an den Rand
15 von Feindseligkeiten gezerrt worden sind und unsere Regierung den verzweifelten Weg eingeschlagen hat, „den Feind einzuladen, uns vor den Mauern der Hauptstadt im Kampf gegenüberzutreten". Es ist, als ob wir auf nackte Schwerter träten, ohne mit der
20 Wimper zu zucken; es kann kein Zweifel an Begeisterung und Leidenschaft in unserem Vorhaben bestehen. [...]
Ihnen selbst kann man nicht ganz vertrauen, aber mir scheint (obwohl Ihnen möglicherweise diese
25 Idee absurd vorkommt), dass man sie mit Gewinn nutzen könnte, damit sie mit ihrem Fanatismus die Kampfeslust unserer regulären Truppen anregen könnten. Als Kampfeinheiten sind sie absolut wertlos, aber ihre Behauptungen, übernatürliche Künste
30 und Magie zu beherrschen, könnten wertvoll sein, um den Feind zu entmutigen. Aber es wäre ganz falsch, um nicht zu sagen tödlich, wenn wir ihren lächerlichen Ansprüchen wirklich glauben würden oder ihnen irgendeinen wirklichen Nutzen im Kampf
35 zugestehen würden. Selbst wenn irgendeine Wahrheit in diesen Märchen über magische Kräfte zu finden wäre, beruhte das auf Häresie[2], und Sie wissen sehr wohl, dass die chinesische historische Überlieferung zahlreiche Fälle kennt, in denen solche aber-
40 gläubischen Überzeugungen in Rebellionen gegen die herrschende Dynastie endeten. [...]
Diese nördlichen „Boxer"[3] werden nicht durch irgendeine Lust am Plündern getrieben, sondern durch eine Art religiöser Besessenheit. Nun sind Menschen
45 aus Nordchina, wie Sie wissen, ihrem Charakter nach beschränkt und stur, während die Südchinesen lebhaft, aber unzuverlässig sind, sodass es schwierig, wenn nicht unmöglich ist, mit beiden zusammen zu einer bestimmten Politik oder gemeinsamen Aktion
50 zu gelangen.

Zit. nach: John O. Bland/Edmund T. Backhouse, China under the Empress Dowager, Heinemann, London 1910, S. 248 f. Übersetzt von Klaus Mäding.*

1 Die britischen Übersetzer haben nicht den Namen „Yihetuan" übernommen, sondern „Boxer" gewählt.
2 *Häresie*: unzulässige Abweichung vom offiziellen Glauben.
3 Die „Yihetuan" wirkten vor allem in Nordchina.

1 Arbeiten Sie die Intention der Qing-Regierung heraus.
2 Beurteilen Sie den Pakt der Regierung mit den Aufständischen.

M 33 Bericht des Freiherrn von Ketteler über den Beginn des „Boxeraufstands" (1900)

Am 31. Mai 1900 schickte der deutsche Gesandte in Beijing folgenden Bericht an seine Regierung:
Nachdem die Anhänger der fremden- und christenfeindlichen Gesellschaft der Boxer in der Nähe der Provinzialhauptstadt Paotingfu [Baoding] und in der Umgebung von Peking Missionsanstalten, Kapellen
5 und Wohnstätten der Christen der französischen Mission zerstört, in einem Dorfe 70 Christen massakriert und endlich einen gegen dieselben ausgesandten chinesischen Oberst getötet und dessen Truppe zersprengt hatten, wandten sie sich am 27. D. M. [des
10 Monats] gegen die Eisenbahnlinien und deren Angestellte, mithin offenkundig gegen die Fremden und ihre Unternehmungen innerhalb Chinas. In der Nacht vor dem 28. Mai wurde die Eisenbahnlinie Peking–Hankau [Beijing–Hankou] in ihrer Anfangsstre-
15 cke zwischen hier und Paotingfu von den Aufrührern zerstört, die fremden Wohnungen umzingelt und die sich außerhalb derselben befindlichen Angestellten mit Steinen beworfen, wobei ein französischer Ingenieur am Kopf schwer verletzt wurde. Nachdem so-
20 dann in den folgenden Tagen die in den Häusern belagerten Frauen und Kinder der französischen und belgischen Eisenbahnbediensteten durch eine Anzahl bewaffneter Europäer befreit und nach hier in Sicherheit gebracht worden waren, tauchten zum
25 ersten Male die von der hiesigen Regierung angeblich zum Schutze entsandten chinesischen Soldaten auf, plünderten die Häuser und steckten sie, während die Fliehenden noch in Sicht waren, in Brand. Am Nachmittag des 28. Mai wurde auch die Tientsin-Peking-
30 Bahn auf deren vorletzter Station Fentai, etwa 30 km von hier, zerstört, das Stationsgebäude, Lokomotiv- und Wagenschuppen in Brand gesteckt und die Angestellten vertrieben. Auch die elektrische Bahn, welche die Firma Siemens & Halske vor Jahresfrist der
35 chinesischen Eisenbahnverwaltung zum Betrieb vom Bahnhofe bis zum Stadtthor übergeben hatte, wurde bei ihrer Kraftstation von dem Pöbel derart bedroht,

dass der leitende Ingenieur, ein Deutscher, sich hierher flüchten musste. Trotz der fortgesetzten eindringlichen Mahnungen und ernstlichen Verwarnungen des diplomatischen Korps ließ die hiesige Regierung weder den Willen, noch den Versuch erkennen, diesen fremdenfeindlichen Ausschreitungen Einhalt zu thun.

[…] Infolge dieser Verschärfung der Lage [durch die Besetzung des Botschaftsviertels in Beijing] sahen sich die Gesandten der fremden Mächte genötigt, besondere Schutzdetachements für die Gesandtschaftsgebäude, die Mitglieder der fremden Vertretungen und die etwa 500 in Peking ansässigen Staatsangehörigen aller Nationen von ihren Regierungen zu erbitten. Schon am 31. Mai trafen gemäß diesem Wunsch die von der englischen, amerikanischen, japanischen, russischen, französischen und italienischen Gesandtschaft requirierten Abteilungen in einer Gesamtstärke von 13 Offizieren und 309 Matrosen mit zwei Revolverkanonen vermittelst Extrazuges von Tientsin [Tianjin] aus in später Abendstunde in Peking ein.

Joseph Kürschner (Hg.), China: Schilderungen aus Leben und Geschichte, Krieg und Sieg; ein Denkmal den Streitern und der Weltpolitik, Zieger, Leipzig 1901, S. 7.*

1 Beschreiben Sie die im Bericht von Ketteler genannten Formen des Aufstands.
2 Erläutern Sie die Darstellung durch Freiherr von Ketteler.

Zeitgenössische Rezeption des Boxeraufstands in Europa

M 34 „Ermordung des deutschen Botschafters in Beijing", französisches Sammelbild, ca. 1900.

In Deutschland wurde dasselbe Sammelbild von der Firma Knorr auf Tütensuppen verbreitet.

M 35 Waldersee-Denkmal in Hannover, Fotografie, 2010.
Das Denkmal für Generalfeldmarschall Alfred von Waldersee (1832–1904), der bei der Niederschlagung des Boxeraufstandes in Beijing eine wichtige Rolle spielte, wurde von dem Architekten und Künstler Bernhard Hoetger entworfen. Die Initiative ging 1910 von der Stadt Hannover aus. 1915 wurde das Denkmal eingeweiht.

1 **Recherche/Präsentation:** Suchen Sie im Internet nach weiteren Sammelbildern. Setzen Sie sich mit dieser Form der populären Rezeption auseinander und präsentieren Sie Material und Ergebnisse in Ihrem Kurs.
2 Informieren Sie sich über Alfred von Waldersee und seine Rolle im „Boxeraufstand".
3 Analysieren Sie Darstellung und Symbolik des Denkmals.
4 Erläutern Sie auf der Basis von M 34 und M 35 die Rezeption des „Boxeraufstands" in Europa und insbesondere in Deutschland.
5 **Vertiefung:** Im Boxerprotokoll wurden die Chinesen zu „Sühneaktionen" wie z. B. einem Denkmal für Freiherr von Ketteler in Beijing verpflichtet. Informieren Sie sich über diese Maßnahmen und bewerten Sie diese.

„Boxeraufstand"
cornelsen.de/Webcodes
Code: vimobu

Auf dem Weg zur Gründung der Republik

M 36 Auszüge aus der Schrift „Die Erneuerung des Volkes" von Liang Qichao (1902–1905)

Der Beamtengelehrte Liang Qichao (1873–1929) hatte sich 1898 bereits an der „100-Tage-Reform" beteiligt und musste anschließend nach Japan ins Exil gehen. Hier arbeitete er erfolgreich als Schriftsteller und Herausgeber von Zeitschriften.

Seit es die Menschheit auf der Erde gibt, haben Tausende von Ländern existiert. […] Alle Länder haben dieselbe Sonne und denselben Mond, alle haben Berge und Flüsse, und alle bestehen aus Menschen mit
5 Füßen und Schädeln; aber einige Länder steigen auf, während andere fallen, und einige werden stark, während andere schwach sind. Warum? […] Ich kenne den Grund. Ein Staat entsteht durch die Zusammenkunft von Menschen. […] Wenn wir wollen, dass
10 die Nation sicher, reich und geehrt ist, müssen wir über den Weg zur „Erneuerung des Volkes". […] Es gibt zwei Bedeutungen von Erneuerung. Die eine bedeutet, das zu verbessern, was ursprünglich im Volk ist Die andere bedeutet, sich das anzueignen, was
15 dem Volk ursprünglich fehlte, und so ein neues Volk zu schaffen. […] Unser Volk hat sich seit mehreren Jahrtausenden als Nation auf dem asiatischen Kontinent etabliert, und wir müssen einige besondere Eigenschaften haben, die großartig, edel und vollkom-
20 men sind und sich deutlich von denen anderer Rassen unterscheiden. Wir sollten diese bewahren und sie nicht verloren gehen lassen. […] Wenn wir die Nation stark machen wollen, müssen wir die Methoden untersuchen, die andere Nationen angewandt
25 haben, um unabhängig zu werden. Wir sollten ihre Vorzüge herausgreifen, um unsere eigenen Unzulänglichkeiten zu kompensieren.

Zit. nach: Theodore de Bary und Richard Lufrano (Hg.), From Sources of Chinese Tradition: From 1600 Through the Twentieth Century, Bd. 2, Columbia University Press, 2. Aufl., New York 2000, S. 289–291. Übersetzt von Heidi Martini.*

M 37 Der Sinologe Kai Vogelsang über die „Idee der Nation" (2013)

Die Idee der Nation […] bot die Lösung für die Halt- und Bindungslosigkeit moderner Lebensverhältnisse und das Problem der sozialen Ungleichheit: wenn es schon keine wirtschaftliche, politische oder morali-
5 sche Einheit mehr gab, bildeten die Chinesen dennoch eine Schicksals- und Solidargemeinschaft. […] Wenn politische Reformen erfolgreich sein sollten, musste auch China sich als Nation erkennen: als klassenübergreifende Solidargemeinschaft, mit der sich
10 alle identifizieren, auch und gerade das Volk. Aus den recht- und konturlosen Volksmassen, den *min*, mussten „neue Bürger" (*xinmin*) werden, freie Individuen mit politischem Bewusstsein, Ziviltugenden, Willen zur Mitbestimmung und ausgeprägtem National-
15 stolz. Unter den chinesischen Exilreformern tat sich vor allem Liang Qichao durch sein Bemühen um „neue Bürger" hervor.

Kai Vogelsang, Geschichte Chinas, Reclam, Stuttgart 2013, S. 477f.*

1 Analysieren Sie auf der Basis von M 36 und M 37 Idee und Funktion des Nationsbegriffs.

M 38 Kaiserliches Edikt zur Reform der Qing-Regierung (29. Januar 1901)

Bestimmte Prinzipien der Moral (*changqing*) sind unveränderlich, während die Methoden der Regierungsmethoden (*zhifa*) schon immer veränderlich waren. Der Klassiker der Veränderungen besagt, dass „wenn
5 eine Maßnahme ihre Wirksamkeit verloren hat, ist die Zeit gekommen, sie zu ändern". In den Gesprächen des Konfuzius heißt es, dass „die Shang- und Zhou-Dynastien von den Vorschriften ihrer Vorgänger abwichen und diese ergänzten […]".
10 Wir haben nun den Erlass Ihrer Majestät erhalten, uns ganz der Wiederbelebung Chinas zu widmen, die Verwendung der Begriffe „neu" und „alt" energisch zu unterdrücken und das Beste aus dem Chinesischen und dem Fremden zu vereinen. Die Wurzel von Chi-
15 nas Schwäche liegt in schädlichen Gewohnheiten, die zu fest verankert sind, in zu eng gefassten Regeln und Vorschriften, in der Überfülle von unfähigen und mittelmäßigen Beamten und dem Mangel an wirklich herausragenden Beamten, in unbedeutenden Büro-
20 kraten die sich hinter dem geschriebenen Wort verstecken, und in Büroangestellten und *Yamen*[1]-Läufern, die das geschriebene Wort als Talisman benutzen, um persönliches Vermögen zu erwerben, in den Bergen von Korrespondenz zwischen den Äm-
25 tern, die keinen Bezug zur Realität haben, und im Dienstaltersystem und den damit verbundenen Praktiken, die den wirklich talentierten Männern den Weg versperren. Die erste wesentliche Aufgabe, die noch wichtiger ist als die Entwicklung neuer Regierungs-
30 systeme (*zhifa*), ist es, Männer zu finden, die gut regieren (*zhi ren*). Ohne neue Systeme kann das alte, korrupte System nicht gerettet werden; ohne fähige Männer können auch gute Systeme nicht zum Erfolg geführt werden.

Zit. nach: Theodore de Bary und Richard Lufrano (Hg.), From Sources of Chinese Tradition Bd. 2, Columbia University Press, 2. Aufl., New York 2000, S. 289–291. Übersetzt von Heidi Martini.*

1 *Yamen:* chinesische Lokalbehörde

M 39 Der Historiker Hans Fenske zu Reformen unter Kaiserinwitwe Cixi (2009)

Die harte Niederwerfung des fremdenfeindlichen sogenannten Boxeraufstandes im Jahre 1900 durch eine internationale Streitmacht [...] und das am Ende stehende Boxerprotokoll vom 7. September 1901 waren
5 eine neue schwere Demütigung Chinas. Cixi [Regentin Kaiserinwitwe], die das umkämpfte Peking verlassen hatte und erst 1902 dorthin zurückkehrte, sah nun ein, dass sie den bisherigen konservativen Kurs nicht mehr fortsetzen lassen konnte. Sie wollte 1905
10 eine Delegation von Beamten zu Studienzwecken nach Japan, in die USA und nach Großbritannien und Deutschland schicken und dachte an die Einführung der konstitutionellen Monarchie. Gleichzeitig ordnete sie die Abschaffung des konfuzianistischen Prü-
15 fungswesens für die Beamtenlaufbahn [...] und den Aufbau eines neuen Schulsystems an [...]. Die Reise der Delegation kam nicht zustande, da nationalistische Attentäter gegen die Mitglieder mit Mordanschlägen vorgingen; sie wollten auf keinen Fall eine
20 Stärkung der Mandschu-Dynastie, wie sie von Reformen zu erwarten war. Erst im Jahre 1906 konnte eine neu zusammengesetzte Delegation reisen, sie empfahl bei der Rückkehr Ende des Jahres einen Umbau Chinas gemäß dem Weg, den Japan seit 1868 gegan-
25 gen war. Die Berater Cixis entwickelten dafür einen Zehnjahresplan. Am Ende sollte eine Nationalversammlung stehen, die von viel früher zu errichtenden Provinzialvertretungen beschickt werden sollte. Proklamiert und in Angriff genommen wurden die
30 Ministerial-, die Bildungs-, die Steuer- und die Strafrechtsreform. Die Reorganisation der Armee wurde fortgeführt, der Diplomatische Dienst ausgebaut. Der neue Kurs führte zu verschiedenen Aufständen der Nationalisten, nicht aus Reformfeindlichkeit,
35 sondern aus Gegnerschaft gegen die als ausländisch, nicht-chinesisch empfundenen Mandschu. [...]

Hans Fenske, Der moderne Verfassungsstaat und eine vergleichende Geschichte von der Entstehung bis zum 20. Jahrhundert, Schöningh, Paderborn 2009, S. 497–499.*

M 40 Der Historiker Thoralf Klein zur Reformbewegung der „Neuen Politik" von 1901 (2009)

Begleitet wurden die Aktivitäten von einem wachsenden öffentlichen Interesse, das durch die zunehmende Verbreitung moderner Massenmedien stimuliert wurde. Privatpersonen engagierten sich mit großer
5 Energie für gesellschaftliche Belange, etwa durch die Gründung moderner Schulen. Gleichzeitig wurde die Reformpolitik des Qing-Hofes durch eine Welle des Patriotismus begleitet. [...] Aus dem Blickwinkel der herrschenden Dynastie hatten Bewegungen dieser Art jedoch einen ambivalenten Charakter: Einerseits
10 gelang es dem Qing-Hof, die sozialen Eliten zur Unterstützung zu mobilisieren, andererseits verbanden sich die antiimperialistischen Aktivitäten häufig mit der Forderung nach politischer Partizipation und gerieten damit außer Kontrolle. Insofern hatte die
15 Qing-Regierung einen Teil jener Kräfte, von denen sie 1911 gestürzt wurde, selbst mit wachgerufen.

Thoralf Klein, Geschichte Chinas. Von 1800 bis zur Gegenwart, Ferdinand Schöningh, Paderborn 2009, S. 43f.*

1 Erläutern Sie die in M 38 und M 39 genannten Ansätze einer Umgestaltung der chinesischen Regierung.
Tipp: Lesen Sie dazu noch mal den Darstellungstext S. 77 f.
2 Geben Sie Kleins Einschätzung der Reformbewegungen wieder.
3 Zusatzaufgabe: Siehe S. 151.

M 41 Sun Yatsen über China (1911)

Von allen Völkern der Welt sind wir Chinesen das größte. Unsere Zivilisation und Kultur besteht seit viertausend Jahren. Eigentlich sollten wir mit den europäischen Ländern auf einer Stufe stehen. Da wir aber nur
5 Bewusstsein für Familie und Sippe, nicht aber für den Staat haben, sind wir doch wirklich nichts weiter als ein Haufen losen Sandes[1] und deswegen ist unser Land das ärmste und schwächlichste. [...] Unser Vaterland ist ein Stück Kuchen, aus dem sich die anderen nach
10 Belieben die besten Stücke herausschneiden.

Sun Yatsen, Die Grundlehren von dem Volkstum, Schlieffen-Verlag, Berlin 1927, S. 27. Übersetzt von Tsan Wan.*

[1] Das Bild von einem „Haufen losen Sandes" wurde noch von Staats- und Parteichef Deng Xiaoping 1993 beschworen.

M 42 Sun Yatsen über die „Drei Volksprinzipien" (1905)

Das erste Prinzip: Das Prinzip des Nationalismus der Guomindang hat eine doppelte Bedeutung. Zunächst fordert es die Selbstbestimmung der chinesischen Nation, dann fordert es die Gleichberechtigung der Rassen, die sich innerhalb der chinesischen Republik
5 zusammengefasst finden.

Das zweite Prinzip handelt von den Rechten des Volkes, von der Demokratie. Die Guomindang fordert nicht allein die indirekten Rechte der Volksvertretung, sondern auch die direkten politischen Rechte
10 des Volkes. Das bedeutet, dass das Volk nicht allein das Recht der Wahl haben wird, sondern auch das Recht der Initiative, des Referendums und der Abberufung der gewählten Vertreter. [...]

15 Das dritte Prinzip von der Wohlfahrt des Volkes [...] enthält zwei wichtige Punkte: erstens die gleichmäßige Verteilung des Bodenbesitzes, zweitens die Beschränkung des Kapitals.

Zit. nach: Roderick MacFarquhar, Die Verbotene Stadt, übers. von Otto Wilck, Ebeling, Wiesbaden 1976, S. 119.*

1 Fassen Sie die Ideen Sun Yatsens zusammen.
2 Vergleichen Sie seine Ideen mit dem Reformprogramm der Qing.

M 43 Ein revolutionärer Aufruf (1903)

Ihr 400 Millionen Angehörige der großen Han-Rasse[1], meine Landsleute, ob Mann oder Frau, betagt oder älter, in bestem Alter, Jüngere oder Kinder; nehmt diese Revolution in Angriff. Es ist die Pflicht eines jeden Ein-
5 zelnen und aller. [...] [E]ure Länder nehmen zwei Drittel Asiens ein. Landsleute, ihr stellt ein Fünftel der Weltbevölkerung. Euer Tee kann die unzähligen Millionen auf der Welt und mehr versorgen. Eure Kohle kann für zweitausend Jahre Treibstoff für die ganze Welt sicher-
10 stellen und wird nicht knapp. Ihr besitzt das Omen der Gelben Gefahr[2], ihr besitzt die Kraft der heiligen Rasse. Ihr besitzt die Regierung, leitet sie selbst. Ihr habt Gesetze, wacht selbst über sie. Ihr habt Industrien, verwaltet sie selbst. Ihr besitzt bewaffnete Truppen, befehligt
15 sie selbst. Ihr habt Ländereien, habt selbst ein Auge auf sie. Ihr habt unerschöpfliche Ressourcen, nutzt sie selbst. Ihr seid in jeder Weise zur revolutionären Unabhängigkeit fähig. Führt die 400 Millionen Landsleute an, tretet für euer Heimatland ein. Schreibt die War-
20 nungen in den Wind, stellt euch darauf ein, euer Leben im Kampf zu verlieren. Stürmt an gegen eure ererbten Feinde, die Mandschus [...] durch den Wald von Schusswaffen und den Kugelhagel. Danach fegt die Dämonen aus fremden Erdteilen weg, die gegen eure souveränen
25 Rechte verstoßen haben. [...]
Lang lebe die revolutionäre Unabhängigkeit des großen Han-Volkes.[3]
Lang lebe die Republik China.
Lang lebe die Freiheit der 400 Millionen Landsleute der
30 chinesischen Republik.

Tsou Jung, The Revolutionary Army. A Chinese Nationalist Tract of 1903, Mouton, Den Haag, Paris 1968, S. 126. Übersetzt von Elke Fleiter.*

1 Die Mehrheit der Chinesen gehörte der Volksgruppe der Han an.
2 Das Schlagwort „Gelbe Gefahr" entstand im imperialistischen Europa des späten 19. Jh. und drückte die Angst vor einem erstarkenden Asien aus.
3 Der Ausruf „Lang lebe" war zu jener Zeit ein Privileg des Kaisers.

1 Charakterisieren Sie die Sprache und die Ziele des Aufrufs (M 43).

2 Arbeiten Sie das Spektrum der Reformer und ihrer Ideen von Kang Youwei (M 22) über Liang Qichao (M 36) und Sun Yatsen (M 41, M 42) bis zu dem Revolutionär Tsou Jung (M 43) heraus.

Gründung der Republik

M 44 Titelblatt der britischen Tageszeitung „Daily Mirror" mit einer Fotografie des „letzten Kaisers" von China, 14. Oktober 1911.

Der fünfjährige Kaiser Pu Yi ist auf dem Bild rechts stehend zu sehen. Links unten ist ein Foto von Sun Yatsen, dem neuen Präsidenten der Republik China abgebildet.

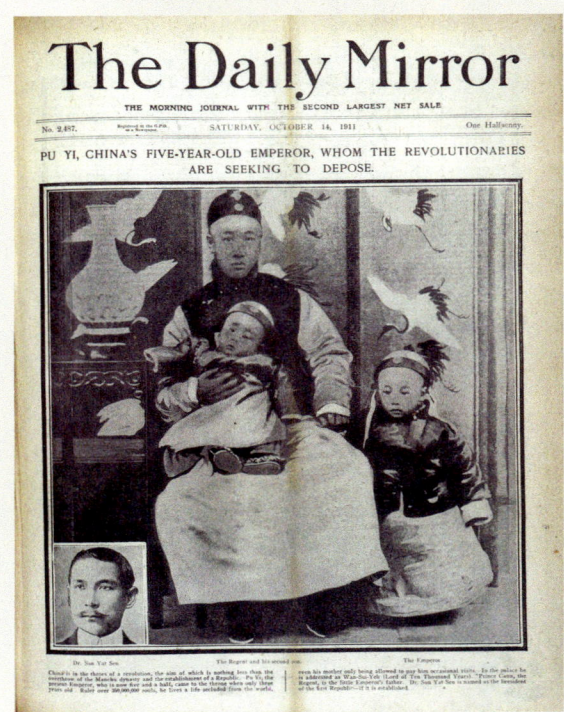

1 Erläutern Sie ausgehend vom Titelblatt und der Zeitzeichen-Sendung (siehe Webcode) die Rolle des Kaisers Pu Yi.

WDR-Zeitzeichen-Sendung

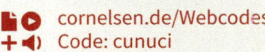
cornelsen.de/Webcodes
Code: cunuci

M 45 Abdankungsedikt der Kaiserinwitwe Longyu (12. Februar 1912)

Nun ist die Volksstimmung des ganzen Reiches überwiegend der Republik zugeneigt. In den südlichen und mittleren Provinzen hat man diesen Gedanken zuerst angeregt, und im Norden haben die Generäle ihn später auch befürwortet. Aus der Richtung der Volksstimmung aber kann man den Willen des Himmels erkennen. Wie können Wir es da über Uns bringen, um des Glanzes einer Familie willen die Frage nach dem Wunsch eines Millionenvolkes beiseite zu schieben! Daher geben hiermit, in Anbetracht der allgemeinen Lage und nach Prüfung der Öffentlichen Meinung, aus äußeren und inneren Gründen, Wir und der Kaiser die Herrschergewalt als Allgemeinrecht an das ganze Land und entscheiden Uns für die konstitutionelle Republik als künftige Staatsform, um zunächst den Sinn des Reiches zu beruhigen, der da alle Wirren verabscheut und die Ordnung ersehnt, und für ferne Zukunft dem Gedanken der Heiligen des Altertums zu entsprechen, dass das Reich Allgemeinbesitz sei. Da Yuan Shikai durch den Reichsausschuss bereits zum Ministerpräsidenten gewählt ist, so soll in diesem Zeitpunkt, wo das Neue das Alte ablöst, und bei der Notwendigkeit eines Mittels zur Einheit von Nord und Süd von Yuan Shikai mit unbeschränkter Vollmacht eine provisorische republikanische Regierung organisiert werden, wozu er zusammen mit dem Volksheer ein einheitliches Verfahren verabreden soll.

Wir hegen die feste Erwartung. dass das Volk damit Frieden finden werde und das Land eine geordnete Verwaltung. Dann soll das gesamte Staatsgebiet der fünf Rassen, nämlich Mandschu, Mongolen, Chinesen, Mohammedaner und Tibeter, zusammengefasst ein großes Reich bilden, die Republik *Zhonghua*. Wir aber und der Kaiser wollen Uns zurückziehen, um Unser Leben in Zufriedenheit zu verbringen.

Zit. nach: Ernst Haenisch, Vor 30 Jahren. Ein Rückblick auf den chinesischen Umsturz, in: Historische Zeitschrift, Bd. 116, 1942, S. 502 ff. Schreibweise der Namen angepasst.

1 Analysieren Sie die Argumente des Edikts für die Abdankung.
2 Charakterisieren Sie die Rolle, die die Qing sich selber zuweisen.

M 46 Der Historiker Hans Fenske über die Gründung der Republik (2009)

Als im November 1908 Dezong und Cixi fast gleichzeitig starben, wurde mit Puyi [Pu Yi] ein dreijähriger Prinz aus einer Seitenlinie Kaiser. Die nun eingesetzte Regentschaft wollte die Reformen am liebsten aufgeben. Dagegen regte sich aber allenthalben Widerspruch, sodass der Hof schließlich doch das Zusammentreten der Nationalversammlung ankündigte. [...] Wegen der Weite des Reiches und der langjährigen Schwäche der Regierung waren die Provinzen nie leicht von der Zentrale aus zu führen gewesen. [...] Die Anhänger Sun Yatsens waren nicht willens, sich durch die Entwicklung überholen zu lassen. Sie bereiteten eine Revolution vor. Als am 9. Oktober 1911 in Hankau [Hankou] eine Bombe versehentlich vor der Zeit explodierte und die Polizei bei den Ermittlungen eine Liste der Verschwörer fand – viele von ihnen gehörten dem Militär an –, ergriffen diese die Flucht nach vorn und schlugen am 10. Oktober los. Die Garnison meuterte, die Aufständischen erklärten die Dynastie Qing für abgesetzt und taten das, was der Hof schon vor Jahren getan hatte: sie kündigten eine Nationalversammlung an. [...] Die Regentschaft ernannte nun Yuan Shikei [Shikai] [...] am 8. November zum Premier und ließ in Peking eine Nationalversammlung zusammentreten. Eine von nur zehn Provinzen beschickte Repräsentation in Wuhan bot Yuan die Präsidentschaft an, wenn er sich von den Qing lossage. Die Mitte Dezember von Vertretern beider Seiten in Shanghai abgehaltene Konferenz über das weitere Vorgehen scheiterte an der Frage der Staatsform. Nun handelten die Anhänger Suns. Eine in Nanking zusammentretende Nationalversammlung, zu der Delegierte aus zahlreichen Provinzen gekommen waren, erklärte China am 29. Dezember zur Republik und wählte Sun Yatsen, der sich gerade in Europa aufhielt, zum Präsidenten. Nach seiner Rückkehr im Januar 1912 suchte Sun die Verständigung mit Yuan, er wollte, wie er ihm telegraphierte, China die Last eines neuen Bürgerkriegs ersparen. So bot er ihm die Präsidentschaft an. Yuan zögerte zunächst, setzte dann aber doch die Witwe Zedongs so unter Druck, dass diese am 12. Februar die Abdankung der Qing bekannt gab. [...] Sun wollte sich auf eine derartige Legitimation der neuen Staatsgewalt nicht einlassen. Als Yuan ihm darin beistimmte, dass die Republik aus eigenem Recht bestehe, legte er sein Präsidentenamt nieder und empfahl der Nankinger Nationalversammlung, Yuan zu seinem Nachfolger zu wählen. Das tat sie am 15. Februar. Zudem verabschiedete sie eine Provisorische Verfassung, in der man das Präsidial- mit dem Kabinettssystem kombinierte. Die Legislative sollte aus zwei Kammern bestehen [...]. Am 10. März legte Yuan den Eid auf diese Verfassung ab. [...] Damit war China Verfassungsstaat, aber, wie sich sehr schnell zeigte, unter einem Präsidenten, der von Verfassungstreue nichts, von seiner persönlichen Macht hingegen sehr viel hielt.

Hans Fenske, Der moderne Verfassungsstaat und eine vergleichende Geschichte von der Entstehung bis zum 20. Jahrhundert, Schöningh, Paderborn 2009, S. 497–499.*

1 Arbeiten Sie Stationen der Republikgründung heraus.
2 Analysieren Sie die Rolle der Qing-Dynastie in diesem Prozess und vergleichen Sie mit dem Abdankungsedikt (M 45).

Geschichte kontrovers: China auf dem Weg in die Moderne

M 47 Der Sinologe Helwig Schmidt-Glintzer (2021)

Auf der Suche nach der Moderne befand sich China nicht erst seit dem ersten Opiumkrieg (1839–1842) und seit den folgenden Konflikten mit dem Westen, sondern es kann auf eine lange Tradition von Innovation und technisch-wissenschaftlicher Kenntnis zurückblicken sowie vor allem auf eine Reformtradition, die sich bis in die Zeit des Konfuzius zurückverfolgen lässt. […] Aufgrund bestimmter sozial- und wirtschaftsgeschichtlicher Indikatoren haben manche China seit dem 11. Jahrhundert als bereits „modern" bezeichnen wollen. Auch wenn solche Periodisierungsbemühungen sehr zeitverhaftet sind, so hat sich doch herausgestellt, dass es in China seit dem 16. Jahrhundert einen Reform- und Erneuerungsschub gegeben hat. Von „Sprossen des Kapitalismus" ist daher die Rede und für das 19. Jahrhundert dann auch von Chinas „früher Industrialisierung". Vor allem auf politisch-intellektuellem Gebiet sind die zahlreichen intensiven Reformbestrebungen und -debatten der vergangenen Jahrhunderte bisher noch kaum aufgearbeitet und erforscht. Dabei wirken diese Ideen und Vorstellungen, die von einzelnen Personen und kleinen Gruppen vorgetragen wurden und nicht nur in ihrer jeweiligen Zeit die Gemüter bewegten, bis in die Gegenwart. […]

Die vier Jahrzehnte zwischen Aufständen in der Mitte des 19. Jahrhunderts und dem Zusammenbruch der Qing-Dynastie waren eine Periode der „Transformation innerhalb der chinesischen Gesellschaft". Insbesondere die Zeit zwischen 1895 und 1908 wurde auch von vielen Zeitgenossen in China als eine Zeit des beschleunigten Umbruchs betrachtet. Neue Typen von Menschen traten auf den Plan und behinderten bzw. durchkreuzten das Planen und Handeln der alten Elite. Doch ist die Zurechnung der Intention nicht immer leicht zu treffen. Während viele Revolutionäre aus dem Süden durchaus nach Neuem strebten, war die Funktion der Boxer im Norden nicht nur auf eine Reduktion der Präsenz westlicher Missionare gerichtet, sondern führte auch zu einer generellen Isolation der am Westen orientierten Reformkräfte.

Helwig Schmidt-Glintzer, Das neue China. Vom Untergang des Kaiserreichs bis zur Gegenwart, C. H. Beck, 8., aktualisierte Aufl., München 2021, S. 13, 34.*

1 Erläutern Sie die zentralen Thesen des Autors zu Moderne und Transformationsprozessen in China.

M 48 Der US-amerikanische Sinologe Jonathan D. Spence (1995)

Ich beginne meine Darstellung um das Jahr 1600 […]. Durch den Titel *Chinas Weg in die Moderne* möchte ich eine Reihe von Themen betonen:

Erstens: Sowohl Chinas Herrscher als auch deren chinesische Kritiker haben in diesem langen Zeitraum wiederholt versucht, Strategien zur Festigung der Landesgrenzen und zur Rationalisierung der bürokratischen Einrichtungen auszuarbeiten sowie die Ressourcen des eigenen Landes bestmöglich auszuschöpfen, um sich von fremder Einmischung freizuhalten und das intellektuelle Rüstzeug zur kritischen Überprüfung des politischen Handelns auf seine Wirksamkeit und Moral zu schärfen.

Zweitens: Wiewohl um die Bewahrung bestimmter unveränderlicher Werte bemüht, erlebte China, wenn auch nicht unbedingt auf einem Parallel-„Gleis" zu den Entwicklungen der westlichen Mächte oder Japans, in diesem Zeitraum doch wichtige Veränderungen und Anpassungen. Ein guter Teil von uns untersuchten Geschichte besteht aus sich überschneidenden Zyklen von Zusammenbrüchen und erneuter Konsolidierung, von Revolution und Evolution, von Eroberung und Fortschrittstendenzen.

Drittens: […] Unter einer „modernen Nation" verstehe ich eine sowohl integrierte als auch nach außen aufgeschlossene Nation, die sich einerseits ihrer Identität weitgehend sicher und andererseits imstande ist, sich als gleichrangiger Partner an der Suche nach neuen Märkten, neuen Technologien, neuen Ideen zu beteiligen. Mit dieser offenen Definition sollte es nicht schwerfallen, „modern" als einen sich mit der Zeit und der menschlichen Entwicklung verändernden Begriff zu sehen, anstatt ihn einfach auf unsere zeitgenössische Welt im Gegensatz zur „traditionellen" Vergangenheit und zur „postmodernen" Zukunft einzuengen. In meiner Sicht gab es bereits im Jahr 1600 oder früher sowie jederzeit in den folgenden Jahrhunderten moderne Länder im oben definierten Sinn. China allerdings gehörte zu keinem Zeitpunkt dieses Zeitraums in wirklich überzeugender Weise zu ihnen, auch am Ende des 20. Jahrhunderts nicht.

Jonathan D. Spence, Chinas Weg in die Moderne, Carl Hanser Verlag, München 1995, S. 12 f.*

1 Erörtern Sie die Kernaussage und die Argumente von Jonathan D. Spence.
2 Stellen Sie die Aussagen der beiden Sinologen gegenüber und entwickeln Sie eine eigene Einschätzung.

M 49 Ausschnitt aus Mao Zedongs Schrift „Die chinesische Revolution und die kommunistische Partei Chinas" (1939)

Nach dem Opiumkrieg von 1840 wandelte sich China nach und nach in eine halbkoloniale und halbfeudale Gesellschaft um. Seit den Ereignissen des 18. September 1931, als der japanische Imperialismus bewaffnet in China einfiel, verwandelte sich die chinesische Gesellschaft weiter in eine koloniale, halbkoloniale und halbfeudale Gesellschaft. Wir werden jetzt erklären, wie sich dieser Veränderungsprozess vollzog. [...]

In der Warenwirtschaft, die sich in der chinesischen Feudalgesellschaft entwickelt hatte, waren bereits die ersten Keime des Kapitalismus enthalten. Deswegen hätte sich China auch ohne Einwirkung des ausländischen Kapitalismus allmählich zu einer kapitalistischen Gesellschaft entwickelt. Die Invasion des ausländischen Kapitalismus beschleunigte diesen Prozess. Der ausländische Kapitalismus hat eine gewaltige Rolle bei der Zersetzung der in China bestehenden sozialökonomischen Ordnung gespielt: Einerseits untergrub er die Grundlagen der selbstgenügsamen Naturalwirtschaft, zerstörte das Handwerk in den Städten und das Heimgewerbe der Bauern, und andererseits förderte er die Entwicklung der Warenwirtschaft in Stadt und Land.

Das alles bewirkte nicht nur den Zerfall der Grundlagen der feudalen Wirtschaft, sondern brachte gleichzeitig bestimmte objektive Voraussetzungen und Möglichkeiten für die Entwicklung der kapitalistischen Produktion in China. Denn die Zerstörung der Naturalwirtschaft eröffnete dem Kapitalismus einen Warenmarkt, während der Ruin einer großen Anzahl von Bauern und Handwerkern für ihn einen Arbeitsmarkt schuf.

Und in der Tat begann – durch den Anstoß, den der ausländische Kapitalismus gegeben hatte, und infolge gewisser Risse in der feudalen ökonomischen Struktur – ein Teil der Kaufleute, der Grundherren und der hohen Beamten schon in der zweiten Hälfte des 19. Jahrhunderts, vor sechzig Jahren also, Kapital in modernen Industriebetrieben anzulegen. Zur Jahrhundertwende, das heißt vor vierzig Jahren, hatte der chinesische nationale Kapitalismus bereits den ersten Schritt in seiner Entwicklung getan. Vor zwanzig Jahren, während des ersten imperialistischen Weltkriegs, erfuhr die chinesische nationale Industrie, hauptsächlich die Textil- und die Mühlenindustrie, eine weitere Entwicklung, weil die imperialistischen Staaten Europas und Amerikas mit dem Krieg beschäftigt waren und vorübergehend ihren Druck auf China gelockert hatten.

Der Entstehungs- und Entwicklungsprozess des nationalen Kapitalismus in China ist zugleich auch der Entstehungs- und Entwicklungsprozess der chinesischen Bourgeoisie und des chinesischen Proletariats. Wie ein gewisser Teil der Kaufleute, der Grundherren und der hohen Beamten Vorgänger der chinesischen Bourgeoisie waren, so war ein gewisser Teil der Bauern und Handwerker Vorgänger des chinesischen Proletariats. Die chinesische Bourgeoisie und das chinesische Proletariat als zwei besondere Gesellschaftsklassen sind neu entstanden, beide hat es früher in der chinesischen Geschichte nicht gegeben. Sie sind aus dem Schoß der Feudalgesellschaft hervorgegangen und haben sich zu neuen Gesellschaftsklassen entwickelt. Sie sind zwei miteinander verbundene und gleichzeitig antagonistische Klassen; sie sind von Chinas alter (feudaler) Gesellschaft geborene Zwillinge. Aber das chinesische Proletariat entstand und entwickelte sich nicht nur im Zusammenhang mit dem Aufkommen und mit der Entfaltung der chinesischen nationalen Bourgeoisie, sondern auch in Verbindung mit der Entwicklung der von den Imperialisten unmittelbar in China betriebenen Unternehmen. Deshalb ist ein bedeutender Teil des chinesischen Proletariats älter und erfahrener als die chinesische Bourgeoisie, deshalb ist seine gesellschaftliche Kraft größer und seine soziale Basis breiter.

Aber die beschriebenen neuen Wandlungen – die Entstehung und Entwicklung des Kapitalismus – stellen nur die eine Seite der Veränderungen dar, die seit dem Eindringen des Imperialismus in China vor sich gegangen sind. Es gibt auch noch eine andere Seite, die neben den erwähnten Wandlungen existiert und diese Wandlungen hemmt: Der Imperialismus unterdrückt im Komplott mit den feudalen Kräften Chinas die Entwicklung des chinesischen Kapitalismus.

Mit ihrem Eindringen in China verfolgen die imperialistischen Mächte keineswegs das Ziel, das feudale China in ein kapitalistisches zu verwandeln. Im Gegenteil, die imperialistischen Mächte verfolgen das Ziel, China in ihre Halbkolonie und Kolonie zu verwandeln.

Zit. nach: Mao Tse-tung, Ausgewählte Werke, Bd. II, Verlag für fremdsprachige Literatur, Peking 1968, S. 353–388.*

1 Erläutern Sie anhand der Ausführungen von Mao Zedong die marxistische Deutung der chinesischen Geschichte.
2 Nehmen Sie Stellung zu Mao Zedongs Geschichtsdeutung.

Vertiefung: Analyse von historischen Dokumentationen, Erklärvideos usw.

M 50 Dokumentationen, Erklärvideos und weitere Formate in den Neuen Medien

Die Vielzahl an Informationsmöglichkeiten insbesondere durch die „Neuen Medien" führt auch zu einer Vielzahl an verfügbaren Informationen, sogenannter „Wissenschaftskommunikation im weiten Sinne" (Uebing). Das Spektrum der Formate zum Thema Geschichte ist ebenso breit wie die Qualität: Von Dokumentationen begleitet durch Fachwissenschaftler bis hin zu Erklärvideo-Formaten ohne Qualitätsjournalismus/-kontrolle, ohne Gatekeeper, ohne Sach-/Schreib-Kompetenz, sondern mit hoher Diversität der Autorenschaft, wo jeder alles veröffentlichen kann, auch selbst ernannte Experten.

Früher gab es vor allem das klassische Schulfernsehen sowie das bis heute laufende unterhaltsame und renommierte Format der „Lach- und Sachgeschichten" der Sendung mit der Maus, die kindgerecht komplexe Vorgänge erklären. Dann kamen schrittweise andere Formate hinzu wie sogenannte „Doku-/Histotainment"-Inszenierungen, die 7-minütigen Clips von arte *Stories of Conflict* oder Sommers Weltliteratur mit u.a. „Marx & Engels to go in 4 ½ Minuten". Heute stehen Erklärvideos renommierter Bildungseinrichtungen sowie der öffentlich-rechtlichen Sender neben Videos von Influencern auf TikTok, YouTube etc. Letztere haben dabei nicht vorrangig die Intention, Bildung und Sachinformationen zu vermitteln, sondern wollen unterhalten, Trends setzen und sich präsentieren.

Das Format der Dokumentationen und Erklärvideos ist aber ein wichtiges, viel genutztes Medium. Der audiovisuelle Zugang zu einem Thema ist für viele sogar leichter als das Lesen von langen Texten. Ein Erklärvideo bietet zudem die Möglichkeit, die Adressaten auf verschiedenen Ebenen, visuell, auditiv, ästhetisch und persönlich anzusprechen. Dabei wird noch stärker als in Sachtexten ein bestimmtes Konstrukt von Geschichte, eine „Narration", präsentiert. So ist es elementar, im Umgang mit Erklärvideos und Dokumentationen die Herkunft zu prüfen und eine saubere Quellenerschließung/-kritik/-analyse zu leisten. Die diesem „Genre" spezifischen Merkmale gilt es a) zu kennen, um diese b) kritisch zu beleuchten. Nur so kann man sich der „Narration" bewusstwerden und diese dekonstruieren, um schlussendlich deren Aussagewert auszumachen.

Autorentext

M 51 Klassischer Dreischritt der Analyse: beschreiben – analysieren – deuten/beurteilen

beschreiben
Kanal, Autor
Aktualität, Reihe
Thema/Inhalt
audiovisuelle Elemente der Gestaltung
Verwendung von Archivmaterial, auth. Film-/Tonaufnahmen (Überrest / Traditionsquellen)
HistorikerInnen-Äußerungen
Erzähler/Präsentierender
Adressaten
Kameraeinstellung / Hintergrundmusik / Kommentar aus dem Off / Stil (Legetechnik, Vlogging etc.)
usw.

⇩

analysieren
wissenschaftliches ‚sauberes' Arbeiten
Hinweise auf Quellen
Multiperspektivität
Expertenäußerungen
Kontext
Fachsprache
Personenauthentizität/Faktentreue
Wirkung – Erklärung, welches audiovisuelle Moment wie wirkt
usw.

⇩

interpretieren/beurteilen
Welche historische Narration liegt vor?
Kernaussage
Welche Position wird vertreten und woran ist das festzumachen/zu verdeutlichen?
Welche Intention ist damit verbunden?
Welche Fragen bleiben offen?
Wie ist der Aussagewert zu beurteilen?
Wie ist dieses Beispiel zu beurteilen?
-> **Konstruktion/Dekonstruktion**

Bei der Analyse sind besonders die Merkmale zur *Wirkung* zu beachten:
1. Beschreibung des Formats, Anbieters, der Autorenschaft, Fundstelle etc.,
2. Einsatz interaktiver Elemente,
3. Videoperspektive,
4. Alter der erklärenden Person,
5. Videodauer und Design.

Autorentext

1. **Partnerarbeit:** Wählen Sie im Internet ein Video mit historischem Bezug aus:
   a) Analysieren Sie das Video in einer Kleingruppe nach dem oben aufgeführten Dreischritt.
   b) Präsentieren Sie Ihre Ergebnisse im Kurs.

Beispiele ausgezeichneter Dokumentationen

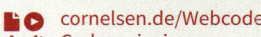
cornelsen.de/Webcodes
Code: xujavi

M 52 Analyse-Modelle (leicht abgewandelt nach Uebing, 2019)

Ebene	Merkmale	
deskriptiv	– Beschreibung des Kanals (z. B. YouTube, arte oder Schulhomepage) – Formatbeschreibung – Playlists, weitere Themen usw. – Design – ästhetische ‚Aufmachung', Farbe, Schriftart – wiederkehrende Elemente – Anzahl der AbonnentInnen des Kanals – Diskussion, Kommentare – Professionalität des Kanals (weitere Reihen, Regelmäßigkeit der Veröffentlichung) – Verlinkungen (wohin?) – Hinweise auf Finanzierung des Kanal/Angebots	
interpretativ (Merkmale, Symbole, Techniken – ‚Inszenierungsstrategien')	a) *Inhalt, Thema, Form:* – intertextuelle Verweise – dramaturgische Mittel – Form innerer Gestaltung (Struktur) – voice-over / sichtbarer Sprecher b) *Gestaltungsmittel:* – was ist zu sehen/was nicht? – Bildaufbau und Kameraeinstellungen – Montage – Einsatz ästhetischer Mittel – Setting / Hintergrund – Inserts, Einblendungen, Verweise	c) *Äußere Merkmale des ‚Präsentierenden':* – körperliche Merkmale, Kleidung – nonverbale Kommunikation – Gestik, Mimik – Gesamteindruck des Auftretens d) *Art der Moderation:* – Person sichtbar? – Sprache – Ansprache der Zuschauer – Aufforderung zum Sichten anderer Videos / Hinweise auf weitere Videos e) *Interaktion und Kommunikation*
diskursiv	– inhaltliche Verantwortung – grafische Verantwortung und Gestaltung – Präsenzanteil des Präsentierenden / anderer Personen und HistorikerInnen – leitender Produzent – Bildmaterial – Quelle – eigener Anspruch des Präsentierenden (im Video benannt?) – geschichtswissenschaftliche Merkmale? – kritischer, reflektierter Quelleneinsatz – Multiperspektivität – Aufforderung zur kritischen Reflexion; Verweis auf unterschiedliche Sichtweisen	

*Judith Uebing, Geschichte in 10 Minuten – Wie geht das?, in: Christian Bunnenberg/Nils Steffen (Hg.), Geschichte auf YouTube. Neue Herausforderungen für die Geschichtsvermittlung und historische Bildung. Medien der Geschichte Bd. 2, de Gruyter/Oldenbourg, Berlin/Boston 2019, S. 71–96.***

1 Schauen Sie sich beispielsweise die ZDF-Dokumentation aus der Reihe „Imperien" mit dem Titel „Kaiserreich China: Die letzten Tage von Peking" an (siehe Webcode). Bearbeiten Sie folgende Aufgaben:
   a) Bestimmen Sie die dramaturgischen Mittel und ihre Gewichtung (u. a. Erzähler, Experten, Schauspieler, nachgestellte Szenen, Originalaufnahmen).
   b) Skizzieren Sie die Abfolge der Themen.
   c) Arbeiten Sie heraus, welche Rolle der Kaiserinwitwe Cixi zugeschrieben wird.
   d) Erläutern Sie die Gesamtaussage der Dokumentation und nehmen Sie Stellung dazu.

2 Probieren Sie es selbst aus! Drehen Sie zu einem Themenfeld Ihrer Wahl aus diesem Kursheft ein Erklär- oder ein *Peer Tutoring*-Video für die unteren Klassenstufen.
   Tipp: Siehe S. 151.

3 Diskutieren Sie in Ihrem Kurs, ob Erklärvideos als Vorbereitung für das Abitur hilfreich sein können.

Dokumentationen/Erklärvideos chinesisches Kaiserreich
cornelsen.de/Webcodes
Code: kojeta

Methode

Darstellungen analysieren

Geschichte entsteht erst durch die Rekonstruktion des Geschehen, das uns in schriftlichen, gegenständlichen, sachlichen und z. T. auch mündlichen Quellen überliefert ist. Aus ihnen rekonstruieren Historiker mögliche Darstellungen der Vergangenheit und präsentieren ihre **Version der Vergangenheit** in selbst verfassten Darstellungen, die man auch Sekundärtexte nennt. Darstellungen lassen sich in fachwissenschaftliche und in populärwissenschaftliche bzw. „nichtwissenschaftliche" Darstellungen gliedern.

Die **fachwissenschaftlichen Texte** wenden sich an ein professionelles Publikum, bei dem Grundkenntnisse des Faches, der Methoden und der Begrifflichkeit vorausgesetzt werden. Einzelergebnisse werden durch Verweise und Fußnoten belegt. **Populärwissenschaftliche Darstellungen** wenden sich an ein breiteres Publikum und verzichten in der Regel auf detaillierte Belege historischer Befunde und Interpretationen. Sie präsentieren komplexe historische Zusammenhänge anschaulich und vereinfacht. Zu dieser Gruppe zählen beispielsweise publizistische Texte, historische Essays in Zeitungen und Magazinen sowie Schulbuchtexte.

Erkenntnisse der Geschichtswissenschaft sind immer vom Erkenntnisinteresse bzw. der Fragestellung der jeweiligen Gegenwart bedingt. Die Fragestellungen an die Geschichte und auch ihre Antworten sind geprägt von gesellschaftlichen und individuellen Faktoren (**Standortgebundenheit**): Sie sind vor dem Hintergrund des gesellschaftlichen, sozialen, religiösen und politischen Kontextes ideologiekritisch zu betrachten. Die unterschiedlichen Deutungen von Geschichte münden zum Teil in **historischer Kontroversität**, mit der man sich kritisch-reflektiert auseinandersetzen muss.

Arbeitsschritte zur Analyse

1. Leitfrage
– Welche Fragestellung bestimmt die Untersuchung der Darstellung?

2. Analyse
Formale Aspekte
– Wer ist der Autor (ggf. zusätzliche Informationen über den Verfasser)?
– Um welche Textsorte handelt es sich?
– Mit welchem Thema setzt sich der Autor auseinander?
– Wann und wo ist der Text veröffentlicht worden?
– Gab es einen konkreten Anlass für die Veröffentlichung?
– An welche Zielgruppe richtet sich der Text (Historiker, interessierte Öffentlichkeit)?

Inhaltliche Aspekte
– Was sind die wesentlichen Aussagen des Textes?
  – anhand der Argumentationsstruktur: These(n) und Argumente
  – anhand der Sinnabschnitte: wesentliche Aspekte und Hauptaussage
– Wie ist die Textsprache (z. B. appellierend, sachlich oder polemisch)?
– Welche Überzeugungen vertritt der Autor? Lässt er sich einer bestimmten Position oder Ideologie zuordnen (politisch/religiös o. Ä.)?

3. Historischer Kontext
– Auf welchen historischen Gegenstand bezieht sich der Text?
– Welche in der Darstellung angesprochenen Sachaspekte bedürfen der Erläuterung?

4. Urteil
– Ist der Text überzeugend im Hinblick auf die fachliche Richtigkeit (historischer Kontext) sowie auf die Schlüssigkeit der Darstellung?
– Was ergibt ggf. ein Vergleich mit anderen Darstellungen zum gleichen Thema?
– Wie lässt sich der dargestellte historische Gegenstand im Hinblick auf die Leitfrage beurteilen?
– Welche Gesichtspunkte des Themas werden kaum oder gar nicht berücksichtigt?
– Wie lässt sich die Darstellung des historischen Gegenstandes aus heutiger Sicht und auf Grundlage heutiger politischer/moralischer Vorstellungen bewerten?

Übungsaufgabe

M1 Der Sinologe Kai Vogelsang über die Reformen in China nach 1905 (2013)

In China gab der japanische Sieg [gegen Russland 1905] den Reformen neuen Schwung. Nach der Abschaffung der Beamtenprüfungen wurden vor allem die Rufe nach einer Verfassung laut, wie sie Japan bereits hatte. Nachdem Generäle und Provinzgouverneure, aber auch Altreformer wie Liang Qichao[1] eine konstitutionelle Monarchie gefordert hatten, schickten die Qing eine Studiengruppe aus fünf Prinzen und Beamten nach Japan, in die USA und nach Europa, um die dortigen Verfassungen zu studieren. Trotz erheblicher Widerstände gegen das Projekt kam 1908 der Entwurf einer Verfassung zustande; Parlamente auf Provinz- und Kreisebene wurden eingerichtet, die als Vorläufer einer Nationalversammlung fungieren sollten. Auch die Gründung von Berufsverbänden – Handelskammern, Landwirtschafts- und Lehrerverbänden – wurde gefördert: institutionelle Anpassungen an den unleugbaren sozialen Wandel. Damit lassen sich die Reformen der „Neuen Politik" auf den Punkt bringen: sie reagierten auf die Einsicht, dass die chinesische Gesellschaft nicht länger stratifikatorisch[2], sondern funktional differenziert war. Die alte Elite konnte diese Gesellschaft nicht mehr vertreten, die Dynastie war auf die Unterstützung der neuen städtischen Eliten angewiesen: sie sollten durch Schulen, neue Ämter, Militärreform, Berufsverbände, Parlamente und schließlich durch die neue Verfassung integriert werden.

Nach neun Jahren sollte die Verfassung in Kraft treten – doch so lange gab es die Qing nicht mehr. 1908 starb die Kaiserinwitwe Cixi und ein paar Tage zuvor […] auch Kaiser Guangxu. Sein Nachfolger wurde der zweijährige Aisin Gioro Puyi (1906–1967), ein Kleinkind auf dem Thron, wie schon am Ende der Früheren und Späteren Han[3]. Puyi war ein typischer „letzter Kaiser". Doch gerade an seinem Beispiel wird deutlich, wie wenig Einfluss die Person des Kaisers auf den Gang der Geschichte hatte. Denn die chinesische Gesellschaft befand sich längst in einem unumkehrbaren Strukturwandel, der nicht mehr nach Reformen verlangte, sondern nach Revolution.

Die „neue Politik", die eigentlich das Ziel verfolgte, die Regierung der Qing zu stärken, hatte diesen Wandel noch beschleunigt. Statt treuer Untertanen produzierte sie Revolutionäre: die modernen Schulen zogen kritische Köpfe heran, moderne Unternehmen gebaren kaltschnäuzige Kapitalisten, im neugeformten Heer organisierten sich selbstbewusste Offiziere, lokale Parlamente wurden zu Zentren der Agitation gegen die Zentrale, aufgeklärte Bürger zu Nationalisten.

Kai Vogelsang, Geschichte Chinas, Reclam, Stuttgart 2013, S. 486 ff.*

1 *Liang Qichao (1873–1929):* Gelehrter und Journalist, war an der Ausarbeitung der Hundert-Tage-Reform von 1898 beteiligt, musste nach dem Scheitern ins Exil nach Japan gehen. Er kehrte 1912 nach China zurück.
2 *stratifikatorisch:* nach Schichten geordnet
3 *Frühere Han:* Dynastie, die 207 v. Chr.–8 n. Chr. herrschte; *Spätere Han:* Dynastie, die 25–220 n. Chr. herrschte

1 Interpretieren Sie M 1 mithilfe der Arbeitsschritte zur Analyse und Interpretation historischer Darstellungstexte.

▶ Lösungshinweise finden Sie auf S. 156.

Anwenden

M 1 „Umfassende Betrachtung der Gesamtsituation" von Kang Youwei (29. Januar 1898)

Der Beamtengelehrte Kang Youwei legte am 29. Januar 1898 dem Guangxu-Kaiser diese Throneingabe vor und wurde daraufhin mit einer Regierungsreform beauftragt, die wegen ihrer kurzen Geltungsdauer als Hundert-Tage-Reform bezeichnet wurde.

Ein Überblick über alle Staaten der Welt wird zeigen, dass die Staaten, die Reformen durchführten, stark wurden, während die Staaten, die an der Vergangenheit festhielten, untergingen. Die Folgen des Festhaltens an
5 der Vergangenheit und die Auswirkungen der Öffnung neuer Wege sind somit offensichtlich. Wenn Eure Majestät mit Ihrem Scharfsinn die Entwicklungen in anderen Ländern beobachten, werden Sie sehen, dass wir uns erhalten können, wenn wir uns verändern; aber
10 wenn wir uns nicht ändern können, werden wir untergehen. In der Tat, wenn wir uns vollständig ändern, werden wir stark werden, aber wenn wir uns nur begrenzt ändern, werden wir trotzdem untergehen. Wenn Eure Majestät und seine Minister die Ursache der
15 Krankheit erforschen, werden sie wissen, dass dies die richtige Entscheidung ist. Unser gegenwärtiges Problem liegt darin, dass wir an den alten Institutionen festhalten, ohne zu wissen, wie man sie ändern kann. [...]
Es ist ein Prinzip der Dinge, dass das Neue stark, aber
20 das Alte schwach ist; dass das Neue frisch, das Alte aber morsch ist; dass das Neue aktiv, das Alte aber statisch ist. Wenn die Institutionen alt sind, werden Defekte entstehen. Deshalb sollten keine Institutionen hundert Jahre lang unverändert bleiben. Außer-
25 dem sind unsere heutigen Institutionen nur noch die unwürdigen Überbleibsel der Han-, Tang-, Yuan- und Ming-Dynastie; sie sind nicht einmal die Institutionen der [mandschurischen] Vorfahren. Sie sind mehr das Produkt der Fantasie und des korrupten Han-
30 delns kleiner Beamter als der ursprünglichen Ideen der Vorfahren. Zu sagen, dass sie die Institutionen der Vorfahren sind, ist eine Beleidigung für die Vorfahren. Darüber hinaus sind Institutionen dazu da, die eigenen Territorien zu bewahren. Da gegenwärtig
35 das angestammte Territorium nicht bewahrt werden kann, was nützt es dann, die angestammten Institutionen zu bewahren? [...] Die nationale Politik ist für den Staat wie das Ruder für das Schiff [...]. Sie bestimmt die Richtung des Staates und prägt die öffent-
40 liche Meinung des Landes.
Heutzutage hat der Hof einige Reformen in Angriff genommen, aber das Handeln des Kaisers wird von den Ministern behindert, und die Empfehlungen der fähigen Gelehrten werden von altmodischen Büro-
45 kraten angegriffen. Wenn der Vorwurf nicht lautet, „China auf barbarische Weise zu verändern", dann lautet er „Umwälzung der überlieferten Institutionen". Gerüchte und Skandale wuchern, und die Menschen bekämpfen sich gegenseitig wie Feuer und
50 Wasser. Eine Reform unter diesen Umständen durchzuführen ist so ineffektiv wie der Versuch, vorwärts zu marschieren, indem man rückwärtsgeht. [...] Eure Majestät weiß, dass unter den gegenwärtigen Umständen Reformen aber unumgänglich sind und
55 alte Institutionen abgeschafft werden müssen. Ich bitte Eure Majestät, sich zu entscheiden und die nationale Politik zu bestimmen. Nachdem die grundsätzliche Politik festgelegt ist, müssen dann die Methoden der Umsetzung variieren, je nachdem, was
60 primär und was sekundär ist, was wichtig und was unbedeutend ist, was stark und was schwach ist, was dringend ist und was warten kann. [...]
[...] Die Entwicklung der Han-, Tang- und Song-Dynastien mag lehrreich sein, aber man sollte nicht ver-
65 gessen, dass das Zeitalter der Gemeinschaft anders ist als das Zeitalter der souveränen Nationen. [...] Was die republikanischen Regierungen der Vereinigten Staaten und Frankreichs und die konstitutionellen Regierungen Großbritanniens und Deutschlands
70 betrifft, so sind diese Länder weit entfernt und ihre Sitten unterscheiden sich von den unseren. Ihre Veränderungen liegen schon lange zurück und können nicht mehr nachvollzogen werden. Daher bitte ich Eure Majestät, das Ziel von Peter dem Großen von
75 Russland als unser Ziel zu übernehmen und die Meiji-Reform von Japan als Modell für unsere Reform zu nehmen. Zeit und Ort der japanischen Reform liegen nicht weit zurück, und ihre Religion und Bräuche sind den unseren einigermaßen ähnlich. Ihr Erfolg ist
80 offensichtlich, ihr Beispiel kann leicht nachgeahmt werden.

Zit. nach: Asia for Educators, Columbia University, http://afe.easia.columbia.edu/ps/cup/kang_youwei_comprehensive.pdf (Download vom 11. Oktober 2021). Übersetzt von Heidi Martini.*

1 Fassen Sie zusammen, wie Kang Youwei die Notwendigkeit von Reformen begründet und welche Grundlagen er vorschlägt.
2 Erklären Sie, was mit „China auf barbarische Weise zu verändern" (Z. 46) gemeint ist.
3 Geben Sie die Maßnahmen der Hundert-Tage-Reform gegliedert nach Sachbereichen wieder.
4 Erörtern Sie die Erfolgsaussichten der Reform vor dem Hintergrund der innen- und außenpolitische Lage 1898.

Wiederholen

M 2 Guangxu-Kaiser (reg. 1875–1908), chinesisches Gemälde, ohne Jahr

Zentrale Begriffe

Außenamt (*Zongli Yamen*)
Beamtenprüfung
„Boxeraufstand"
„Boxerbewegung" (*Yihetuan yundong*)
Gründung der Republik
Hundert-Tage-Reform
Industrialisierung
Modernisierung
Nationalismus
Reformen
Republik
Qing-Dynastie
Selbststärkungsbewegung
Taiping-Aufstand

1 Beschreiben Sie die chinesischen Reaktionen auf den europäischen Einfluss in der zweiten Hälfte des 19. Jahrhunderts.
2 Interpretieren Sie das Herrscherbild des Guangxu-Kaisers (M 2).
3 Erläutern Sie auf Grundlage Ihrer Kenntnisse aus den vorherigen Kapiteln den Bruch zwischen dem in M 2 präsentierten Herrschaftsverständnis und den in M 1 dargestellten Herausforderungen.
4 **Wahlaufgabe:** Nehmen Sie Stellung zu den Maßnahmen und Folgen einer ausgewählten Reform. Bearbeiten Sie entweder a), b) oder c).
  a) Selbststärkungsbewegung,
  b) Hundert-Tage-Reform,
  c) „Neue Politik".
5 Diskutieren Sie im Kurs, ob man den Boxeraufstand als „Kulturzusammenstoß" im Sinne von Urs Bitterli (siehe M 3, Kap. 5 Kernmodul) bezeichnen kann.
6 Analysieren Sie die letzten Jahre der Qing-Herrschaft bis zur Gründung der Republik. Sie können Ihr Ergebnis in einem Erklärvideo oder Kurzvortrag oder einer Concept-Map vorstellen.
  Tipp: Zur Erstellung eines Kurzvortrags oder einer Concept-Map siehe S. 158 f. Hinweise zu Erklärvideos siehe S. 96 f.
7 **Vertiefung:** Setzen Sie sich mit der Transformation Chinas bis 1911/12 auseinander.

Formulierungshilfen für eine Stellungnahme

– Folgende Reformen wurden in China im 19. Jh. umgesetzt: …
– Die Selbststärkungsbewegung enthielt einerseits … und andererseits …
– Zentrale Elemente der 100-Tage-Reform waren …
– Aufgrund der Reforminhalte kann man / kann man nicht von „Anpassung" sprechen.
– Insgesamt überwiegen bei den chinesischen Reformen …
– Dies führte dazu, dass …
– Meiner Meinung nach ist … verantwortlich für …

5 Kernmodul

Hinweise zur Arbeit mit den Materialien

Die Materialien M 1 bis M 6 beschäftigen sich mit den unterschiedlichen Formen von Kulturbegegnungen. Dabei zeigt Jürgen Osterhammel (M 1) die Interaktion von dem „Eigenen" und dem „Fremden", die leicht zu Stereotypen (M 2) führt. Urs Bitterli (M 3) differenziert die Begegnungen unterschiedlicher Kulturen in Kulturberührung, Kulturzusammenstoß und Akkulturation und stellt damit grundlegende Begriffe für die Analyse zur Verfügung. Peter Burke (M 6) differenziert den Prozess des kulturellen Austauschs weiter. Das Themenfeld Transformationsprozesse eröffnet Wolfgang Merkel (M 7), indem er Kriterien zur Charakterisierung von Transformationen vorstellt. Der französische Historiker Fernand Braudel (M 9) ist grundlegend für die Aufgliederung historischer Transformationsprozesse nach verschiedenen Ebenen. Andreas Suter und Manfred Hettling (M 10) diskutieren anschließend den Zusammenhang von Struktur und Ereignis in der Geschichte. Aus sozialwissenschaftlicher Sicht nimmt Raj Kollmorgen (M 11) insbesondere Gesellschaftstransformationen in den Blick. Abschließend ermöglichen drei Materialien einen Bezug zwischen der vorgestellten Theorie und China. Klaus Mühlhahn (M 12) erläutert den Charakter der Beziehungen der imperialistischen Mächte mit China unter dem Begriff „Halbkolonie". Dies kann eine Diskussion über Imperialismus als Kulturkontakt anstoßen. Raj Kollmorgen (M 13) blickt auf die Chinesische Revolution von 1911 als Transformationsprozess. Und am Beispiel einer Rede des Präsidenten der VR China Xi Jinping (M 14) kann die Rekonstruktion von Geschichte zu politischen Zwecken problematisiert werden.

Themenfelder des Kernmoduls	Materialien im Kernmodul	Thematische Anknüpfungspunkte des verbindlichen Wahlmoduls	Kapitel des verbindlichen Wahlmoduls	Materialien zum verbindlichen Wahlmodul
Kulturkontakt und Kulturkonflikt	M 1 Jürgen Osterhammel M 2 Werbeplakat M 3/M 4 Urs Bitterli M 5 Fotografie M 6 Edmund Burke	Einführung Selbstverständnis & Weltbild Kontakte mit imperialistischen Mächten Zwischen Anpassung und Widerstand Kreuzzüge Spanischer Kolonialismus	Kapitel 1 Kapitel 2 Kapitel 3 Kapitel 4 Kapitel 6 Kapitel 7	M 6, M 7 M 14–M 18 M 10–M 15, M 21–M 24, M 25–M 31 M 26–M 35 M 12, M 13 M 7–M 15
Transformationsprozesse	M 7 Wolfgang Merkel M 8 Christian Graf v. Krockow M 9 Fernand Braudel M 10 Andreas Suter/Manfred Hettling M 11 Raj Kollmorgen	Einführung Selbstverständnis & Weltbild Zwischen Anpassung und Widerstand	Kapitel 1 Kapitel 2 Kapitel 4	M 8 M 19–M 22 M 12–M 19, M 20–M 25, M 36–M 43, M 47–M 49
China	M 12 Klaus Mühlhahn M 13 Raj Kollmorgen M 14 Xi Jinping	Kontakte mit imperialistischen Mächten Zwischen Anpassung und Widerstand	Kapitel 3 Kapitel 4	M 21–M 34 M 44–M 46

Kulturkontakt und Kulturkonflikt

M 1 Der Historiker Jürgen Osterhammel über das Selbstverständnis der Europäer angesichts der europäischen Expansion (1995)

Durch die Expansion Europas, jenen Prozess der im Zeitalter von Kreuzzügen und Ostkolonisation begann und im 20. Jahrhundert mit der universalen Verbreitung europäisch-amerikanischer Kulturformen
5 Höhepunkt und Ende erreichte, ist die Bestimmung des Unterschiedes zwischen Europa und Nicht-Europa zu einer konstitutiven Frage der Herausbildung eigener und fremder Identitäten geworden. Europäer beginnen dort, über sich selbst nachzudenken,
10 wo sie auf Zivilisationen treffen, mit denen sie wenig unmittelbar Selbstverständliches verbindet. Was Europa ausmacht, erweist sich erst aus der Kontrasterfahrung. Umgekehrt beschränken sich die Reaktionen der Bewohner Asiens, Amerikas und Afrikas
15 nicht auf die polaren Möglichkeiten von schroffer Abwehr des Europäischen und völliger Kapitulation vor ihm; die machtgestützte Herausforderung gibt vielmehr oft Anlass zu kulturellen Neubestimmungen. Die Erfahrung des Fremden ist Voraussetzung
20 für die Bewusstwerdung des Eigenen. Dabei ist „das Fremde" keine der Geschichte enthobene Vorstellung: Was als „andersartig" und „fremd" wahrgenommen wird, ist nicht anthropologisch festgelegt, sondern kulturspezifisch nach Ort und Zeit variabel: Die
25 Chinesen, um ein deutliches Beispiel zu nennen, *sind* nicht „gelb", sie *werden* es allmählich im Auge des frühneuzeitlichen europäischen Betrachters. In Situationen des Kulturkontakts werden Abgrenzungen vorgenommen, die es zuvor nicht gab; zugleich kann
30 es aber auch zum Abbau von Grenzen und zu Vorgängen gegenseitiger kultureller Anpassung kommen. „Kulturzusammenstoß" und „Kulturbeziehung" [Begriffe siehe Urs Bitterli, M 3] [...] liegen dicht beieinander, sie können koexistieren und vom einen zum
35 anderen abrupt oder allmählich übergehen.
Kulturelle Grenzen stimmen keineswegs immer mit geografischen oder politischen Grenzen, mit „*borders*" und „*boundaries*" überein. [...] [So] deckt sich das Europa der Historiker und Zeitbeobachter nicht
40 unbedingt mit dem der Geografen. Schon im Mittelalter rechnete man das Königreich Jerusalem mit seiner mehrheitlich muslimischen Bevölkerung zur christlichen Ökumene.

Jürgen Osterhammel, Kulturelle Grenzen in der Expansion Europas, in: Saeculum, 46/1995, S. 115f.*

M 2 „Wir rauchen nur Papier", französische Werbung, Plakat von Eugène Ogé, 1904

1 Erläutern Sie die verschiedenen Prozesse, die nach Jürgen Osterhammel bei einem Kontakt von Europäern und Nicht-Europäern ablaufen können (M 1).
2 Nehmen Sie ausgehend von M 1 und M 2 sowie unter Berücksichtigung von Kap. 2 Stellung, inwiefern die eigene Kultur und das Selbstverständnis den Umgang mit dem „Fremden" beeinflusst.

M 3 Der Historiker Urs Bitterli über Kulturberührung, Kulturzusammenstoß und Kulturbeziehung als Formen des Kulturkontakts (1986)

Urs Bitterli hat die von ihm vorgeschlagenen Formen des Kulturkontakts vor dem Hintergrund des Aufeinandertreffens von Europäern mit den Kulturen Lateinamerikas entwickelt. Dies ist bei der Übertragung der historischen Beispiele zu beachten.

Unter Kulturberührung verstehen wir das in seiner Dauer begrenzte, erstmalige oder mit großen Unterbrechungen erfolgende Zusammentreffen einer Gruppe von Europäern mit Vertretern einer geschlossenen archaischen Bevölkerungsgruppe. [...] Neben
5 ihrer Zufälligkeit und ihrer kurzen Dauer sind solche Kulturberührungen gekennzeichnet durch die rudimentären Formen der Kommunikation zwischen den aufeinandertreffenden Kulturvertretern. Man verständigte sich zwar, aber nicht in der umfassenden
10 Form des Gesprächs, sondern durch Zeichensprache und Mimik; man tauschte zwar Geschenke aus, aber lediglich, um die Annäherung zu erleichtern, nicht um eine Partnerschaft, wie die Handelsbeziehung sie erfordert, herzustellen. [...] Fast immer standen diese
15 Kulturberührungen im Zeichen freundlicher gegenseitiger Annäherung. Zwar ist ein reiches Spektrum von Varianten zu beobachten – von der extremen

Scheu [...] bis zur geradezu überströmenden Sympathiekundgebung [...].

[...] Es lag in der Natur dieser Art des Kulturkontakts, dass er meist nur wenige Jahre währte. Dann pflegte sich entweder – im glücklichsten Falle – ein *Modus vivendi*[1] friedfertigen gegenseitigen Austauschs einzuspielen, der zu neuen Abhängigkeiten und beidseitigen Anpassungen führte: Die Kulturbeziehung war entstanden. Oder es ereignete sich – leider der häufigere Fall –, dass die Kulturberührung in einen Kulturzusammenstoß umschlug, der die kulturelle Existenz des militärisch und machtpolitisch schwächeren Partners bedrohte und seine physische Existenz gefährdete oder gar auslöschte. [...]

Neben der hauptsächlichen Konfliktursache der Besitzaneignung gab es eine große Zahl weiterer Konfliktherde, von denen hier nur kurz die Rede sein kann. Häufig mischten sich die Europäer in die internen Auseinandersetzungen der Eingeborenen ein, und es gelang ihnen, etwa durch Waffenlieferungen, die Machtkonstellation in ihrem Sinne zu verändern oder das bisher bestehende Gleichgewicht zu zerstören. [...] Nicht selten versuchte man auch auf die innertribalen Machtverhältnisse Einfluss zu nehmen, zuweilen absichtslos, indem man mit unzuständigen Partnern verhandelte, zuweilen absichtsvoll, indem man genehme Stammesführer stützte, immer aber in unzureichender Kenntnis von Stammesstruktur und Herrschaftsfolge. [...] Oft entstanden Konflikte auch im Zusammenhang mit dem Warenhandel, den dadurch geweckten neuen Bedürfnissen und der Erschöpfung der Ressourcen [...].

Unter bestimmten Umständen jedoch konnte es geschehen, dass die Kulturberührung in eine Kulturbeziehung überging oder dass sich, weit seltener zwar, der Kulturzusammenstoß zur Kulturbeziehung wandelte. Unter der Kulturbeziehung [...] verstehen wir ein dauerndes Verhältnis wechselseitiger Kontakte auf der Basis eines machtpolitischen Gleichgewichts oder einer Patt-Situation. Bedingung einer Kulturbeziehung war das Spiel von Angebot und Nachfrage; ihre Träger waren auf europäischer Seite Händler und Missionare. [...] Unentbehrlich für den reibungslosen Verlauf der sich auf den Handel stützenden Kulturbeziehung war eine Mittlerschicht von Afrikanern und Mischlingen, die als Zwischenhändler, Bootsleute, Dolmetscher oder Handwerker dienten. Diese Mittlerschicht, die zwischen den Kulturen stand und sich einer Mischsprache bediente, konnte zuweilen eine solche Bedeutung gewinnen, dass die Interessen der weißen Faktoreibeamten, aber auch jene der einheimischen Lokalregierung, gefährdet wurden. [...] Zweierlei darf freilich nicht vergessen werden, wenn von der Friedlichkeit solcher kommerziellen Kulturbeziehungen die Rede ist: zuerst, dass diese Friedlichkeit meist nur so lange anhielt, als die Waren geliefert werden konnten und gefragt blieben, und ferner, dass dieselbe Kulturbeziehung, die in einer bestimmten Region pazifizierend wirkte, bereits in deren unmittelbarer Nachbarschaft Kulturzusammenstöße schlimmster Art auslösen konnte. [...]

Friedliche Kulturbeziehungen, wie der Handel sie ermöglichte, wurden auch von den Missionaren angestrebt und oft über längere Zeiträume hinaus auch erreicht. [...] Es gibt keinen Zweifel, dass die Mission aller Konfessionen, wie immer man persönlich zu ihr stehe, die Friedfertigkeit des Kulturkontakts aufrichtig anstrebte. Dies geschah in einem doppelten Sinne: Einerseits sah man ein, dass Bekehrungen nur in einem Klima gegenseitigen Vertrauens Glaubwürdigkeit beanspruchen konnten, und man bemühte sich, dieses Klima herzustellen; andererseits erkannte man es als wichtige Aufgabe, Spannungen, wie sie aus dem Verhältnis der autochthonen Bevölkerung zu den Kolonisten entsprangen, abzubauen, und hatte damit auch oft Erfolg. Dennoch war die Kulturbeziehung, wie der Missionar sie pflegte, ein äußerst problematisches Unterfangen, was darin begründet lag, dass der Missionar zwar weit stärker als der Händler und der Kolonist die sympathetische Annäherung suchte, dass er aber dennoch im Kern immer der Exponent der europäischen Kultur blieb und letztlich von der materiellen Unterstützung kirchlicher Institutionen sowie der Kolonialadministration abhängig war. [...]

An diesen mannigfaltigen, in der missionarischen Berichterstattung zuweilen verdeckten Bindungen geistiger und struktureller Natur an die Kolonialmacht änderte auch die Tatsache nichts, dass die Missionare häufig als scharfe und verantwortungsbewusste Kritiker des Kolonialismus auftraten. Es ist bezeichnend, dass ihre Kritik meist auf inhumane Formen des Umgangs mit der Überseebevölkerung abzielte, die Voraussetzungen jedoch, die solchen Umgang möglich machten, unangetastet ließ. So sind beispielsweise der Arbeitszwang für Indianer sowie Sklavenhandel und Sklavenwirtschaft weder von katholischen noch von calvinistischen Missionaren frühzeitig infrage gestellt und systematisch bekämpft worden.

Urs Bitterli, Alte Welt – neue Welt. Formen des europäisch-überseeischen Kulturkontaktes vom 15. bis zum 18. Jahrhundert [zuerst 1986], dtv, München 1992, S. 17–50.*

1 *Modus vivendi:* Übereinkunft, Verständigung

M4 Der Historiker Urs Bitterli über Akkulturation und Kulturverflechtung als Formen des Kulturkontakts (1976)

Im Unterschied zu den bereits beschriebenen Formen der kulturellen Begegnung setzen Akkulturation und vor allem Kulturverflechtung ein länger dauerndes Zusammenleben und Zusammenwirken von Bevölkerungsgruppen verschiedener Kultur im selben geografischen Raum voraus. Während bei der Beziehung, die wir als Kulturkontakt bezeichnet haben, Aspekte des Handels oder der Mission in der Regel im Vordergrund stehen und die Permanenz des gegenseitigen Verhältnisses nicht so sehr durch Ansiedlung und Fortpflanzung der einen Partnergruppe, als vielmehr durch die laufende Ablösung ihrer Vertreter durch Neuankömmlinge gesichert wird, vollzieht sich besonders die Kulturverflechtung vor dem Hintergrund einer intensiven gesellschaftlichen Durchdringung. Diese Durchdringung tritt dann an die Stelle des historisch häufiger zu beobachtenden Kulturzusammenstoßes, wenn sich zwischen zwei oder mehreren Kulturen die zwingende Notwendigkeit zur existenzsichernden Zusammenarbeit und das Bewusstsein einer verpflichtenden Aufeinanderangewiesenheit ergibt. Damit dieser Sonderfall eintritt, müssen verschiedene Vorbedingungen in ganz bestimmtem Grad und bestimmtem Mischverhältnis gegeben sein; die wichtigsten aufeinander einwirkenden Faktoren sind die Mentalität der sich begegnenden Völker, ihre Anpassungsfähigkeit und Anpassungsbereitschaft, die geografischen und demografischen Gegebenheiten.

Akkulturation und Kulturverflechtung sind Prozesse, die sich über mehrere Generationen hin erstrecken und nie als eigentlich abgeschlossen gelten können; sie bereiten sich bereits in der Phase der Kulturberührung durch den Austausch gewisser Verhaltensformen unter den Beteiligten vor, erreichen aber ihre historische Eigenständigkeit erst, wenn sich aus der engen und ständigen Begegnung der Kulturen eine neue Mischkultur ergibt, die alle Bereiche des wirtschaftlichen, sozialen und religiösen Lebens der Partner enthält und die Widersprüchlichkeiten der ursprünglichen kulturellen Situation zunehmend in sich aufhebt. [...] Jede Kulturverflechtung wird eingeleitet und genährt durch die Übertragung von spezifischen Verhaltensweisen, Vorstellungen, Wertbegriffen und Techniken von einer bisher in sich geschlossenen Kultur auf eine andere und umgekehrt. Bereits in der Frühphase der Kulturberührung findet ein solcher Austausch, allerdings nur in eingeschränkten Bereichen statt. [...] Dieser Prozess der gegenseitigen Anpassung, der sich beim Kulturkontakt intensiviert und selbst in bestimmten Fällen des Kulturzusammenstoßes [...] nicht zum Stillstand kommt, wird von der modernen Ethnologie in der Regel als „Akkulturation" bezeichnet. In jenen Fällen, da ein über längere Zeiträume hin sich entwickelnder Akkulturationsprozess Elemente beider oder mehrerer beteiligter Kulturen so sehr amalgamiert, dass eine eigenständige Mischkultur entsteht, wird man von Kulturverflechtungen sprechen können. Natürlich bleibt es eine Ermessensfrage festzustellen, wann ein Akkulturationsvorgang zur Kulturverflechtung wird, denn auch die neu geschaffene Mischkultur bleibt dem Wandel unterworfen und wird in ihrer Dynamik weiterhin von dem Phänomen der Akkulturation mitbestimmt.

Urs Bitterli, Die ‚Wilden' und die ‚Zivilisierten'. Grundzüge einer Geistes- und Kulturgeschichte der europäisch-überseeischen Begegnung [zuerst 1976], 3. Aufl., C. H. Beck, München 2004, S. 161.*

1 **Gruppenarbeit:** Arbeiten Sie arbeitsteilig auf Grundlage von M 3 und M 4 die Definition der Begriffe „Kulturberührung", „Kulturbeziehung", „Kulturzusammenstoß" sowie „Akkulturation" und „Kulturverflechtung" nach Bitterli heraus.
2 **Wahlaufgabe:** Interpretieren Sie die verschiedenen Formen des Zusammenlebens bzw. des Konflikts, indem Sie die Fachbegriffe auf ein Beispiel aus den vorausgegangenen Kapiteln zu China oder aus den Wahlmodulen anwenden. Präsentieren Sie Ihre Ergebnisse
   a) in Form eines Kurzvortrags oder
   b) in Form einer Mindmap.
3 Interpretieren Sie das Bild M 5 vor dem Hintergrund der Typologie Bitterlis.

M 5 Skelett-Figuren als Dekoration beim mexikanischen „Tag der Toten", bei dem sich indigene, naturreligiöse und christliche Elemente mischen, Fotografie, 2010

M 6 Der britische Kulturhistoriker Peter Burke über verschiedene Formen kulturellen Austauschs (2000)

Meinen nun folgenden Überlegungen liegen zwei Annahmen zugrunde: Zum einen geht es hier mehr um einen Austausch nach beiden Richtungen als um eine einseitige Anleihe, also eher um „Transkulturation" als um „Akkulturation". Zum anderen wird im Zuge eines kulturellen Austausches normalerweise auch dasjenige, was entliehen wird, den Bedürfnissen des Entleihenden angepasst, es findet also eine doppelte Bewegung von De- und Rekontextualisierung statt. Dieser Prozess mag mit Missverständnissen einhergehen, die zuweilen auch als „schöpferische" oder „konstruktive" Fehlschlüsse beschrieben werden, weil sie den Angehörigen zweier unterschiedlicher Kulturen einen offenen Konflikt zu vermeiden helfen. [...]

1. Es war ein Grundsatz der scholastischen Philosophie[1], dass das, „was auch immer empfangen wird, nach Maßen des Empfängers empfangen wird" [...].
2. Eine zweite Art, die Transformation von Überlieferung zu denken, stellt die Idee der Nachahmung dar, sei es nun im positiven wie im negativen Sinne. Der positive Aspekt ist [...] eine schöpferische Imitation [Nachahmung], [die] dann vorliegt, wenn [...] geschätzten Vorbildern nachgeeifert wird.
3. Eine weitere Alternative zur Vorstellung, die kulturelle Erbschaft sei passiv, ist der Gedanke der Aneignung oder, deutlicher, der „Plünderung" [der Fachausdruck heißt hier „Approbation"]; seinen ursprünglichen Kontext bilden die Debatten, die die nun als Kirchenväter verehrten Theologen über den christlichen Umgang mit heidnischen Kulturen führten. Basilius von Caesarea etwa befürwortete eine selektive Aneignung der heidnischen Antike nach dem Beispiel der Bienen, die „sich weder allen Blumen im gleichen Maße zuwenden noch die ausgewählten vollständig mitzunehmen suchen, sondern nur das nehmen, was für ihr eigenes Werk von Interesse ist, und das übrige unberührt zurücklassen". [...]
4. Die drei bislang erwähnten Begriffe übernehmen die Perspektive des Empfängers. Vom Standpunkt des Entleihenden oder Gebenden aus wurde der Austausch mithilfe des Begriffs der „Akkomodation", der Anpassung, untersucht. Cicero[2] hat den Ausdruck im Kontext der Rhetorik gebraucht, um den Redner auf die Notwendigkeit hinzuweisen, dass er seinen Stil auf die Zuhörerschaft einzustellen habe. [...]
5. Eine weitere Möglichkeit, über kulturellen Austausch zu sprechen, bestand darin, die Sprache des Mischens oder des Synkretismus zu gebrauchen. [...] Im 19. Jahrhundert erlangte [...] [der Begriff] „Synkretismus" eine positive Konnotation, und zwar im Kontext religionswissenschaftlicher Studien zur Antike, insbesondere für die Identifikation von zweien oder mehreren Göttern [d. h. wenn sich die Bedeutung zweier verschiedener Gottheiten in einer neuen Gottheit vereinigen] [...]. Von der Altertumswissenschaft ging der Begriff dann auf die ethnologische Forschung [...] über. [...]
6. Eine Alternative zum Synkretismus [...] stellt die anschaulichere botanische bzw. rassenkundliche Metapher der „Hybridität" oder „Hybridisierung" dar, wie sie im 19. und 20. Jahrhundert besonders populär war [...]. „Alle Kulturen sind", schreibt Said [palästinensischer Kulturtheoretiker, 1935–2003], „ineinander verstrickt; keine ist vereinzelt und rein, alle sind hybrid, heterogen."

Peter Burke, Kultureller Austausch, übersetzt von Burkhardt Wolf, edition suhrkamp, Frankfurt/M. 2000, S. 14–24.*

1 *die Scholastik:* dominierende philosophische Richtung im europäischen Mittelalter
2 *Cicero (106–43 v. Chr.):* röm. Politiker und Redner

1 Arbeiten Sie die verschiedenen Formen kulturellen Austauschs nach Burke heraus (M 6).
2 Erklären Sie den Prozess von „De- und Rekontextualisierung" nach Burke.
3 Vergleichen Sie die unterschiedlichen Formen von Kulturbegegnungen nach Osterhammel, Bitterli und Burke miteinander.
Tipp: Siehe S. 151.

Transformationsprozesse

M 7 Der Politikwissenschaftler Wolfgang Merkel über Transformationsprozesse (2010)

Bei der Untersuchung von sozialen, wirtschaftlichen und politischen Transformationsprozessen müssen zwei miteinander verschränkte Dimensionen angemessen berücksichtigt und begrifflich exakt gefasst werden. Erstens geht es um die Präzisierung des Analysegegenstandes, das heißt um die Beantwortung der Frage: *Was* wird transformiert? Handelt es sich dabei nur um die Regierung, das Regierungssystem, ein politisches Regime, den Staat oder gar das ganze soziopolitische System? Die zweite Frage, die eine Antwort verlangt, lautet: In welcher Form, Geschwindigkeit und in welchen Etappen vollzieht sich deren Transformation, welche politischen und gesellschaftlichen Akteure sind wie und mit welchem Einfluss an ihr beteiligt? Daran schließt sich die ebenfalls zu beantwortende Frage an: Können wir von einer Reform, einem Wandel oder müssen wir von einer Revolution oder einem Wechsel sprechen?

Wolfgang Merkel, Systemtransformation, Verlag für Sozialwissenschaften, 2. Aufl., Wiesbaden 2010, S. 62.

1 Erläutern Sie die von Wolfgang Merkel vorgeschlagenen Kriterien zur genaueren Bestimmung von Transformationsprozessen.
Zusatzaufgabe: Siehe S. 151.

M 8 Der Politikwissenschaftler Christian Graf von Krockow über das Verhältnis von Reform und Revolution (1976)

Zunächst einmal ist nicht jede Veränderung gleich schon eine Reform. Wenn ein Touristikunternehmen mehr Busse und Charterflugzeuge oder die Bundesbahn Sonderzüge einsetzt, um den Ansturm zu be-
5 wältigen, wird man schwerlich von einer Verkehrsreform sprechen [...]. Anders wäre es, wenn neuartige Verkehrskonzepte entwickelt [...] würden, um dem Massenandrang zu begegnen.
Von Reform zu sprechen ist vor allem dann sinnvoll,
10 wenn die Strukturveränderungen bestehender Institutionen auf irgendeine Weise, direkt oder indirekt, eine Umverteilung von *Macht* einschließt, wenn etwa, um bei dem angeführten Beispiel zu bleiben, das Monopol eines Verkehrsunternehmens durch die
15 Etablierung neuer Verkehrssysteme gesprengt [...] wird. Die Umverteilung von Macht lässt die Reform unausweichlich zum Machtkampf, zum politischen Konflikt werden; es geht um handfeste Interessen. [...] Die zweite wichtige Abgrenzung betrifft das Ver-
20 hältnis von Reform und Revolution. Es ist fraglich, ob diese Abgrenzung dadurch erreicht werden kann, dass man auf irgendeine Weise den Umfang beabsichtigter oder durchgeführter Strukturveränderungen nachzumessen versucht. [...] Die Unterscheidung
25 hängt offensichtlich davon ab, ob ein Bruch und ein Wandel in den Legitimationsgrundlagen der Herrschaft stattgefunden hat oder nicht. [...]
In diesem Sinne mit Vorsicht gewappnet sei als Ergebnis einer ersten, begrifflichen Annäherung ans
30 Thema festgehalten: Reformen stellen institutionelle Veränderungen dar, die auf eingetretene oder erwartete Veränderungen antworten, welche eine Institution mit Funktionsunfähigkeit bedrohen. Allerdings lässt sich jede beliebige Veränderung bereits als Re-
35 form verstehen. Von Reform zu sprechen ist vor allem dann sinnvoll, wenn der Strukturwandel bestehender Institutionen direkt oder indirekt eine Umverteilung von Macht einschließt und damit politische Konflikte auslöst. Andererseits unterscheidet
40 sich die Reform von der Revolution zwar nicht unbedingt durch das Ausmaß des Wandels, wohl aber dadurch, dass die Legitimationsgrundlage der bestehenden Herrschaftsordnung entweder völlig erhalten bleibt oder nur schrittweise in längeren Zeiträumen geändert wird. [...]
Es geht um das Verhältnis von Reform und Radikalismus, und es bietet sich an, eine Alternative zu formulieren: Man kann das eine haben oder das andere, aber nicht beides; Reform und Radikalismus schließen einander aus. [...]
Es kommt [den Radikalen] nicht darauf an, das Bestehende in Teilstücken und Teilschritten zu verändern, auszubessern, neuen Erfordernissen anzupassen – ganz im Gegenteil, denn damit würde dem *im Kern* Verdorbenen [...] doch nur das Überleben ermöglicht. Sondern man muss – wie der Begriff „radikal" ja besagt – das Übel bei der Wurzel packen, also das Bestehende zerstören, um an seine Stelle Neuartiges, nicht Verbessertes, sondern wirklich Besseres zu setzen. Dazu bedarf es natürlich einer Utopie, einer Vision der künftigen, befreiten, wahrhaft humanen Ordnung. [...]
Eine Gegenprobe bestätigt den Tatbestand: Der Reformer will vermitteln, das Gegenwärtige mit dem Kommenden verbinden; er will das Bestehende verändern, um es zu erhalten. [...]

Christian Graf von Krockow, Reform als politisches Prinzip, Piper & Co. Verlag, München 1976. S. 12 f., 18, 79 f., 82.*

1 Setzen Sie sich auf der Basis der Analyse von Christian Graf von Krockow mit dem Begriff „Reform" auseinander.
2 Überprüfen Sie, ob die Hundert-Tage-Reform (Kap. 4, S. 75) eine Reform im Sinne Graf von Krockows ist.

M 9 Aus dem Vorwort Fernand Braudels zu seinem Buch „Das Mittelmeer und die mediterrane Welt in der Epoche Philipps II." (1969)

Dieses Buch zerfällt in drei Teile, von denen jeder den Versuch einer Gesamterklärung unternimmt.
Der erste führt eine gleichsam unbewegte Geschichte vor, die des Menschen in seinen Beziehungen zum umgebenden Milieu; eine träge dahinfließende Ge-
5 schichte, die nur langsame Wandlungen kennt, in der die Dinge beharrlich wiederkehren und die Kreisläufe immer wieder neu beginnen. Diese fast außer der Zeit liegende, dem Unbelebten benachbarte Geschichte wollte ich weder vernachlässigen noch sie,
10 wie es traditionell in so vielen Büchern geschieht, als nutzlose geografische Einführung an die Schwelle der eigentlichen Darstellung verbannen: jene Geschichte mit ihren mineralischen Landschaften, Äckern und Blumen, die man rasch vorzeigt und von
15 der dann nie mehr die Rede ist, als ob die Blumen nicht in jedem Frühling wiederkämen, als ob die

Herden in ihren Wanderungen innehielten, als ob die Schiffe nicht auf einem realen Meer segeln müssten, das sich mit den Jahreszeiten verändert.

Oberhalb dieser unbewegten Geschichte lässt sich eine Geschichte langsamer Rhythmen ausmachen; man möchte fast sagen – wäre dem Ausdruck sein voller Sinn nicht verlorengegangen – eine soziale Geschichte, die der Gruppen und Gruppierungen. Wie diese Grundsee das mediterrane Leben als Ganzes aufwühlt, das ist die Frage, die ich mir im zweiten Teil meines Buches gestellt habe. Dort werden nacheinander die Ökonomien, die Staaten, die Gesellschaften und die Zivilisationen untersucht; und damit mein Verständnis der Geschichte deutlicher wird, versuche ich schließlich zu zeigen, wie all diese aus der Tiefe wirkenden Kräfte im komplexen Bereich des Krieges am Werk sind. Denn der Krieg ist, wie wir wissen, keine reine Domäne individueller Verantwortlichkeiten.

Der dritte Teil endlich ist der der traditionellen Geschichte; wenn man so will, der Geschichte nicht im Maßstab des Menschen, sondern des Individuums; der Ereignisgeschichte, wie Paul Lacombe und François Simiand sagen würden. Eine ruhelos wogende Oberfläche, vom Strom der Gezeiten heftig erregte Wellen. Eine Geschichte kurzer, rascher und nervöser Schwankungen. Überempfindlich, wie sie ist, versetzt der geringste Schritt all ihre Messinstrumente in Alarm. So ist sie von allen die leidenschaftlichste, menschlich reichste, doch die gefährlichste auch. Misstrauen wir dieser Geschichte, deren Glut noch nicht abgekühlt ist, der Geschichte, wie sie die Zeitgenossen im Rhythmus ihres Lebens – das kurz war wie das unsere – empfunden, beschrieben, erlebt haben. Sie hat die Ausmaße ihres Zorns, ihrer Träume und ihrer Illusionen. Im 16. Jahrhundert folgt der eigentlichen Renaissance die Renaissance der Armen, Bescheidenen, die begierig sind zu schreiben, von sich zu erzählen, zu den anderen zu sprechen. Diese kostbaren Berge von Papier geben ein ziemlich verzerrtes Bild, verdecken die verlorene Zeit, stehen außerhalb der Wahrheit. Der Historiker, der die Papiere Philipps II.[1] liest, gleichsam an seinem Platz und an seiner Stelle, fühlt sich in eine bizarre, dimensionslose Welt versetzt. Eine Welt heftiger Leidenschaften, gewiss; blind wie jede lebendige Welt, wie die unsere, unbekümmert um die geschichtlichen Tiefen, um jene lebhaften Gewässer, auf denen unser Boot dahinzieht wie das trunkenste aller Schiffe. Eine gefährliche Welt, deren Zauber wir jedoch gebannt haben werden, sobald wir die großen, lautlosen Strömungen in der Tiefe kennen, deren Richtung sich nur feststellen lässt, wenn man große Zeiträume umfasst. Die dröhnenden Ereignisse sind oft nur Augenblicke, nur Erscheinungen jener großen Schicksale und erklären sich nur aus diesen.

So sind wir dahin gelangt, die Geschichte in mehrere Etagen zu zerlegen oder, wenn man will, in der Zeit der Geschichte eine geografische, eine soziale und eine individuelle Zeit zu unterscheiden.

Zit. nach: Fernand Braudel, Schriften zur Geschichte 1. Gesellschaften und Zeitstrukturen. Aus dem Französischen übersetzt von Gerda Kurz/Siglinde Summerer, Klett-Cotta, Stuttgart 1992 [zuerst 1969], S. 21f.

1 *Philipp II. (1527–1598):* seit 1556 Herrscher von Spanien, den Kolonien in Amerika, der Niederlande, seit 1580 auch von Portugal

1 Arbeiten Sie die verschiedenen Ebenen von Geschichte nach Braudel heraus.
2 Charakterisieren Sie die einzelnen Ebenen.
3 Erörtern Sie die Einschätzung von Fernand Braudel, die Ereignisgeschichte sei die „leidenschaftlichste" im Vergleich zu anderen.

M 10 **Die Historiker Andreas Suter und Manfred Hettling über die Frage, wie historischer Wandel beschrieben und gedeutet werden kann (2001)**

In den Sozialwissenschaften und der Sozialgeschichte wurde seit den 1970er-Jahren historischer Wandel vor allem durch die Beschreibung und Erklärung des Wandels von Strukturen und Prozessen erfasst. Demgegenüber trat die Bedeutung von einzelnen Ereignissen – und auch einzelner Personen – deutlich in den Hintergrund. Seit einigen Jahren wird aber wieder verstärkt die Frage diskutiert, ob bei der Erklärung historischen Wandels nicht auch „das Ereignis" stärker in den Blick genommen werden müsse.

In Frage gestellt wurde die Annahme, dass historischer Wandel nur mit langsam sich verändernden Strukturen und Prozessen erklärt werden könne. Dagegen hat 1989/1991 im realsozialistischen Osteuropa – und durch Implosion des Staatskommunismus auch in Westeuropa – sowohl bereits lange zuvor in Gang gekommene Strukturveränderungen sichtbar werden lassen als auch ganz neuartige strukturelle Veränderungen ausgelöst. Man denke beispielsweise an den Kollaps des DDR-Sozialismus im Herbst 1989. Die Maueröffnung am 9. November ist eines der spektakulärsten Symbole für diesen Wandel. Ausgelöst wurde dieses „Ereignis" durch das Politbüromitglied Schabowski, der auf einer Pressekonferenz seinen berühmt gewordenen „Zettel" aus der Tasche wühlte, um Reiseerleichterungen zu verkünden. Dass diese Nachricht von DDR-Bürgern synchron und massenhaft als Maueröffnung verstanden wurde und dass die verunsicherten Grenztruppen vor den plötzlich vor ihnen stehenden Massen kapitulierten, das lässt sich nicht hinreichend erklären, ohne sowohl auf Strukturveränderungen im Staatssozialismus (man denke etwa an Solidarność in Polen und den durch Gorbatschow initiierten Reformschub in der Sowjetunion [...]) als auch auf dadurch ermöglichte Ereignisse wie die Leipziger Montagsdemonstration am 9. Oktober zurückzugreifen. [...]

So falsch es demnach wäre, historischen Wandel ohne Berücksichtigung von langsam sich verändernden Strukturen und Prozessen zu erklären, so falsch wäre es umgekehrt, die partielle Differenz von Ereignissen zu ihrem strukturellen Kontext zu vernachlässigen. Fragwürdig wurde damit auch die Annahme, dass Strukturen und Prozesse menschliches Handeln bestimmen, ja determinieren könnten – was eine Bedingung des Erfolges der Sozialgeschichte in den letzten Jahrzehnten war. Im Rückgriff auf Strukturen als erklärende Faktoren glaubte man, historische Gesetze fassen zu können und damit die sinnhafte und situative Komplexität menschlichen Handelns in berechenbare Regelmäßigkeiten und auf erklärende Modelle bringen zu können. Vergessen wurde dabei oft eine Erkenntnis bereits der Theoriediskussion der Jahrhundertwende, dass jeder Versuch, die Geschichte als Gesetzeswissenschaft zu etablieren, zum Scheitern verurteilt ist. In der betonten Abgrenzung von einer vor allem [...] auf Faktorenkonstruktion und erzählende Präsentation von Ereignissen konzentrierten Geschichtsschreibung haben sozialgeschichtliche Theorieentwürfe deshalb oft die Ereignishaftigkeit des Geschehens ausgeblendet oder sich in der Illusion von Geschichte als Gesetzeswissenschaft verfangen. Das Unerwartete, das „1989" für Zeitgenossen auszeichnete, konnte damit bekannte, aber in den Hintergrund der Diskussion gerückte theoretische Erkenntnisse wieder bedenkenswert werden lassen. Denn das Überraschende, das Ereignissen grundsätzlich eignet, verweist darauf, dass „jedes Ereignis mehr und zugleich weniger zeitigt, als in seinen strukturellen Vorgegebenheit enthalten ist" (R. Kosellek). Jedem Ereignis ist mit anderen Worten eine aus langfristigen Strukturen nicht vollständig zu erklärende und prospektiv[1] nicht voraussagbare singuläre Qualität eigen, welche aus der Geschichte einen grundsätzlich offenen Prozess macht. Das verweist auf eine unaufhebbare Differenz zwischen der Ebene der Erfahrung, des Handelns und der Ereignisse als komplexen Handlungssequenzen einerseits und derjenigen der Strukturen andererseits.

Andreas Suter und Manfred Hettling, Struktur und Ereignis – Wege zu einer Sozialgeschichte des Ereignisses, in: dies. (Hg.), Struktur und Ereignis, Sonderheft 19 der Zeitschrift für Historische Sozialwissenschaft, Vandenhoeck & Ruprecht, Göttingen 2001, S. 8 f.*

1 *prospektiv:* vorausschauend

1 Erarbeiten Sie die Kernaussagen der Autoren im Hinblick auf das Verhältnis von Ereignis und Struktur.
2 Erläutern Sie anhand selbst gewählter Beispiele aus dem Themenbereich „China und die imperialistischen Mächte", inwiefern die Transformation Chinas im 19. Jahrhundert einerseits durch einzelne Ereignisse und/oder Personen, andererseits durch langfristige strukturelle Veränderungen bzw. Prozesse adäquat beschrieben und erklärt werden kann.
Tipp: Siehe S. 151.
3 **Vertiefung:** Überprüfen Sie, ob sich der vorgestellte Ansatz auch auf die Theorien zu Kulturkontakt und Kulturkonflikt übertragen lässt. Erarbeiten Sie dafür Beispiele aus dem Themenbereich „China und die imperialistischen Mächte" und diskutieren Sie diese.

M 11 Der Sozialwissenschaftler Raj Kollmorgen über Gesellschaftstransformationen im weltgesellschaftlichen Kontext (2015)

Hinsichtlich der weltgesellschaftlichen Kontexte erscheinen drei Entwicklungsdynamiken von besonderer Relevanz [Annotation RK: vgl. Osterhammel: Verwandlung der Welt, München (C.H. Beck) 2009, S. 465–817, 909–957, 1173–1228]:
(1) Ab Mitte des 18. Jahrhunderts formierte sich weltgesellschaftliche Hegemonie der nordwestlichen Staaten und ihrer Gesellschaftsformen infolge eines Modernisierungsschubs, wobei Frankreich, Großbritannien und später auch die USA und Deutschland eine Vorreiterrolle spielten. Dieser Modernisierungsschub gründete auf einer Verschränkung politischer, ökonomischer und militärischer Innovationen sowie deren westeuropäisch-atlantischer Diffusion. Entscheidend waren zunächst (a) die Ausformung einer modernen (National-)Staatlichkeit auf konstitutioneller Grundlage mit starken ökonomischen und militärischen Funktionen und Entwicklungsimpulsen. Parallel dazu gewann die Idee der Volkssouveränität und mit ihr demokratisierte Herrschaftsordnungen in einem längeren Prozess an Gewicht. Ein weiterer Baustein (b) ist die (schrittweise) Durchsetzung der kapitalistischen Produktionsweise als das dynamische und ab Ende des Jahrhunderts auch beherrschende Element wirtschaftlicher Entwicklung. Schließlich (c) ist die von dieser ausgelöste und

systematisch ökonomisierte Kette technisch-technologischer Innovationen (Dampfkraft, Maschinensystem, Eisenbahn usw.) hervorzuheben. Diese wurden später unter dem Begriff der Industrialisierung zusammengefasst. [...]
(2) Aus dem nordwestlichen Modernisierungsschub folgte eine spürbare Verschiebung der Macht(un)gleichgewichte in Europa. Sowohl die vom 16. bis zum 18. Jahrhundert mit dominierenden Reichen des Südwestens (Spanien, Portugal) und Südostens (Osmanisches Reich) als auch die Regionalmacht Russland erfuhren seit etwa 1820/30 nachhaltige internationale Schwächungen und Prestigeverluste, weil sie jene Innovationen nicht oder nur begrenzt nachvollzogen.
(3) Parallel zu diesen Verschiebungen entwickelte sich seit etwa 1750 bis Ende des 19. Jahrhunderts eine historische Globalisierungswelle. Diese saß nicht nur den neuen technisch-technologischen Möglichkeiten sowie den Weltmarktbedürfnissen der kapitalistischen Produktionsweise auf, sondern verdankte ihre Dynamik ab der zweiten Hälfte des 19. Jahrhunderts wesentlich den Politiken und militärischen Strategien einer – nach dem Zusammenbruch der amerikanischen Kolonien (zwischen 1776 und 1852) – zweiten Welle des europäischen Kolonialismus und des sich neu formierenden Imperialismus. Beide richteten sich verstärkt auf den afrikanischen, asiatischen sowie pazifischen Raum. Drei Strategien kamen dabei zum Einsatz: Die erste bestand in Annexion, ökonomischer Ausbeutung und sozialer Überschichtung (Modell der klassischen Kolonie), die zweite in der militärischen Bedrohung oder temporären Besetzung mit der Installation oder Förderung gewogener politischer Regime, die zur Durchsetzung von Einflusssphären sowie vorteilhaften Handelsbedingungen führten. Eine dritte Strategie beschränkte sich auf – in der Regel bedrohungsgestützte – Marktöffnungen unter der Parole des Freihandels, oft verbunden mit speziellen Schutzgarantien für die ausländischen Vertreter.

Raj Kollmorgen, Vier Transformationsversuche: Iran, Russland, Türkei, China, in: ders/Wolfgang Merkel/Hans-Jürgen Wagener, Handbuch der Transformationsforschung, Springer, Wiesbaden 2015, S. 305–316, hier S. 306f.*

1 Erklären Sie, wie nach Kollmorgen Machtungleichgewichte durch Transformationsprozesse entstehen.
2 Überprüfen Sie, inwiefern die drei Strategien auf den Kontakt zwischen den imperialistische Mächten und China zutreffen.
3 Arbeiten Sie ausgehend von Kollmorgen Bedingungen für eine friedliche Kulturbeziehung nach Bitterli heraus.
Tipp: Siehe S. 151.

China

M 12 Der Sinologe Klaus Mühlhahn über China als „Halbkolonie" (2007)

Zwar geriet auch China im 19. Jahrhundert in die Abhängigkeit von fremden Mächten, doch wurde es niemals zu einer Kolonie [...]. Im internationalen Vergleich ist es daher eine Besonderheit, dass die imperialistischen Großmächte zurückhaltender agieren mussten und sich erfindungsreich einer Vielzahl anderer völkerrechtlicher Konstrukte bedienten, um quasikoloniale Abhängigkeits- und Ausbeutungsverhältnisse auf subtile, informelle und daher verdeckte Weise zu schaffen und durchzusetzen. [...]
Das Hauptinteresse der imperialistischen Mächte war es, mithilfe einer weiter existierenden, intakt bleibenden, wenngleich natürlich geschwächten chinesischen Zentralregierung Investitionsgüter und Kapital zu importieren bzw. wertvolle Rohstoffe – allen voran Kohle für die interkontinentale Dampfschifffahrt – zu exportieren. In China konkurrierten sie vor allem um Anleihen und Konzessionen für den Eisenbahn- und Bergbau sowie den Betrieb von Hafenanlagen zu möglichst günstigen Konditionen. Es ging im Grunde um den Zugang zu einem riesigen Zukunftsmarkt, dem für die weitere Expansion der nationalen Volkswirtschaften der Großmächte Europas eine Schlüsselstellung eingeräumt wurde. Für eine solche Politik war die aufwendige Administration großer Flächenkolonien eher hinderlich, jedoch konnten die Mächte nicht vollständig auf formellen Kolonialbesitz verzichten. Die finanz- und wirtschaftsimperialistische Expansion war ohne militärisch gesicherte Stützpunkte in China weder voranzutreiben noch dauerhaft zu sichern. Daher errichteten die europäischen Staaten in China ein Netz von militärisch und/oder polizeilich gesicherten Hafenvierteln, Handelsgebieten und Niederlassungen zu Wohn- und Handelszwecken, in denen die chinesische Landeshoheit außer Kraft gesetzt und die Gebietshoheit von ausländischen Verwaltungen ausgeübt wurde. Es handelte sich hierbei um einen spezifischen Kolonialtypus, der als Stützpunkt- oder Hafenkolonie bezeichnet werden kann. [...] Die Folge war ein besonderer Zustand halb- oder quasikolonialer Vorherrschaft. [...] Entlang den Küsten [...] entstanden zahlreiche ausländische Enklaven, um die konzentrisch sogenannte Einflusssphären angeordnet waren. In diesen Einflussbereichen verfügte eine ausländische Macht über besondere wirtschaftliche Vorrechte, zum Beispiel Schürfrechte oder Eisenbahnlizenzen. Den kolonialen Enklaven und ihren Einflusssphären lagen verschiedene

kolonialrechtliche Konstruktionen zugrunde: Der Fall der „klassischen" Kolonie, das heißt der unbefristeten und bedingungslosen Abtretung eines Gebietes, war dabei eher eine Ausnahme und kam nur zweimal zur Anwendung: Hongkong an Großbritannien im Vertrag von Nanjing 1842 und Taiwan an Japan im Vertrag von Shimonoseki 1895. Häufiger war die zeitlich befristete Verpachtung von Gebieten an eine fremde Macht. In den Pachtgebieten war die Souveränität Chinas für die vertraglich vereinbarte Pachtzeit aufgehoben, und es galt uneingeschränkt das Recht des jeweiligen kolonialen Gesetzgebers. [...]. Die meisten Gebietsabtretungen jedoch waren innerstädtische Kolonien in Form von Konzessionen und Niederlassungen. Dabei handelte es sich um geschlossene Wohngebiete, die ausländische Regierungen gegen Zahlung einer Grundsteuer vom chinesischen Staat pachteten. Die oberste politische Gewalt lag bei einem ausländischen Konsul oder einem gewählten Stadtrat.

Klaus Mühlhahn, China als Halbkolonie, in: Mechthild Leutner/ Klaus Mühlhahn (Hg.), Kolonialkrieg in China, Ch. Links Verlag, Berlin 2007, S. 27–31.*

1 Geben Sie wieder, wie Klaus Mühlhahn China als „Halbkolonie" beschreibt.
2 Diskutieren Sie, inwiefern imperialistische Kontakte auch „Kulturbeziehungen" sind.

M 13 Der Sozialwissenschaftler Raj Kollmorgen über die chinesische Revolution (2015)
Die chinesische Revolution von 1911 stellt zwar in ihrem destruktiven Moment eine erfolgreiche Umwälzung dar, nicht jedoch als produktiver Transformationsversuch. Reformen des Hofes nach 1901 ebenso wie koloniale Besatzung und Sonderrechte stellten Vorbedingungen des Umsturzes dar, der von bürgerlichen Schichten in den Städten, Provinz-Kommandeuren und Anti-Mandschu-Gruppen getragen wurde. Innerhalb weniger Monate wurde die alte Qing-Dynastie hinweggefegt und die Republik ausgerufen. Ihr neuer militärischer Machthaber und ihr erster Präsident Yuan Shikai, verfolgte jedoch eigene dynastische Ziele, sodass bereits 1912 die demokratische Entwicklung zum Erliegen kam und de facto einer Diktatur Platz machte.

Raj Kollmorgen, Vier Transformationsversuche: Iran, Russland, Türkei, China, in: ders. u. a., Handbuch der Transformationsforschung, Springer, Wiesbaden 2015, S. 305–316, hier S. 316.

1 Erklären Sie den gescheiterten „produktiven Transformationsversuch" in China nach Kollmorgen (M 13).
2 Beurteilen Sie die Aussage von Kollmorgen zur Chinesischen Revolution.

M 14 Der Präsident der VR China Xi Jinping vor der UNESCO in Paris (27. März 2014)
Drittens sind Zivilisationen umfassend, und dies hat dem Austausch zwischen den Zivilisationen und dem gegenseitigen voneinander Lernen den nötigen Antrieb gegeben [...]. Alle Zivilisationen sind Kristallisationen der harten Arbeit und Weisheit der Menschheit. Jede Zivilisation ist einzigartig. Andere Zivilisationen mechanisch oder blind zu kopieren ist so, als würde man sich die Zehen abschneiden, nur damit sie in die Schuhe passen, was nicht nur unmöglich ist, sondern auch höchst schädlich. Alle zivilisatorischen Errungenschaften verdienen unseren Respekt [...]. Die Geschichte lehrt uns, dass eine Zivilisation nur durch Austausch und gegenseitiges Lernen mit Leben erfüllt werden kann. Wenn alle Zivilisationen ihre Aufnahmefähigkeit und Offenheit betonen, wird der sogenannte „Kampf der Kulturen" [Huntington] nicht mehr vorkommen und die Harmonie der Zivilisationen wird Wirklichkeit werden. Wir Chinesen haben dafür den Ausspruch: „Rettich oder Kohl, jeder nach seinem Geschmack."
Die chinesische Zivilisation hat in den 5000 Jahren ihres Bestehens immer an ihren ursprünglichen Wurzeln festgehalten. Als einzigartige kulturelle Identität der chinesischen Nation enthält sie unsere tiefsten kulturellen Bestrebungen und bietet uns reichlich Nahrung für Existenz und Entwicklung. Die chinesische Zivilisation wurde zwar auf dem Boden Chinas geboren, hat aber ihre heutige Form durch ständigen Austausch [...] mit anderen Zivilisationen erhalten. In der späten Ming-Dynastie und der frühen Qing-Dynastie begann das chinesische Volk, sich mit großem Eifer moderne Wissenschaften und Technologien anzueignen, da das europäische Wissen in den Bereichen Astronomie, Medizin, Mathematik, Geometrie und Geografie nach China gebracht wurde, was dazu beitrug, den Horizont des chinesischen Volkes zu erweitern. In der Folgezeit wurden der Austausch und das gegenseitige Lernen zwischen der chinesischen Zivilisation und anderen Zivilisationen immer häufiger. In diesem Prozess kam es zu Konflikten, Reibereien, Verwirrung und Verweigerung. Aber die wichtigsten Merkmale [...] waren Lernen, Verarbeitung, Integration und Innovation.

Zit. nach: http://www.unesco.org/new/fileadmin/MULTIMEDIA/ HQ/ERI/pdf/Speech_Xi_Jinping_English.pdf (Download vom 25. November 2021). Übersetzt von Heidi Martini.*

1 Analysieren Sie, wie Xi Jinping Kultur und Transformation Chinas charakterisiert.
2 Nehmen Sie Stellung, inwiefern es sich um eine politische Instrumentalisierung von Geschichte handelt.
Tipp: Siehe S. 151.

6 Wahlmodul: Die Kreuzzüge

M1 Karte von Jerusalem aus einer lateinischen Handschrift, um 1200.
Jerusalemkarten aus der Zeit der Kreuzzüge reduzieren die Stadt auf einen viergeteilten Kreis. Im oberen Teil: der Felsendom (lat. templum domini) und die al-Aqsa-Moschee (lat. templum Salomonis); im linken Teil: das Grab Jesu als Rundbau Ganz unten: eine Szene aus einer Kreuzfahrerlegende, nach der der heilige Georg eine Gruppe von Muslimen in die Flucht schlägt.

1071	Das Byzantinische Reich stößt nach Anatolien und Armenien vor
1076–1078	Die Seldschuken erobern Syrien und Palästina; die freie christliche Pilgerfahrt (seit 7. Jh.) nach Jerusalem wird unterbrochen; die Seldschuken rücken bis Anatolien vor; Byzanz bittet den Papst um Hilfe
1095	Kreuzzugsaufruf Papst Urbans II.
1096–1099	Erster Kreuzzug
1098	Grafschaft Edessa/Syrien wird erster Kreuzfahrerstaat; Eroberung Antiochias
1099	Fürstentum Antiochia wird Kreuzfahrerstaat; Eroberung Jerusalems (Juni/Juli); Jerusalem wird Kreuzfahrerstaat
1146–1149	Zweiter Kreuzzug
1187	Rückeroberung Jerusalems und großer Teile der Kreuzfahrerstaaten durch den Sultan von Ägypten und Syrien, den Aiyubiden Salah ad-Din
1189–1192	Dritter Kreuzzug
1191	Die Christen erobern Akkon zurück
1192	Teilweise Rückeroberung des Königreiches Jerusalem durch Richard I., doch ohne die Stadt selbst; dreijähriger Waffenstillstand zwischen Richard und Salah ad-Din

Die Kreuzzugsaufrufe der „Franken", d. h. des christlich-lateinischen Europas, waren vor allem Aufrufe zum Kampf gegen Muslime. Denn die Kriege im Namen Gottes stempelten insbesondere die Muslime zu „barbarischen Heiden" ab, deren Tötung gewollt war. Dieses Aufeinanderprallen der Kulturen wurde weniger in der muslimischen als vielmehr
5 in der christlich-europäischen Kultur des Mittelalters mythologisch ausgelegt – mit weit reichenden Folgen: Noch heute wird der Begriff „Kreuzzug" in Reden und Debatten angeführt, z. B. beim „Kreuzzug gegen Abtreibung" oder nach den Terroranschlägen vom 11. September 2001, als der amerikanische Präsident George W. Bush einen „Kreuzzug gegen das Böse" ankündigte.
10 Das Aufeinandertreffen der Kulturen in den Kreuzfahrerstaaten war jedoch nicht ausschließlich von Konflikt geprägt: Zwischen einzelnen „Franken" und Arabern gab es auch friedliche Kontakte unterschiedlicher Ausprägungen.

1 Analysieren Sie die Darstellung Jerusalems in der historischen Karte M 1.
   Tipp: Ziehen Sie moderne Reiseführer hinzu und informieren Sie sich über die heiligen Stätten.
2 Erläutern Sie, welches Bild des Zusammenlebens zwischen europäischen Kreuzfahrern und Arabern in der Darstellung deutlich wird.
3 **Mindmap/Concept-Map:** Sammeln Sie in einer Mind- oder Concept-Map alle Informationen, Assoziationen und Fragen, die Ihnen zum Thema „Kreuzzüge" einfallen.
4 Wählen Sie aus Ihren Ergebnissen aus Aufgabe 1 zwei bis drei Punkte aus, die Sie am interessantesten finden, sammeln Sie diese im Plenum (z. B. mithilfe einer Moderationswand und -karten) und versuchen Sie, die Einträge nach übergeordneten Begriffen zu ordnen.

1202–1204 | Vierter Kreuzzug; die christlich-lateinischen Kreuzfahrer erobern und plündern das christlich-orthodoxe Konstantinopel und weite Teile des Byzantinischen Reiches; sie begründen in Byzanz ein lateinisches Kaisertum (bis 1261)

1217–1221 | Fünfter Kreuzzug

1228/29 | Kreuzzug Kaiser Friedrichs II. (vom Papst gebannt); durch Vertragsschluss mit Ägypten Rückgewinnung von Jerusalem und Teilen Palästinas

1248–1254 | Sechster Kreuzzug

1263 | Beginn der Rückeroberung christlicher Gebiete in Palästina und Syrien durch die Mamluken

1270–1272 | Siebter Kreuzzug

1291 | Die Mamluken erobern Akkon und damit den letzten Sitz der Kreuzfahrer

6 Wahlmodul: Die Kreuzzüge

In diesem Kapitel geht es um
- *die Entwicklung des Kreuzzuggedankens,*
- *den Verlauf des ersten Kreuzzuges,*
- *das Leben in den Kreuzfahrerstaaten und*
- *Begegnung und Konflikt der Kulturen.*

Der Kreuzzugsgedanke

▶ M 6: Kreuzzugsaufruf Urbans II.

▶ M 4: Karte zu den Seldschuken

Im Jahre 1095 hielt **Papst Urban II.** während eines Konzils außerhalb der Stadt Clermont in Frankreich eine wortgewaltige Rede. Seine Ausführungen sind nur in vier späteren, unterschiedlichen Fassungen überliefert. Demnach rief er die Ritterschaft dazu auf, sich zu bewaffnen und Glaubensbrüdern im Orient zu Hilfe zu eilen. Papst Urban reagierte damit auf ein Hilfegesuch des byzantinischen Kaisers Alexios, der durch das Vordringen der muslimischen Seldschuken bedrängt war. Auch kursierten Gerüchte von Übergriffen auf christliche Pilger. Wahrscheinlich bereits in dieser Rede, auf jeden Fall aber in späteren Briefen, propagierte der Papst als Ziel, das Grab Christi, das **Heilige Grab** in Jerusalem, zu befreien. Dieses Ziel wurde zum zentralen Bestandteil des Kreuzzugsgedankens. Die **Jerusalemverehrung** spielte im Bewusstsein der Christen bereits seit Jahrhunderten im Rahmen der Pilgerfahrt eine große Rolle. Sowohl Pilger als auch Kreuzfahrer legten als Pilgerzeichen ein Kreuz an und ein Gelübde ab. Neu war, dass die Läuterung des Sünders durch den **bewaffneten Kampf** erfolgen konnte. In diesem Sinne verkündete der Papst den Nachlass der Sünden, einen vollkommenen Ablass. Ein solcher Kampf wurde als **Heiliger Krieg** angesehen, weil er angeblich auf dem Willen Gottes beruhte. Diese Vorstellung wurde mit der ritterlichen Aufgabe des Herrendienstes verknüpft. Der einflussreiche Zisterzienserabt und spätere Kreuzzugsprediger Bernhard von Clairvaux (um 1090–1153) bezeichnete Palästina als Eigentum des Herrn Jesu und forderte jeden Ritter des Herrn (*miles christi*) auf, in den Kampf zu ziehen, um seinen obersten Herren wieder in sein Recht einzusetzen.

M1 Ein Kreuzfahrer begibt sich in den Schutz Gottes und nimmt als *miles christi* die Kreuzfahrt auf sich, englische Buchmalerei aus dem „Westminster Abbey Psalter", 1175

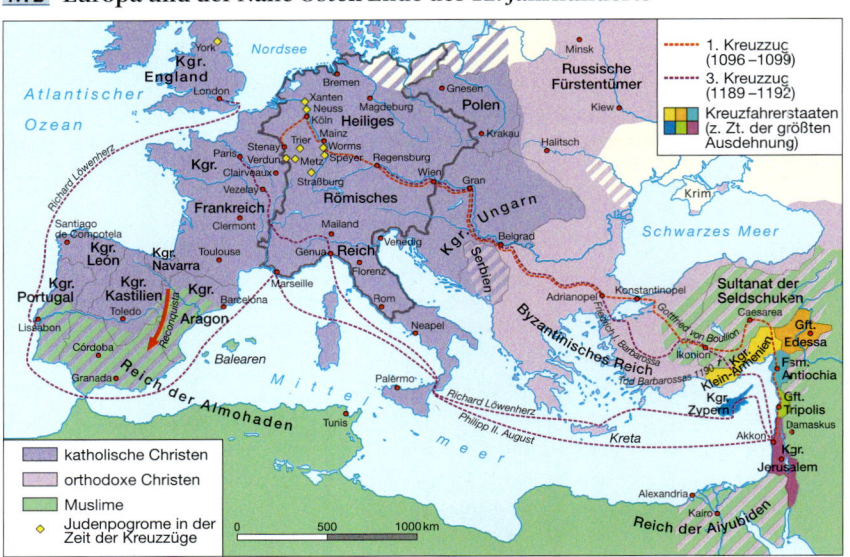

M2 Europa und der Nahe Osten Ende des 12. Jahrhunderts

Die politische Situation in Europa

Mit seinem Aufruf hatte sich der Papst an die Ritter und nicht an den Kaiser und die Könige gewandt. Denn seit 1075 befand sich das Papsttum mit dem französischen, römisch-deutschen und englischen König im **Streit um die Investitur*** der Bischöfe und Äbte. Der römisch-deutsche König, der Salier Heinrich IV., war seit 1080 gebannt und
5 sollte es bis zu seinem Tode bleiben, weil er auf die Investitur der deutschen Reichsbischöfe nicht verzichten wollte. Den französischen König Philipp I. hatte Urban 1094 wegen eines ehebrecherischen Verhältnisses exkommunizieren lassen. In diesen Konflikten wurde das bisherige Verhältnis von geistlicher und weltlicher Gewalt im römisch-lateinischen Westen infrage gestellt. Auch mit seiner Rede in Clermont demonstrierte
10 der Papst, dass er die führende Rolle in der lateinischen Christenheit beanspruchte.

Beweggründe der Kreuzfahrer

Urbans Aufruf fand großen Widerhall. Die **Gründe** dafür werden unterschiedlich diskutiert. Einige Historiker heben **soziale Faktoren** hervor. In der feudalen Gesellschaft Europas war die Macht der lokalen Herren gestärkt worden, während die Belastungen der niederen Ritter und Bauern drückender wurden. Auch gab es in Westeuropa einen Be-
5 völkerungsanstieg. Die daraus entstandene Landknappheit führte z. B. beim französischen Adel zu Beschränkungen bei der Erbfolge und Heirat, was in Einzelfällen die Annahme des Kreuzes begünstigte. Einige Anführer des ersten Kreuzzuges erstrebten zudem eine eigene Herrschaft im Heiligen Land. Entscheidend für die Teilnahme am Kreuzzug waren aber offenbar **religiöse Gründe**. Das ausgehende 11. Jahrhundert war
10 eine religiös bewegte Zeit, in der viele Menschen vom Glauben an einen Heiligen Krieg, an den ritterlichen Dienst als *miles christi*, vom Ideal einer **Nachfolge Christi*** (*imitatio Christi*), von Jerusalemsehnsucht und dem Buß- und Ablassgedanken erfasst wurden.

Der Verlauf des ersten Kreuzzuges

1096 traten verschiedene soziale Gruppen von Kreuzfahrern, begleitet von Frauen und Kindern (M 3), den Weg ins Heilige Land an. Als erste Gruppe brach der **Volkskreuzzug** auf, dessen Teilnehmer aus allen Schichten der Bevölkerung stammten. Ein erster Haufen wurde 1096 bei Nikäa von den Seldschuken* vernichtet, ein zweiter bereits in
5 Ungarn aufgerieben. Bei der anderen Gruppe handelte es sich um mehrere wohlausgerüstete **Ritterheere**, deren hochadlige Fürsten aus Frankreich, Flandern und dem süditalienischen Normannenstaat kamen. In mehreren Schüben zogen sie bis Konstantinopel und vereinigten sich 1097 dort. Auf einem entbehrungsreichen Zug durch Anatolien und Syrien und unter hohen Verlusten gelangten sie 1099 nach **Jerusalem**. Im Juli nah-
10 men sie die Stadt ein und töteten dabei fast alle muslimischen und jüdischen Bewohner in einem grausamen Blutbad – Schätzungen gehen von 20 000 Opfern aus.

Judenpogrome vom Sommer 1096

Einige Gruppen des Volkskreuzzuges zerstörten zu Beginn ihres Aufbruches im Sommer 1096 in einer Serie von **Massakern** die blühenden rheinischen und lothringischen jüdischen Gemeinden und überfielen auch diejenigen in Regensburg und Prag. Damit kamen latente Spannungen gegenüber den Juden, die bei den Christen als Mörder Jesu
5 angesehen wurden und deren teilweiser Wohlstand sozialen Neid hervorgerufen hatte, offen zum Ausbruch. Die Kreuzzügler bezogen die Forderung des Papstes, zunächst die Feinde Christi im eigenen Land zu bekämpfen, auf die Juden. Obwohl die geistlichen und weltlichen Stadtherren meist versuchten, die Juden zu schützen, wurden die jüdischen Gemeinden von **Rouen, Metz, Speyer, Mainz, Worms und Köln** vernichtet.

Investiturstreit
Bis 1075 wurden im Heiligen Römischen Reich, in Frankreich und England die Bischöfe und Äbte durch die Könige eingesetzt. Seit 1075 beanspruchten die Päpste dieses Recht. Mit dem Ruf nach der Freiheit der Kirche (*libertas ecclesiae*) strebten sie eine von weltlichen Einflüssen unabhängige Institution an. Seit 1078 wurde die Investitur durch die Könige, nun als Laieninvestitur bezeichnet, bei Strafe des Kirchenausschlusses (Bann) verboten. Zur Einigung kam es 1104 in Frankreich, 1107 in England und 1122 im Heiligen Römischen Reich. Gemäß dem Wormser Konkordat von 1122 stand die Investitur in das geistliche Amt (Übergabe von Ring und Stab) dem Papst, die Einweisung in die weltlichen Hoheitsrechte (Übergabe des Zepters) dem König zu.

Nachfolge Christi (*imitatio christi*)
Dazu gibt das Matthäus-Evangelium den Beleg: „Wenn einer mir nachfolgen will, der verleugne sich selbst, nehme sein Kreuz auf sich und folge mir nach."

M 3 Peter der Einsiedler mit Kreuzfahrerinnen, englische Buchmalerei, um 1350.
Von kirchlicher Seite war die Teilnahme von Frauen nicht erwünscht. Jedoch nahmen Frauen aus allen Ständen, als Gefährtinnen ihrer Ehemänner oder auch als Ledige, daran teil.

Seldschuken
alttürkisches Herrschergeschlecht, andere Bezeichnung Turkmenen; 1071 Sieg über die Byzantiner bei Manzikert und Einnahme Jerusalems; 1078 Eroberung von Syrien und Palästina; 1098 Verlust von Jerusalem an die Fatimiden

▶ M 7: Wilhelm von Tyrus' Bericht über die Eroberung Jerusalems

Ritualmordlegende
Christen beschuldigen fälschlicherweise die Juden, ein Christenkind getötet zu haben, um an ihm die Passion Christi nachzuvollziehen oder aber sein Blut zur magischen Entsühnung zu verwenden.

Hostienfrevellegende
Juden wurden verleumdet, im Beisein von Glaubensgenossen die Hostie „gemartert" zu haben, sodass Blut herausgetreten sei; nach dem Glauben der Christen war dies das Blut Christi.

▶ M 4: Karte zu den Seldschuken

Rumseldschuken
Abspaltung vom Reich der Seldschuken; das Reich in Anatolien wurde um 1080 unter Führung des seldschukischen Prinzen Süleyman gegründet. Der Name Rum bezieht sich auf die Rhomäer, die Byzantiner, denen sie sehr zusetzten.

Schiiten
Abgeleitet von Schiat Ali, d. h. Partei Alis. Die Schiiten erkennen nur Ali und seine Nachkommen als rechtmäßige Imame an. So stehen sie den Sunniten ablehnend gegenüber. Sie bilden etwa 14 Prozent der Muslime.

Infolge dieser Katastrophe stellten die Päpste die Juden zwar unter ihren Schutz und garantierten deren ungestörte Religionsausübung, ebenso intensivierten die weltlichen Herrscher ihre Schutzbeziehungen. Gleichzeitig wurden die Juden aber durch neue Gesetze von beiden Gewalten rechtlich stärker isoliert und benachteiligt. Das Verhältnis zwischen Juden und Christen blieb durch die Ausschreitungen im Zuge des ersten Kreuzzuges nachhaltig belastet, und in der Folgezeit, als sich die Gemeinden zum Teil neu bildeten, wurden von den Christen verleumderische Legenden zur eigenen Entlastung bei erneuten Übergriffen erfunden, wie die Vorwürfe des **Ritualmordes***, des **Hostienfrevels*** oder der **Brunnenvergiftung**.

Die Lage der islamischen Staatenwelt im Nahen Osten

Als eine Folge des ersten Kreuzzuges entstanden christliche Herrschaften, die Kreuzfahrerstaaten: das Königreich Jerusalem, das Fürstentum Antiochia und die Grafschaften Edessa und Tripolis. Dass es zu diesen christlichen Herrschaften kommen konnte, lag nicht zuletzt an der Konstellation der islamischen Mächte im Nahen Osten. Der Abbasidenkalif in Bagdad wurde zwar weiterhin als religiöse Macht des sunnitischen Islam respektiert und repräsentierte als solcher die Einheit der *Umma*. Jedoch lag die reale Macht seit 1055 bei dem islamischen Sultan Melikschah und seinem bedeutenden Wesir Niza al-Mulk, die ein seldschukisches Großreich mit Sitz in Isfahan, weit entfernt von Palästina, regierten. Ab 1077 verselbstständigte sich in Anatolien das Reich der Rumseldschuken* (1077–1243). Das ägyptische Reich der Fatimiden (969–1171) bildete die zweite Großmacht, dessen schiitische* Kalifen jedoch die Legitimität des sunnitischen Kalifen in Bagdad bestritten. Politische Zersplitterung und Rivalität sowie religiöse Gegensätze verhinderten somit ein einheitliches Vorgehen gegen die Kreuzfahrer. Der fast gleichzeitige Tod der Staatsmänner des Seldschukenreiches (1092) sowie der Kalifen von Bagdad und Kairo (1094) bedingten zudem ein politisches Vakuum, da es sowohl im Fatimiden- wie im Seldschukenreich zu Thronwirren kam.

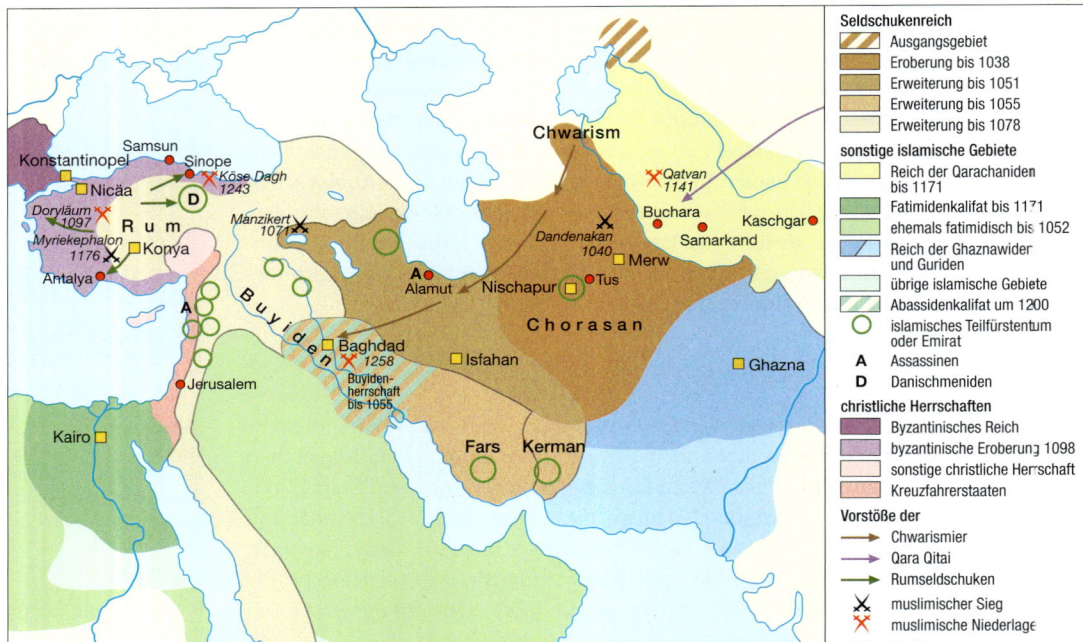

M 4 Die Seldschuken und die späten Abbasiden im 11.–13. Jahrhundert

Das Leben in den Kreuzfahrerstaaten

In der Folgezeit konnten sich die Kreuzfahrerstaaten in Palästina etablieren. Mit der Zeit bildeten sie jeweils eigene Dynastien aus und machten das westeuropäische Lehnssystem zur Grundlage ihrer Herrschaft. Aus Landknappheit wurden auch Geldlehen ausgegeben. Die adlige Führungsschicht wurde durch Zuzug aus Europa ergänzt. Die Kreuzfahrerstaaten waren von einer starken ethnischen und konfessionellen Vielfalt geprägt. Nach einigen Jahren setzten die Eroberer im Umgang mit den anderen Konfessionen ältere islamische Traditionen fort und übernahmen im Wesentlichen das Dhimmi-System. Hinsichtlich ihrer Rechte standen die übrigen christlichen Religionen, Muslime und Juden hinter den lateinischen Christen zurück, auch wenn sie ihre Religion weiter ausüben durften. Teilweise mussten Muslime christlichen Herren als Sklaven dienen. Die Landwirtschaft, Binnen- und Fernhandel sowie das Geschäft mit den Pilgern prägten die Wirtschaft, die durch Handelskontakte zur islamischen Welt und zu den oberitalienischen Adelsrepubliken Pisa, Genua und Venedig sowie durch die Eroberung und Sicherung eigener Küstenstädte blühte. Zur Verteidigung der Herrschaften wurden **Ritterorden** gegründet. Diese Ritterschaft war in der Lebensführung an die Regeln von Mönchsgemeinschaften gebunden. Als erster Orden wurde 1120 der Templerorden gegründet, später entstanden Johanniterorden und Deutscher Orden.

▶ M 12 und M 13: Zu Akkulturation und Assimilation

Das Ende der Kreuzfahrerstaaten

Der erste Kreuzzug von 1096 bildete den Auftakt für weitere, die die Herrschaft im Heiligen Land sichern sollten. Hierzu nahmen auch Könige und Kaiser das Kreuz. Eine Wende für die Sache der Muslime trat durch den **Aiyubiden* Salah ad-Din** (in Europa „Saladin" genannt) ein. Als Nachfolger der Fatimiden und Sultan über Ägypten und Syrien (Reg. 1175–1193) mit den Städten Damaskus und Aleppo erkannte er die Oberhoheit des sunnitischen Kalifen von Bagdad an. Durch einen Vertragsbruch provoziert, propagierte er den Dschihad und konnte 1187 Akkon und Jerusalem erobern. Die Kreuzzugsbewegung wurde auch durch Spannungen mit dem byzantinischen Reich geschwächt. 1204 führte der vierte Kreuzzug zur **Eroberung von Konstantinopel** durch ein Kreuzfahrerheer und zur **Gründung des lateinischen Kaiserreiches**, das bis 1261 Bestand hatte. Durch weitere Kreuzzüge, Kriege und Vertragspolitik konnten die Kreuzfahrerstaaten Terrain zurückgewinnen, bis sich ihnen mit dem ägyptischen Mamlukenstaat unter dem Sultanat Baibars (Reg. 1260–1277) und seines Nachfolgers Qalawun (Reg. 1279–1290) eine starke Zentralmacht entgegenstellte, die die Städte und Festungen der Kreuzfahrerstaaten völlig zerstörte und die christlichen Bewohner vernichtete. 1291 fiel als letzte Festung **Akkon**. Die Verteidiger wurden getötet, Frauen und Kinder in die Sklaverei verkauft.

Aiyubiden
ägyptisch-syrisches Herrschergeschlecht kurdischen Ursprungs

Lernmodule zum Thema „Kreuzzüge"
cornelsen.de/Webcodes
Code: sasici

▶ M 11: Abu'l-Fida über den Fall von Akkon

M 5 Münze des Königreichs Jerusalem mit einer Abbildung der Grabeskirche, 12. Jahrhundert

1 Arbeiten Sie die Gründe heraus, die die Ritter zur Kreuzfahrt veranlasst haben.
2 Erklären Sie die politischen Kräfteverhältnisse im lateinischen Westen und islamischen Nahen Osten und deren Auswirkungen.

> *Hinweise zur Arbeit mit den Materialien*
> *Die Karten M 2 und M 4 bieten eine räumliche Orientierung. Anhand Urbans Kreuzzugsaufruf (M 6) und Wilhelm von Tyrus' Bericht über die Eroberung Jerusalems 1099 (M 7) lässt sich die Rechtfertigung des Kreuzzugsgedankens aus christlicher Perspektive erarbeiten. Zwei moderne religionswissenschaftliche Texte beschäftigen sich mit dem Begriff und Konzept des Dschihad (M 8 und M 9). Die arabische Sicht präsentieren zwei arabische Quellen zur Eroberung Jerusalems 1187 durch Salah ad-Dins Heer (M 10) und zum Fall von Akkon (M 11). Die Materialien M 12 und M 13 beleuchten das Leben in den Kreuzfahrerstaaten aus zeitgenössischer christlicher wie muslimischer Sicht.*
>
> *Zur Vernetzung mit dem Kernmodul*
> *Die Materialien M 12 und M 13 lassen sich mit den Theorien von Kulturkontakt und Kulturkonflikt (M 3–M 6, S. 103 ff.) in Beziehung setzen.*

Zur Problematik von Krieg und Gewalt

M 6 Kreuzzugsaufruf von Papst Urban II. (1095)
Niederschrift der Rede von Clermont in der Version des Benediktiners Robert von Reims, um 1107.
„Ihr Volk der Franken, ihr Volk nördlich der Alpen, ihr seid, wie eure vielen Taten erhellen, Gottes geliebtes und auserwähltes Volk, herausgehoben aus allen Völ-
5 kern durch die Lage des Landes, die Katholizität des Glaubens und die Hochschätzung für die heilige Kirche. An euch richtet sich unsere Rede, an euch ergeht unsere Mahnung; wir wollen euch wissen lassen, welcher traurige Anlass uns in euer Gebiet geführt, welche Not uns hierher gezogen hat; sie betrifft euch und
10 alle Gläubigen. Aus dem Land Jerusalem und der Stadt Konstantinopel kam schlimme Nachricht und drang schon oft an unser Ohr: Das Volk im Perserreich, ein fremdes Volk, ein ganz gottfernes Volk, eine Brut von ziellosem Gemüt und ohne Vertrauen auf
15 Gott (Psalm 77,8), hat die Länder der dortigen Christen besetzt, durch Mord, Raub und Brand entvölkert und die Gefangenen teils in sein Land abgeführt, teils elend umgebracht; es hat die Kirchen Gottes gründlich zerstört oder für seinen Kult beschlagnahmt. Sie
20 beflecken die Altäre mit ihren Abscheulichkeiten und stürzen sie um; sie beschneiden die Christen und gießen das Blut der Beschneidung auf die Altäre oder in die Taufbecken. Denen, die sie schändlich misshandeln und töten wollen, schlitzen sie den Bauch auf,
25 ziehen den Anfang der Gedärme heraus, binden ihn an einen Pfahl und treiben sie mit Geißelhieben so lange rundherum, bis die Eingeweide ganz herausgezogen sind und sie am Boden zusammenbrechen. [...] Wem anders obliegt nun die Aufgabe, diese Schmach
30 zu rächen, dieses Land zu befreien, als euch? Euch verlieh Gott mehr als den übrigen Völkern ausgezeichneten Waffenruhm, hohen Mut, körperliche Gewandtheit und die Kraft, den Scheitel eurer Widersacher zu beugen. [...] Tretet den Weg zum Heiligen
35 Grab an, nehmt das Land dort dem gottlosen Volk, macht es euch untertan! Gott gab dieses Land in den Besitz der Söhne Israels; die Bibel sagt, dass dort Milch und Honig fließen (2. Buch Mose 3,8). Jerusalem ist der Mittelpunkt der Erde, das frucht-
40 barste aller Länder, als wäre es ein zweites Paradies der Wonne. Der Erlöser der Menschheit hat es durch seine Ankunft verherrlicht, durch seinen Lebenswandel geschmückt, durch sein Leiden geweiht, durch sein Sterben erlöst, durch sein Grab ausgezeichnet.
45 Diese Königsstadt also, in der Erdmitte gelegen, wird jetzt von ihren Feinden gefangen gehalten und von denen, die Gott nicht kennen, dem Heidentum versklavt. Sie erbittet und ersehnt Befreiung, sie erfleht unablässig eure Hilfe. [...] Schlagt also diesen Weg ein
50 zur Vergebung eurer Sünden; nie verwelkender Ruhm ist euch im Himmelreich gewiss."
Als Papst Urban dies und derartiges mehr in geistreicher Rede vorgetragen hatte, führte er die Leidenschaft aller Anwesenden so sehr zu einem Willen zu-
55 sammen, dass sie riefen: „Gott will es, Gott will es!"

Arno Borst, Lebensformen im Mittelalter, Ullstein, Frankfurt/M. 1979, S. 318–320.*

1 Analysieren Sie, welche Forderung der Papst laut Überlieferung aufstellt und wie er diese begründet.
2 Erläutern Sie die Quelle im Hinblick auf zentrale Elemente des Kreuzzugsgedankens.
3 Charakterisieren Sie die Art seiner Darstellung.
4 Beurteilen Sie, welche Intentionen Robert mit seiner Art der Darstellung verbindet.
Tipp: Nutzen Sie die Hinweise auf S. 64 f.

M 7 Der Geschichtsschreiber Wilhelm von Tyrus zur Einnahme Jerusalems im Jahre 1099 durch die Kreuzfahrer (1169)
Wilhelm war Kanzler König Balduins IV. von Jerusalem.
Es wurden aber in der Stadt so viele Feinde erschlagen und so viel Blut vergossen, dass die Sieger selber mit Ekel und Schrecken erfüllt werden mussten. Der größte Teil der Bevölkerung hatte sich in den Tempelhof geflüchtet. [...] Diese Flucht brachte den Leu-
5 ten zwar keine Rettung; denn sogleich begab sich Herr Tankrad mit dem größten Teil des Heeres dorthin. Er brach mit Gewalt in den Tempel ein und

machte Unzählige nieder. Er soll auch eine unermessliche Menge von Gold, Silber und Edelsteinen weggenommen haben, nachher jedoch, als das Getümmel sich gelegt hatte, alles an den alten Platz zurückgebracht haben. Sofort gingen auch die übrigen Fürsten, nachdem sie niedergemacht hatten, was ihnen in anderen Stadtteilen unter die Hände gekommen war, nach dem Tempel, hinter dessen Einfriedung sich die Bevölkerung [...] geflüchtet hatte. Sie drangen mit einer Menge von Reitern und Fußgängern hinein und stießen, was sie dort fanden, mit den Schwertern nieder [...]. Es geschah sicherlich nach gerechtem Urteil Gottes, dass die, welche das Heiligtum des Herrn mit ihren abergläubischen Gebräuchen entweiht und dem gläubigen Volk entzogen hatten, es mit ihrem eigenen Blut reinigen und den Frevel mit ihrem Blut sühnen mussten. [...] Als endlich auf diese Weise die Ordnung in der Stadt hergestellt war, legten sie (die Franken) die Waffen nieder, wuschen sich die Hände, zogen reine Kleider an und gingen dann demütigen und zerknirschten Herzens, unter Seufzen und Weinen, mit bloßen Füßen an den ehrwürdigen Orten umher, welche der Erlöser durch seine Gegenwart heiligen und verherrlichen mochte, und küssten sie in großer Andacht. Bei der Kirche zu den Leiden und der Auferstehung des Herrn kamen ihnen sodann das gläubige Volk der Stadt und der Klerus, welche beide seit so vielen Jahren ein unverschuldetes Joch getragen hatten, voll Dankes gegen ihren Erlöser, der ihnen wieder die Freiheit geschenkt, entgegen und geleiteten sie unter Lobliedern und geistlichen Gesängen nach der vorgenannten Kirche.

Wilhelm von Tyrus, Geschichte der Kreuzzüge und des Königreichs Jerusalem, aus dem Latein. v. Eduard Heinrich von Kausler und Rudolf Kausler, Krabbe Verlag, Stuttgart 1844, S. 19f.*

1 Analysieren Sie die dargestellten Vorgänge und ordnen Sie diese in den historischen Kontext ein.
2 Charakterisieren Sie die Perspektive des Autors.
3 Beurteilen Sie das Verhalten der Kreuzfahrer.
4 Bewerten Sie dieses aus heutiger Sicht.

M 8 Der Theologe Hans Küng erklärt die Bedeutung des Begriffes Dschihad im Koran (2004)

Das arabische Wort *dschihad* meint nicht die beiden deutschen Worte „Heiliger Krieg", sondern deckt ein weites Bedeutungsfeld ab. Es bedeutet zunächst nur „Anstrengung" und wird an manchen Stellen des Korans als moralisches „Sichabmühen" auf dem Wege Gottes verstanden [...]. Die Wortkombination „Heiliger Krieg" kommt im Koran nicht vor: Krieg kann in islamischer Auffassung nie heilig sein. Aber an anderen Stellen wird das Wort Dschihad als gewaltsamer „Kampf" verstanden im Sinne einer kriegerischen Auseinandersetzung: „Ihr müsst an Gott und seinen Gesandten glauben und mit eurem Vermögen und in eigener Person um Gottes Willen euch abmühen", wofür unmittelbar das Eingehen in das Paradies versprochen wird.

Hans Küng, Der Islam, Piper, München 2004, S. 710f.*

M 9 Der Religionshistoriker James Turner Johnson zur Entwicklung des Dschihad (2002)

Für den Krieg wird im Koran nie das Wort *Dschihad* verwendet, sondern immer der Ausdruck „*qital*" (Kampf). Die spezifische Anbindung der Idee des *Dschihad* an den Krieg stammt [...] aus der Zeit nach der Niederschrift des Korans [...] Ende des achten Jahrhunderts. Diese Lehre vertritt zunächst die Auffassung, wonach die islamische Gemeinschaft (*Umma*) eine zugleich religiöse und politische Einheit bildet, die nur von einem Führer geleitet werden kann, der in der Nachfolge des Propheten Muhammad steht. [...] Jene Gemeinschaft bewohnt ein bestimmtes Gebiet, die *Dar-al-islam*. Dieses Gebiet sei dadurch gekennzeichnet, dass es in Einklang mit dem göttlichen Gesetz regiert werde. Schon aus der Definition ergab sich, dass es ein Gebiet des Friedens sei, denn die Unterwerfung unter das Gesetz Gottes bringe Frieden mit sich. Die gesamte übrige Welt wurde mit dem „Gebiet des Krieges" (*Dar-al-harb*) gleichgesetzt, das nach dieser Vorstellung wesensgemäß mit sich selbst und mit der *Dar-al-islam* im Krieg liegt. Nach dieser Beschreibung rührt jeder Konflikt aus der *Dar-al-harb* her. [...] Dementsprechend stellten die frühislamischen Rechtsgelehrten eine Definition auf, wonach es zwei Formen des Dschihad gibt. Die erste ist eine offensive, expansionistische Form. Über sie wird vom Kalifen/Imam mit der ihm zukommenden Autorität entschieden. Sie gilt als kollektive Pflicht der gesamten Gemeinde und wird von der Gemeinschaft als Ganzer geführt. Die zweite Form ist eine durch die Notlage ausgelöste Reaktion zur Verteidigung der *Dar-al-islam* gegen eine bestimmte Aggression vonseiten der *Dar-al-harb*. Sie wird als individuelle Pflicht derjenigen aufgefasst, die in unmittelbarer Nachbarschaft des Angriffsorts wohnen und sich mit Waffen dagegen wehren können.

James Turner Johnson, Religion und Gewalt, in: NZZ Nr. 51, 2002, S. 51.*

1 Arbeiten Sie anhand von M 8 und M 9 Herkunft, Bedeutung und rechtliche Ausprägung des Begriffes *Dschihad* für das Mittelalter heraus.

M 10 Der Literat Imad ad-Din (1125–1201) über den Dschihad Saladins und die Eroberung Jerusalems 1187

Ad-Din war Sekretär und enger Vertrauter Saladins.
Nachdem nun […] ein jeder die Vereinigung mit den Seinen erreicht hatte, zogen wir nach Karak[1] mit den Emiren und der ausgesuchten Leibgarde, zum *Dschihad* paarten wir um Gottes Sache willen die *Fatiha*[2]
5 mit (der Sure) *al-Ihlas*.[3] Vorher hatten wir die Soldaten und Heerscharen zum *Dschihad* von allen Seiten zusammengerufen und deren vollzähliges Eintreffen zum festgesetzten Termin abgewartet. […] Nachdem wir dann noch Asqalan[4] erobert hatten, schritten wir
10 zur Belagerung von al-Quds[5] […]. Dort zitterte und klopfte das Herz des Unglaubens; seine Einwohner meinten, sie befänden sich in guter Hut und seien vor unserem Ansturm sicher. Wir aber stellten Belagerungsmaschinen gegen sie auf, die die Mauerwände
15 durch den Ansprung ihrer Steine zerbrachen. […] Die geschleuderten Felsblöcke erfüllten dem Felsendom gegenüber ihre Beistandspflicht. […] Man legte Brechen und brach die Mauern; die Steinblöcke warfen die Seiten jener Umwallung nieder – da „merkten die
20 Ungläubigen, für wen der Lohn der (paradiesischen) Wohnstätte bestimmt war"[6]. Des Todes und der Gefangenschaft waren sie sicher, da kamen ihre Anführer heraus, sich in Unterwerfung demütigend und inständig um Gnade flehend; wir aber ließen uns auf
25 nichts anderes ein als darauf, der Männer Blut zu vergießen und Kinder und Frauen gefangen wegzuführen: Da drohten sie mit Tötung der (muslimischen) Gefangenen, Zerstörung (alles) Aufgebauten und Einreißung der Gebäude; hierauf (erst) nahmen wir
30 ihre Kapitulation an unter der Bedingung (der Abführung) einer Kontribution, die ihrem Kaufpreis im Falle ihrer Gefangennahme entsprochen hätte. So blieben sie davor bewahrt, (gefangen) weggeschleppt zu werden, während sie in Wirklichkeit doch ganz aus-
35 geplündert waren. Wer von ihnen das Lösegeld erlegt hatte, durfte durch das Freilassungsdekret abziehen, wer es nicht bezahlen konnte, musste unter das Sklavenjoch treten.

Jörg Kraemer, Der Sturz des Königreichs Jerusalem (1187) in der Darstellung des Imad ad-Din al-Katib al-Isfahan, Verlag Otto Harrassowitz, Wiesbaden 1952, S. 12, 18; übers. v. Jörg Kraemer.*

1 *Karak:* heute Kerak, Kreuzfahrerburg
2 *Fatiha:* Sure 1
3 *al-Ihlas:* Sure 112; in beiden Suren wird Gott gepriesen
4 *Asqalan:* Askalon
5 *al-Quds:* Jerusalem
6 Anspielung auf Koransure, siehe z. B. 4,95

1 Zeigen Sie auf, wie der Autor den Ablauf der Eroberung Jerusalems darstellt.
2 Recherchieren Sie den Verlauf und das Ergebnis des gesamten Feldzuges von Salah ad-Din.
3 Arbeiten Sie die Einstellung des Autors gegenüber den Kreuzfahrern heraus.
4 **Zusatzaufgabe:** Siehe S. 151.
5 **Präsentation:** „Saladin – Mythos und Realität": Recherchieren Sie, welches Bild von Saladin in den Medien Film, Internet und Literatur (z. B. Lessing, Nathan der Weise) gezeichnet wird, und konzipieren Sie einen Kurzbeitrag für ein Schulbuch.

M 11 Der Geschichtsschreiber Abu'l-Fida (1273–1331) über den Fall von Akkon 1291

Der Autor war Teilnehmer am Feldzug des Mamlukensultans al-Malik al-Asraf (Reg. 1290–1293).
Der Belagerungsgürtel zog sich immer enger zusammen, bis Gott schließlich Freitag, den 17. Gumada II (426) (17. Juni 1291), den Angreifern erlaubte, die Stadt im Sturm zu erobern. […] Die Muslime richte-
5 ten in Akkon ein ungeheures Blutbad an und machten unermessliche Beute. Der Sultan zwang alle, die sich in den Türmen verschanzt hatten, zur Übergabe; sie kamen heraus und wurden bis auf den letzten Mann vor der Stadt enthauptet.[1] Darauf ließ er die
10 Stadt selbst zerstören und dem Erdboden gleichmachen. Eine wunderbare Fügung war, dass die Franken Akkon um die Mittagszeit am Freitag, dem 17. Gumada II 587 (17. Juni 1191), Saladin entrissen und alle Muslime gefangen genommen und umgebracht hat-
15 ten […]; Gott, der alles vorausweiß, bestimmte, dass es in diesem Jahr am Freitag, dem 17. Gumada II, durch die Hand eines anderen Saladin[2], Sultan al-Malik al-Asrafs 426 (1291), zurückerobert werde.

Francesco Gabrieli (Hg.), Die Kreuzzüge aus arabischer Sicht, übers. v. Francesco Gabrieli, Lutz Richter-Bernburg und Barbara von Kaltenborn-Stachau, Bechtermünz-Verlag, Augsburg 2000, S. 409.*

1 Der Autor verschweigt den Wortbruch des Sultans, der freien Abzug zugesagt hatte.
2 trug auch den Namen Salah ad-Din

1 Recherchieren Sie die Geschichte der Stadt und Festung Akkon im Rahmen der Kreuzzüge und legen Sie eine Datentabelle an.
2 Analysieren Sie das Vorgehen des Sultans.
3 Beurteilen Sie den Bezug des Autors auf Saladin.
4 **Vertiefung:** Heiliger Krieg und Dschihad: Beurteilen Sie vergleichend die Konzepte und bewerten Sie das Handeln der muslimischen Herrscher.

Zu Akkulturation und Assimilation

M 12 Der Geschichtsschreiber Fulcher von Chartres über das Leben der Christen im Heiligen Land, ca. 1100

Fulcher war Kreuzritter im Heer des Stephan von Blois, 1097 Kaplan Balduins I. in Edessa und lebte später in Jerusalem.

Wir, die wir Abendländer waren, sind Orientalen geworden; dieser, der Römer oder Franke war, ist hier Galiläer oder Bewohner Palästinas geworden; jener, der in Reims oder Chartres wohnte, betrachtet sich
5 als Bürger von Tyrus oder Antiochia. Wir haben schon unsere Geburtsorte vergessen; mehrere von uns wissen sie schon nicht mehr oder wenigstens hören sie nicht mehr davon sprechen. Manche von uns besitzen in diesem Land Häuser und Diener, die ih-
10 nen gehören wie nach Erbrecht; ein anderer hat eine Frau geheiratet, die durchaus nicht seine Landsmännin ist, eine Syrerin oder Armenierin oder sogar eine Sarazenin, die die Gnade der Taufe empfangen hat; der andere hat seinen Schwiegersohn oder seine
15 Schwiegertochter bei sich oder seinen Schwiegervater oder seinen Stiefsohn; er ist umgeben von seinen Neffen oder sogar Großneffen; der eine bebaut Weingärten, der andere Felder; sie sprechen verschiedene Sprachen und haben es doch alle schon fertig ge-
20 bracht, sich zu verstehen. Die verschiedensten Mundarten sind jetzt der einen wie der anderen Nation gemeinsam, und das Vertrauen nähert die entferntesten Rassen einander an.

Régine Pernoud (Hg.), Die Kreuzzüge in Augenzeugenberichten, übers. v. Carl Hagen Thürnau, Karl Rauch Verlag, Düsseldorf 1961, S. 125.

M 13 Der arabische Schriftsteller Usama ibn Munqidh (1095–1188) zum Leben der Franken

Usama ibn Munqid, Emir von Schaizar, Syrien, erlebte einige Kreuzzüge mit und beschreibt in seiner Autobiografie „Buch der Belehrung durch Beispiele" das Leben der „Franken".

Es gibt unter den Franken einige, die sich im Lande angesiedelt und begonnen haben, auf vertrautem Fuße mit den Muslimen zu leben. Sie sind besser als die anderen, die gerade neu aus ihren Heimatländern
5 gekommen sind, aber jene sind eine Ausnahme und man kann sie nicht als Regel nehmen. Hierzu so viel: Einmal schickte ich einen Gefährten in ein Geschäft nach Antiochia, dessen Oberhaupt Todros (der Grieche) ibn as-Safi war, mit dem ich befreundet war und
10 der in Antiochia eine wirksame Herrschaft ausübte. Er sagte eines Tages zu meinem Gefährten: „Ein fränkischer Freund hat mich eingeladen. Komm doch mit, dann siehst du ihre Gebräuche." „Ich ging mit", erzählte mein Freund, „und wir kamen zum Hause eines der alten Ritter, die mit dem ersten Zug der
15 Franken gekommen waren. Er hatte sich von seinem Amt und Dienst zurückgezogen und lebte von den Einkünften seines Besitzes in Antiochia. Er ließ einen schönen Tisch bringen mit ganz reinlichen und vorzüglichen Speisen. Als er sah, dass ich nicht zulangte,
20 sagte er: ‚Iss getrost, denn ich esse nie von den Speisen der Franken, sondern habe ägyptische Köchinnen und esse nur, was sie zubereiten. Schweinefleisch kommt mir nicht ins Haus!' Ich aß also, sah mich aber vor, und wir gingen. Später überquerte ich den Markt,
25 als eine fränkische Frau mich belästigte und in ihrer barbarischen Sprache mir unverständliche Worte hervorstieß. Eine Menge Franken sammelten sich um mich und ich war schon meines Todes sicher: Da erschien der Ritter, erkannte mich, kam herbei und
30 sagte zu der Frau: ‚Was hast du mit diesem Muslim?' ‚Er hat meinen Bruder Urso getötet!', erwiderte sie. Dieser Urso war ein Ritter aus Apamea, der von einem Soldaten aus Hama getötet worden war. Er fuhr sie an: ‚Das hier ist ein Bürger, ein Kaufmann, der
35 nicht in den Krieg zieht und sich nicht aufhält, wo man kämpft.' Dann herrschte er die Menge an, die sich angesammelt hatte. Sie zerstreute sich und er nahm mich bei der Hand. So hatte die Tatsache, dass ich bei ihm gespeist hatte, zur Folge, dass mir das Le-
40 ben gerettet wurde."

Francesco Gabrieli (Hg.), Die Kreuzzüge aus arabischer Sicht, übers. v. Francesco Gabrieli, Lutz Richter-Bernburg und Barbara von Kaltenborn-Stachau, Bechtermünz-Verlag, Augsburg 2000, S. 121 f.

1. Skizzieren Sie die in M 12 und M 13 dargestellten Erfahrungen zum Leben in den Kreuzfahrerstaaten.
2. Diskutieren Sie im Plenum, ob und inwieweit Prozesse von Akkulturation bis hin zur Assimilation zu erkennen sind.

▶ Kernmodul: Nutzen Sie die Materialien M 3, M 4 und M 6, S. 103 ff.

Anwenden

M1 Positionen der Forschung zum Leben in den Kreuzfahrerstaaten

a) Die Sicht des Historikers Franco Cardini (2000)

Trotzdem entwickelte sich im Lauf der Zeit eine Kultur der Verständigung und des Dialogs mit der muslimischen Welt. Die frisch aus Europa eintreffenden Krieger und Pilger empörten sich über diese Gesellschaft von *poulains*, von „Bastards", die sich nicht selten mit syrischen und armenischen Familien verschwägert hatten, die arabisch, armenisch und griechisch sprachen und sich ortsüblichen Bräuchen entsprechend kleideten, aßen und lebten. Die Europäer, die jede neue Kreuzzugsexpedition als Kampf ohne Pardon ansahen, betrachteten diese „koloniale" Kreuzfahrergesellschaft als korrupt und islamisiert. Die „überseeischen Franken", die zweihundert Jahre lang immer wieder auf den Beistand ihrer europäischen Glaubensbrüder angewiesen waren, betrachteten wiederum die Europäer als unkultiviert und gefährlich und bemühten sich lieber um eine möglichst weitgehende diplomatische Verständigung mit den Sarazenen, als den Westen um militärischen, vom Papst sanktionierten Beistand zu bitten. Denn die Anführer der Kreuzfahrer aus dem Westen, Fürsten und Abenteurer, waren eher begierig, Beute zu machen, als den Rat zur Mäßigung anzunehmen. Sie schlugen alle taktischen und logistischen Anregungen in den Wind.

Franco Cardini, Europa und der Islam, übers. v. Rita Seuß, C. H. Beck, München 2000, S. 86 ff.

b) Die Sicht des Historikers Rudolf Hiestand (1997)

Durch ihre Entstehung und ihre Struktur waren die Kreuzfahrerstaaten in mehrfacher Hinsicht eine multikulturelle Gesellschaft. Zuerst galt dies für die fränkischen Bewohner, die aus allen Teilen des Abendlandes kamen, Franzosen, Italiener, Engländer, Deutsche, Spanier, Ungarn usw. Mit dem Französischen als Umgangssprache wohnten sie Seite an Seite und rasch gingen sie untereinander Ehen ein. Daneben gab es in großer Zahl Griechen, christlich-orthodoxe Araber sowie Angehörige der orientalischen Nationalkirchen, Armenier, Jakobiten und Maroniten, darüber hinaus in Galiläa jüdische und um Nablus samaritanische Siedlungen. Dazu kamen Muslime, vor allem auf dem Land, wo sie teilweise die Mehrheit stellten. Alle genossen die freie Ausübung ihres Glaubens, wenn sie auch nicht gleichberechtigt waren, weil die Franken sich die Lehen vorbehielten und auch die Gerichtsbußen abgestuft waren.

An den Muslimen wurde der innere Widerspruch der Kreuzfahrerstaaten sichtbar. Ideologisch bildete der Kampf gegen die Glaubensfeinde ihre Basis. Andererseits musste man sich in die neue Umgebung eingliedern. Gesandte gingen hin und her, vornehme Muslime zogen mit dem König auf die Jagd, brachten und empfingen Geschenke und fanden in Krisenzeiten monatelang Aufnahme. Erst recht musste man mit den Muslimen im Inneren, die wirtschaftlich unentbehrlich waren, einen *Modus vivendi*[1] herstellen, was den lateinischen Klerus ärgerte, neu ankommende Kreuzfahrer empörte und für westliche Chronisten ein Tabu darstellte.

Rudolf Hiestand, „Wir sind Orientalen geworden", in: Damals, Nr. 10, 1997, S. 25 f.

[1] *Modus vivendi* (lat.): Form eines erträglichen Zusammenlebens

1 Fassen Sie die Kernaussagen der beiden Historiker in eigenen Worten zusammen.
2 Analysieren Sie die Positionen der Historiker zur Problematik der Akkulturationsprozesse.
3 **Vertiefung:** Beziehen Sie in Ihre Überlegungen zu Aufgabe 2 Ihnen bekannte zeitgenössische Stimmen mit ein.
Tipp: Siehe S. 151.
4 Ordnen Sie die beiden Positionen in Ihnen bekannte Konzepte und Theorien zu Kulturkontakt ein.
5 **Präsentation:** Verfassen Sie einen kurzen Beitrag zu der Frage: Die Kreuzfahrerstaaten – eine beispielhafte „multikulturelle Gesellschaft"?

Wiederholen

M2 „Die Eroberung der Stadt Maarat an-Numan (bei Antiochia) durch die Kreuzfahrer unter Bohemund von Tarent im Dezember 1098", Ölgemälde von Henri Decaisne, 1843

Zentrale Begriffe
Christentum
Dhimmi-System
Dschihad
Heiliger Krieg
imitatio christi
Investitur
Koran
Kreuzzug
miles christi
Pogrom
Seldschuken

1 Beschreiben Sie M 2 und ordnen Sie das Bild in den historischen Kontext ein. Nutzen Sie bei Bedarf die Formulierungshilfen.
2 Interpretieren Sie das Bild M 2 und gehen Sie dabei auf die Perspektive des Malers ein.
3 Charakterisieren Sie unter Rückgriff auf den Darstellungstext sowie auf die Karte M 3, S. 114 den zeitlichen Ablauf der Kreuzzüge. Gehen Sie dabei auf die Motive und Rechtfertigungsstrategie der Kreuzfahrer ein.
4 **Vertiefung:** Begründen Sie das Urteil, durch den ersten Kreuzzug sei das Verhältnis zwischen Juden und Christen nachhaltig belastet worden.
5 Erklären Sie, inwiefern in den Kreuzfahrerstaaten auch Prozesse von Akkulturation bis hin zur Assimilation zu erkennen waren.
6 **Wahlaufgabe:** Bearbeiten Sie entweder Aufgabe a) oder b).
   a) Nehmen Sie Ihre anfangs erstellte Mindmap (siehe S. 113) zur Hand und integrieren Sie die zentralen Begriffe in sinnvoller Weise. Erstellen Sie ggf. eine neue Skizze.
   b) **Partnerarbeit:** Erklären Sie Ihrem Partner/Ihrer Partnerin die zentralen Begriffe im Kontext des Themenfeldes Kreuzzüge.

Formulierungshilfen
– Auf dem Bild ist/sind ... zu sehen.
– Die dargestellten Personen sind mit ... bekleidet.
– Ihre Gestik/Mimik/Körperhaltung ist durch ... gekennzeichnet.
– Folgende Gegenstände/Symbole werden verwendet ...
– Farbgebung/Perspektiven/Proportionen sind ... gestaltet ... und erzielen die Wirkung, dass ...
– Die Miniatur versucht, folgendes Bild der historischen Ereignisse zu erzeugen: ...

7 Wahlmodul: Spanischer Kolonialismus

M1 „Die Ankunft der Spanier unter Cortés in Veracruz 1519",
Fresko von Diego Rivera, 1951

| um 1200 | Gründung der Stadt Cuzco durch die Inka (Gründungsmythos) |
| Anfang des 14. Jh. | Gründung der Stadt Tenochtitlán durch den Stamm der Mexica (Azteken) |

Am 12. Oktober 1492 landete der Genueser Seefahrer Christoph Kolumbus auf der Insel Guanahani und „entdeckte" für die Europäer einen neuen Kontinent: Amerika. Bereits während seines ersten Aufenthalts in der „Neuen Welt" wurde aus dem Entdecker Kolumbus ein Eroberer: Er taufte die Insel in „San Salvador" um und nahm sie für die spa-
5 nische Krone in Besitz. Die Eroberung der entdeckten Gebiete in Übersee ebnete den Weg für die Kolonisation. Aus der anfänglichen „Kulturberührung", so der Historiker Urs Bitterli, entwickelte sich nach kurzer Zeit ein „Kulturzusammenstoß", dem in Amerika schätzungsweise 70 Millionen Menschen zum Opfer fielen.

Die Entdeckungsfahrten leiteten die „Europäisierung" der Welt ein. Auf der Suche nach
10 neuen Handelswegen und Sklavenmärkten, nach Gewürzen und Edelmetallen erschlossen die Europäer in einem Zeitraum von fast vier Jahrhunderten nahezu alle Erdteile. Die Portugiesen und Spanier teilten die „Neue Welt" Mittel- und Südamerikas unter sich auf, ließen ihre transatlantischen Besitzansprüche durch den Papst bestätigen und gingen gewaltsam gegen die Altamerikaner vor. Sie zerstörten deren Hochkulturen,
15 nahmen Land und Bewohner in Besitz und errichteten im Namen ihrer europäischen Herrscherdynastien Kolonialreiche von gewaltiger räumlicher Ausdehnung. Dabei rechtfertigten sie ihr Vorgehen mit dem christlichen Missionsgedanken. Die errichteten Kolonialreiche bestanden teilweise bis in das 20. Jahrhundert. Viele Historiker sehen heute in der europäischen Expansion den Beginn des Globalisierungsprozesses, der
20 auch Europa nachhaltig beeinflusste.

1 Begriffscluster: Reaktivieren Sie Ihr Vorwissen, indem Sie im Kurs ein Begriffscluster zum Thema „Spanischer Kolonialismus" erstellen. Berücksichtigen Sie dabei alle Begriffe und Assoziationen, die Ihnen hierfür relevant erscheinen.
2 Beschreiben Sie das Bild M 1. Gehen Sie darauf ein, was Ihr Interesse erweckt, welche dargestellten Szenen Sie erstaunen und was Ihnen ggf. unklar ist.

1492	Vertrag zwischen Kolumbus und den spanischen Königen; „Entdeckung" Amerikas durch Kolumbus
1494	Vertrag von Tordesillas: Aufteilung der überseeischen Gebiete zwischen Spanien und Portugal
1498	Vasco da Gama umsegelt Afrika und erreicht Indien
1503	Gründung des Königlichen Handelshauses (*Casa de la Contratación*) in Sevilla; Erlass der spanischen Krone, der erstmals das System der Encomienda bzw. des Repartimiento regelte
1519–1521	Eroberung des Azteken-Reiches durch die Spanier unter Cortés
1524	Bildung des Indienrates als oberste Verwaltungsinstanz für die spanischen Kolonien
1532–1534	Eroberung des Inka-Reiches durch die Spanier unter Pizarro
1542/43	Erlass der „Neuen Gesetze" durch die spanische Krone
1545	Teilweise Rücknahme der „Neuen Gesetze"
1568	Erste Sklaventransporte von Westafrika nach Amerika
Ende 16. Jh.	Spanisches Weltreich: Höhepunkt der territorialen Ausdehnung
1792	Dänemark verbietet als erstes europäisches Land die Sklaverei

7 Wahlmodul: Spanischer Kolonialismus

Landnahme in Amerika

Als **Christoph Kolumbus** 1493 den ersten Bericht über seine Entdeckungen verfasste, hielt er es für erwähnenswert, dass er keinen Ungeheuern in Menschengestalt begegnet sei. Diese merkwürdigen Wesen, die angeblich die Randzonen der mittelalterlichen Weltkarten bevölkert hatten, wurden durch die **Entdeckungsreisen des 15./16. Jahrhunderts** in das Reich der Fabel verwiesen. Stattdessen trafen die Europäer auf Menschen, die anders aussahen, eine andere Lebensweise pflegten und über einen niedrigen technischen Entwicklungsstand verfügten. Es bildeten sich zwei Betrachtungsmuster für die Fremden heraus: Einerseits wurden sie als primitive Barbaren verachtet und andererseits als „edle Wilde" bestaunt.

Diese Betrachtungsmuster sind nicht zu trennen von der Diskussion über die europäischen Ansprüche auf die „Neue Welt". Neben dem Entdeckungs- oder Finderrecht auf unbewohnte Inseln beriefen sich die Eroberer auf das päpstliche Verleihungsrecht und den Staatsvertrag zwischen den europäischen Seemächten. Zunächst hatte 1493 Papst Alexander VI. (Borgia) den Spaniern die Herrschaft über alle aktuellen und künftigen Entdeckungen im westlichen Ozean verliehen, damit sie die „barbarischen" Bewohner zum christlichen Glauben führten. Im **Vertrag von Tordesillas** von 1494 einigten sich Spanier und Portugiesen darauf, dass die Entdeckungen im Westen den Spaniern und diejenigen im Osten den Portugiesen gehören sollten. Die anderen europäischen Mächte und einige spanische Mönche akzeptierten diese Legitimationen jedoch nicht. Die juristischen Kontroversen drehten sich um den **Status der Indios** als Menschen: Waren sie Barbaren ohne Recht auf ihr Land oder waren sie Kinder Gottes, die in die Hände habgieriger und grausamer Eroberer gefallen waren?

M1 Fabelwesen: Einäugiger Mensch, Holzschnitt aus Sebastian Münsters „Kosmographie", 1550

M2 Fabelwesen: Kopfloser Mensch, Holzschnitt aus Sebastian Münsters „Kosmographie", 1550

Neben dem Papst und den Monarchen betraf die Frage nach den Besitzansprüchen auch die Interessen der **Konquistadoren*** und Siedler. Sie hatten nach der Eroberung das Land unter sich aufgeteilt und viele der indigenen Bewohner* zum Arbeitseinsatz gezwungen. 1503 erkannte die spanische Krone diese Praxis faktisch an. Im System der **Encomienda** bzw. des **Repartimiento** erhielten die spanischen Landbesetzer den Boden und eine bestimmte Anzahl von Indios als Arbeitskräfte von der Krone offiziell zugeteilt. Die spanischen Herren sollten ihre Indios angemessen unterbringen und entlohnen sowie in der christlichen Religion unterweisen. Da der Königshof aber tausende Kilometer von den Kolonien entfernt lag, kümmerten sich die Konquistadoren nicht um ihre Fürsorgepflichten. Stattdessen beuteten sie die Indios hemmungslos aus. Dies führte zusammen mit den von den Europäern eingeschleppten Krankheiten zu einem dramatischen Rückgang der Bevölkerung. In der Karibik ging die Zahl der Indios in den ersten einhundert Jahren der spanischen Herrschaft um bis zu 90 Prozent zurück.

Kontroverse über Indios

Diese Zustände in den Kolonien schwächten die fragwürdige Herrschaftslegitimation der Spanier. Spanische Mönche, die in Amerika missionieren sollten, mussten erkennen, dass ihre Landsleute durch ihr Verhalten alle Missionsbemühungen zunichte machten. Ohne Erfolge bei der Mission aber entfiel die vom Papst verliehene Berechtigung zur Herrschaft. Angesichts der brutalen Unterdrückung der Indios konnten die Spanier nicht mehr behaupten, durch ihre Herrschaft die Indios zu zivilisieren. Besonders scharfe Kritik an diesen Zuständen übte der Dominikanermönch und ehemalige Konquistador **Bartolomé de Las Casas**. Seit 1512 setzte er sich hartnäckig für die Indios ein und initiierte eine Grundsatzdebatte über deren Status. Las Casas berichtete, dass die Indios im Einklang mit der Schöpfung lebten. 1537 revidierte Papst Paul III. die Aussagen seines Vorgängers, indem er verkündete, dass die Indios „wahre Menschen" mit dem Anrecht auf ihren Besitz seien. Einige Gelehrte folgten dem Papst nicht und blieben bei der Ansicht, Indios seien von Natur aus Sklaven. Die spanische Herrschaft war ihrer Meinung nach notwendig, um die Indios von ihrer barbarischen Lebensweise abzubringen. Häufig führten sie in diesem Zusammenhang Kannibalismus und Menschenopfer als „unnatürliche Schandtaten" der Indios an. Diese Phänomene waren nur in einem Teil der vielfältigen altamerikanischen Kulturen tatsächlich anzutreffen, wurden jedoch in zahlreichen Berichten europäischer Reisender besonders hervorgehoben und als durchgängig auftretende Praktiken dargestellt. Das sollte die Reiseberichte für das europäische Publikum besonders interessant machen.

Indianerschutzpolitik

Faktisch hatte die spanische Krone im 16. Jahrhundert keine auswärtigen Mächte zu fürchten, aber die Misshandlung der Indios drohte die moralische Autorität des Herrschers zu untergraben. Zudem verloren die Kolonien durch den Bevölkerungsrückgang an Wert. In der Vorstellung des Königshauses blieben die Indios Barbaren, die nun jedoch im Sinne der Papstbulle von 1493 christianisiert und vor der Willkür der Herren wirksam geschützt werden sollten. Der Versuch, 1542 durch die **„Neuen Gesetze"** das Encomienda-System abzuschaffen, scheiterte noch am Widerstand der mächtigen Grundbesitzer in Amerika.
Im Rahmen der **„Indianerschutzpolitik"** ging Kaiser Karl V. nun dazu über, die Indios in eigenen Dörfern anzusiedeln, zu denen nur Missionare und staatliche Beamte Zutritt hatten. Auf diese Weise gelang es, den Bevölkerungsrückgang zu stoppen. Auf den Plantagen der Konquistadoren machte sich dennoch ein gravierender Mangel an Arbeitskräften bemerkbar. Diese Lücke schlossen afrikanische Sklaven, die die Spanier und Portugiesen daraufhin nach Amerika importierten.

Konquistador
Sammelbegriff für die spanischen und portugiesischen Entdecker, Abenteurer und Soldaten, die während des 16. und 17. Jh. große Teile Nord- und Südamerikas und der Philippinen als Kolonien in Besitz nahmen

Indigene Völker
(lat. *indiges* = eingeboren) sind die Nachkommen einer Bevölkerung vor einer Eroberung oder Kolonisation eines Staates oder einer Region, die sich als eigenständiges Volk verstehen und ihre sozialen, wirtschaftlichen und kulturellen Institutionen beibehalten.

▶ M 9: Bartolomé de Las Casas

▶ M 10: Juan Gines de Sepulveda

▶ M 7: Kolorierter Holzschnitt aus Kolumbus' „Neuer Welt"

M 3 Bartolomé de Las Casas (1474–1566), Gemälde von Antonio Lara, 1566

Las Casas war als Konquistador nach Amerika gekommen, hatte aus moralischen Gründen „seine" Indios aber zurückgegeben und sich als Mönch dem Dominikanerorden angeschlossen.

M 4 Internationaler Waren- und Sklavenhandel im 17. und 18. Jahrhundert

Afrikaner als Sklaven und Sklavenhändler

Der **Sklavenhandel in Afrika** reicht bis in die Antike zurück. Seit dem frühen Mittelalter waren dort islamische Sklavenhändler tätig. Im 15. Jahrhundert begannen die Portugiesen an der Westküste Afrikas Sklaven aufzukaufen, um sie bei anderen Afrikanern gegen Gold einzutauschen. Die dunkelhäutigen Afrikaner bewährten sich als Arbeitskräfte und noch im späten 15. Jahrhundert wurden sie auch auf die Iberische Halbinsel gebracht. Da die Afrikaner das tropische Klima aus ihrer Heimat gewohnt waren, schienen sie der ideale Ersatz für die Indios als Arbeitskräfte in den amerikanischen Kolonien zu sein. Portugiesen und – seit der zweiten Hälfte des 16. Jahrhunderts auch – Briten, Franzosen und Niederländer brachten bis zum 18. Jahrhundert schätzungsweise zwischen 11 und 15 Millionen Menschen gewaltsam nach Amerika. Anders als bei den Indios stieß der Einsatz der afrikanischen Sklaven zunächst nicht auf Kritik in Europa. Vermutlich hat dazu beigetragen, dass die Europäer selbst kaum Menschen versklavten. Dies übernahmen arabische und vor allem afrikanische Sklavenjäger, die ihre Opfer an die Küste brachten und den Europäern verkauften. Zu diesem Zweck unterhielten die Europäer **Stützpunkte an der Küste**. Ins Landesinnere stießen sie kaum vor. Beim Verkauf agierten die afrikanischen Händler nicht anders als ihre europäischen Geschäftspartner, indem jeder versuchte, möglichst viel zu verdienen. Aus diesem Grunde dominierten im 16./17. Jahrhundert bei den Europäern negative Klischees über angeblich „boshafte und habgierige Afrikaner". Einige wenige Reisende differenzierten zwischen der Vielzahl unterschiedlicher afrikanischer Kulturen und berichteten auch von positiven Erfahrungen.

M 5 Statuette „Mohr mit Smaragdstufe", Dresden, 1724

Der Begriff Smaragdstufe bezeichnet die auf dem Tablett befindliche Erdplatte, in der die Smaragde noch feststecken.

Neue Perspektiven in der Aufklärung

Adlige und reiche Bürgerfamilien nahmen seit dem 15. Jahrhundert gern „Mohren" als exotische Diener auf. Dieser „Trend" verstärkte sich im 18. Jahrhundert und veränderte so das Bild der Afrikaner in Europa. Einige der Afrikaner konnten mit Unterstützung ihrer Gönner eine gute Bildung erwerben. Der aus Ghana stammende Anton Wilhelm
5 Amo promovierte als Schützling des Herzogs von Braunschweig-Wolfenbüttel 1734 als erster Afrikaner an der Universität Wittenberg. Die negativen Klischees verloren angesichts dieser Erfahrungen ihre Dominanz. Die Philosophen der Aufklärung unterstützten diese Entwicklung. Grundsätzlich gingen sie von einem ursprünglichen **Naturzustand der Menschheit** aus. Dabei griffen sie häufig das Bild des „edlen Wilden" auf. Bei
10 den Afrikanern lobte man beispielsweise deren „kindliche Unschuld" und Gastfreundschaft. Zudem sahen die Aufklärer in der Freiheit den natürlichen Zustand des Menschen. Aus diesem Grund erklärten sie die **Sklaverei zur widernatürlichen Einrichtung.** Diese Auffassungen beeinflussten auch die Herrschaftspraxis in einigen europäischen Monarchien: 1772 verfügte im **„Somerset-Fall"** ein englisches Gericht, dass ein entlau-
15 fener Sklave, der in England aufgegriffen worden war, nicht an den Eigentümer zurückgegeben werden durfte. Dänemark verbot 1792 als erstes europäisches Land grundsätzlich jede Form von Sklaverei, Großbritannien folgte erst 1833. Dagegen änderte sich in Übersee am Schicksal der Sklaven zunächst nichts. Die schrittweise **Abschaffung der Sklaverei** in Europa bedeutete aber nicht das Ende jeglicher **Diskriminierung.** Für die
20 Gelehrten stellte die europäische Zivilisation weiterhin die höchste bekannte Kulturstufe dar. Das Abendland war im 18. und 19. Jahrhundert der Maßstab, an dem alle anderen Kulturen gemessen wurden. Einige Gelehrte der Aufklärung verbanden zudem die äußeren Merkmale der Menschen mit geistigen Fähigkeiten und Charaktereigenschaften. Dem europäischen Typ sprachen sie dabei die besten Eigenschaften zu; Afrikaner
25 und Asiaten ordneten sie dagegen auf einer angeblich niedrigeren Stufe ein.

Blicke auf die Europäer

Was Indios und Afrikaner von den Europäern dachten, kann nur ansatzweise ermittelt werden. Die indigenen Kulturgüter in Amerika haben die Spanier weitgehend vernichtet. Die wenigen überlieferten Zeugnisse sind nicht unabhängig, da europäische Missionare entschieden, ob sie überhaupt „überlieferungswürdig" seien. Die **indianischen**
5 **Berichte** stellen die Europäer als goldgierig und grausam dar. Nach Ansicht der älteren Forschung nahmen die Indios die Europäer als „weiße Götter" wahr. Angesichts des unvertrauten Aussehens, der großen Schiffe sowie der den Indios unbekannten Feuerwaffen und Pferde ist dies nicht völlig auszuschließen, aber auch nicht hinreichend belegt. Von der **Sicht der Afrikaner** ist noch weniger bekannt. Einige Europäer erzählen,
10 wie die Afrikaner sie wahrnahmen. Dabei steht die Bewunderung der „Wilden" für die Europäer im Vordergrund; es wird aber auch von Ablehnung und Angst berichtet. Aus dem 18. Jahrhundert sind Berichte von in Europa oder Nordamerika lebenden Afrikanern bekannt. Allerdings wurden diese für ein „weißes" Publikum geschrieben und müssen daher kritisch interpretiert werden.

1 Beschreiben Sie den Umgang der Europäer mit der indigenen Bevölkerung in Amerika.
2 Vergleichen Sie die Positionen in der Grundsatzdebatte über den Status der Indios.
3 Erläutern Sie das Selbst- und Fremdbild der Europäer in der Frühen Neuzeit.
4 Erklären Sie die Schwierigkeiten bei der Untersuchung amerikanischer und afrikanischer Perspektiven auf die Europäer in der Frühen Neuzeit.
5 Interpretieren Sie die Karte M 4. Nutzen Sie dazu die Informationen aus dem Darstellungstext.

▶ M 5: Statuette „Mohr mit Smaragdstufe"

▶ M 14: Willem Bosman

M 6 Olaudah Equiano oder Gustavus Vassa (ca. 1750–1797), Kupferstich, London, 1789

Equiano wurde wahrscheinlich als Junge aus Afrika nach Amerika verschleppt. Er war Sklave in den USA, Westindien und Großbritannien, konnte sich aber freikaufen, schrieb eine Autobiografie und engagierte sich gegen die Sklaverei.

▶ M 12, M 13: Die Spanier in den Augen der Azteken und Inka

▶ M 11: Felix Hinz

E-Learning-Projekt zu den spanischen Entdeckungen und Eroberungen
cornelsen.de/Webcodes
Code: baciju

7 Wahlmodul: Spanischer Kolonialismus

> **Hinweise zur Arbeit mit den Materialien**
> Die vorliegenden Materialien thematisieren die Ankunft der Spanier in Mittel- und Südamerika aus unterschiedlicher Perspektive: Die Materialien M 8 bis M 10 spiegeln mit Texten von Kolumbus, de Las Casas und Sepulveda den europäischen Blick auf die indigene Bevölkerung der „Neuen Welt" und werden ergänzt von einer bildlichen Quelle (M 7). Die Materialien M 11 bis M 13 beleuchten die indigene Sicht auf die europäischen Konquistadoren. M 14 und M 15 beschäftigen sich mit den Beziehungen von Europäern und Afrikanern, nachdem seit dem Ende des 16. Jahrhunderts verstärkt afrikanische Sklaven nach Amerika importiert wurden, um fehlende Arbeitskräfte zu ersetzen.
>
> **Zur Vernetzung mit dem Kernmodul**
> Es bietet sich an, die Materialien dieser Themeneinheit in Beziehung zu setzen mit Bitterlis Ausführungen zu Kulturberührung, -zusammenstoß und -beziehung (M 3, M 4, S. 103 ff.).

Die Indios in europäischer Perspektive

M 7 Kolorierter Holzschnitt aus der Erstausgabe des ersten Briefes aus Kolumbus' „Neuer Welt" (1493)

M 8 Christoph Kolumbus, Der erste Brief aus der „Neuen Welt" (1493)

Auf dieser und allen anderen Inseln, die ich gesehen habe oder von denen ich Kenntnis besitze, laufen die Bewohner beiderlei Geschlechts nackt wie am Tage ihrer Geburt umher. Die einzige Ausnahme bilden einige Frauen, die ihre Scham mit Blättern oder einem Baumwolltuch bedecken, welches sie sich zu diesem Zweck selbst weben. Die Menschen auf diesen Inseln kennen keine Form des Eisens. Sie haben auch keine Waffen, kennen diese nämlich nicht und wären für Waffen auch gar nicht geeignet, und zwar nicht weil ihnen dazu die körperlichen Voraussetzungen fehlten [...], sondern weil sie furchtsam sind und angsterfüllt. [...] Sobald sie sich aber sicher fühlen, legen sie jede Furcht ab und sind im höchsten Maße ehrlich und vertrauenswürdig und mit allem, was sie haben, überaus großzügig. Einem Bittsteller verweigert keiner, was er besitzt. Ja, sie fordern uns sogar selbst dazu auf, uns an sie zu wenden. Überhaupt begegnen sie allen Menschen mit großer Liebe. [...] Und so habe ich denn keine Ungeheuer erblickt und habe auch nirgendwo von solchen gehört, mit Ausnahme der Berichte über eine Insel namens Carib, die zweite, die man auf der Überfahrt von Spanien nach Indien erreicht. [...] Die Bewohner von Carib essen nämlich Menschenfleisch. Sie haben viele verschiedene Arten von Ruderbooten, mit denen sie zu allen Inseln Indiens fahren und dort plündern und rauben, so viel sie können. Sie unterscheiden sich in keiner Weise von den anderen, außer dass sie langes Haar wie sonst nur Frauen tragen.

Christoph Kolumbus, Der erste Brief aus der Neuen Welt, hg. und übers. v. Robert Wallisch, Reclam, Stuttgart 2000, S. 19–33.*

1 Vergleichen Sie den Holzschnitt (M 7) mit dem Brief von Kolumbus (M 8) und diskutieren Sie den Erkenntniswert der Darstellungen.

M 9 Der Dominikanermönch Bartolomé de Las Casas über Indios (1542, veröffentlicht 1550)

Westindien wurde im Jahre 1492 entdeckt. Im folgenden Jahr siedelten sich spanische Christen an. So hat sich denn seit neunundvierzig Jahren eine große Anzahl Spanier dorthin begeben. Und das erste Land, in das sie eindrangen, um sich anzusiedeln, war die große und überaus fruchtbare Insel Española[1]. [...] Überall rings um sie gibt es unzählige andere, sehr große Inseln [...]. Das Festland, das dieser Insel am nächsten liegt, ist etwas mehr als zweihundertfünfzig Meilen entfernt und davon wurde bisher über zehntausend Meilen entdeckt [...] und alles wimmelt dort in dem Gebiet von Menschen. [...] All diese unzähligen Leute von jeder Art schuf Gott ganz arglos, ohne Bosheit und Doppelzüngigkeit, ihrem natürlichen Herren und den Christen, denen sie nun dienen höchst gehorsam und treu, sie sind die demütigsten, geduldigsten, friedfertigsten und ruhigsten Menschen, die es auf der Welt gibt, sie kennen keinen Zwist und keinen Hader, sie sind keine Störenfriede und keine Zänker, ohne Groll, Hass oder Rachsucht. Zugleich sind es Leute von zartester, schwächlichster und empfindlichster Konstitution, die am schlechtesten Mühsal ertragen können und jeder Krankheit am leichtesten erliegen, sodass nicht einmal unsere Fürsten- oder Herrensöhne, die in Behaglichkeit und Wohlleben aufgezogen werden, empfindlicher als sie sind, selbst wenn sie zu denen gehören, die bei den Indios den Bauernstand bilden.

Außerdem sind sie bitterarme Leute, die ganz wenige Güter besitzen und besitzen wollen. Und darum sind sie nicht hochmütig, ehrgeizig oder habsüchtig. [...] Gewöhnlich gehen sie nackt einher und haben lediglich die Scham verhüllt, und sie bedecken sich höchstens noch mit einem Baumwollmantel, der ein etwas anderthalb oder zwei Ellen großes Tuch ist. [...] Auch haben sie einen klaren, unverdorbenen und scharfen Verstand, sind sehr geeignet und empfänglich für jede gute Lehre, und außerordentlich befähigt, unseren heiligen katholischen Glauben zu empfangen und tugendhafte Sitten anzunehmen, und von allen Menschen, die Gott in dieser Welt geschaffen hat, sind sie diejenigen, bei denen es hierfür die geringsten Hindernisse gibt.

Bartolomé de Las Casas, Kurzgefasster Bericht von der Verwüstung der Westindischen Länder, hg. v. Michael Sievernich, übers. v. Ulrich Kunzmann, Insel, Frankfurt/M. 2006, S. 15 f. © Übersetzung bei Verlag Schöningh Paderborn 1995.*

1 *Española (auch: Hispaniola)*: zweitgrößte Antilleninsel, auf der die heutigen Staaten Dominikanische Republik und Haiti liegen; hier landete Kolumbus auf seiner ersten Reise

1 Analysieren Sie M 9 hinsichtlich der Darstellung der Indios durch Las Casas.
2 Vergleichen Sie die Aussagen von Las Casas mit dem Text von Kolumbus (M 8).

M 10 Juan Gines de Sepulveda (1489–1573), Theologe, Jurist und Chronist von Kaiser Karl V., „Dialog über die gerechten Kriegsgründe" (1544)
In Sepulvedas Streitschrift wird ein fiktiver Gesprächspartner mit „Du" angeredet.

Wenn ich das Gesamtergebnis der vorhergehenden Erörterung recht begreife, hast Du vier Gründe dargelegt, weshalb die Spanier mit diesen Barbaren gerechterweise Krieg beginnen können. Erstens, weil sie von Natur aus Sklaven und Barbaren sind, unzivilisiert und unmenschlich, lehnen sie die Herrschaft klügerer, mächtigerer und vollkommenerer Menschen ab, eine Herrschaft, die sie zu ihren großen Vorteilen annehmen müssen; dies ist eine von Natur aus gerechte Sache, wo der Inhalt der Form, der Körper der Seele, der Trieb der Vernunft, die unvernünftigen Tiere den Menschen, die Frauen den Männern, die Söhne den Vätern, in der Tat das Unvollkommene dem Vollkommenen und das Schlechte dem Besseren gehorchen muss, damit es beiden Seiten zugute kommt. Dies nämlich ist die natürliche Ordnung, die aufgrund des göttlichen und ewigen Gesetzes überall eingehalten werden muss [...]. Als zweiten Grund hast Du angeführt, dass die frevelhaften Begierden und die unnatürlichen Schandtaten, Menschenfleisch zu verspeisen, beseitigt werden sollen, Verbrechen, die gegen die Natur ganz besonders verstoßen, und dass nicht – was Gottes Zorn vor allem reizt – Dämonen anstelle Gottes verehrt werden sollen, und zwar durch die Opferung von Menschen nach einem unnatürlichen Ritus. Als dritten Grund hast Du angeführt, was für mich großes Gewicht besitzt, um die Gerechtigkeit dieses Krieges darzutun, es sollten große Ungerechtigkeiten an zahlreichen unschuldigen Menschen, welche die Barbaren alljährlich opferten, verhindert werden. [...] An vierter Stelle hast Du dargelegt, dass die christliche Religion mithilfe der Predigt des Evangeliums mit geeigneten Gründen verbreitet werden müsse, wenn sich eine Gelegenheit dazu bietet, und jetzt ist der Weg für die Prediger und Lehrer der Sitten und der Religion offen und sicher; dieser Weg ist so gesichert, dass sie nicht nur selbst geschützt die Lehre des Evangeliums übermitteln können, sondern dass den Barbarenvölkern jegliche Furcht vor ihren Fürsten und Priestern genommen wurde, sodass sie frei und ungestraft die christliche Religion annehmen können [...]. Es ist offensichtlich, dass dies nur durch die Unterwerfung der Barbaren durch Krieg oder auf andere Art und Weise geschehen konnte.

Christoph Strosetzki (Hg.), Der Griff nach der neuen Welt, Fischer, Frankfurt/M. 1991, S. 256 f.*

1 Fassen Sie die wesentlichen Aussagen zusammen.
2 Nehmen Sie Stellung zu Sepulvedas Aussagen.
Tipp: Nutzen Sie auch den Darstellungstext.
3 **Vertiefung:** Formulieren Sie eine Antwort auf die Streitschrift des Autors. Sprechen Sie Ihren fiktiven Gesprächspartner auch mit „Du" an.

Die Europäer in der Perspektive der Indios

M 11 Der Historiker Felix Hinz über die Frage: Waren die Europäer für die Azteken „weiße Götter"? (2005)

Wenn mit den Götter-Legenden um Quetzalcóatl[1] argumentiert wird, wird Folgendes meist nicht hinreichend beachtet: Spricht man von Quetzalcóatl, so muss man den Gott von dem sagenhaften toltekischen Priesterfürsten Quetzalcóatl Topiltzin, der sich nach dem Gott benannte, unterscheiden. Nur

Letzerer hätte die Legitimation der Herrschaft Moctezumas II.[2] infrage stellen können, doch es bestand kein Zweifel daran, dass er sterblich und tot war. Der Gott wiederum hatte nichts mit Tollan[3] zu tun, und es gibt überhaupt keinen Grund für die Annahme, dass sich Moctezuma vor ihm besonders gefürchtet haben sollte. [...]

Quetzalcóatl war [...] einer der Hauptgötter im mexikanischen Pantheon, aber die mesoamerikanischen Götter waren nicht allmächtig. Ähnlich wie in der antiken europäischen Welt war jeder Krieg der Menschen auch ein Krieg der Götter, die ihnen jeweils beistanden. Die Mexica hatten Cholula[4] unterworfen, in dem sich das zentrale Quetzalcóatl-Heiligtum befand, und Huitzilopochtli[5] hatte sich als der Stärkere erwiesen. [...] Falls die Spanier mit Götternamen bedacht wurden, dann [...] nur mangels anderer Namen für jemand Fremden, dem man eine besondere Beachtung schenkte.

Felix Hinz, „Hispanisierung" in Neu-Spanien 1519–1568. Transformation kollektiver Identitäten von Mexica, Tlaxkalteken und Spaniern, Bd. 1, Verlag Dr. Kovac, Hamburg 2005, S. 155–157.*

1 *Quetzalcóatl:* aztekischer Gott
2 *Moctezuma II.:* 1502 bis 1520 aztekischer Herrscher
3 *Tollán:* aztekischer Name der toltekischen Stadt Tula im heutigen Mexiko
4 *Cholula:* Stadt im heutigen Mexiko
5 *Huitzilopochtli:* aztekischer Kriegs- und Sonnengott und Schutzpatron der Stadt Tenochtitlán

1 Widerlegen Sie mithilfe von M 11 die Annahme der älteren Forschung, dass die Spanier von den Azteken für Götter gehalten wurden.

M 12 Die Spanier in den Augen der Azteken

Der Mönch Bernadino de Sahagún ließ 1579 von indianischen Schreibern die Geschichte der spanischen Eroberung Mexikos (1519–1521) aufschreiben.

Moctezuma sandte noch einmal verschiedene Fürsten aus. Tzihuacpopocatzin hatte die Führung dieser Gesandtschaft. Er nahm viele große Vasallen mit. Sie zogen aus, um die Spanier zwischen dem Popocatépetl und dem Iztactépetl zu treffen [...]. Sie schenkten den Göttern[1] goldene Banner und Fahnen aus Quetzalfedern[2] und goldene Halsketten. Als sie das Gold in den Händen hatten, brach Lachen aus den Gesichtern der Spanier hervor, ihre Augen funkelten vor Vergnügen, sie waren entzückt. Wie Affen griffen sie nach dem Gold und befingerten es [...]. Gefräßig wurden sie in ihrem Hunger nach Gold, sie wühlten wie hungrige Schweine nach Gold. Sie rissen die goldenen Banner an sich, prüften sie Zoll für Zoll, schwenkten sie hin und her, und auf das unverständliche fremde Rauschen im Wind antworteten sie mit ihren wilden, barbarischen Reden.

Wolfgang Behringer, Lust an der Geschichte. Amerika. Die Entdeckung und Entstehung einer neuen Welt, Piper, München 1992, S. 157 f.*

1 *Götter:* gemeint sind hier die Spanier
2 *Quetzal:* Vogelart in Lateinamerika

M 13 Die Spanier in der Sicht eines Nachfahren der Inka, Holzschnitt aus der Bilderchronik des Poma de Ayala, um 1615.

Guaman Poma de Ayala (um 1550–um 1615), indigener Schriftsteller aus dem heutigen Peru, erlernte die spanische Sprache und verfasste eine illustrierte Chronik seines Volks. Im Bild fragt ein Inka, wozu der Spanier das Gold braucht. Der Spanier antwortet: „Wir essen es."

1 Beschreiben und interpretieren Sie M 13. Berücksichtigen Sie auch M 12.
2 Bewerten Sie die Sicht der indigenen Bevölkerung auf die Spanier (M 12, M 13).
3 **Vertiefung:** Schreiben Sie ein fiktives Interview mit einem Indio über die spanischen Eroberungen in Amerika.

Europäer und Afrikaner

M 14 Willem Bosman, der ehemals hochrangigste niederländische Vertreter in Westafrika (1704)

Die Neger sind alle, ohne Ausnahme, listig, boshaft und betrügerisch und sehr selten vertrauenswürdig; sie sind darauf bedacht, sich keine Gelegenheit entgehen zu lassen, einen Europäer oder auch einen der ihren zu hintergehen. [...] Diese entarteten Laster gehen Hand in Hand mit ihren Schwestern, Faulheit und Müßiggang; diesen sind sie so sehr verfallen, dass nur die äußerste Notwendigkeit sie zur Arbeit zwingen kann. Im Übrigen sind sie so [...] wenig betroffen von ihren Missgeschicken, dass man kaum je anhand einer Veränderung an ihnen beobachten kann, ob ihnen Gutes oder Schlimmes zugestoßen sei. [...] Sie mögen Hüte sehr gern und können nie genug dafür ausgeben. Ihre Arme, Beine und Hüften sind mit Gold und mit [...] Korallen geschmückt. [...] Das gemeine Volk, wie etwa Schankwirte, Fischer und Ähnliche, ist sehr ärmlich gekleidet, einige mit einer oder zwei Ellen dünnen Tuchs, andere mit einer Art von Riemen, den sie bloß zwischen den Beinen hochziehen und um sich schlingen, um knapp ihre Scham zu verbergen. [...] Die Männer hier sind nicht so sehr der üppigen Aufmachung ergeben; die Hoffart aber, unter den Wilden genauso wie in den Niederlanden und in ganz Europa, scheint ihren Thron unter dem weiblichen Geschlecht aufgeschlagen zu haben, und dementsprechend ist die Frauenkleidung reicher als jene der Männer. Die Damen flechten ihr Haar sehr kunstvoll, platzieren ihre Fetische, Korallen und das Elfenbein mit abwägender Miene und gehen weit feiner einher als die Männer. [...]

Die Niederkunft ist hier so wenig mühsam, wie es die Männer nur wünschen können: Da gibt es kein langes Wochenbett, keine teuren Klatsch- und Jammergelage. Einmal war ich zufällig in der Nähe des Hauses, worin eine Negerin innerhalb einer Viertelstunde von zwei Kindern entbunden wurde. Noch am selbigen Tag sah ich sie zum Strand gehen, wo sie sich wusch, ohne überhaupt daran zu denken, sie könnte nochmals in ihr Bett zurückkehren. [...] Kaum ist das Kind geboren, so schickt man nach dem Priester, der eine Menge von Bändern und Korallen und anderem Flitterzeug um Kopf, Leib, Arme und Beine des Säuglings wickelt. Danach treibt er die Geister aus, ihrem gewohnten Brauch gemäß, wodurch sie das Kind gegen alle Krankheiten und bösen Unfälle gewappnet glauben [...].

Zit. nach: Urs Bitterli (Hg.), Die Entdeckung und Eroberung der Welt. Dokumente und Berichte. Bd. 1: Amerika, Afrika, C. H. Beck, München 1980, S. 212–214.*

1 Analysieren Sie M 14 im Hinblick auf die Darstellung der Afrikaner.
2 Bewerten Sie diese Darstellung.
3 **Zusatzaufgabe:** Siehe S. 151.

M 15 Bericht des Kapitäns Cadamosto (1455)

Der Italiener Cadamosto stand in portugiesischen Diensten und erkundete 1455 die Mündung des Gambiaflusses in Westafrika.

Nachdem wir etwa vier Meilen flussaufwärts gesegelt waren, bemerkten wir plötzlich einige Kanus, die sich von hinten näherten. Weil wir das gesehen hatten, drehten wir in ihre Richtung. [...] Sie überprüften den Kurs und begannen zu rudern, wobei sie uns wie ein Wunder bestaunten. Wir schätzten, dass sie insgesamt höchstens 150 Mann seien. Sie schienen gut gebaute Körper zu haben, waren sehr schwarz und alle mit Baumwollhemden bekleidet: Einige trugen weiße Kappen auf dem Kopf, ganz ähnlich wie es die Deutschen tun, außer dass sie auf jeder Seite einen weißen Flügel und eine Feder in der Mitte der Kappe hatten. [...] Als wir sie erreichten, legten sie die Ruder weg und ohne jede andere Begrüßung fingen sie an, ihre Pfeile abzuschießen. Als Antwort auf diesen Angriff schickte unser Schiff vier Geschützsalven. [...] Daraufhin drehten die Neger ab, [...] wir warfen die Anker und versuchten mit ihnen zu verhandeln. Nach heftigem Gestikulieren und Rufen unserer Übersetzer kam eines der Kanus auf Bogenschießweite heran. Wir fragten sie nach den Gründen für den Angriff, obwohl wir doch Männer des Friedens seien und Handel treiben. Zudem hätten wir friedliche und freundschaftliche Beziehungen mit den Negern des Königreiches von Senega und wir wollten mit ihnen ein vergleichbares Verhältnis, wenn sie das möchten. Wir erwähnten, dass wir von einem fernen Land kämen und passende Geschenke für ihren König und Herren hätten. [...] Sie antworteten, dass sie von unserem Kommen und Handel mit Senega gehört hatten. Die Senega aber konnten nur schlechte Menschen sein, wenn sie unsere Freundschaft suchten. Sie nämlich waren davon überzeugt, dass wir Christen Menschenfleisch essen würden und dass wir die Neger nur kauften, um sie zu verspeisen. Sie wollten unsere Freundschaft auf keinen Fall!

G. R. Crone (Hg.), The Voyages of Cadamosto and other Documents on Western Afrika, Ashgate Verlag, Farnham 2010, S. 58–60, übersetzt aus dem Englischen von Björn Onken.*

1 Beschreiben Sie die Haltung der Afrikaner gegenüber den Europäern.
2 Erklären Sie das Verhalten der Einheimischen.

Anwenden

M1 **Der Historiker Reinhard Wendt über die Rückwirkungen auf Europa (2006)**

Die Kontakte mit der überseeischen Welt bedeuteten für Europa weder Zerstörung noch Überformung. Tiefgreifende Veränderungen jedoch sind sehr wohl auszumachen. Zwischen 1500 und 1800 wurden schätzungsweise 85 000–90 000 Tonnen Edelmetall von Amerika nach Spanien verschifft, 80–85 % der damaligen Weltproduktion. Es floss in den opulenten Schmuck von Kirchen, in staatliche Kassen und in private Taschen, vermehrte die Geldmenge, förderte besonders in Spanien die Inflation, landete letztlich aber zu einem erheblichen Teil in Italien und besonders in den Niederlanden, wo Spanien die überseeischen Reichtümer für seine kostspieligen Kriege ausgab und einen guten Teil der Waren bezog, die es für die Erschließung der Neuen Welt benötigte. Vom Gewürzgeschäft profitierten die Nordwesteuropäer gleichfalls in zunehmendem Maße. Zunächst entwickelte sich Antwerpen zum zentralen Umschlagplatz, und nach der Zerschlagung des portugiesischen Handelsreiches wurden die Niederländer zu den wichtigsten Importeuren.

Die Nachfrage nach Gewürzen hatte den Prozess der europäischen Expansion wesentlich beflügelt, und nachdem nun Direktkontakte zu den Produktionsgebieten etabliert worden waren, stieg der Import im Laufe des 16. Jahrhunderts um das Doppelte. Da die Suche nach neuen ökonomisch attraktiven Nahrungs- und Genussmitteln zu den konstituierenden Komponenten der Expansion gehörte, spielte sie bei der westlichen Erkundung der überseeischen Welt stets eine wichtige Rolle. Zunehmende Asienkontakte und die fortschreitende Erschließung der Neuen Welt erweiterten die Palette dieser Handelsgüter erheblich. Daneben lernte man bislang unbekannte Feldfrüchte, Gemüse und Obstsorten kennen, die in Europa heimisch gemacht werden konnten. Importierte wie akklimatisierte Nahrungs- und Genussmittel bescherten Europa in den nächsten Jahrhunderten nicht nur neue Konsumgewohnheiten, sondern auch neue Lebensformen, den *„five o'clock tea"* etwa, die Zigarettenpause oder den Kommunikationsraum „Kaffeehaus". Für das europäische Geistesleben gingen von der Erschließung der überseeischen Welt ebenfalls eine Reihe wichtiger Anstöße aus. Das Wissen über die Welt, ihre geografische Gestalt, ihre naturräumliche Vielfalt, über die Menschen, Kulturen und Religionen der verschiedenen Erdteile nahm zu. [...] Die von Missionaren begonnene Debatte um den Schutz der Indianer führte zur Definition von Kriterien, die die Rechtmäßigkeit der Konquista zu begründen suchten und dabei wesentlich zur Entstehung des modernen Völkerrechts beitrugen. Eine zentrale Rolle spielte dabei Las Casas' Ordensbruder Francisco de Vitoria (ca. 1492–1546), der lediglich drei naturrechtliche Grundprinzipien gelten ließ, die die Spanier zur Herrschaftsausübung in der Neuen Welt berechtigten: Es musste ihnen erlaubt sein, in den indianischen Gebieten frei leben, reisen und Handel treiben zu können. Zum zweiten durfte die Verkündung des Evangeliums nicht behindert werden. War beides nicht gegeben, konnten die Spanier ihre diesbezüglichen Rechte mithilfe der Eroberung durchsetzen. Drittens verstießen tyrannische, inhumane Regime gegen das Naturrecht und forderten zur Intervention heraus. Während den Spaniern das Naturrecht prinzipielle Handlungsfreiheit einräumte, konnten sie diese in ihrem Herrschaftsbereich anderen Nationen verweigern, da der päpstliche Missionsauftrag Verpflichtungen mit sich brachte und Kosten verursachte, die gedeckt werden mussten. Der Legitimationscharakter dieser Positionen sowie ihre geringen praktischen Folgen hinterlassen heute einen schalen Beigeschmack. Dennoch ist festzuhalten, dass spätere Kolonialmächte nicht einmal eine solche Diskussion für nötig hielten.

Reinhard Wendt, Begegnung der Kulturen, in: Anette Völker-Rasor (Hg.), Frühe Neuzeit, 2. Aufl., Oldenbourg, München 2006, S. 69–86, hier S. 82 ff.*

1 Analysieren M 1 hinsichtlich der politischen, wirtschaftlichen und geistigen Folgen des Kolonialismus für Europa.

2 Überprüfen Sie die These des Autors: „Der Legitimationscharakter dieser Positionen [naturrechtliche Grundprinzipien nach de Vitoria] sowie ihre geringen praktischen Folgen hinterlassen heute einen schalen Beigeschmack" (Z. 70 ff.).

Wahlmodul: Spanischer Kolonialismus

Wiederholen

M2 „Die Ankunft des Kolumbus in der Neuen Welt 1492", Gemälde von William J. Aylward, 1875

Zentrale Begriffe
Encomienda
Entdeckungsreisen
„Indianerschutzpolitik"
Indios
Konquistadoren
„Neue Gesetze"
„Neue Welt"
Repartimiento
Sklaverei
Vertrag von Tordesillas

1 Erläutern Sie, womit die europäischen Eroberer ihren Anspruch auf die „Neue Welt" und ihre Bewohner rechtfertigten.
2 Erläutern Sie den Umgang mit der indigenen Bevölkerung.
3 Beschreiben Sie das Gemälde M2.
   Tipp: Nutzen Sie bei Bedarf die Formulierungshilfen.
4 Charakterisieren Sie anschließend die Darstellung der Europäer sowie der indigenen Bevölkerung im Gemälde. Welche Wirkung soll das Bild erzielen?
5 **Wahlaufgabe:** Bearbeiten Sie entweder Aufgabe a) oder b).
   a) Charakterisieren Sie die „Indianerschutzpolitik" der spanischen Krone.
   b) Erklären Sie den Zusammenhang zwischen Sklavenhandel und „Indianerschutzpolitik".
6 Erläutern Sie das Selbst- und Fremdbild der Europäer in der Frühen Neuzeit.
7 Erläutern Sie Bitterlis Begrifflichkeiten Kulturberührung, -zusammenstoß und -beziehung (M 3, M 4, S. 103 ff.). am Beispiel des spanischen Kolonialismus.
8 **Vertiefung:** Erörtern Sie die These des amerikanischen Ethnologen Matthew Restall aus dem Jahre 2003: „Wir leben nach wie vor in der langen Periode der ungleichen Beziehungen und der schrittweisen Globalisierung von Ressourcen." Beziehen Sie diese These auf das Beispiel der europäischen Kolonisation Amerikas und deren Folgen.

Formulierungshilfen für die Bildbeschreibung
– Auf dem Gemälde ist/sind ... zu sehen.
– Kolumbus ist mit ... bekleidet/ dargestellt ...
– Seine Gestik/Mimik/Körperhaltung ist durch ... kennzeichnet.
– Weitere Personen sind ...
– Im Vordergrund befindet sich ...
– Im Hintergrund ist zu erkennen ...
– Folgende Gegenstände/Symbole werden verwendet ...
– Die Farbgebung/Perspektiven/ Proportionen sind ... gestaltet ... und erzielen die Wirkung, dass ...
– Das Gemälde versucht, folgendes Bild der historischen Ereignisse zu erzeugen: ...

Abiturvorbereitung

Hinweise zu den Operatoren

Operatoren sind Verben in Aufgabenstellungen, die Ihnen signalisieren, welche Tätigkeiten beim Lösen dieser Aufgaben von Ihnen erwartet werden. Schwerpunktmäßig sind sie einem der drei Anforderungsbereiche (AFB I, II oder III) zugeordnet.
Die folgenden Hinweise sollen Ihnen helfen, die Operatoren in Arbeitsaufträgen zu verstehen und sinnvoll zu bearbeiten.
Beachten Sie bitte: Operatoren werden durch die Formulierung bzw. Gestaltung der jeweiligen Aufgabenstellung und durch den Bezug zu den begleitenden Textmaterialien, Abbildungen und Problemstellungen präzisiert. **Lesen Sie sich also immer die Aufgabenstellung genau durch.**

Operator	Definition	Beispielaufgabe	Tipps und Formulierungshilfen
Anforderungsbereich (AFB) I			
beschreiben	strukturiert und fachsprachlich angemessen Materialien vorstellen und/oder Sachverhalte darlegen	Beschreiben Sie, welche Eigenschaften die Karikatur M 7 England zuweist.	**Tipp:** Die Beschreibung eines Materials erfordert eine präzise und fachsprachlich angemessene Wortwahl. Außerdem sollten Sie sich eine sinnvolle Reihenfolge für die Präsentation der einzelnen (Bild-)Elemente überlegen. **Formulierungshilfen:** – Das Gemälde/der Holzstich ... thematisiert ... – Bei dem vorliegenden Material handelt es sich um ... – Die Statistik befasst sich mit ... – Hierbei zeigt die x-Achse ..., die y-Achse stellt ... dar. – Hier fällt auf, ... – Es wird deutlich, dass...
gliedern	einen Raum, eine Zeit oder einen Sachverhalt nach selbst gewählten oder vorgegebenen Kriterien systematisierend ordnen	Gliedern Sie auf der Grundlage des Darstellungstextes den Kontakt zwischen China und den imperialistischen Mächten in verschiedene Phasen.	– Der Autor schlägt drei Ebenen/Kategorien/Rubriken ... vor. Die erste/zweite/dritte ist gekennzeichnet/charakterisiert durch ... – Der Text lässt sich gliedern in ... Abschnitte. – Die Abschnitte beschäftigen sich mit folgenden Themen: ...
wiedergeben	Kenntnisse (Sachverhalte, Fachbegriffe, Daten, Fakten, Modelle) und/oder (Teil-)Aussagen mit eigenen Worten sprachlich distanziert, unkommentiert und strukturiert darstellen	Geben Sie die Argumentation von Haijian Mao zur Einordnung des Opiumkrieges in die chinesische Geschichte thesenartig wieder.	– In dem Text geht es um ... – Der Autor/die Autorin formuliert in seinem/ihrem Text ... – Der Autor/die Autorin behauptet/verdeutlicht/kritisiert/erläutert/beschreibt/fasst zusammen/stellt klar ... – Daraus entwickelt sich ... – Die Folgen sind ...

Operator	Definition	Beispielaufgabe	Tipps und Formulierungshilfen
zusammenfassen	Sachverhalte auf wesentliche Aspekte reduzieren und sprachlich distanziert, unkommentiert und strukturiert wiedergeben	Fassen Sie die Reformvorschläge der Selbststärkungsbewegung mithilfe von M 12 zusammen.	– Siehe „wiedergeben".
Anforderungsbereich (AFB) II			
analysieren	Materialien, Sachverhalte oder Räume beschreiben, kriterienorientiert oder aspektgeleitet erschließen und strukturiert darstellen	Analysieren Sie mithilfe von M 8 den industriellen Wandel in Japan an der Wende vom 19. zum 20. Jahrhundert.	**Tipp:** Lesen Sie die Aufgabenstellung genau durch und werten Sie einen Sachverhalt oder das Material anhand der aufgeworfenen Frage/Problemstellung aus. Nutzen Sie die Methodenseiten S. 64 f. und S. 98 f.
charakterisieren	Sachverhalte in ihren Eigenarten beschreiben, typische Merkmale kennzeichnen und diese dann gegebenenfalls unter einem oder mehreren bestimmten Gesichtspunkten zusammenführen	Charakterisieren Sie mithilfe von M 23 und M 24 Veränderungen in China infolge der wirtschaftlichen und politischen Öffnung für die imperialistischen Mächte.	– Es lässt sich beobachten, dass … – Ein typisches Kennzeichen für … – Allgemeine Merkmale waren …
einordnen	begründet eine Position/Material zuordnen oder einen Sachverhalt begründet in einen Zusammenhang stellen	Ordnen Sie die Karikatur M 1 mithilfe des Einleitungstextes in den historischen Kontext ein.	**Tipp:** Ordnen Sie Aussagen des Materials Ihnen bekannten Positionen bzw. Theorien zu. Stellen Sie bei Ihrer Einordnung Textbezüge her. – Die Karikatur bezieht sich auf … – Die Aussage in Zeile xx zeigt, dass … – Seine politische Einstellung änderte sich, weil …
erklären	Sachverhalte so darstellen – ggf. mit Theorien und Modellen –, dass Bedingungen, Ursachen, Gesetzmäßigkeiten und/oder Funktionszusammenhänge verständlich werden	Erklären Sie die Folgen der chinesischen Niederlage gegen Japan.	– Besonders diese Ereignisse führten zu … – Deshalb spricht man von … – In diesem Zusammenhang lässt sich feststellen, dass …

Operator	Definition	Beispielaufgabe	Tipps und Formulierungshilfen
erläutern	Sachverhalte erklären und in ihren komplexen Beziehungen an Beispielen und/oder Theorien verdeutlichen (auf Grundlage von Kenntnissen bzw. Materialanalyse)	Erläutern Sie mithilfe des Darstellungstextes und M 6 die Entstehung und Funktion von Feindbildern.	**Tipp:** Die Vorgehensweise ist wie beim Operator „erklären", allerdings sollten Sie Ihre Erläuterung mit Beispielen verdeutlichen. – An dieser Stelle (Z. xx) wird deutlich, dass … – Wie der letzte Satz zeigt …
gegenüberstellen	Sachverhalte, Aussagen oder Materialien kontrastierend darstellen und gewichten	Stellen Sie in einer Tabelle gegenüber, wie Chinesen und Europäer jeweils ihre Überlegenheit gegenüber anderen Kulturen begründen.	**Tipp:** Achten Sie wie beim Vergleich darauf, nicht nur Gemeinsamkeiten, sondern auch Unterschiede der zu vergleichenden Sachverhalte darzulegen. Berücksichtigen Sie dabei den Ihnen bekannten historischen Kontext. Am Ende Ihrer Bearbeitung wird von Ihnen eine Gewichtung der Gemeinsamkeiten und Unterschiede erwartet. – Beide Texte/Bilder handeln von/stammen aus … – Beide Materialien thematisieren … – Während der Autor von Material A jedoch … betont, legt der Autor von Material B den Schwerpunkt auf … – Schlüssig und nachvollziehbar ist die Argumentation von … – Autor B vernachlässigt dagegen folgende Punkte …
herausarbeiten	Materialien auf bestimmte, explizit nicht unbedingt genannte Sachverhalte hin untersuchen und Zusammenhänge zwischen den Sachverhalten herstellen	Arbeiten Sie heraus, was Fernand Braudel (M 8) unter „Ereignis" und „Struktur" versteht.	**Tipp:** Erarbeiten Sie sich zunächst die wesentlichen Aussagen des Materials. Achten Sie dabei auf Zusammenhänge, auch auf solche, die nicht explizit im Text benannt werden. – Zu den wichtigsten Ergebnissen gehörte … – Die Hauptaussage des Autors lässt sich so wiedergeben: …
in Beziehung setzen	Zusammenhänge zwischen Materialien, Sachverhalten aspektgeleitet und kriterienorientiert herstellen und erläutern	Setzen Sie die Kernaussagen von M 13 in Beziehung zu den Ausführungen in M 14.	– Im Vergleich der beiden Texte zeigt sich … – Während Autor A stärker … thematisiert, legt Autor B den Schwerpunkt auf … – Beiden gemeinsam ist … – Sie unterscheiden sich in der Bewertung von …
nachweisen	Materialien auf Bekanntes hin untersuchen und belegen	Weisen Sie mithilfe von M 15 nach, dass die Aufklärung eine neue „Denkart" einleitete.	– Die Aussage von … lässt sich bei … wiederfinden/belegen/wird widerlegt. – Ein Beleg für … ist … – Dieser Fund stützt die These von … – Es lässt sich zeigen, dass …

Operator	Definition	Beispielaufgabe	Tipps und Formulierungshilfen
vergleichen	Gemeinsamkeiten, Ähnlichkeiten und Unterschiede von Sachverhalten kriterienorientiert darlegen	Vergleichen Sie die Ergebnisse aus Aufgabe 1 mit den Aussagen von Kai Vogelsang (M 9).	**Tipp:** Achten Sie immer darauf, nicht nur Gemeinsamkeiten, sondern auch Unterschiede der zu vergleichenden Sachverhalte darzulegen. – Im Vergleich mit … – Die Entwicklung verlief ähnlich wie/anders als in …
Anforderungsbereich (AFB) III			
beurteilen	den Stellenwert von Sachverhalten oder Prozessen in einem Zusammenhang bestimmen, um kriterienorientiert zu einem begründeten Sachurteil zu gelangen	Beurteilen Sie Kleins Einschätzung der Reformbewegung um 1900.	**Tipp:** Beachten Sie bei Ihrer Urteilsbildung auch die Ergebnisse der zuvor bearbeiteten Aufgabenstellungen. Vergessen Sie nicht, die Ihrem Sachurteil zugrunde gelegten Kriterien zu verdeutlichen. – Die eigentliche Absicht des Redners war es, … – Diese Sichtweise/Konstellation/Handlung führte dazu, dass … – Diese Entscheidung hatte negative Folgen: …
entwickeln	zu einem Sachverhalt oder zu einer Problemstellung eine Einschätzung, ein Lösungsmodell, eine Gegenposition oder ein begründetes Lösungskonzept darlegen	Entwickeln Sie eine begründete Empfehlung für den Besuch eines der beiden vorgestellten Museen.	– Nach Abwägung der Positionen/Analyse der Argumentationen plädiere ich dafür, dass … – Meiner Meinung nach …
erörtern	zu einer vorgegebenen Problemstellung eine reflektierte, abwägende Auseinandersetzung führen und zu einem begründeten Sach- und/oder Werturteil kommen	Erörtern Sie die Rolle der Selbststärkungsbewegung für die Modernisierung in China.	**Tipp:** Wägen Sie das Für und Wider hinsichtlich der Frage/Aufgabenstellung ab und fällen Sie dann ein begründetes Sachurteil oder zusätzlich, wenn sich das vom Thema her anbietet, ein Werturteil. – Dafür/Dagegen spricht … – Insgesamt gesehen … – Die Behauptung/These/Argumentation passt (nicht) zu den Informationen aus dem Darstellungstext/den Aussagen des Historikers XY …
sich auseinandersetzen	zu einem Sachverhalt, einem Konzept, einer Problemstellung oder einer These usw. eine Argumentation entwickeln, die zu einem begründeten Sach- und/oder Werturteil führt	Setzen Sie sich mit den langfristigen Folgen der christlichen Missionsarbeit in China auseinander (M 31).	**Tipp:** Beziehen Sie ggf. (laut Aufgabenstellung) Materialien in Ihre Argumentation ein. An deren Ende kann ein Sach- oder ein Werturteil stehen. – Siehe „erörtern".

Operator	Definition	Beispielaufgabe	Tipps und Formulierungshilfen
Stellung nehmen	Beurteilung mit zusätzlicher Reflexion individueller, sachbezogener und/oder politischer Wertmaßstäbe, die Pluralität gewährleisten und zu einem begründeten eigenen Werturteil führt	Nehmen Sie Stellung zu der These von Wolfgang Reinhard (M 35), dass die geschilderten inneren Krisen für China weitreichender als die „äußeren Konflikte" waren.	**Tipp:** Siehe „beurteilen". Zusätzlich haben Sie ein Werturteil zur Problemfrage zu fällen, dessen Maßstäbe bzw. Kriterien Sie nachvollziehbar verdeutlichen müssen. – Aus meiner Sicht …/meiner Meinung nach … – Nach den Maßstäben der freiheitlich-demokratischen Grundordnung … – Mich überzeugt (nicht), … – Andere sind möglicherweise der Ansicht, dass …
überprüfen	Inhalte, Sachverhalte, Vermutungen oder Hypothesen auf der Grundlage eigener Kenntnisse oder mithilfe zusätzlicher Materialien auf ihre sachliche Richtigkeit bzw. auf ihre innere Logik hin untersuchen	Überprüfen Sie, ob sich der vorgestellte Ansatz auf die Theorien zu Kulturkontakt und Kulturkonflikt übertragen lässt.	– Die Behauptung/These/Argumentation passt (nicht) zu den Informationen aus dem Darstellungstext/den Aussagen des Historikers XY …
Operator, der Leistungen in allen drei Anforderungsbereichen verlangt			
interpretieren	Sinnzusammenhänge aus Quellen erschließen und ein begründetes Sachurteil oder eine Stellungnahme abgeben, die auf einer Analyse beruhen	Interpretieren Sie die Karikatur M 33. Beachten Sie besonders die Darstellung der drei imperialistischen Länder.	Nutzen Sie die Methodenseiten S. 66 f.

Formulierungshilfen für die Bearbeitung von Quellen und Darstellungen

Arbeitsschritte	Strukturierungsfunktion	Formulierungsmöglichkeiten	Beispiel
Analyse formale Aspekte	Einleitung	– Der Verfasser thematisiert/behandelt/greift (auf) … – Er beschäftigt sich/setzt sich auseinander mit der Frage/mit dem Thema … – Die Autorin legt dar/führt aus/äußert sich zu … – Das zentrale Problem/Die zentrale Frage des Textes/Briefes/der Rede ist …	Der SPD-Politiker Philipp Scheidemann thematisiert in seiner Rede vor der Weimarer Nationalversammlung am 12. Mai 1919 den Versailler Vertrag.
inhaltliche Aspekte	Wiedergabe der Position/Kernaussage	– Die Autorin vertritt die These/Position/Meinung/Auffassung … – Er behauptet …	Der Historiker Detlev Peukert vertritt die These, der Untergang der Weimarer Republik sei auf „vier zerstörerische Prozesse" zurückzuführen (Z. xx).
	Wiedergabe der Begründung/Argumentation/wesentlichen Aussagen	– Sie belegt ihre These … – Als Begründung/Beleg seiner These/Behauptung führt der Autor an … – Der Reichskanzler legt dar/führt aus … – Die Historikerin argumentiert/kritisiert/bemängelt … – Der Verfasser weist darauf hin/betont/unterstreicht/hebt hervor/berücksichtigt … – Weiterhin/Außerdem/Darüber hinaus/Zudem argumentiert er …	Kennan betont, dass die Amerikaner in Deutschland Konkurrenten der Russen seien und daher in „wirklich wichtigen Dingen" keine Zugeständnisse machen dürften (Z. xx).
	Abschließende Ausführungen	– Am Ende unterstreicht/betont der Autor noch einmal … – Der Autor schließt seine Ausführungen mit … – Sie kommt am Ende ihrer Argumentation zu dem Schluss, dass … – Zum Abschluss seiner Rede … – Abschließend/Zusammenfassend führt die Abgeordnete aus …	Am Ende seines Briefes betont Bismarck noch einmal die Notwendigkeit eines Bündnisses mit Österreich (Z. xx).
Vergleich von Texten	Übereinstimmung	– Der Historiker ist derselben Meinung/Auffassung/Position … – Sie teilt dieselbe Meinung/Auffassung/Position … – Die Autoren stimmen darin überein …	Brandt und Grass stimmen darin überein, dass die Bildung einer Großen Koalition mit Risiken verbunden sei (vgl. M 1, Z. xx; M 2, Z. xx).
	Gegensatz	– Im Gegensatz zu … – Die Positionen widersprechen sich/weichen voneinander ab/sind unvereinbar/konträr …	Die Positionen der beiden anonymen Verfasser sind hinsichtlich ihrer Haltung zum Terror der Jakobiner unvereinbar.

Formulierungshilfen für die Bearbeitung von Quellen und Darstellungen

Arbeitsschritte	Strukturierungsfunktion	Formulierungsmöglichkeiten	Beispiel
Historischer Kontext		– Die Quelle(n) lassen sich/sind in … ein(zu)ordnen. – Die Texte sind im Zusammenhang mit … zu sehen. – Die Rede stammt aus der Zeit des/der …	Veröffentlicht wurden beide Zeitungsartikel in der Zeit der Jakobinerherrschaft, die von 1793 bis 1794 andauerte und auch als „Schreckens- und Gewaltherrschaft" bezeichnet wird.
Urteil Sachurteil	Intention des Autors	– Der Autor beabsichtigt/intendiert/will/strebt an/fordert/plädiert für … – Die Politikerin verfolgt die Absicht/das Ziel … – Der Außenminister appelliert/ruft auf …	Der Ministerpräsident will mit seiner Rede die Abgeordneten von der Notwendigkeit wirtschaftlicher Reformen überzeugen.
	Beurteilung des Textes	– Die Argumentation ist (nicht) nachvollziehbar/überzeugend/stichhaltig/schlüssig … – Der Verfasser argumentiert einseitig/widersprüchlich … – In seiner Darstellung beschränkt sich der Historiker nur auf …	Der britische Historiker Peter Heather begründet seine These in drei stichhaltigen Argumentationssträngen.
Werturteil	Bewertung des Textes	– Aus heutiger Sicht/Perspektive kann gesagt werden/lässt sich sagen … – Der Position/Meinung/Auffassung/Ansicht des Autors stimme ich (nicht) zu … – Ich stimme der Position/ … des Autors (nicht) zu … – Die Position/ … der Verfasserin teile ich (nicht) … – Ich teile die Position/ … des Historikers (nicht) … – Meiner Meinung/Auffassung/Ansicht zufolge/nach …	– Ich stimme der Kritik von Francisco de Vitoria am Vorgehen der Spanier in der Neuen Welt zu, weil … – Die Position des anonymen Verfassers des ersten Zeitungsartikels (M 1) teile ich nicht, da heute in unserer freiheitlichen Grundordnung Terror zur Durchsetzung politischer Ziele abgelehnt wird.

Tipps zur Vorbereitung auf die Abiturthemen

Übung 1: Inhalte der Lehrplanthemen wiederholen
Das Thema „China und die imperialistischen Mächte" wird im vorliegenden Schulbuch in vier Teilthemen gegliedert. Jedes Teilthema ist in Form eines Kapitels aufbereitet.
1. Ein kurzer Darstellungstext führt zu Beginn jedes Kapitels in das Teilthema ein. Daran schließt sich ein umfangreicher Materialienteil mit entsprechenden Aufgaben an. Lesen Sie die Darstellungstexte wiederholend und fertigen Sie eine Zusammenfassung an. Die Zwischenüberschriften und Fettdrucke können Ihnen hierbei Hilfestellung geben.
2. Suchen Sie sich aus jedem Kapitel drei bis vier Materialien aus und bearbeiten Sie die dazugehörigen Aufgaben.
3. Halten Sie Ihre Ergebnisse auf Karteikarten fest (s. unten).

Übung 2: Wichtige Daten merken und anwenden
Auf den Auftaktseiten der Kapitel finden Sie jeweils einen Zeitstrahl. Auf drei Arten können Sie damit für das Abitur üben:
1. Geben Sie jeden Eintrag des Zeitstrahls mit eigenen Worten wieder.
2. Schreiben Sie auf die Vorderseite einer Karteikarte ein Ereignis, auf die Rückseite das Datum (s. unten).
3. Vertiefen Sie Ihre Kenntnisse über zentrale Daten, indem Sie noch einmal die dazugehörigen Darstellungen und Materialien aus dem Kapitel durcharbeiten. Schreiben Sie auf Ihre Karteikarten,
    a) welche Ursachen zu einem Ereignis geführt haben,
    b) wie es abgelaufen ist,
    c) welche Folgen es gehabt hat.

Übung 3: Zentrale Begriffe verstehen und erklären
Zentrale Begriffe sind u. a. auf der Seite „Anwenden und wiederholen" aufgeführt. Erläuterungen dazu finden Sie im entsprechenden Kapitel und im Begriffslexikon auf S. 167 ff.
1. Lesen Sie zu jedem Begriff die Erläuterung.
2. Klären Sie Fremdwörter.
3. Erläutern Sie den Inhalt jedes Begriffs anhand von historischen Beispielen. Halten Sie Ihre Ergebnisse auf Karteikarten fest (s. unten).

Ergebnisse sichern – Arbeitskartei anlegen
1. Halten Sie die Ergebnisse der Übungen 1 bis 3 auf Karteikarten fest: Notieren Sie auf der Vorderseite eine Frage, einen Begriff oder ein Datum, schreiben Sie auf die Rückseite Ihre Erläuterungen.
2. Wiederholen Sie mithilfe Ihrer Arbeitskartei die Inhalte, Daten und Begriffe der Schwerpunktthemen – alleine, in Partnerarbeit oder in Gruppen.

Übung 4: Methodentraining – Interpretation schriftlicher Quellen
Die Interpretation schriftlicher Quellen ist eine der zentralen Anforderungen im Abitur:
1. Prägen Sie sich die systematischen Arbeitsschritte zur Interpretation einer schriftlichen Quelle von S. 64 f. ein.
2. Merken Sie sich die „Faustregel" zur Analyse der formalen Merkmale schriftlicher Quellen und üben Sie die Beantwortung der „W-Fragen" anhand von fünf selbst ausgewählten schriftlichen Quellen des Schülerbuches.

„Faustregel"
für die Analyse der formalen Merkmale schriftlicher Quellen:

WER sagt WO, WANN, WAS, WARUM, zu WEM und WIE?

Probeklausur mit Lösungshinweisen

1. Geben Sie – nach einer quellenkritischen Einführung – den Inhalt des Textes wieder.
2. Ordnen Sie den Text in die seit 1862 mit der Selbststärkungsbewegung eingeleitete Reformbewegung in China ein. Beziehen Sie dabei auch eine Ihnen bekannte Theorie zu Kulturbegegnungen ein.
3. Erläutern Sie die in den Z. 39 ff. angedeutete politische Situation in China.
4. Erörtern Sie die Erfolgsaussichten der in der Eingabe angedeuteten Ziele.

M1 Eingabe hoher Beamter an den kaiserlichen Hof zur Abschaffung der Beamtenprüfungsverfahren (1904)

Seit wir den kaiserlichen Erlass erhalten haben, die Organisation der Schulen[1] zu verbessern, sind mehr als zwei Jahre vergangen. Aber bis jetzt konnten in keiner Provinz Schulen in größerer Zahl errichtet werden aufgrund der unangenehmen Schwierigkeiten, diese zu finanzieren. Öffentliche Mittel sind begrenzt. Alles hängt davon ab, wie viel die Bevölkerung dazu beitragen will. Aber die Finanzmittel können nicht durch Beiträge zusammengebracht werden, weil das [traditionelle] Prüfungssystem noch nicht abgeschafft worden ist. Die Gelehrten[2] im ganzen Kaiserreich sagen, dass es nicht die Absicht des Hofes sei, die Bedeutung der Schulen besonders hervorzuheben. Daher werden die Menschen mit Sicherheit zögern, falls das Prüfungssystem nicht umgeformt und eingeschränkt wird. [...]
Diejenigen, die die Schulen besuchen, sind vom Prüfungssystem abhängig, um gegebenenfalls darauf zurückgreifen zu können. Sie sind weder willens, sich voll und ganz dem Lernen in den Schulen zuzuwenden, noch den Regeln der Schulen zu folgen. Des Weiteren werden die Aufsätze des Prüfungssystems fast immer abgeschrieben, während das Lernen in den Schulen echte Anwendung [des Gelernten] erfordert. Das Prüfungssystem beruht ausschließlich auf dem Versagen oder dem Erfolg eines einzigen Tages, während in den Schulen mehrere Jahre gründlicher Forschung verbracht werden müssen. Beim Prüfungssystem werden die Kandidaten lediglich aufgrund ihres formvollendeten Stils ausgewählt, es gibt keine Überprüfung ihrer persönlichen Qualitäten. Die Schulen widmen jedoch der Lebensweise der Studenten Aufmerksamkeit, und überdies kann die Art und Weise ihres Denkens klar aufgezeigt werden. Ein Vergleich von Prüfungssystem und Schulen wird deutlich zeigen, was schwierig und was einfach ist. Der Mensch ist stets geneigt, das Schwierige zu meiden und dem Leichten zu folgen. [...]
In dieser Zeit ist die Lage unseres Landes jedoch sehr gefährlich. Es gibt keine Rettung ohne befähigte Menschen. Solange Schulen nicht errichtet werden, gibt es keine Möglichkeit, befähigte Menschen voranzubringen, um die Gefahr dieser Zeiten abzuwenden. Wenn wir daher weiterhin der Routine folgen, sitzen bleiben und Jahre und Monate vergehen lassen, während doch die Lage des Landes dringend ist, wie sollen wir da bestehen? [...]
Wir denken daher und argumentieren gemäß dem Prinzip der Sache, dass es notwendig ist, das Prüfungssystem sofort abzuschaffen, sodass die Organisation der Schulen sich qualitativ verbessern kann und Finanzmittel zur Verfügung gestellt werden können.

Aus: Wolfgang Franke, The Reform and Abolition of the Traditional Examination System, Cambridge, Mass. 1968, S. 59–64. Zit. nach: R. Keith Schoppa, Twentieth Century China. A History in Documents. New York 2004, S. 27 f. Übersetzung von Joachim Biermann.*

1 Gemeint ist das nach japanischem Vorbild neu eingeführte Schulsystem.
2 Gemeint sind hier diejenigen, die die traditionelle staatliche Beamtenprüfung bestanden haben.

Lösungshinweise

Aufgabe 1

Vorbemerkung
Diese „klassische" Klausur-Aufgabe stellt die distanzierte, unkommentierte und strukturierte Wiedergabe des Textes in den Mittelpunkt, verlangt darüber hinaus zudem eine quellenkritische Einführung. Die Quellenkritik ordnet ein vorliegendes Material historisch ein und hilft Ihnen bei seiner Erschließung, nicht nur in Aufgabe 1, sondern auch in den weiteren Teilen der Aufgabenstellung.

Quellenkritik
Bei der vorliegenden Quelle handelt es sich um einen Auszug aus einem offiziellen Dokument, nämlich einer Eingabe hoher chinesischer Beamter beim kaiserlichen Hof aus dem Jahr 1904. Sie ist einzuordnen in die sogenannte „Neue Politik", die China nach dem „Boxeraufstand" einleitete und die der Reform des Staates und seines Apparates dienen sollte. (Hier können Sie durchaus kurz auf die ausführlichere Darstellung des Themas in Aufgabe 2 verweisen.) Es geht in der Eingabe um das reformierte Ausbildungssystem, das u. a. vorsah, ein

neuartiges, effektiveres Schulsystem einzuführen. Damit waren, wie dem ersten Satz des Auszugs zu entnehmen ist, die Verfasser der Eingabe zwei Jahre zuvor betraut worden, und zwar mit dem Erlass von 1901, der Ihnen bekannt ist (vgl. M 38, S. 90). Nun berichten sie von den Schwierigkeiten, mit denen das neue Schulsystem zu kämpfen hat, und machen Lösungsvorschläge.

Textwiedergabe
Die Verfasser der Eingabe berichten, dass die Errichtung der Schulen neuen Typs bisher in ganz China an Finanzierungsproblemen gescheitert sei. Die staatlichen Finanzmittel seien begrenzt, sodass auch die Bevölkerung durch eine Art Schulgeld dazu beitragen müsse; die jedoch zögere, diese Finanzierung zu übernehmen. Dies liege u. a. daran, dass die hohen Beamten in den Provinzen den Eindruck vermittelten, den Schulen käme nach dem Willen des kaiserlichen Hofes keine besondere Bedeutung zu. Das hemme die Bereitschaft der Menschen, für die Schulausbildung Geld auszugeben.
Für diejenigen, die die neuen Schulen besuchten, bilde das traditionelle Beamtenprüfungssystem immer noch eine Rückfalloption, da sie die höheren Anforderungen der Schulausbildung nicht akzeptierten. Dort sei ein kontinuierliches Lernen während der ganzen Schulzeit und eine erfolgreiche Anwendung des Gelernten notwendig. Auch würden dort Denk- und Lebensweise der Lernenden geformt. Demgegenüber verlange das traditionelle Prüfungssystem lediglich eine punktuelle Leistung am Prüfungstag, und die Prüfungsaufsätze würden nicht aufgrund ihres Inhalts, sondern aufgrund ihrer stilistischen Qualität beurteilt; zudem würden diese Aufsätze meist lediglich abgeschrieben. All dies mache die traditionellen Prüfungen wesentlich einfacher, was für die Menschen von jeher attraktiv sei.
Angesichts der Situation Chinas sei es aber erforderlich, befähigte Menschen zu fördern, um das Land zu retten. Dies sei nur durch das neue Schulsystem möglich, während das Festhalten am Alten den Bestand Chinas gefährde. Um die Qualität der Schulorganisation zu verbessern und die dazu nötigen Gelder zu generieren, plädieren die Verfasser für eine sofortige Abschaffung des Prüfungssystems.

Aufgabe 2

Vorbemerkung
Der Operator „Einordnen" ist im Anforderungsbereich II angesiedelt und verlangt von Ihnen, das vorliegende Material begründet in einen historischen Kontext zu stellen. Die Aufgabe gibt mit dem Stichwort „Selbststärkungsbewegung" diesen Kontext vor und nennt mit dem Jahr 1862 den Beginn der historischen Periode, in die die Einordnung erfolgen soll. Einen Endpunkt nennt sie nicht, sodass Sie selbst hier einen begründeten zeitlichen Schlusspunkt setzen müssen. Zugleich verlangt die Aufgabenstellung von Ihnen die Bezugnahme auf eine Theorie zu Kulturbegegnungen im Rahmen Ihrer Ausführungen; diese sollte thematisch mit Ihrer Einordnung verbunden sein.

Einordnung
Mit dem Ende des Zweiten Opiumkrieges 1860 war China gezwungen, sich dem Einfluss der imperialistischen Mächte zu öffnen, und am kaiserlichen Hof erkannte man zugleich die Unterlegenheit Chinas gegenüber dem Ausland in nahezu allen Bereichen. Dies führte zur sogenannten „Selbststärkungsbewegung", die die aufgrund dieser Lage für notwendig erachteten Reformen im Sinne einer Modernisierung Chinas anstoßen sollte und, unter Beteiligung von Prinz Gong, dem jüngeren Bruder des Kaisers, auch vom Hofe gefördert wurde. Vorbild waren die westlichen Mächte, und das Modernisierungsprogramm erstreckte sich auf Militär und Regierungsorganisation ebenso wie auf Wissenschaft und Bildung. Es sollte China so stärken, dass es seine traditionelle Kultur und Tradition erhalten konnte.
Der vorliegende Text stammt aus dem Jahr 1904, ist also dem Ende der Reformbewegung zuzuordnen und beschäftigt sich mit Reformen im Bereich der Bildung. Daher ist es sinnvoll, zunächst die Entwicklung bis 1904 zu skizzieren.
Nach der Niederlage 1860 wurden verständlicherweise zunächst militärische Reformen (z. B. Errichtung einer eigenen chinesischen Waffenproduktion und Reform des Militärwesens nach europäischem Vorbild) und eine Reform der Außenbeziehungen in Angriff genommen, aber auch andere Neuerungen wie der Eisenbahnbau angegangen. Dabei stieß die Bewegung nicht selten auf Widerstand, der nicht nur von den alten Eliten kam, sondern auch von finanziellen Schwierigkeiten ausgelöst wurde. Auch die eher zögerliche Haltung der seit 1861 als Regentin regierenden Kaiserinwitwe Cixi wirkte hinderlich, da sie nur anfangs die Selbststärkungsbewegung unterstützte, später aber eher das alte System zu stabilisieren suchte.
Nach Chinas Niederlage im Krieg gegen Japan 1895 versuchte der Guangxu-Kaiser, der erst 1889 mit Erreichen der Volljährigkeit die Regierungsgeschäfte übernommen hatte, mithilfe der sogenannten Hundert-Tage-Reform erneut einen Modernisierungsschub auszulösen. Unter anderem legte der Gelehrte Kang Youwei ein umfangreiches Reformprogramm vor. Dem allen wurde aber bereits nach 100 Tagen ein Ende bereitet, als Kaiserinwitwe Cixi den Kaiser absetzte und in die Verbannung schickte. Erneut war ein Reformversuch gescheitert.
Indessen konnten die imperialistischen Mächte zunehmend Einfluss in China gewinnen, gegen den sich der

sogenannte „Boxeraufstand" wandte. (Hier könnten Sie auf Ihre näheren Erläuterungen in Aufgabe 3 verweisen.) Nach der Niederlage 1901 im „Boxerkrieg" änderte Cixi ihren Kurs, öffnete das Land weitgehend für das Ausland und initiierte 1901 erneut einen Reformprozess, die „Neue Politik". In diese Bemühungen ist der vorliegende Text einzuordnen. Die Verfasser der Eingabe an den kaiserlichen Hof geben selbst an, mit der Reform des Bildungswesens beauftragt zu sein, und waren offensichtlich für das nunmehr nach japanischem Vorbild neu eingeführte mehrgliedrige Schulsystem zuständig. Weitere Aspekte der „Neuen Politik" waren u. a. die Zentralisierung des Regierungsapparats und die Ausbildung von Chinesen auch im Ausland.

Der Text macht deutlich, dass trotz der Einsicht am Hof in die Notwendigkeit von Reformen sowohl bei der Bevölkerung als auch im Beamtenapparat noch erhebliche Vorbehalte gegen eine Modernisierung vorhanden waren, die zu überwinden waren. Dazu schlugen die Verfasser der Eingabe die sofortige Abschaffung des alten Beamtenprüfungsverfahrens vor, was 1905 auch geschah. Weitere geplante Reformmaßnahme war die Einführung eines parlamentarischen Systems nach europäischem Vorbild. 1910 wurde sogar eine Nationalversammlung gegründet, doch war der Untergang des Kaiserreichs nicht mehr zu verhindern: Mit der Revolution von 1911 fand es sein Ende.

Das Schicksal der Reformbewegung in China kann mithilfe der von dem Historiker Urs Bitterli vertretenen Theorie von Kulturkontakt und Kulturkonflikt erklärt werden. Europäische und chinesische Kultur waren sich zunächst so fremd, dass eine Verständigung kaum möglich und der Kulturzusammenstoß, wie z. B. in den Beziehungen mit Großbritannien, nicht zu verhindern war. Das imperialistische Ausgreifen vieler Mächte machte aber ein Vermeiden des Kulturkontakts nahezu unmöglich. Die positiven und negativen Reaktionen auf die Reformversuche in China sind insofern als die beiden Möglichkeiten zu sehen, die sich China in dieser Lage boten: Die Reformer und ihre Unterstützer waren offenbar auf langfristige Kulturdurchdringung aus – China wollte etwa, was den vorliegenden Text angeht, von anderen Völkern lernen und seinen Beamten eine vergleichbare Befähigung vermitteln oder Chinesen sollten durch Studium im Ausland die dortigen Kulturen kennenlernen. Zugleich ergaben sich seit der Selbststärkungsbewegung immer wieder Widerstände gegen die Reformen, die von der Furcht vor dem Verlust der eigenen Kultur und Tradition befördert wurden, was unweigerlich zum Kulturzusammenstoß und zu militärischen Auseinandersetzungen führte. Mit Bitterli kann man davon ausgehen, dass die Reformer weitsichtiger waren und angesichts der sich im Imperialismus immer mehr verzahnenden Welt Kulturverflechtung der einzige Weg in eine positive Zukunft für China war.

Aufgabe 3

Vorbemerkung
Die Aufgabe verlangt von Ihnen, ausgehend vom Material einen Sachverhalt, in diesem Fall die Situation in China um 1904, auf der Grundlage Ihrer Kenntnisse zu erklären und in ihren komplexen Zusammenhängen zu verdeutlichen. Im Gegensatz zu Aufgabe 2 können Sie hier einen Schwerpunkt auf den politischen Rahmen legen.

Erläuterung
Ihnen ist bekannt, dass der Sinologe Helwig Schmidt-Glintzer (vgl. Kap. 4, M 47) die vier Jahrzehnte zwischen den Aufständen in der Mitte des 19. Jahrhunderts und dem Zusammenbruch der Qing-Dynastie als eine Periode der „Transformation der chinesischen Gesellschaft" bezeichnet hat, besonders die Zeit von 1895 bis 1908 wurde als eine Phase des beschleunigten Umbruchs betrachtet, in die der Text einzuordnen ist. In den Zeilen 39 ff. bezeichnen die Verfasser der Eingabe die Situation in China im Jahr 1904 als „sehr gefährlich" (Z. 39 f.), ein Spiegel der Ängste und Befürchtungen vieler Chinesen. Sie können auch, wenn Sie bei Aufgabe 2 noch nicht darauf eingegangen sind, auf die Niederlage gegen Japan 1895 und den Vertrag von Shimonoseki eingehen. Der daraus folgende Verlust Taiwans wurde als schwere Demütigung für China empfunden; in der Folge wurden die Macht und die Legitimität der Qing-Dynastie infrage gestellt und Reformprozesse angestoßen (vgl. Kap. 4, M 20, Thoralf Klein). Den gescheiterten Modernisierungsschub unter dem Guangxu-Kaiser haben Sie bereits in Aufgabe 2 erläutert. Die Schwäche Chinas nutzten die imperialistischen Mächte immer weiter aus, sodass sich gegen Ende des 19. Jahrhunderts der Einfluss der imperialistischen Mächte England, Frankreich, Japan und Russland noch verstärkt hatte. Die unter Wilhelm II. eingeleitete „Weltpolitik" sollte auch Deutschland einen festen Platz unter den Weltmächten, einen „Platz an der Sonne", sichern. Die deutsche Regierung nahm die Ermordung zweier deutscher Missionare am 1.11.1897 in der Provinz Shandong zum Vorwand, besetzte den Hafen Qingdao und errichtete dort einen militärischen Stützpunkt. 1898 wurde ein 99 Jahre währender Pachtvertrag über Qingdao und die Jiaozhou-Bucht abgeschlossen, um wirtschaftliche Interessen und Gebietsansprüche zu sichern und missionarische Bestrebungen durchzusetzen. Solche ungleichen Verträge sicherten allen imperialistischen Mächten wirtschaftliche Vorteile und ermöglichten ihnen, mithilfe eigener Verwaltungen rechtliche und politische Kontrolle auszuüben. Auch der Handel über die Vertragshäfen mit ganz China war an den Interessen der

Großmächte ausgerichtet. Diese betreiben ebenfalls zum eigenen Vorteil den Bau von Industrieunternehmen in den Vertragshäfen, den Ausbau von Eisenbahnen und anderer Verkehrswege, um auch das Landesinnere für den Handel zugänglich zu machen. Kennzeichen dieser wirtschaftlichen Durchdringung war der „Wettlauf um Konzessionen". Eine Weile war sogar die Aufteilung Chinas zum Greifen nah (vgl. auch Kap. 4, M 22; der Philosoph Kang Youwei sagt bei einer Audienz beim Guangxu-Kaiser am 16. Juni 1898: „Die Fremden bedrängen uns von allen Seiten mit der Absicht, unser Reich zu teilen. Der Zusammenbruch und Fall Chinas scheint bevorzustehen.") Die von den USA seit 1899 vorangetriebene *Open Door Policy* besagte, dass China jeder imperialistischen Macht per se die gleichen Rechte zugestehen müsse, die auch in bilateralen Verträgen ausgehandelt worden waren. Ziel der USA war es dabei, eine Aufteilung Chinas unter den europäischen Mächten und Japan zu verhindern sowie den eigenen Anteil zu sichern. Die amerikanische *Open Door Policy* unterstützte und legitimierte das seit den Opiumkriegen errichtete System des informellen Imperialismus. Die Weiterexistenz einer intakten, wenngleich geschwächten Zentralregierung lag im Hauptinteresse der imperialistischen Mächte. Mit Ausnahme der Pachtgebiete fand keine direkte koloniale Beherrschung statt, allerdings war China in den Rang einer Halbkolonie geraten bzw. in einen „Zustand halb- oder quasikolonialer Vorherrschaft" (vgl. Kap. 5, M 12 Klaus Mühlhahn). Abgesehen von diesem Druck von außen war China am Ende des 19. Jahrhunderts von inneren Krisen wie Bevölkerungswachstum und Naturkatastrophen, die zu Hunger und Armut führten, aber auch mehreren Aufständen geschwächt. Zu Beginn des 19. Jahrhunderts verschärfte sich die Abneigung gegenüber allem Fremdländischen und es entwickelte sich ein Zusammengehörigkeitsgefühl, das durchaus als chinesischer Nationalismus bezeichnet werden kann. Die im Laufe des Jahres 1898 verstärkt auftretende „Bewegung der in Rechtschaffenheit vereinten Milizen" (*Yihetuan yundong*) kämpfte um 1900 gegen die ausländische Durchdringung, gegen die Besatzer und Missionare. Ihre Anhänger rekrutierten sie aus verarmten Bauern, Handwerkern und Bootsleuten und warben für eine Rückkehr zu traditionell chinesischen Werten. Mit der Parole „Unterstützt die Qing, vernichtet die Fremden" wurden Eisenbahnlinien, Telegraphenmasten und Kirchen zerstört sowie mehrere Tausend Ausländer bzw. christliche Chinesen getötet. Zunächst bekämpften Cixi und die Konservativen am Hof diese Bewegung, entschlossen sich aber dann angesichts der militärischen Aktionen der imperialistischen Mächte zur Unterstützung der *Yihetuan*. Sie erhofften sich dadurch, die ausländischen Mächte aus China vertreiben zu können (vgl. auch die kritische Einschätzung eines Hofbeamten, die Aufständischen für die Zwecke des kaiserlichen Hofe gewinnen zu können in Kap. 4, M 32). Die Eskalation dieses Konflikts führte zu einem internationalen Krieg und zu einer „Strafexpedition" gegen China, in der die Aufstände brutal niedergeschlagen wurden. Am 7. September 1901 musste China die „Boxerprotokolle", in denen u. a. hohe Reparationszahlungen, die Bestrafung von Beamten, der militärische Schutz für die ausländischen Gesandtschaften in Beijing und die Sühnereise eines Mitglieds des chinesischen Kaiserhofs nach Deutschland verhängt wurden, unterzeichnen. Die Niederlage gegen die imperialistischen Mächte und das harte Protokoll bedeuteten eine weitere schwere politische Demütigung Chinas und der Qing-Dynastie (vgl. Kap. 4, M 39). Cixi änderte ihren konservativen politischen Kurs ab 1901 und leitete die von Ihnen schon in Aufgabe 2 skizzierte „Neue Politik" mit umfassenden Reformen ein, durch die wie in der Eingabe gefordert (Z. 48 ff.) das zentrale Beamtenprüfungsverfahren abgeschafft und ein modernes, mehrgliedriges Schulsystem nach japanischem Vorbild eingeführt wurden. Trotz dieser Reformen konnte die Qing-Dynastie ihre Autorität nicht zurückgewinnen. Die wachsende wirtschaftliche Abhängigkeit von den imperialistischen Mächten führte zu einem fortschreitenden Ansehensverlust der Monarchie, der am 10. Oktober 1911 in eine Revolution mündete.

Aufgabe 4

Vorbemerkung

Der Operator verlangt von Ihnen eine das Für und Wider abwägende Auseinandersetzung mit den Erfolgsaussichten der in der Eingabe angedeuteten Ziele nicht aus Ihrer eigenen Sicht, sondern auf der Grundlage der Materialien, die Ihnen nach der Bearbeitung des Kursheftes bekannt sind und aufgrund Ihrer Unterrichtsergebnisse. Diskussionsansätze bieten auch die Begriffe Reform und Struktur.

Lösungshinweise

Reformen stellen institutionelle Veränderungen dar, die auf eingetretene oder erwartete Veränderungen antworten, die eine Institution mit Funktionsunfähigkeit bedrohen (vgl. auch Kap. 5, M 8, Christian Graf von Krockow). Sie wollen das Bestehende verändern, um es zu erhalten. Echte Reformen, nicht nur punktuelle Veränderungen, verlangen immer die Umverteilung von Macht, demzufolge folgen daraus Machtkämpfe und politische Konflikte, da handfeste Interessen bedroht sind. Auch die Kaiserinwitwe Cixi änderte ihren politischen Kurs erst nach der verheerenden Niederlage im „Boxeraufstand". Der Erlass Cixis vom 29. Januar 1901 (vgl. Kap. 4, M 38) sieht die Hauptursachen der Schwäche

Chinas u. a. in der übermäßigen Bürokratie, in unfähigen und mittelmäßigen Beamten sowie im Dienstaltersystem und fordert die Ausbildung von herausragenden und fähigen Männern. Eine Maßnahme des von ihr eingeleiteten Reformprozesses, der auf zehn Jahre ausgerichtet war, bestand folgerichtig in einer Reform des Schulsystems und der Errichtung neuer Schulen. In den Aufgaben 1 und 2 sind Sie schon auf die Schwierigkeiten der Umsetzung des Erlasses eingegangen, sodass diese Ziele drei Jahre später noch nicht verwirklicht worden waren. Die in der Eingabe angedeuteten Maßnahmen wie der Ausbau bzw. die Erhöhung der Zahl von Schulen, die Erweiterung des traditionellen Fächerkanons oder die Ausrichtung an wissenschaftlichen Prinzipien sind sinnvolle Bausteine, um fähige Absolventen eines solchen Bildungsgangs hervorzubringen. Die in der Eingabe formulierten Ziele werfen aber auch Fragen auf, z. B. wie wir uns die inhaltliche und personelle Ausgestaltung des Systemwandels vorstellen müssen. Ebenso wird deutlich, dass der Transformationsprozess im Schulsystem so umfassend ist, dass es möglicherweise mehr als zehn Jahre dauern wird, bis die ersten Absolventen diese reformierten Schulen erfolgreich durchlaufen haben. Ein weiterer Diskussionspunkt ist die Einstellung von uns Menschen zu Veränderungen und Umbrüchen. An mehreren Textstellen ist zu spüren (z. B. Z. 11 f.), dass sich die alten Eliten aus Furcht vor dem Verlust von Lebensprinzipien oder von Macht und Prestige nicht verändern wollen. Wenn Sie sich im Unterricht bereits mit Braudel beschäftigt haben, können Sie auf den Begriff der Struktur verweisen. Dazu gehören nach Braudel auch religiöse Einstellungen und kulturelle Überzeugungen, Strukturen, die eine besonders große Beharrungskraft besitzen. Weiterhin können Sie ausführen, dass Reformen im Schulsystem alleine nicht ausreichend waren, sondern tiefgreifende Veränderungen in Verwaltung, Wirtschaft, Militär und Politik erforderlich waren.

Insgesamt sind die Erfolgsaussichten der in der Eingabe vorgeschlagenen Maßnahmen angesichts der schwierigen Lage der Qing-Dynastie und Chinas als ambivalent einzuschätzen. Beschleunigt durch den Erfolg Japans im Russisch-Japanischen Krieg sind die meisten Ziele der Beamten in der Folgezeit – zumindest formal – umgesetzt worden. Aus Ihrem Vorunterricht wissen Sie bereits, dass z. B. das Beamtenprüfungsverfahren 1905 abgeschafft worden ist, ein mehrgliedriges Schulsystem eingeführt und auch Fachschulen eingerichtet worden sind. Auf der anderen Seite hat sich der kaiserliche Hof im Vergleich zu Japan spät, zu spät zu Reformen entschlossen. Verschiedene Theorien besagen, dass nach dem Scheitern von Reformen oder der zu späten Umsetzung von Reformen hergebrachte Mittel nicht mehr ausreichen, um die eingetretenen Störungen zu überwinden, sodass eine Revolution folgt oder folgen kann wie auch in China im Jahr 1911.

Anhang

Zusatzaufgaben und Tipps

Kapitel 1, S. 8–17: Wandlungsprozesse in der Geschichte

S. 13, Aufgabe 1
Erläutern Sie auf der Basis des Darstellungstextes die verschiedenen Modelle zu historischen Transformationsprozessen.
Tipp: Nennen Sie zuerst die Transformationsmodelle, die Sie genauer vorstellen wollen, zum Beispiel Modernisierung, Systemtransformation oder Braudels Zeitschichtenmodell. Erläutern Sie dann jeweils das Grundkonzept, die Themen, auf die das Modell angewendet wird, sowie Vor- und Nachteile der Herangehensweise.

S. 15, zu M 7
Zusatzaufgabe: Recherchieren Sie im Internet politische Karikaturen zur Rolle Chinas oder zur Rolle Deutschlands in der Welt. Arbeiten Sie verwendete Stereotypen heraus und vergleichen Sie Ihre Ergebnisse.

S. 16 f., zu M 9, Aufgabe 4
Stellen Sie Hypothesen auf, inwieweit der Kontakt zwischen China und den imperialistischen Mächten zu einer Transformation auf einer der beiden Seiten/beiderseits beigetragen hat.
Tipp: Lesen Sie noch mal Darstellungstext und Materialien von Kapitel 1 im Hinblick auf die Fragestellung durch.

S. 16 f., zu M 9
Zusatzaufgabe: Setzen Sie sich gemeinsam mit einem Partner mit dem Umgang mit ethnischen Minderheiten in einem Nationalstaat auseinander. Sammeln Sie beispielsweise Thesen in Form eines Schreibgesprächs.
Tipp: Ein Schreibgespräch führen Sie folgendermaßen durch:
– Nehmen Sie ein DIN-A2- oder DIN-A3-Blatt.
– Notieren Sie die Frage „Welche Bedeutung haben Kompromisse in der Politik?" oben zentral auf dem Blatt.
– Schreiben Sie abwechselnd Ihre Ideen oder Thesen zum Thema links und rechts untereinander auf das Blatt.
– Lesen Sie die Aussage des anderen und reagieren Sie schriftlich darauf.
– Während der ganzen Zeit wird nicht gesprochen.

Kapitel 2, S. 18–37: Selbstverständnis und Weltbild der Chinesen und der Europäer

S. 25, Aufgabe 4
Stellen Sie in einer Tabelle gegenüber, wie Chinesen und Europäer jeweils ihre Überlegenheit gegenüber anderen Kulturen begründen.
Tipp: Entwickeln Sie erst Vergleichskategorien, mit deren Hilfe Sie die Tabelle strukturieren können. Sie können auch den folgenden Entwurf nutzen:

Kategorien	China	Europa
Kultur	Zivilisation	Zivilisation
Geschichte		
geografische Lage	„Reich der Mitte"	
Religion		
militärische Stärke		
Wissenschaft		
…		

S. 28, zu M 12
Zusatzaufgabe: Informieren Sie sich mithilfe von Reiseführern über Geschichte und Gestaltung der „Verbotenen Stadt" in Beijing. Erarbeiten Sie eine kurze bebilderte Präsentation.

S. 30, zu M 15, Aufgabe 2
Weisen Sie mithilfe von M 15 nach, dass die Aufklärung eine neue „Denkart" einleitete.
Tipp: Suchen Sie im Text von Kant beispielsweise nach Begriffspaaren, die im Kontrast zueinander stehen: Unmündigkeit – Verstand; Mut – Feigheit; Unmündigkeit – Freiheit; Unmündigkeit – Selbstdenkende …

S. 31, zu M 17, Aufgabe 3
Arbeiten Sie aus dem Plakat M 17 Bezüge zur Aufklärung heraus.
Tipp: Der direkteste Bezug ist der Begriff der Freiheit (*liberté*). Republik (*république*), Gleichheit (*égalité*) und Brüderlichkeit (*fraternité*) können indirekt mit der Aufklärung in Verbindung gebracht werden, da sie Bezug nehmen auf die Mündigkeit der Individuen und ihr selbstbestimmtes und von Natur aus

gleichgestelltes Leben. Dieses kann in einer Republik verwirklicht werden.

S. 32, zu M 19/M 20
Zusatzaufgabe: Analysieren Sie die Unterschiede zwischen einem Handwerksbetrieb und einem großen Industriebetrieb. Erläutern Sie, warum industriell gefertigte Produkte die besseren Absatzchancen auf einem freien Markt haben.

Kapitel 3, S. 38–69: Chinesische Kontakte mit den imperialistischen Mächten und ihre Folgen

S. 47, M 8/M 9, Aufgabe 2
Vergleichen Sie die Ergebnisse aus Aufgabe 1 mit den Aussagen von Vogelsang (M 9).
Tipp: Für einen Vergleich benötigen Sie immer geeignete Vergleichskategorien. Hier bieten sich die Kategorien Außenpolitik und Innenpolitik an.

S. 48, M 11, Aufgabe 3
Beschreiben Sie die Szene vor Beginn der Audienz (M 11).
Tipp: Sie können folgende Formulierungshilfen nutzen:
– Thema des Bildes ist …
– Das Bild entstand im Kontext …
– Im Vordergrund in der Mitte des Bildes sieht man …, während die britische Delegation …
– Daraus kann man Schlüsse bezüglich des Selbstverständnisses des chinesischen Kaisers ziehen. Er präsentiert sich als …

S. 50, zu M 3
Zusatzaufgabe: Bewerten Sie die britische Politik gegenüber China.

S. 56, zu M 33, Aufgabe 2
Interpretieren Sie die Karikatur (M 33). Beachten Sie dabei besonders die Darstellung der drei imperialistischen Mächte.
Tipp: Auffällig sind besonders die Größenunterschiede zwischen den drei Hunden und ihre Anordnung. Außerdem kann die Kleidung, die Mimik und Hunderasse für die Interpretation genutzt werden.

S. 56, zu M 33
Zusatzaufgabe: Analysieren Sie die Folgen der *Open Door Policy* für China.

S. 61, zu M 7
Zusatzaufgabe: Vergleichen Sie die industrielle Entwicklung in Japan mit den ersten Ansätzen einer Industrialisierung in China infolge der Selbststärkungsbewegung (siehe Kap. 4).

S. 62, zu M 9 bis M 11
Zusatzaufgabe: Nehmen Sie Stellung, ob die Industrialisierung in Japan die Grundlage für den Aufstieg zur Großmacht legte.

S. 63, zu M 12, Aufgabe 1
Stellen Sie auf der Basis von M 12 die Entwicklungen in Japan und China gegenüber.
Tipp: Nutzen Sie die folgenden Stichworte zur Orientierung:
– Außenbeziehungen
– Situation im Inneren
– Größe des Landes
– soziopolitische Struktur
– Rolle des Kaisers

S. 69, Aufgabe 7
Vergleichen Sie das Muster der „ungleichen Verträge" mit Friedensverträgen aus der Zeitgeschichte und der Gegenwart.
Tipp: Sie könnten sich bei einem Vergleich z. B. auf folgende Verträge beziehen: Versailler Vertrag 1918/19; Potsdamer Konferenzen 1945.

Kapitel 4, S. 70–101: Chinesische Reaktionen zwischen Anpassung und Widerstand

S. 83, zu M 19
Zusatzaufgabe: Erläutern Sie in einem Kurzreferat die Biografie und die Chinareisen Ferdinand von Richthofens.

S. 85, zu M 25
Zusatzaufgabe: Erklären Sie, warum die Qing-Herrscher keine konstitutionelle Monarchie wollten.

S. 85, zu M 26, Aufgabe 1
Interpretieren Sie das Bild M 26.
Tipp: Achten Sie beispielsweise auch auf die Symbolik des Bildes (Kreuze, Feuer, Pfähle, Folter), die die Opfer zu Märtyrern für ihren Glauben erhebt. Im Gegenzug dazu stehen die „barbarischen" Chinesen.

S. 86, zu M 27/M 28, Aufgabe 3
Nehmen Sie Stellung, ob es sich bei der „Boxerbewegung" um einen Kulturzusammenstoß handelt.
Tipp: Urs Bitterli nennt folgende Kriterien für einen „Kulturzusammenstoß":
– Bedrohung der kulturellen Existenz des militärisch und machtpolitisch schwächeren Partners
– Gefährdung der physischen Existenz
– Besitzaneignung durch den Stärkeren
– Einmischung in innere Angelegenheiten des Schwächeren

Zusatzaufgaben und Tipps

S. 87, zu M 30, Aufgabe 2
Bewerten Sie Navarras Einschätzung der Lage.
Tipp: Für ein Werturteil benötigen Sie gegenwartsbezogene Kriterien. Bruno Navarra selbst legt in seiner Einschätzung der Lage in China auch heute noch gültige Kriterien zugrunde wie Gleichheit, Gerechtigkeit und das Recht auf Selbstbestimmung. Diese können Sie auch für Ihr Werturteil heranziehen.

S. 91, zu M 40
Zusatzaufgabe: Beurteilen Sie die Chancen der Reformen der „Neuen Politik" in einem so riesigen Reich wie China.

S. 97, zu M 52, Aufgabe 2
Drehen Sie zu einem Themenfeld Ihrer Wahl aus diesem Kursheft ein Erklär- oder ein *Peer Tutoring Video* für die unteren Klassenstufen.
Tipp: Legen Sie zunächst für Ihr gewähltes Thema die wichtigsten Unterpunkte und die Erzählreihenfolge fest. Anschließend können Sie ein ausführlicheres Drehbuch verfassen, das Moderationstexte, Links zu Originalbildern oder Filmsequenzen und grafische Visualisierungen oder Ähnliches enthält. Achten Sie auf eine einfache und klar strukturierte Sprache und eine abwechslungsreiche Präsentation. Präsentieren Sie am Ende Ihres Videos noch einmal Ihre Kernaussage.

Kapitel 5, S. 102–111: Kernmodul

S. 106, zu M 1 bis M 6
Vergleichen Sie die unterschiedlichen Formen von Kulturbegegnungen nach Osterhammel, Bitterli und Burke miteinander.
Tipp: Lesen Sie die Materialien der genannten Autoren erneut durch und stellen Sie zu jedem Autor die wichtigsten genannten Kriterien von Kulturbegegnungen beispielsweise auf einer Karteikarte zusammen. Suchen Sie dann nach Gemeinsamkeiten und Unterschieden. Ihre Ergebnisse könnten Sie mithilfe einer Mindmap visualisieren.

S. 106 f., zu M 7
Zusatzaufgabe: Arbeiten Sie soziale, wirtschaftliche und politische Transformationsprozesse des 20. Jahrhunderts heraus und beantworten Sie dann zu jeweils einem Beispiel die zwei Fragen von Wolfgang Merkel.
Tipp: Mögliche Beispiele: Europäischer Einigungsprozess, Gründung der Bundesrepublik/Deutschen Demokratischen Republik, Deutsche Einheit.

S. 108 f., zu M 10, Aufgabe 2
Erläutern Sie anhand selbst gewählter Beispiele aus dem Themenbereich „China und die imperialistischen Mächte", inwiefern die Transformation Chinas im 19. Jahrhundert einerseits durch einzelne Ereignisse und/oder Personen, andererseits durch langfristige strukturelle Veränderungen bzw. Prozesse adäquat beschrieben und erklärt werden kann.
Tipp: Geeignete Beispiele sind u. a. die „Macartney-Mission" (Kap. 3), die Opiumkriege (Kap. 3), die „Selbststärkungsbewegung" (Kap. 4) oder die Gründung der Republik (Kap. 4).

S. 110, zu M 11
Arbeiten Sie ausgehend von Kollmorgen Bedingungen für eine friedliche Kulturbeziehung nach Bitterli heraus.
Tipp: Eine friedliche Kulturbeziehung wird beispielsweise durch ein Kräftegleichgewicht und durch Institutionen zur Konfliktlösung begünstigt.

S. 111, zu M 14
Nehmen Sie Stellung, inwiefern es sich um eine politische Instrumentalisierung von Geschichte handelt.
Tipp: Informieren Sie sich über die Ideen von Staatspräsident Xi Jinping bezüglich „Nationalismus" und „chinesischer Traum". Achten Sie insbesondere auf die Folgen für den Umgang mit ethnischen Minderheiten in China (Tibet, Uiguren in Xianjiang), wenn China als historisch gewachsener Einheitsstaat mit vielen integrierten (!) Ethnien dargestellt wird.

Kapitel 6, S. 112–123: Wahlmodul: Die Kreuzzüge

S. 120, zu M 10
Zusatzaufgabe: Vergleichen Sie ad-Dins Sicht des Dschihad mit den Formen, die das islamische Recht definiert hat.

S. 122, zu M 1, Aufgabe 3
Beziehen Sie in Ihre Überlegungen zu Aufgabe 2 Ihnen bekannte zeitgenössische Stimmen mit ein.
Tipp: Sie könnten hier z. B. die Ausführungen von Bitterli (M 3, M 4, S. 103 ff.) und Burke (M 6, S. 106) berücksichtigen.

Kapitel 7, S. 124–135: Wahlmodul: Spanischer Kolonialismus

S. 133, zu M 14
Zusatzaufgabe: Vergleichen Sie die Darstellung der Afrikaner bei Bosman mit der Skulptur M 5, S. 128.

Lösungen zu den Methodenseiten

Zu Kapitel 2, S. 34–35: Geschichtskarten interpretieren

1. Erster Eindruck
Individuelle Antwort.

2. Formale Merkmale
Titel: China zur Zeit der Qing-Dynastie (1644–1911)
Thema: Expansion der mandschurischen Qing in China, die größte Ausdehnung des chinesischen Kaiserreiches unter den Qing, Tributstaaten, Aufstände.
Verwendungskontext/Adressaten: deutsches Schulbuch; Adressaten sind dementsprechend Schülerinnen und Schüler sowie Lehrerinnen und Lehrer.

3. Analyse der einzelnen Elemente
Die vorliegende Karte zeigt eine westliche Perspektive auf das Qing-Reich zwischen 1644 bis 1911, da der Begriff „Expansion" verwendet wird, der in China nicht benutzt wird. Dabei ist der nördlichste Bereich der Mandschurei nicht gänzlich abgebildet. Deutlich markiert sind die äußeren Grenzen der weitesten Ausdehnung (rote Linie) sowie die Jahre der jeweiligen Annexion (zwischen 1635, Innere Mongolei und 1796, Äußere Mongolei). Ebenso sind tributpflichtige Nachbarstaaten grün gekennzeichnet, die die Länder einschließen, mit denen China seit Längerem enge wirtschaftliche und kulturelle Beziehungen hatte (Korea, Teile Südostasiens).
Die Expansionsstufen sind in drei chronologische Abschnitte gegliedert und werden entsprechend farblich in unterschiedlichen Gelbtönen gekennzeichnet. Jede Phase zeigt, dass sich das Herrschaftsgebiet in etwa verdoppelt. Zunächst ist zu beachten, dass die Mandschu bereits 1636 eine neue Dynastie – die Dynastie der Großen Qing (*Da Qing*) – ausriefen. 1644 eroberten sie die Hauptstadt Beijing der von Naturkatastrophen, Epidemien und Aufständen geschwächten Ming-Dynastie. In den folgenden Jahrzehnten weiteten die Qing ihre Kontrolle auf das gesamte Herrschaftsgebiet der ehemaligen Ming-Dynastie und darüber hinaus aus:
1) Expansion bis 1644 (Ende der Ming-Dynastie, Beginn der Qing-Dynastie),
2) bis 1659 (Einnahme der Stadt Kunming, Kontrolle der Yunnan-Region im Südwesten durch die Qing),
3) bis Ende des 18. Jahrhunderts.
Außerdem werden politische Unruhen und Aufstände wie der Taiping-Aufstand (1853–1863) oder weitere „zahlreiche Aufstände einzelner Ethnien gegen die neuen Herren im 17. und 18. Jh." im Südosten und -westen des Landes, die Region um Nanjing einschließend, sowie die Aufstände der Muslime um Kaschgar im Westen Chinas angezeigt.

Interpretation/Gesamtaussage
Die Karte liefert Informationen zur schrittweisen Expansion der Qing-Dynastie und zu Aufständen gegen die Qing-Herrschaft. Die Herrschaft der mandschurischen Qing wurde in Teilen des Landes als „Fremdherrschaft" einer Minderheit betrachtet. Dies war ein wichtiges Motiv für die Aufstände einzelner chinesischer Ethnien. Insgesamt können drei Aussagen getroffen werden:
Erstens finden die Annexionen zwischen 1635 und 1796 statt. Man kann also von einer Reduzierung der Expansionsbestrebungen der Qing um 1800 ausgehen.
Zweitens kann man feststellen, dass die Aufstände einzelner Ethnien vor allem im Süden und Westen des Landes erfolgen, relativ weit weg vom Zentrum Beijing. Am Größten war der Taiping-Aufstand, der für zehn Jahre ein größeres Gebiet dem staatlichen Zugriff entzog.
Drittens ist zu bemerken, dass mit der Eingliederung Taiwans, Tibets und Xinjiangs im Westen die Qing-Dynastie um 1800 herum die größte Ausdehnung aller „chinesischen" Dynastien erreichte. Die Volksrepublik China betrachtet diese Grenzen der Qing-Dynastie größtenteils als die eigenen und sieht Taiwan, Tibet und Xinjiang als feste Bestandteile der heutigen VR China.
Problematisch ist, dass einige Veränderungen seit der zweiten Hälfte des 19. Jahrhunderts in der Karte nur angedeutet bzw. nicht vollständig dargestellt werden. So sind z. B. drei Freihandelshäfen eingezeichnet, obwohl es noch weitere gab. Bei den Kolonien und Pachtgebieten ist auch nur Macao eingezeichnet – es fehlen Hongkong, Shanghai, Guangzhouwan, Qingdao etc. Korea und Taiwan gehörten nicht bis 1911 zu den Qing, sondern waren japanische Kolonien (spätestens ab 1905). Gebietsverluste an das Russische Reich im Norden sowie britische und französische Kolonien sind ebenfalls nicht eingezeichnet. Hier wäre eine vergleichende Auseinandersetzung mit der Karte M 5 „Einflussgebiete und Stützpunkte ausländischer Mächte in China bis 1912" in Kapitel 3 sachdienlich.

Zu Kapitel 3, S. 64–65: Schriftliche Quellen interpretieren

1. Leitfrage
Die Leitfrage ist eigenständig zu entwickeln, sollte diese nicht aus der Aufgabenstellung hervorgehen.

Lösungen zu den Methodenseiten

Beispiele für eine Leitfrage:
Wie versucht König Georg III. den Qianlong-Kaiser zu überzeugen, seine Vorschläge (u.a. die Zulassung eines britischen Gesandten in China, Öffnung weiterer Häfen für den Handel) anzunehmen?
Oder: Welche Absicht verfolgt König Georg III. mit seinem Brief?

2. Analyse
Formale Aspekte
Textart: Es handelt sich um einen Brief des britischen Königs Georg III., den dieser dem britischen Gesandten Lord Georg Macartney (1737–1806), vormals Botschafter in Russland und Gouverneur in Madras, übergab, um ihn in China an den Qianlong-Kaiser auszuhändigen.
Autor: König Georg III. (1738–1820), britischer König seit 1760, aus dem Hannoveraner Welfen-Haus stammend, regiert das Britische Reich mit vielen Kolonien und Stützpunkten weltweit.
Entstehung: Die britische Krone entsandte 1792/93 Lord Macartney und ein Gefolge von Wissenschaftlern an den chinesischen Hof, um bessere Handelsbedingungen zu erzielen. Dabei wünschte sich die britische Krone v.a. eine ständige britische Vertretung sowie die Öffnung weiterer Häfen für den britischen Handel. 1793 wurde diese Gesandtschaft am Hof empfangen, um die Wünsche der britischen Krone vorzustellen und dem Qing-Kaiser eine Verbindung beider Länder vorzuschlagen.
Thema: Einrichtung eines bevollmächtigten britischen Abgesandten am chinesischen Hofe für die wirtschaftliche Verbindung und den Austausch einerseits sowie Versuch der imperialen Vormachtstellung der britischen Krone im chinesischen Kaiserreich andererseits.
Adressat: der chinesische Qianlong-Kaiser

Inhaltliche Aspekte
Kernaussagen:
- ehrerbietende Grüße Georgs III. an Kaiser Qianlong
- Georg III. schreibt dem Kaiser eine „natürliche Veranlagung" zu, zum Wohle der Menschen, des Friedens und der Sicherheit zu herrschen.
- Verweis auf die Verbreitung von Glück, Tugend und Wissen sowie die Förderung von Wohlstand durch die Briten
- Die Briten haben das Ziel, ferne Gegenden zu erforschen, um ihr Wissen zu erweitern, und nicht „zum Zwecke der Eroberung".
- Es sei der „sehnlichste Wunsch" der Briten gewesen, das chinesische Kaiserreich kennenzulernen, das wohlhabend sei und von allen bewundert werde.
- Nun sei der richtige Moment, „um die Grenzen der Freundschaft und des Wohlstands auszudehnen", indem freundschaftliche Beziehungen zwischen den Ländern aufgenommen werden.
- Der bisherige Handel habe bereits Nutzen für beide Seiten gehabt, aber es sollten nun feste Regeln etabliert werden, um den Kontakt weiter zu verbessern.
- Die britischen Untertanen sollen sich an die Gesetze und Sitten Chinas halten. Im Gegenzug sollen sie Gastfreundschaft und Schutz erfahren.
- Ein „außerordentlicher und bevollmächtigter Botschafter" am kaiserlichen Hofe (eben als erster Botschafter der Gesandte Macartney, dem langfristig weitere folgen sollten) soll die Regeln vor Ort kontrollieren.
- Der Gesandte soll einerseits über chinesische Errungenschaften nach Europa berichten und andererseits China europäisches Wissen zugänglich machen.
- Georg III. betont die „Weisheit und Gerechtigkeit" Qianlongs, die ihn diese vorgeschlagene Verbindung annehmen lasse und die einen Zugang zu den Märkten ermögliche und dieses alles unter Gewährung der kaiserlichen Gesetze und Verordnungen.

3. Historischer Kontext
Guangzhou an der Südküste Chinas war Ende des 18. Jh. für die Europäer der einzige offizielle Umschlagplatz für die chinesischen Waren Tee, Seide und Porzellan. Neben den Briten betrieben auch Portugiesen, Spanier und Niederländer Handel mit China über den Hafen Guangzhou. Eine Ausweitung des Handels auf weitere Häfen lehnte China ab. Da der Bedarf an chinesischen Waren in Großbritannien aber stetig anstieg, drängte Großbritannien auf breiteren Zugang zu China mit dem Hinweis auf „fairen Wettbewerb" nach europäischen Standards. In den Instruktionen an Macartney (siehe M 10, Kapitel 3) ist sogar von einem „höchst willkürlichen Zustand der Unterdrückung" die Rede. Eine Verbesserung der Handelsbedingungen für Großbritannien sollte vor Ort am chinesischen Kaiserhof durch den Gesandten Macartney erreicht werden. Neben dem persönlichen Brief des britischen Königs überbrachte Lord Macartney auch noch zahlreiche Geschenke. Er wurde außerdem von Wissenschaftlern begleitet, die ihr Wissen an China weitergeben sollten.

4. Urteil (Sach-/Werturteil)
Die Urteilsbildung hängt von der gewählten Leitfrage ab, so kann hier nur auf einzelne zielführende Aspekte verwiesen werden.
Zunächst ist die Sprache und Rhetorik des Briefes zu beachten. König Georg III. verwendet viele schmeichelnde, ehrerbietende Attribute für den Qianlong-Kaiser. Er lässt das britische Verhalten vor Ort eher unbeschrieben, verweist hier auf gewünschtes Verhalten der britischen Untertanen (z.B. abhalten, „Böses zu tun", Schutz der chinesischen Sitten und Gesetze). Letzteres versucht dieser Brief aber gleichzeitig im britischen Sinne zu ändern,

indem er Fairness, Sicherheit und wissenschaftlichen Austausch als Maßstäbe angibt.

Zudem betont Georg III. den beiderseitigen Nutzen eines solchen Übereinkommens, auch hier wieder kombiniert mit dem Verweis auf die „Weisheit und Gerechtigkeit Eurer kaiserlichen Majestät und das allgemeine Wohlwollen gegenüber der Menschheit". Seine Schlussfolgerung lautet: Der britische Vorschlag könne so gar nicht abgelehnt werden.

Ebenso verweist Georg III. auf eine Ebenbürtigkeit der britischen und chinesischen „Nation", wobei hier weder von einem ähnlichen Nationenbegriff noch von vergleichbaren Herrschervorstellungen gesprochen werden kann, ebenso wie hier unterschiedliches Selbstverständnis sowie Weltbild aufeinandertreffen (siehe S. 20 ff.).

Die Forderungen von Georg III. gingen weit über die restriktiven Vorgaben des kaiserlichen Hofes hinaus, der den Handel und seine Grenzen anders definierte und diesen bewusst eingeschränkt ermöglicht hatte.

So zeigt auch die Unterstreichung eines „guten Zweckes" sowie des gegenseitigen Nutzens dieser angestrebten Verbindung ein deutlich unterschiedliches Selbstverständnis und Weltbild. Es finden sich hier einerseits Anzeichen für eine Begegnung zweier verschiedener Kulturen und andererseits für zwei Imperien, die ihre realpolitischen Ziele verfolgen.

Der Brief als solcher versucht einerseits, die Briten samt der Delegation und der Geschenke als Partner anzupreisen und andererseits den deutlichen Vorteil der ebenbürtigen gegenseitigen diplomatischen und Handels-Verbindungen zu unterstreichen. Dabei begegnet der britische König dem Qing-Kaiser eben nicht mit der sonst üblichen nominellen Unterordnung wie bei den Tributgesandtschaften anderer Staaten, sondern betont die Ebenbürtigkeit. Neben der Ablehnung des Kotaus durch Macartney und der von britischer Seite vorausgesetzten Gleichrangigkeit der Regenten könnte sich in den unterschiedlichen Regeln und dem Herrschaftsverständnis ein Grund für das Scheitern der Mission festmachen lassen.

Zu Kapitel 3, S. 66–67: Karikaturen interpretieren

1. Leitfrage
Die Leitfrage ist eigenständig zu entwickeln, sollte diese nicht aus der Aufgabenstellung hervorgehen.
Beispiele für eine Leitfrage:
Welche Kritik/Aussage formuliert diese Karikatur?
Oder: Woran wird Kritik an dem Wirken der imperialen Mächte deutlich?

2. Analyse
Formale Aspekte
Zeichner/Auftraggeber: Der Zeichner Tse Tsan Tai (moderne Umschrift: Xie Zuantai) wurde 1879 in New South Wales, Australien geboren. Im Alter von acht Jahren zog Tses Familie nach Hongkong, wo er eine englischsprachige Schule besuchte. Anschließend arbeitete er in der Verwaltung der britischen Kronkolonie Hongkong. Als junger Mann bewegte sich Tse in den Hongkonger Kreisen, die sich für eine Revolution gegen die Qing-Dynastie einsetzten. 1892 gründete er mit anderen eine revolutionär-patriotische Vereinigung, die sich 1895 mit der von Sun Yatsen (1866–1925) und anderen gegründeten „Vereinigung für die Wiederbelebung Chinas" (Xing Zhonghui) zusammenschloss. Tse war 1895 an dem Versuch beteiligt im benachbarten Guangzhou einen Aufstand gegen die Qing-Dynastie durchzuführen. Mit dem britischen Geschäftsmann Alfred Cunningham gründete er 1903 die bis heute bestehende Zeitung „South China Morning Post". Tse lebte bis zu seinem Tod 1903 in Hongkong.
Datum und Ort der Veröffentlichung: vermutlich Japan, um das Jahr 1899
Titel: „Ein Bild der aktuellen Lage" (Shiju tu)
Thema: Die Karikatur kritisiert zum einen das Vorgehen der ausländischen Mächte in China, zum anderen die Tatenlosigkeit und Rückständigkeit der Qing-Regierung angesichts der Bedrohung von außen.

Inhaltliche Aspekte
Beschreibung der Bildelemente/inhaltliche Aussagen:
Durch die Größe der Schrift fällt der Titel der Karikatur – „Ein Bild der aktuellen Lage" ins Auge. Neben der Abbildung steht links und rechts der Satz „ohne Worte begreifbar und auf einen Blick zu verstehen". Im Mittelpunkt befindet sich eine Karte Ostasiens mit China als Zentrum. Das Gebiet der Qing-Dynastie in China ist grün hinterlegt, die Gebiete der umgebenden Staaten sind durch andere Farben markiert. Verschiedene Tiere, typische Nationalallegorien und eine Sonne symbolisieren die ausländischen Staaten, die sich auf dem Territorium Chinas oder in der Nähe befinden.

Im Norden der Karte ist gelb Russland eingezeichnet. Es wird symbolisiert durch einen Bären, der auf seiner Stirn einen schwarzen Doppeladler, das Wappen des Russischen Kaiserreiches seit 1742 trägt. Die Größe des „russischen Bären" im Vergleich zu den anderen Tieren zeigt, dass v. a. Russland als Gefahr wahrgenommen wurde.

Rechts unten neben dem russischen Bären ist Japan als rote Sonne mit dürren Armen und Beinen zu erkennen. Ein Faden am Handgelenk der Sonne hält die Insel Formosa (Taiwan), ein anderer am Fuß Korea fest. Gleichzeitig strahlt die japanische Sonne auch auf den schlafenden chinesischen Beamten in der Mitte der

Karikatur. Die Darstellung Japans in der Karikatur unterscheidet sich von der der anderen Staaten: Nur Japan wird nicht in Tierform dargestellt.

Südwestlich von Japan steckt in der ostchinesischen Provinz Shandong die Flagge des deutschen Kaiserreichs. Dieses hatte im November 1897 dort die Gegend um die Küstenstadt Qingdao besetzt und eine Kolonie errichtet. Symbolisiert wird der deutsche Einfluss durch einen Kreis mit der Aufschrift „Wurst der deutschen Ambitionen [in China]" („*German Ambitions Sausage*"). An die deutsche Wurst fügt sich der Schwanz der löwenähnlichen britischen Bulldogge (zu erkennen am Union Jack auf seiner Stirn) an. Die Hinterbeine der Bulldogge weisen auf den Fluss Yangzi, den Großbritannien sich als Einflussbereich gesichert hatte. Gleichzeitig richtet sich der Kopf der Bulldogge mit finster-kämpferischem Blick gegen Frankreich, das hier als Kröte dargestellt wird.

Ausgehend von seinen Kolonien in Indochina (heute: Laos, Kambodscha und Vietnam) greift die „französische Kröte" mit der linken Hand nach der chinesischen Inlandsprovinz Sichuan und mit der rechten nach den Provinzen Hainan und Guangdong. Der Wettlauf zwischen Großbritannien und Frankreich um Kolonien und Einflussgebiete wird auch an der Aufschrift „Fashoda" auf dem Rücken der „französischen Kröte" deutlich: 1898 waren in Fashoda (ein Ort im heutigen Sudan) französische und britische Truppen bezüglich der territorialen Aufteilung der dortigen Gebiete aneinandergeraten.

Von rechts unten kommt der US-amerikanische Adler angeflogen. Dieser hält in seinen Krallen die Philippinen, die 1898 amerikanische Kolonie geworden waren.

Am unteren Bildrand stehen außerdem weitere Staaten – ganz rechts Österreich-Ungarn, links davon Italien und womöglich Spanien – sowie ein Kamel und ein Frack-tragender Frosch.

Außerdem ist links oben ein schlafender Beamter der Qing-Dynastie abgebildet. In seiner rechten Hand hält er ein Netz, in dem die (Han-)chinesische Bevölkerung gefangen gehalten wird. Beispielhaft wird ein Gelehrter dargestellt, der über einem Buch eingeschlafen ist. Hier klingt Kritik am kaiserlichen Beamtenprüfungssystem an. Unter dem schlafenden Beamten sind nochmals zwei weitere Beamten abgebildet, welche die Korruptheit der Beamtenschaft symbolisieren sollen: Der eine links hält eine überdimensionierte Münze in der Hand – interessiert sich also nur für Geld; der andere rechts amüsiert sich bei Alkohol und gutem Essen mit einer Kurtisane.

3. Historischer Kontext

Zwischen Großbritanniens Sieg im Opiumkrieg 1842 und dem Ende des Zweiten Weltkriegs und der japanischen Besatzung in China 1945 waren die Beziehungen zwischen China und der Welt stark asymmetrisch. Durch Waffengewalt sowie politischen und wirtschaftlichen Druck zwangen ausländische Staaten (darunter viele Staaten Westeuropas, Russland, die USA und später auch Japan) China zu Verträgen, die Chinas Souveränität in Wirtschaft und Politik stark einschränkten. Gleichzeitig errichteten sie in China Kolonien und Einflussgebiete. Russland, Japan, das Deutsche Reich, Frankreich und die USA besaßen um 1899, die Entstehungszeit der Karikatur, Kolonien und Pachtgebiete in China.

4. Urteilen

Die Karikatur übt zum einen Kritik an den ausländischen Staaten, zum anderen aber auch an der Beamtenschaft der Qing-Dynastie. In den revolutionären Kreisen, zu denen auch der Zeichner der Karikatur Tse Tsan Tai gehörte, war in den Jahren um 1900 der Hass auf die Mandschuren als Fremdherrscher weit verbreitet. Die Revolutionäre zielten auf die Beendung des Kaiserreichs.

Beim zeitgenössischen Betrachter sollte ein Gefühl der Bedrohung durch die imperialistischen Mächte geschaffen werden, aber auch Misstrauen gegenüber der unfähigen und tatenlos zusehenden Qing-Herrschaft (verkörpert durch die schlafenden Beamten) geschürt werden. In der Karikatur vermischen sich zwei Motive, die um 1900 herum in China an Einfluss gewannen und im kulturellen Gedächtnis Chinas bis heute eine große Rolle spielen: erstens das schlafende China; zweitens die imperialistische Politik der ausländischen Mächte.

Die Darstellung der imperialistischen Politik greift auf das Bild der Aufteilung Chinas durch ausländische Mächte zurück. Viele westliche Karikatur bedienten sich dieser Symbolik. China erscheint hier zumeist als Kuchen, den ausländische Staaten untereinander aufteilen. All diesen Darstellungen ist gemeinsam, dass China als reines Objekt der ausländischen Begierden dargestellt wird. Die Karikatur „Ein Bild der aktuellen Lage" (*Shiju tu*) lehnt sich an diese europäischen Karikaturen an. Und auch die Personifizierung durch Tiere wurde aus europäischen Vorbildern übernommen. Die Sorge vor einer Zerteilung Chinas war zudem unter chinesischen Intellektuellen verbreitet. Die Karikatur wurde von ihnen also auch dementsprechend interpretiert.

Insgesamt zeigt die Bildsprache der Karikatur eine Mischung aus europäischen und chinesischen Mustern, die auf einige sowohl Englisch als auch Chinesisch sprechende Intellektuelle zurückgeht und von den weltoffenen Teilen der chinesischen Gesellschaft verstanden wurde.

Detaillierte Analyse der China-Schul-Akademie

cornelsen.de/Webcodes
Code: detopo

Zu Kapitel 4, S. 98–99: Darstellungen analysieren

1. Leitfrage
Die Leitfrage ist eigenständig zu entwickeln, sollte diese nicht aus der Aufgabenstellung hervorgehen.
Beispiel für eine Leitfrage:
Warum gelang es der Qing-Dynastie nicht, mithilfe der „Neuen Politik" ihre Herrschaft zu retten?

2. Analyse
Formale Aspekte
Autor: Kai Vogelsang (geb. 1969), Professor für Sinologie an der Universität Hamburg mit den Forschungsschwerpunkten Chinesische Geschichtsschreibung und späte Qing-Zeit (Dissertation zu Feng Guifen).
Textsorte: fachwissenschaftliche Darstellung
Thema: Die Reformen der Qing-Dynastie ab 1905 und ihre Folgen 2013
Veröffentlichung: 2013
Intention: Vogelsang versucht hier darzulegen, dass die Qing-Regierung zu spät auf den Strukturwandel in China reagierte und der Kaiser bzw. seine Regierung von den Entwicklungen überholt wurden, was letztlich ihren begrenzten Einfluss auf die Transformationsprozesse zeigt.

Inhaltliche Aspekte
- Der Sieg Japans gegen Russland setzte in China neue Reformen nach dem japanischen Vorbild in Gang.
- Erste Schritte waren: Abschaffung der klassischen Beamtenprüfungen, Entsendung einer Studiengruppe nach Japan, Europa und USA mit dem Ziel Verfassungsbeispiele studieren.
- 1908 Entwurf einer Verfassung vorgelegt und Umsetzung durch Parlamente auf Provinz- und Kreisebene
- Gründung von Berufsverbänden
- Die Reformen reagierten auf die Umwandlung der Gesellschaft von einer nach Schichten hin zu einer funktional differenzierten Gesellschaft und sollten die neuen städtischen Eliten für die Qing-Herrschaft mobilisieren.
- Die Verfassung trat nie in Kraft, da das Kaiserreich vorher endete.
- Kaiser Pu Yi als Kindkaiser habe „wenig Einfluss" angesichts des „unumkehrbaren Strukturwandels".
- Den Veränderungen habe man nur noch mit einer Revolution Rechnung tragen können.
- Die Qing-Regierung habe ungewollt den Wandel gefördert, indem sie mit ihren Reformen Selbstbewusstsein und kritisches Denken der Bürger befördert habe.

Damit wird die Überzeugung des Autors deutlich, dass der Strukturwandel hin zu einem moderneren China 1905 so weit fortgeschritten war, dass jede Reform zu spät kam.

3. Historischer Kontext
Kai Vogelsang analysiert den letzten Reformversuch der Qing-Regierung nach 1905 vor dem Hintergrund des Strukturwandels. Als Vorbild fungierte zum Teil Japan, das schon Mitte der 1860er-Jahre eine konstitutionelle Monarchie einführte und unabhängig von auswärtigen Mächten die Industrialisierung einleitete. Die als Erstes abgeschafften Beamtenprüfungen waren ein Symbol für das alte, konfuzianisch geprägte China. Schon vor 1905 waren immer wieder chinesische Studenten in die USA, Europa und nach Japan gegangen und waren dort mit neuen Ideen und neuem Wissen in Kontakt gekommen. Insbesondere in den Städten mit Vertragshäfen und starker Präsenz auswärtiger Mächte hatten sich moderne Wirtschafts- und Bildungsstrukturen entwickelt, die jedoch unabhängig von der kaiserlichen Zentralregierung in Beijing waren.

4. Urteil
Die vom Autor genannten Aspekte und die daraus abgeleitete Diskrepanz zwischen modernen Eliten und Strukturen sowie der Qing-Herrschaft werden sachlich richtig und plausibel dargestellt. Allerdings wird die Relevanz der Schwächung Chinas durch die halbkoloniale Ausbeutung sowie die Mitverantwortung der imperialen Mächte nicht in die Argumentation einbezogen.
Hier wird der Blick auf die inneren Verhältnisse, die strukturellen Schwächen der Qing-Herrschaft gelenkt. Dabei wird insbesondere die verspätete Reaktion statt eines zielgerichteten Agierens betont ebenso wie die sinkende Akzeptanz des Regierungsapparats des kaiserlichen Hofes, verstärkt noch durch den Kindkaiser an der Spitze. Der rasche Wandel der Gesellschaft hat sich sicherlich auch durch den wirtschaftlichen und militärischen Druck der imperialistischen Mächte im Land verstärkt und kann nicht nur als innerer Prozess betrachtet werden. Deutlich mehr Gewicht sollte auch dem kulturellen Wandel zugeschrieben werden, der z. B. auch durch Auslandsstudierende in Japan befördert wurde, die neue Ideen mitbrachten, rezipierten und adaptierten und so letztlich den revolutionären Wandel in China vorbereiteten und trugen. Die vom Autor betonte „Macht" des Strukturwandels im Vergleich zur klassischen „Politikgeschichte" belegt aber genau diese Wirkung von kulturellen Veränderungen.

Ausspracheregeln für chinesische Begriffe

Im vorliegenden Kursheft wurden alle chinesischen Namen und Begriffe nach den Regeln der heute aktuellen Umschrift Pinyin geschrieben. Sie finden einige wichtige Namen in der Tabelle unten aufgeführt und mit der ungefähren Aussprache in Deutsch ergänzt. Auf die Verwendung von Lautschrift wurde in der Tabelle verzichtet. Es gibt auch zahlreiche Programme, mit denen Sie sich die richtige Aussprache anhören können.

Heutige Schreibung (Pinyin)	Frühere Schreibung (Wade-Giles)	Ungefähre Aussprache für Deutsche
Beijing (Stadt)	Peking	bei-dshing
Chang Jiang oder Yangzi Jiang („langer Fluss")	Jangtse oder Jangtsekiang	tchang-dshiang
Cixi (Kaiserinwitwe in der späten Qing-Dynastie)	Tzu-Hsi	dsi-chi
Deng Xiaoping (Politiker)	Teng Hsiao Ping	deng-schiao-ping
Guangzhou	Kanton	guang-dschou
Huang He (Gelber Fluss)	Hwang Ho	hwang-he
Jiang Jieshi	Tschiang Kai Schek	dshiang dshieshi
Kong Fuzi (Konfuzius)	Kung Chiu	kong fju-si
Liu Shaoqi (Politiker)	Liu Schao-Tschi	liu shao-tchi
Liu Xiaobo (Dissident und Nobelpreisträger)		li-ju siaobo
Mao Zedong (Politiker)	Mao Tse-Tung	mao-tse-dong
Qianlong (Kaiser)	Ch'ien-lung	tchi-en-long
Qin (Dynastie)	Ch'in	tchin
Qing (Dynastie)	Ch'ing	tching
Tianxia („Alles unter dem Himmel")	tien hsia	tien schia
Xi Jinping (Politiker)		chi dshinping
Xinjiang (autonome Provinz)	Sinkiang	chin-dshiang
Yongle (Kaiser)	Yung-Lo	jung-le
Zheng He (Flottenadmiral)	Cheng-Ho	dscheng-he
Zhongguo (Reich der Mitte/China)	Chung-kuo	dschong-guo

Unterrichtsmethoden

Einen Kurzvortrag halten
- Vorbereitung: Sammeln und ordnen Sie alle Informationen zu Ihrem Thema (z. B. in einer Mindmap).
- Entwickeln Sie eine Ordnung für Ihren Vortrag: Legen Sie zu jedem Hauptpunkt eine Karteikarte mit den wichtigsten Informationen an und nummerieren Sie die Karteikarten in einer sinnvollen Reihenfolge.
- Überlegen Sie sich einen interessanten Einstieg und Schluss für Ihren Vortrag.
- Versuchen Sie möglichst frei vorzutragen. Sprechen Sie laut, deutlich und nicht zu schnell.
- Schauen Sie Ihr Publikum an. So sehen Sie auch, wenn es Zwischenfragen gibt.
- Unterstützen Sie Ihren Vortrag durch Anschauungsmaterial (Bilder, Grafiken, Gegenstände).

Ein Lernplakat gestalten
- Verwenden Sie für das Plakat mindestens die Größe DIN A2, besser DIN A1 (= 8 DIN-A4-Blätter).
- Beschränken Sie sich auf die wesentlichen Informationen.
- Die Informationen auf dem Plakat müssen sachlich stimmen (z. B. richtige Jahreszahlen).
- Das Thema des Plakats muss deutlich zu lesen sein.
- Formulieren Sie in Stichpunkten oder in kurzen Sätzen.
- Unterstreichen Sie Schlüsselbegriffe oder rahmen Sie sie ein.
- Verwenden Sie für die Schrift einen schwarzen oder dunkelblauen Stift. Andere Farben eignen sich für Pfeile, Linien oder Hervorhebungen.
- Achten Sie auf die Lesbarkeit der Schrift (Größe und Ordnung).
Tipp: Sie können Hilfslinien mit Bleistift zeichnen und später wegradieren.
- Gliedern Sie Ihre Informationen durch unterschiedliche Schriftgrößen. Verwenden Sie Ordnungszahlen, wenn Sie eine bestimmte Reihenfolge darstellen möchten.

Eine Mindmap anfertigen
- Werten Sie Materialien (Bilder, Texte) zunächst aus, bevor Sie mit der Mindmap anfangen. Sammeln Sie Ihre Ergebnisse in Stichpunkten.
- Schreiben Sie das Thema in die Mitte des Blattes.

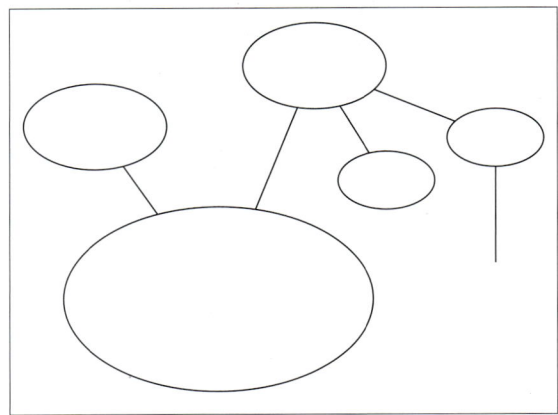

- Überlegen Sie sich eine Struktur für die Mindmap: Finden Sie zunächst Schlüsselbegriffe, die Sie auf die großen Äste schreiben.
Tipp: Mindmaps werden meist im Uhrzeigersinn gelesen. Bedenken Sie das bei Ihrem Aufbau.
- Gruppieren Sie die zugehörigen Stichpunkte, Wörter und Namen. Gehen Sie vom Abstrakten zum Konkreten.
- Beschränken Sie sich auf 4–6 Hauptäste, um die Mindmap übersichtlich zu halten.
- Verdeutlichen Sie Verbindungen innerhalb der Mindmap mit Pfeilen.
- Arbeiten Sie mit Symbolen (z. B. Blitz für Konflikte). Geben Sie den Ästen unterschiedliche Farben.

Ein Begriffscluster erstellen
- Nehmen Sie ein DIN-A4- oder DIN-A3-Blatt, schreiben Sie einen Schlüsselbegriff darauf und kreisen Sie ihn ein.
- Schreiben Sie nun spontane Assoziationen um das Kernwort herum auf.
- Verwenden Sie diese Assoziationen als neue Schlüsselbegriffe und notieren Sie wiederum Assoziationen dazu.
- Die so entstehende Assoziationskette ergibt eine netzartige Skizze aus Ideen.

Unterrichtsmethoden

Der Unterschied zwischen Mindmapping und Clustern: Beim Clustering liegt der Schwerpunkt auf der Ideenfindung und dabei insbesondere der assoziativen Verknüpfung von Ideen und Vorstellungen in Bildmustern. Daher eignet sich diese Methode besonders gut zur Stoff*samm-lung* z. B. bei Problemerörterungen.

Das Mindmapping geht einen Schritt weiter, indem die notierten Begrifflichkeiten und Assoziationen durch die Baumstruktur bereits eine logische Ordnung erfahren. Dabei ist die Baumstruktur so offen angelegt, dass sie ständig mit weiteren Einfällen auf einer bestimmten Ebene ergänzt werden kann. Wegen seiner begrifflichen Hierarchisierung (= Über- und Unterordnung von Begriffen bzw. Gesichtspunkten) eignet sich das Mindmapping für die Stoff*ordnung* z. B. bei Problemerörterungen gut.

Ein Placemat gestalten (Gruppenarbeit für vier Personen)
- Finden Sie sich in Vierergruppen zusammen.
- Nehmen Sie ein DIN-A2- oder DIN-A3-Blatt und zeichnen Sie folgendes Schema darauf:

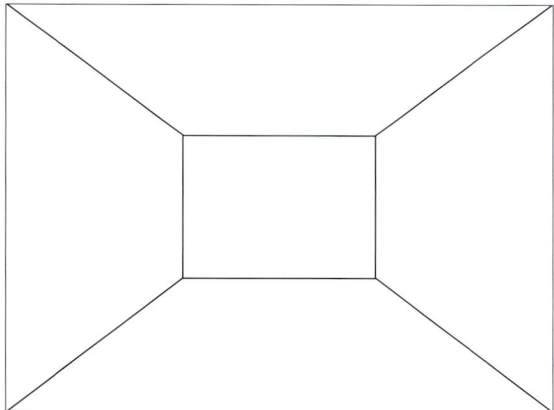

- Legen Sie das Blatt auf den Tisch. Vor jeder weißen Fläche sitzt ein Teilnehmer/eine Teilnehmerin aus Ihrer Gruppe.
- Es wird ein Thema gestellt. Jede/-r notiert in der festgelegten Zeit (ca. 5 min), was er/sie darüber weiß, wissen möchte und welche Ideen er/sie dazu hat.
- Drehen Sie das Blatt, sodass jeder lesen kann, was die anderen aufgeschrieben haben. Stellen Sie Fragen zum Verständnis (ca. 5 min).
- Entscheiden Sie am Ende als Gruppe, welche der Notizen Sie als Ergebnis in die Mitte des Blattes schreiben wollen. Einigen Sie sich auf 4–6 Stichpunkte (ca. 10 min).
- Präsentieren Sie Ihr Ergebnis dem Kurs.

Eine Concept-Map erstellen
Mit einer Concept-Map lassen sich Beziehungen zwischen Ideen visuell darstellen. Konzepte werden häufig als Kreise oder Boxen dargestellt, die mit Linien oder Pfeilen verbunden werden. Verbindungswörter zeigen zudem, wie Ideen zusammenhängen.

- Nehmen Sie ein DIN-A4- oder DIN-A3-Blatt sowie mehrere Blätter für Vorskizzen.
- Bestimmen Sie einen zentralen Gedanken oder eine Frage, der/die eine Verbindung zu allen anderen Ideen in Ihrer Map aufweist, und schreiben ihn auf das Skizzenblatt.
- Listen Sie im nächsten Schritt damit verbundene Konzepte, Begriffe oder Ideen auf dem Blatt auf.
  Tipp: Beschreiben Sie jedes Konzept so knapp wie möglich; ein bis zwei Wörter reichen pro Idee aus.
- Schreiben Sie den zentralen Begriff, Gedanken oder die zentrale Frage in einen Kasten oder ein Oval oben auf das eigentliche Konzeptblatt.
- Wählen Sie die nächstwichtigen Begriffe Ihrer Liste aus und setzen Sie sie in Kasten oder Oval unter den Schlüsselbegriff. Zeichnen Sie Pfeile zur Verbindung dieser Begriffe.
- Fahren Sie darunter mit den nächstwichtigen Schlüsselwörtern fort.
- Erklären Sie die Zusammenhänge zwischen den Begriffen, indem Sie sie mit Linien verbinden und durch Beschriftung der Linien ihren Zusammenhang in ein oder zwei Wörtern erklären.
  Tipp: Der Zusammenhang kann ganz unterschiedlich sein: Ein Begriff kann Teil eines anderen sein, er kann entscheidend für einen anderen Begriff sein, er kann für die Produktion eines anderen Begriffes verwendet werden oder es kann eine Reihe anderer Verbindungen geben.

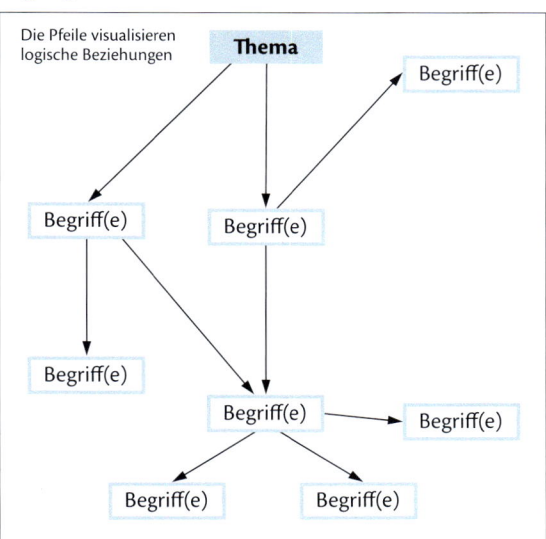

Fachmethoden

In diesem Band sind enthalten:

Geschichtskarten interpretieren (S. 34)
Schriftliche Quellen interpretieren (S. 64)
Karikaturen interpretieren (S. 66)
Darstellungen analysieren (S. 98)

Weitere Fachmethoden

Das Internet nutzen
Suche beginnen
1. Welche Suchmaschine wähle ich aus?
2. Welche Internethinweise gibt das Schulbuch?

Suchabsicht festlegen
3. Welche Suchwörter helfen mir zur Beantwortung meiner Fragen weiter?

Überblick über das Suchergebnis bekommen
4. Welche Links sind interessant und brauchbar?
5. Welche Links stammen von glaubwürdigen Anbietern?

Ergebnisse ordnen
6. Wie gehe ich mit den Informationen einer Webseite um?

Informationen sichern und auswerten
7. Wie halte ich die gefundenen Informationen fest?

Einen Sachtext lesen und verstehen
Ersten Überblick verschaffen
1. Welche Überschrift hat der Text?
2. Wie ist der erste Eindruck vom Inhalt und Aufbau?

Fragen stellen
3. Was weiß ich schon über das Thema?
4. Wer kommt im Text vor?
5. Wo und wann findet das Dargestellte statt?
6. Worum geht es?
7. Welche Fragen bleiben offen?

Schlüsselwörter klären
8. Welche schwierigen Wörter oder Unklarheiten muss ich klären?
9. Welche Schlüsselwörter hat der Text?

Textaufbau erfassen
10. In welche Abschnitte lässt sich der Text gliedern?
11. Welche Überschriften passen dazu?

Inhalt wiedergeben
12. Geben Sie mithilfe der Überschriften und Schlüsselwörter den Inhalt des Textes wieder.

Schriftliche Quellen vergleichen
Ersten Eindruck festhalten
1. Wie ist Ihr Eindruck nach dem ersten Lesen beider Quellen?

Informationen zu Verfassern und Texten sammeln
2. Wann wurden die Texte geschrieben?
3. Wie groß ist der zeitliche Abstand zwischen Ereignis und Bericht?
4. Waren die Autoren Augenzeugen? Wenn nicht: Wen geben sie als Informanten an?

Inhalt vergleichen
5. Geben Sie Hauptaussagen und Schlüsselbegriffe der Texte wieder und vergleichen Sie sie im nächsten Schritt.
6. Welche Informationen stimmen überein?
7. Gibt es Einzelheiten, die nicht in den Texten erscheinen, die unterschiedlich genau oder ausführlich wiedergegeben werden?
8. Was wird berichtet, ist es logisch oder enthält es Unstimmigkeiten?
9. Ist ein Urteil oder eine Meinung der beiden Verfasser zu erkennen?

Weitere Informationen sammeln
10. Ziehen Sie weitere Informationen hinzu, z. B. aus Sachbüchern, dem Schulbuch oder dem Internet.

Ergebnisse formulieren
11. Vergleichen Sie die Notizen aus den einzelnen Arbeitsschritten miteinander. Formulieren Sie eine eigene Meinung.

Kontroverse Texte untersuchen
Thema benennen und Vorwissen aktivieren
1. Was sind kontroverse Texte?
2. Um welches Thema handelt es sich? Welches Vorwissen habe ich dazu?

Texte analysieren
3. Wann wurden die Texte verfasst?
4. Welche Behauptungen werden dort aufgestellt?
5. Wie werden bestimmte Behauptungen und Einschätzungen begründet?

Wertungen und Interessen in den Texten erkennen und beurteilen
6. Wie wird der Leser durch die Texte beeinflusst?
7. Aus welchen Gründen wird das Thema so beurteilt?
8. Lässt sich die Beurteilung auf Sachwissen zurückführen oder ist sie unsachlich?

Zu einem eigenen Urteil gelangen
9. Welche Fragen bleiben offen?
10. Wie beurteile ich selbst den Gegenstand der Texte?

Eine Bildquelle auswerten
Einzelne Elemente beschreiben
1. Was ist dargestellt (Personen, Gegenstände)?
2. In welchen Haltungen oder Bewegungen sind sie zu sehen?
3. Wie lässt sich die Situation beschreiben?
4. Was erscheint merkwürdig?

Zusätzliche Informationen hinzuziehen und Bedeutung der Bildelemente entschlüsseln
5. Welche Hinweise gibt die Bildunterschrift?
6. Welche Bedeutung würden Sie heute der entsprechenden Geste, Gebärde, Handlung oder dem Gegenstand zuordnen?
7. Recherchieren Sie Hintergrundinformationen zu den Symbolen (Bibliothek, Internet …).
8. Welche Einzelaussagen ergeben sich aus den Symbolen und Gesten?

Bildaussage formulieren
9. Welche Gegenstände oder Handlungen scheinen besonders wichtig für die Aussage des Bildes? Woran lässt sich das erkennen?
10. Welche Gesamtaussage lässt sich formulieren? Gibt es mehrere Deutungen?

Bilder vergleichen
Einzelheiten der zu vergleichenden Bilder erfassen
1. Welche Personen sind dargestellt?
2. Welches Verhältnis zwischen den Personen wird angedeutet?
3. Ist es eine naturgetreue, eine stilisierte oder eine vereinfachte Darstellung?
4. Beschreiben Sie Kleidung, Aussehen, Hintergrund, Bildrahmen.

Zusätzliche Informationen heranziehen
5. Ist der Titel der Bilder bekannt? Gibt es eine Bildunterschrift?
6. Wann sind die Bilder entstanden?
7. Wer sind die Künstler?
8. Sind Auftraggeber bekannt?

Bildaussage erkennen
9. Welchen Zweck verfolgt die Darstellung (z. B. Erinnerung, Erhöhung, Kritik, Veranschaulichung, Verschleierung …)?

Bilder vergleichen
10. Welche Gemeinsamkeiten lassen sich erkennen?
11. Wie unterscheiden sich die Bilder in Aufbau, Farbgebung, Gestaltung?
12. Wie lassen sich besondere Unterschiede, aber auch besondere Gemeinsamkeiten erklären?

Historische Gemälde interpretieren
Leitfrage
1. Welches historische Ereignis thematisiert das Bild?

Analyse formale Aspekte
2. Wer ist der Künstler? Wer ist der Auftraggeber?
3. Zu welchem Zweck entstand es? Wann entstand das Bild? Wo hing bzw. hängt es?
4. Wie groß ist das Bild? Welche Materialien wurden verwendet?

Inhaltliche Aspekte – Beschreibung
5. Welche Bildelemente sind zu sehen (Personen, Orte, Gegenstände, Landschaften, Symbole)?
6. Wie sind die Personen dargestellt (Gestik, Mimik, Körperhaltung, Kleidung)?
7. Wie ist die Bildkomposition (Personen, Umgebung, Gegenstände, Situation, Proportionen, Symbole in ihren Relationen) angelegt?
8. Welche Darstellungsmittel wurden eingesetzt (Technik, Farben, Lichtwirkung, Perspektive)?

Inhaltliche Aspekte – Deutung
9. Welche Bedeutung haben Bildelemente, Bildkomposition und Darstellungsmittel?
10. Was war die Intention des Malers? Welche Wirkung sollte beim zeitgenössischen Betrachter erzeugt werden?

Historischer Kontext
11. In welchen historischen Zusammenhang lässt sich das Bild einordnen?
12. Wie wurde es zeitgenössisch rezipiert? Wurde es verbreitet?

Urteil
13. Welche Funktion sollte das Bild erfüllen? An wen richtet es sich?
14. Entspricht das dargestellte Ereignis den historischen Fakten? (ggf. Vergleich mit wissenschaftlichen Erkenntnissen über das Ereignis)
15. Wie lässt sich das Bild aus heutiger Sicht bewerten?

Eine historische Fotografie analysieren
Entstehung der Fotografie
1. Wann ist das Foto entstanden?
2. Was stellt es dar?
3. Wer hat in wessen Auftrag fotografiert?
4. Für welchen Adressaten ist die Fotografie angefertigt worden?
5. Welche Bildtechnik ist zu erkennen (Perspektive, Brennweite, Entfernung, Ausschnitt)?

Aussage und Deutung
6. Was ist der erste Eindruck?
7. Welche Gesamtaussage lässt sich formulieren?
8. Welche Fragen bleiben offen?

Ein Verfassungsschaubild auswerten

Einzelne Elemente der Abbildung erfassen
1. Welche Fachbegriffe werden genannt?
2. Welche Bedeutung haben Farben, Pfeile etc.?

Formale Aspekte
3. Wie ist das Schaubild zu lesen (von unten nach oben, von links nach rechts)? Verändert sich die Aussage, wenn man einen anderen Einstieg nutzt?

Inhalt erschließen
4. Welche Verfassungsorgane sind dargestellt?
5. Wie ist die Gewaltenteilung umgesetzt?
6. Wer kontrolliert wen?
7. Wer darf wen wie oft wählen?
8. Um welche Staatsform handelt es sich?

Aussagen überprüfen
9. Sind die Angaben im Verfassungsschema historisch richtig?

Urteilen
10. Erkennt man Stärken und Schwächen dieser Verfassung?
11. Welche Fragen stellen sich nach dem Untersuchen des Schaubildes? Was ist unklar?

Eine Statistik auswerten

Formale Aspekte
1. Gegenstand: Zeitabschnitt; historisches Ereignis, das dargestellt wird
2. Fundstelle: Ort, Zeit, Urheber der Daten (Institution oder Person, politische/öffentliche Stellung)
3. Adressatenbezug: Wer wird angesprochen?
4. Wie wird das Zahlenmaterial präsentiert (Tabelle oder Diagramm? Säulen-, Balken-, Linien-, Kurven-, Kreis- oder Stapeldiagramm)?

Inhaltliche Aspekte
5. Jahreszahlen, Spalten oder Achsenbezeichnungen, Strukturierungshilfen
6. Legende, z. B. die Zuordnung von Farben zu bestimmten Staaten
7. Aussageart des Diagramms: Wird ein Vergleich angestrebt oder eine Entwicklung aufgezeigt? Gibt es Auffälligkeiten?

Aussagekraft bewerten
8. Geben Sie der Statistik zunächst eine Überschrift: Worum geht es überhaupt?
9. Fassen Sie die Kernaussagen zusammen und erläutern Sie sie jeweils kurz.
10. Setzen Sie die Aussagen in ihren historischen Zusammenhang.
11. Bewerten Sie die Aussagekraft der statistischen Daten: Ist die grafische Darstellung angemessen? Wird der Sachverhalt zu sehr vereinfacht?

Werturteile erkennen

Klären, worauf sich das Urteil des Verfassers oder der Verfasserin bezieht
1. Welche Haltungen werden beurteilt?
2. Welche Handlungen werden beurteilt?

Den Maßstab erkennen
3. Lässt sich das Werturteil auf Sachwissen zurückführen oder ist es unsachlich?
4. Wird deutlich, welche Kriterien für die Bewertung verwendet werden (z. B. religiöse Sicht, Standpunkt der Menschenrechte, tolerante Grundeinstellung …)?
5. Lassen sich Informationen dazu finden, warum ein bestimmter Standpunkt vertreten wird?

Zu einem eigenen Urteil gelangen
6. Wie bewerten Sie selbst den Sachverhalt?
7. Wie ist Ihre Position gegenüber dem Werturteil, das Sie erkennen?
8. Wie urteilen andere Menschen darüber?

Informationen präsentieren

Referat vorbereiten
1. Informationen aus Büchern und Internet sammeln
2. Quellenmaterial bei der Vorbereitung auswählen; überlegen, an welcher Stelle des Referats es eingebaut werden soll
3. Zeitvorgabe beachten, Bild-/Textquelle aufbereiten
4. Zuerst nach dem Inhalt, dann erst nach den Einzelheiten fragen; die Zuhörer Vermutungen anstellen lassen, z. B. „Was ist zu erkennen?"
5. Was sagt das Bild über das Thema aus?

Aussagen visualisieren/Präsentation vorbereiten
6. Wie stelle ich mein Referat vor? Welches Medium nutze ich dafür?

Präsentieren
7. Liegen alle Materialien vor, die ich für den Vortrag brauche?

Literaturhinweise

Theorie und Methodentraining
Jäger, Wolfgang, Theoriemodule Oberstufe, Berlin 2011.
Jordan, Stefan, Theorien und Methoden der Geschichtswissenschaft. Orientierung Geschichte, 4., aktualisierte Aufl., Stuttgart 2018.
Rauh, Robert, Methodentrainer Geschichte Oberstufe. Quellenarbeit – Arbeitstechniken – Klausuren, Berlin 2010.

Überblicksdarstellungen chinesische Geschichte
Dabringhaus, Sabine, Geschichte Chinas von der Mongolenherrschaft bis zur Gründung der Volksrepublik, München 2006.
Ebrey, Patricia Buckley, China: eine illustrierte Geschichte, Frankfurt/M. 1996.
van Ess, Hans, China. Die 101 wichtigsten Fragen, 3., aktualisierte Auflage, München 2020.
Klein, Thoralf, Geschichte Chinas. Von 1800 bis zur Gegenwart, Paderborn 2009.
Mühlhahn, Klaus, Geschichte des modernen China. Von der Qing-Dynastie bis zur Gegenwart, München 2021.
Osterhammel, Jürgen, China und die Weltgesellschaft: Vom 18. Jahrhundert bis in unsere Zeit, München 1989.
Schmidt-Glintzer, Helwig, Kleine Geschichte Chinas, München 2008.
Schmidt-Glintzer, Helwig, Das alte China. Von den Anfängen bis zum 19. Jahrhundert, München 2018.
Spence, Jonathan D., Chinas Weg in die Moderne, München 1995.
Vogelsang, Kai, Geschichte Chinas, 7., überarbeitete Aufl., Stuttgart 2021.

China im 19. und 20. Jahrhundert
Dabringhaus, Sabine, China im 20. Jahrhundert, München 2009.
Fischer, Doris/Müller-Hofstede, Christoph, Länderbericht China, Bonn (bpb) 2014.
Kai, Hu/Schildt, Gerhard, Das moderne China. 19. und 20. Jahrhundert, Stuttgart 2014.
Osterhammel, Jürgen, Das moderne China, Frankfurt/M. 1979.
Schmidt-Glintzer, Helwig, Das neue China. Vom Untergang des Kaiserreichs bis zur Gegenwart, 8., aktualisierte Aufl., München 2021.

Konfuzianismus und „Reich der Mitte"
Bauer, Wolfgang, Geschichte der chinesischen Philosophie: Konfuzianismus, Daoismus, Buddhismus, München 2018.

Blunden, Caroline/Elvin, Mark, Bildatlas der Weltkulturen: China, Augsburg 1998.
Damals (Hg.), China – das Reich der Mitte von den Anfängen bis heute. Ein reich bebildertes Sachbuch, Darmstadt 2020.
van Ess, Hans, Konfuzianismus, München 2009.
van Ess, Hans, Chinesische Philosophie. Von Konfuzius bis zur Gegenwart, München 2021.
Höllmann, Thomas O., Das alte China. Eine Kulturgeschichte, München 2008.

Europa: Aufklärung und Industrialisierung
Butschek, Felix, Industrialisierung – Ursachen, Verlauf, Konsequenzen, Wien 2006.
Fisch, Jörg, Europa zwischen Wachstum und Gleichheit 1850–1914 (= Handbuch der Geschichte Europas, Bd. 8), Stuttgart 2002.
Haag, Johannes/Wild, Markus, Philosophie der Neuzeit: Von Descartes bis Kant, München 2019.
Paulmann, Johannes, Globale Vorherrschaft und Fortschrittsglauben. Europa 1850–1914, München 2019.
Pierenkemper, Toni, Umstrittene Revolutionen. Die Industrialisierung im 19. Jahrhundert, Frankfurt/M. 1996.
Schneiders, Werner, Das Zeitalter der Aufklärung, München 2014.
Stollberg-Rilinger Barbara, Die Aufklärung. Europa im 18. Jahrhundert, Stuttgart 2011.

China und Europa
Bauer, Wolfgang, China und die Fremden, München 1980.
Osterhammel, Jürgen, Die Entzauberung Asiens. Europa und die asiatischen Reiche im 18. Jahrhundert, 2. Auflage, München 2013.
Wendt, Reinhard, Vom Kolonialismus zur Globalisierung. Europa und die Welt seit 1500, Paderborn 2016.

Japan
Kreiner, Josef (Hg.) Geschichte Japans, 8., aktualisierte Auflage, Stuttgart 2020.
Pieper, Annelotte, Japans Weg von der Feudalgesellschaft zum Industriestaat, 2., überarbeitete Auflage, Köln 1995.
Pohl, Manfred, Geschichte Japans, München 2008.
Vogelsang, Kai, Japan und China: Zwei Reiche unter einem Himmel: Zwei Reiche – eine Kulturgeschichte, Stuttgart 2020.

Imperialismus/Kolonialismus
Mommsen, Wolfgang, Das Zeitalter des Imperialismus, 22. Auflage, Frankfurt/M. 2005.

Osterhammel, Jürgen/Jansen, Jan C., Kolonialismus. Geschichte, Formen, Folgen, München 2016.

China und die imperialistischen Mächte
Haijian, Mao, The Qing Empire and the Opium War, Cambridge University Press, Cambridge 2016.
Hüttner, Johann Christian, Nachricht von der britischen Gesandtschaftsreise nach China 1792–1794, hg. von Sabine Dabringhaus, Stuttgart 1996.
Lovell, Julia, The Opium War, London 2011.
Osterhammel, Jürgen, Die Verwandlung der Welt. Eine Geschichte des 19. Jahrhunderts, 2. Auflage, München 2009.
Petersson, Niels P., Imperialismus und Modernisierung: Siam, China und die europäischen Mächte 1895–1914, München 2000.

China zwischen Anpassung und Widerstand
Chunxiao, Jing, Mit Barbaren gegen Barbaren: Die chinesische Selbststärkungsbewegung und das deutsche Rüstungsgeschäft im späten 19. Jahrhundert, Münster 2002.
Kang, Youwei, Die Große Gemeinschaft (China konkret), hg. von Thomas Heberer, Esslingen 2020.
Leutner, Mechthild/Mühlhahn, Klaus (Hg.), Kolonialkrieg in China. Die Niederschlagung der Boxerbewegung 1900–1901, Berlin 2007.
Spence, Jonathan D., Das Tor des Himmlischen Friedens: Die Chinesen und ihre Revolution 1895–1980, München 1980.

Kulturkontakt und Kulturkonflikt
Bitterli, Urs, Alte Welt – Neue Welt. Formen des europäisch-überseeischen Kulturkontakts vom 15. bis zum 18. Jahrhundert, 2. Auflage, München 1992.
Bitterli, Urs, Die „Wilden" und die „Zivilisierten". Grundzüge einer Geistes- und Kulturgeschichte der europäisch-überseeischen Begegnung, 3. Auflage, München 2004.
Burke, Peter, Kultureller Austausch, Frankfurt/M. 2000.

Transformationsforschung
Braudel, Fernand, Schriften zur Geschichte 1. Gesellschaften und Zeitstrukturen, Stuttgart 1992.
Braudel, Fernand, Wie Geschichte geschrieben wird. Berlin 1998.
Kollmorgen, Raj/Merkel, Wolfgang/Wagener, Hans-Jürgen, Handbuch der Transformationsforschung, Wiesbaden 2015.
Merkel, Wolfgang, Systemtransformation, 2. Auflage, Wiesbaden 2010.
Suter, Andreas/Hettling, Manfred, Struktur und Ereignis (Sonderheft 19 der Zeitschrift für Historische Sozialwissenschaft), Göttingen 2001.

Kreuzzüge
Gabrieli, Francesco (Hg.), Die Kreuzzüge aus arabischer Sicht, Augsburg 2000.
Maalouf, Armin, Der heilige Krieg der Barbaren. Die Kreuzzüge aus Sicht der Araber, München 1997.
Meyer, Hans-Eberhard, Geschichte der Kreuzzüge, 10., überarbeitete und erweiterte Auflage, Stuttgart 2005.
Milger, Peter, Die Kreuzzüge. Krieg im Namen Gottes, München 2000.
Riley-Smith, Jonathan, Illustrierte Geschichte der Kreuzzüge, Frankfurt/M. 1999.
Runciman, Steve, Geschichte der Kreuzzüge, München 1995.

Spanischer Kolonialismus
Bitterli, Urs, Die Entdeckung Amerikas. Von Kolumbus bis Alexander von Humboldt, München 2006.
Delgado, Mariano (Hg.), Gott in Lateinamerika. Texte aus fünf Jahrhunderten. Ein Lesebuch zur Geschichte, Düsseldorf 1991.
Fässler, Peter E., Globalisierung. Ein historisches Kompendium, Köln 2007.
Gründer, Horst, Eine Geschichte der europäischen Expansion. Von Entdeckern und Eroberern zum Kolonialismus, Stuttgart 2003.
Hausberger, Bernd (Hg.), Die Welt im 17. Jahrhundert (Globalgeschichte. Die Welt 1000–2000), Wien 2008.

Zeittafel

16. – 11. Jh.	Shang-Dynastie: hochentwickelte Bronzetechnik
11. Jh. – 256	Zhou-Dynastie mit Himmelskult
551 – 479	Lebzeiten Konfuzius'
221 – 206	Qin-Dynastie: Reichseinigung, Kaisertitel
206 v. Chr. – 220 n. Chr.	Han-Dynastie: Papierherstellung; staatliche Anerkennung des Konfuzianismus
220 – 589	Zerfall in Teilreiche; erste Druckverfahren; Verbreitung des Buddhismus
589 – 907	Sui- und Tang-Dynastie: Porzellanherstellung; Beamtenprüfung
907 – 960	Zerfall in Teilreiche
960 – 1271	Song-Dynastie: wirtschaftliche und kulturelle Blütezeit; Neokonfuzianismus
1271 – 1368	Yuan-Dynastie (Mongolen): Marco Polo in China
1368 – 1644	Ming-Dynastie
1405 – 1433	Fahrten des Zheng He in den Indischen Ozean
1601	Jesuiten beginnen in Beijing zu missionieren.
1644 – 1911	**Qing-Dynastie (Mandschuren)**
1720	Tibet wird chinesisches Protektorat.
1729	Opiumverbot durch Yongzheng-Kaiser
1792/93	Britische Gesandtschaft unter Lord Macartney in China
1839	Vernichtung von Opium in Kanton durch den Beauftragten des Kaisers Lin Zexu
1839 – 1842	Erster Opiumkrieg
1842	Vertrag von Nanjing, u. a. Abtretung von Hongkong an Großbritannien
1850	Bevölkerungszahl in China bei 430 Millionen
1850/51	Beginn des Taiping-Aufstandes und Ausrufung des Reiches „Taiping Tianguo"
1856 – 1858	Zweiter Opiumkrieg
1858	Vertrag von Tianjin (China, England, Frankreich, Russland und den USA)
1858	Vertrag von Aigun zwischen Russland und China
1860	Zerstörung des Sommerpalastes durch englische und französische Truppen; Konvention von Beijing
1861	Xianfeng-Kaiser stirbt; sein minderjähriger Sohn wird zum Tongzhi-Kaiser, als Regentin fungiert seine Mutter, die Kaiserinwitwe Cixi. Beginn der Selbststärkungsbewegung: Herstellung von moderner Waffentechnik, Schiffsbau; Gründung des *Zongli Yamen*, „Amt für auswärtige Beziehungen", unter Prinz Gong
1864	Niederschlagung Taiping-Aufstand
1870 – 1877	Aufstand der muslimischen Dunganen in Xinjiang
1875	Der Tongzhi-Kaiser stirbt. Sein Vetter wird Kaiser, Guangxu-Kaiser; die Regentschaft für den Minderjährigen liegt bei Kaiserinwitwe Cixi.
1876	Erste Eisenbahn in China
1876 – 1879	Hungersnot in Nordchina mit vielen Millionen Toten
1879	Höchststand der Opiumeinfuhr nach China
1884/85	Chinesisch-Französischer Krieg
1894/95	Chinesisch-Japanischer Krieg; im Vertrag von Shimonoseki muss China Taiwan an Japan abtreten; Korea wird unabhängig.
1897	Deutschland besetzt Qingdao.
1898	11. Juni: Guangxu-Kaiser leitet die Hundert-Tage-Reformen ein. 20. September: Kaiserinwitwe Cixi stellt Guangxu-Kaiser unter lebenslangen Hausarrest und macht die Reformen rückgängig.

Zeittafel

1899	US-Außenminister John Hay veröffentlicht *Open Door Note*, mit der China dazu verpflichtet werden soll, allen imperialistischen Mächten automatisch die gleichen Privilegien in China zuzugestehen. Faktisch war dies schon länger übliche Praxis zwischen China und den imperialistischen Mächten. In Shandong verübt die Bewegung der chinesischen „Boxer" (*Yihetuan*) Angriffe auf westliche Einrichtungen und auf Missionare.
1900	Der „Boxeraufstand" weitet sich aus und wird nun von der Qing-Regierung unterstützt. Juni: „Boxer" besetzen das Gesandtschaftsviertel in Beijing. 20. Juni: Der deutsche Gesandte Freiherr von Ketteler wird von Aufständischen erschossen. August: Eine Allianz aus acht Mächten schickt 20 000 Soldaten nach Beijing und schlägt den Aufstand nieder. Nach der Niederschlagung kommt es zu weiteren Plünderungen und Gräueltaten durch auswärtige Soldaten.
1901	September: Im „Boxerprotokoll" wird China zu hohen Reparationszahlungen und symbolischen Sühneaktionen verpflichtet.
1902/03	Kaiserinwitwe Cixi beginnt mit der „Neuen Politik" und setzt Reformen in Gang: Verfassung soll erarbeitet werden, Schulen werden eingerichtet usw.
1904/05	Russisch-Japanischer Krieg in der Mandschurei
1905	Gründung „Revolutionsbund" im Exil in Japan unter Führung des Arztes Sun Yatsen mit dem Ziel, die Qing-Regierung zu stürzen und eine Republik zu errichten. Das zentrale Beamtenprüfungsverfahren wird abgeschafft.
1908	Kaiserinwitwe Cixi stirbt; Guangxu-Kaiser stirbt; der dreijährige Pu Yi wird Kaiser.
1911	10. Oktober: In Wuchang rebellieren Truppen und rufen die Republik aus. Provinzen schließen sich schrittweise an. 29. Dezember: Sun Yatsen wird Präsident einer provisorischen Regierung.
1912	Absprachen zwischen Sun Yatsen und dem Qing-General Yuan Shikai zur Beendigung der Qing-Herrschaft. 12. Februar: Kaiser Pu Yi dankt ab. 15. Februar: Yuan Shikai wird Präsident.
ab 1912	**Republik China**
1913	Parlamentswahlen bringen Erfolg für Sun Yatsen und die Guomindang, Nachfolgeorganisation des Revolutionsbundes. Yuan Shikai löst das Parlament auf und geht zu Diktatur über. Sun Yatsen geht ins Exil nach Japan.
1915	Yuan Shikai ernennt sich zum Kaiser.
1916	Yuan Shikai stirbt.
1916 – 1928	Bürgerkrieg in China durch verschiedene Warlords
1921	Gründung der kommunistischen Partei Chinas
1925	Sun Yatsen stirbt, sein Nachfolger wird Chiang Kai-shek.
1926/27	Erfolgreicher Nordfeldzug der Guomindang, Unterdrückung der Kommunisten
1929 – 1949	Kampf der Guomindang und der Kommunisten um die Vorherrschaft in China
ab 1949	**Volksrepublik China** Gründung der kommunistischen Volksrepublik China unter Mao Zedong. Guomindang flieht nach Taiwan, dort besteht die Republik China weiter.

Begriffslexikon

Aufklärung: Im umfassenden Sinne ist die Aufklärung eine europäische Geistesbewegung des 17. bis 18. Jh., die Kritik an den überkommenen transzendental begründeten religiösen und politischen Autoritäten übt; diese sollen ersetzt werden durch neue immanente Grundwerte wie irdisches Glück, Nützlichkeit, Humanität, Freiheit, Perfektibilität, die sich aus der menschlichen Vernunft und den Sinneserfahrungen ergeben. Mittel zur Durchsetzung waren vor allem Wissenschaft und Erziehung.

„Barbaren": Nach traditioneller chinesischer Auffassung lebten außerhalb des Kaiserreiches China nach Himmelsrichtungen geordnet die Völker der „Vier Barbaren". Der Kaiser Chinas hatte die Aufgabe, sie zu kontrollieren. Die von „Barbaren" erwünschte Haltung gegenüber China hieß wörtlich „kommen, um sich wandeln zu lassen"; dazu gehörten Tributzahlungen. Auch in Europa wurde der Begriff verwendet. Hier hatte er meist eine herabsetzende Bedeutung und bezeichnete Menschen, die außerhalb der europäischen Bezugskultur lebten. Sie galten als „unzivilisiert" und „ungebildet".

Beamtenprüfungen: Das Prüfungssystem diente der Ausbildung und Auswahl von Beamten im chinesischen Kaiserreich vom 6. bis zum 20. Jh. Die Anwärter erwarben in jahrelangen Studien vor allem Kenntnisse der Schriften des Konfuzius. Im Rahmen von mehrtägigen Prüfungen mussten sie am Ende Aufsätze zu Themen der chinesischen Geschichte und Kultur verfassen, die sich streng an formalen Kriterien (Versmaß etc.) zu orientieren hatten. Die Absolventen waren deshalb eine Mischung aus Beamten und Gelehrten („Beamtengelehrte").

„Boxeraufstand": Der Aufstand ging 1899 von der „Boxerbewegung" aus, die in China unter dem Namen „In Rechtschaffenheit vereinte Milizen" (*Yihetuan*) bekannt ist. Die Bewegung aus in erster Linie verarmten Bauern entstand in Nord-Shandong und verübte gewaltsame Aktionen sowohl gegen westliche koloniale Einrichtungen als auch gegen Missionare und chinesische Christen. Der Aufstand dehnte sich schließlich bis in das Diplomatenviertel von Beijing aus, das die „Boxer" belagerten. Die Bewegung wurde dabei von der Qing-Regierung unterstützt. Der Aufstand wurde von einer Allianz aus acht auswärtigen Mächten niedergeschlagen. Dabei kam es auch zu brutalen Racheaktionen durch Soldaten des Bündnisses gegen die Aufständischen. Im „Boxer-Protokoll" wurde China u. a. zu hohen Entschädigungen und Sühneaktionen gezwungen.

Bund der Revolutionäre: Vereinigung von Gegnern der Qing-Herrschaft, die 1905 unter Führung des Arztes Sun Yatsen in Japan im Exil aus verschiedenen Teilgruppen gegründet wurde. Die Allianz sammelte Geld und verbreitete ihre Ideen, um einen Sturz der Qing und die Gründung einer Republik herbeizuführen.

Dschihad: In allgemeiner Bedeutung „Anstrengung auf dem Wege Gottes", „zielgerichtetes Bemühen"; in spezieller Bedeutung auch der bewaffnete Kampf des Muslims zur Verbreitung und Sicherung islamischen Glaubens.

Encomienda: (span. Anvertrauung) Das Encomienda-System wurde 1503 von Königin Isabella I. von Kastilien eingeführt. Dabei wurden den Konquistadoren sehr große Landgüter mitsamt der darin lebenden indigenen Bevölkerung anvertraut. Der Besitzer einer Encomienda konnte über die Arbeitskraft „seiner" Indigenen frei verfügen und war für deren Schutz und Missionierung zum christlichen Glauben zuständig. Die Indigenen wurde oft unter unmenschlichen Arbeitsbedingungen in der Hauswirtschaft, in den Gold- und Silberminen, auf den Plantagen oder beim Perlentauchen eingesetzt.

Expansion: Ausdehnung, Ausbreitung. Die Expansion eines Staates hat die Vergrößerung des Staatsgebietes zulasten anderer Staaten zum Ziel, dies geschieht meist in Form der Kolonisation. Die europäische Expansion zu Beginn der Neuzeit stellt ein zentrales Ereignis der Weltgeschichte dar, in deren Verlauf zuerst Spanien und Portugal und später weitere europäische Mächte Kolonialreiche in außereuropäischen Gebieten gründeten.

Grundrechte: Grund-, Menschen- und Bürgerrechte sind Rechte, die Freiheiten des Einzelnen gegenüber der Staatsgewalt sichern und als unbegrenzt gelten. Der Begriff Grundrechte betont ähnlich wie der der Bürgerrechte eher den territorialen Bezug und vermeidet den revolutionären Entstehungszusammenhang der Menschenrechte.

Guomindang (GMD): „Nationale Volkspartei"; 1912 zu Beginn der Republik China gegründet; von 1928–1949 Regierungspartei der Republik; nach dem Sieg der Kommunisten nach Taiwan vertrieben. Sie vertrat ein nationales und konservatives Programm. Wichtigste Führungspersonen waren Sun Yatsen als Revolutionär und Theoretiker (1866–1925) und Chiang Kai-shek (1887–1975) als Militärbefehlshaber und Regierungschef.

Heiliger Krieg: Krieg oder Kampf, der aus einer Religion heraus begründet und damit gerechtfertigt wird, er würde im Namen Gottes geschehen. Der Begriff wurde im Christentum sehr üblich für die Kreuzzüge.

Imperialismus: Gezielte Erweiterung und geplanter Ausbau des wirtschaftlichen, militärischen, politischen und kulturellen Macht- und Einflussbereichs eines Staates in der Welt. Der Zeitraum von ca. 1880 bis 1914 wird als „Hochimperialismus" bezeichnet, weil sich neben den europäischen Staaten auch die USA und Japan am Wettlauf um die Aufteilung der Welt beteiligten. Koloniale Verwaltungsstrukturen wurden überall gezielt ausgebaut.

Industrielle Revolution/Industrialisierung: Industrielle Revolution bezeichnet die Anschubphase eines tiefen wirtschaftlichen und gesellschaftlichen Wandels (Industrialisierung), der in England um 1770 einsetzte (in Deutschland ca. 1840–1870). Er dauert bis heute an. Merkmale der Industriegesellschaft sind:
– industrielle Produktionsweise mit neuen Energiequellen (zunächst Dampfkraft, dann Elektrizität), Maschinen, Fabrik, Arbeitsteilung, Wachstum des Sozialprodukts.
– Umverteilung der Erwerbstätigen von der Landwirtschaft in das Gewerbe und die Dienstleistungen.

Kapitalismus: Wirtschaftsordnung, in der sich das Kapital in den Händen von Privatpersonen bzw. -personengruppen befindet (Kapitalisten und Unternehmer). Diesen stehen die Lohnarbeiter gegenüber. Der erwirtschaftete Gewinn geht wieder an den Unternehmer und führt zur Vermehrung des Kapitals. Die wichtigsten wirtschaftlichen Entscheidungen werden in den Unternehmen im Hinblick auf den Markt und die zu erwirtschaftenden Gewinne getroffen.

Kolonialismus: Errichtung von Handelsstützpunkten und Siedlungskolonien in militärisch und politisch schwächeren Ländern (vor allem in Asien, Afrika und Amerika) sowie deren Inbesitznahme durch überlegene Staaten (insbesondere Europas) seit dem 16. Jh. Die Kolonialstaaten verfolgten vor allem wirtschaftliche und machtpolitische Ziele. Er ging ca. 1880–1918 in das Zeitalter des Imperialismus (Hochimperialismus) über.

Kommunismus: Der Begriff wird in mehreren Bedeutungen benutzt. Einerseits kennzeichnet er die von Marx und Engels entwickelte politische Theorie einer klassenlosen Gesellschaft ohne Privatbesitz an Produktionsmitteln. Andererseits wird als Kommunismus auch die weltweite politische Bewegung bzw. die seit der Oktoberrevolution in Russland 1917 an die Macht gekommene Herrschaftsform bezeichnet. Oft wird der Begriff auch fälschlich für Sozialismus verwendet. Nach der politischen Lehre des Kommunismus wird die Aufhebung der bürgerlich-kapitalistischen Ordnung mit einer Revolution eingeleitet und nach einer Übergangsphase der Diktatur des Proletariats vollendet.

Konfuzianismus: Es handelt sich um eine Denkrichtung bzw. ein Gesellschaftsmodell, das auf den Lehren des Konfuzius (trad. 551–479 v. Chr.) basiert. Diese Lehren wurden erst später durch die Schüler Konfuzius' aufgezeichnet, wurden also nur indirekt übermittelt. In diesem Gesellschaftsmodell zeichnet sich der Mensch durch Rechtschaffenheit, Disziplin und die Erfüllung seiner gesellschaftlichen Pflichten aus. Er soll im Einklang mit dem Universum leben, die klassischen Autoren studieren und sich an den Regeln der Ahnen orientieren. Der Konfuzianismus bildete v. a. in der Ming- und Qing-Dynastie die dominierende Ethik der chinesischen Gesellschaft von der kaiserlichen Regierung bis zu den Bauern. Der Konfuzianismus prägte auch das Selbstverständnis der chinesischen Kaiser und ihrer Herrschaft. Er bildete die Grundlage für die Beamtenprüfungen, prägte also die chinesischen Eliten.

Konquista: (span. Eroberung) Begriff für die Eroberung und Unterwerfung Mittel- und Südamerikas durch die Spanier. Die eroberten Gebiete der indigenen Hochkulturen wurden dem spanischen Königreich einverleibt und bildeten die Grundlage für die jahrhundertelange Herrschaft der Spanier in Mittel- und Südamerika.

Kotau: (chin. *koutou* den Kopf [auf den Boden] schlagen) Ehrengruß gegenüber Höhergestellten (z. B. dem chinesischen Kaiser). Er bestand in vollständiger Form aus einem dreimaligen Niederknien vor dem Thron und neunmaligem Niederwerfen mit Kopfaufschlagen.

Kreuzzug: von der lateinischen Kirche sanktionierte, strategisch, religiös und wirtschaftlich motivierte Kriege zwischen 1095 und 1272. Besonders im Hochmittelalter unternommener Kriegszug (christlicher Ritter) in den Vorderen Orient zur Befreiung heiliger Stätten von islamischer Herrschaft. Insgesamt gab es sieben Kreuzzüge.

Kronkolonie: Der Begriff stammt aus dem britischen Staatsrecht und bezeichnet eine direkt im Auftrag der Krone von einem Gouverneur verwaltete Kolonie. Ein Beispiel für eine Kronkolonie war Hongkong.

Kulturberührung: Nach Urs Bitterli das in seiner Dauer begrenzte, erstmalige oder mit großen Unterbrechungen erfolgende Zusammentreffen einer Gruppe von Europäern mit Vertretern einer überseeischen Kultur.

Kulturbeziehung: Nach Urs Bitterli ein dauerndes Verhältnis wechselseitiger Kontakte auf der Basis eines machtpolitischen Gleichgewichts oder einer Patt-Situation.

Kulturkonflikt: Konflikt aufgrund von unterschiedlichen kulturellen Werten und Überzeugungen.

Kulturzusammenstoß: Nach Urs Bitterli ein offen ausgetragener Konflikt infolge von Kulturbegegnungen und Kulturkontakten; die Kreuzzüge oder der „Boxeraufstand" sind hierfür Beispiele. Es können auch nicht-militärische Konflikte entstehen, die längerfristige Aushandlungs- und Integrationsprozesse erforderlich machen.

Meiji-Restauration: Im Zuge von Reformen wurde die Macht des Kaisers in Japan in den 1860er-Jahren wiederhergestellt und eine konstitutionelle Monarchie eingeführt. Der Vorgang ist benannt nach der Regierungsdevise des seit 1867 regierenden Kaisers Mutsuhito (1852–1912) „Meiji" („aufgeklärte Herrschaft"). Mit den politischen Reformen ging auch eine Öffnung Japans und eine Industrialisierung einher.

Missionierung: Der Begriff leitet sich von dem lat. Wort „missio" ab, der die Verbreitung des christlichen Glaubens meint. Im christlichen Selbstverständnis bildete die Verkündung des Evangeliums und der „Wahrheiten des Glaubens" einen Auftrag Christi. Seit den Entdeckungen des 15. Jh. wurde die Missionierung auf die außereuropäischen Gebiete ausgedehnt. In der Regel war damit auch die Verbreitung der europäischen Kultur verbunden. Seit der Mitte des 17. Jh. kam es zu protestantischer Missionierung, zunächst von England aus, dann auch von Deutschland, Skandinavien und den USA.

Moderne: Epochenbegriff der Weltgeschichte, der seinen Ursprung in der Aufklärung hat. Er bezeichnet die Zeit seit den bürgerlichen Revolutionen (USA 1776, Frankreich 1789) und der von England ausgehenden Industrialisierung (um 1770) bis heute. Er setzt in diesem Sinne die moderne Zeit, deren Industriegesellschaften sich ständig und beschleunigt wandeln, von den traditionalen, eher statischen Agrargesellschaften ab. Der politische, wirtschaftliche und soziale Wandel in der Moderne wird als Modernisierung bezeichnet. Die Moderne erhält ihre Schwungkraft durch die Ideen des Fortschritts und der Freiheit und Gleichheit der Individuen; sie wird damit zu einem positiv in die Zukunft gerichteten Prozess. Kritiker der Moderne heben ihre negativen Folgen, Zerstörung überlieferter Lebenswelten und Zunahme der Disziplinierung und Organisierung von Politik, Ökonomie und Gesellschaft, hervor. Die Moderne hat also ein Doppelgesicht, das teilweise als Grundwiderspruch des Prozesses interpretiert wird, zum Teil aber auch als eine ständig auszubalancierende Wechselbeziehung von selbstbestimmter Individualität und gesellschaftlicher Organisation.

Nationalismus: Als wissenschaftlicher Begriff meint er die auf die moderne Nation und den Nationalstaat bezogene politische Ideologie zur Integration von Großgruppen durch Abgrenzung von anderen Großgruppen. Der demokratische Nationalismus entstand in der Französischen Revolution und war verbunden mit den Ideen der Menschen- und Bürgerrechte, des Selbstbestimmungsrechts und der Volkssouveränität. Der integrale Nationalismus entstand im letzten Drittel des 19. Jahrhunderts und setzte die Nation als absoluten, allem anderen übergeordneten Wert. Dadurch erhielt er eine aggressive Komponente nach außen. Zur politischen Macht wurde er insbesondere in der Zeit zwischen dem Ersten und Zweiten Weltkrieg. Daraus hat sich die negative Besetzung des Begriffs in der politischen Öffentlichkeit nach dem Zweiten Weltkrieg ergeben, in der Nationalismus in der Regel als übersteigerte und aggressive Form des Nationalgefühls verstanden wird.

Open Door Policy: Die „Politik der offenen Tür" ist eine besondere Form der Wirtschafts- und Außenpolitik der imperialistischen Mächte in China in der zweiten Hälfte des 19. Jh. Sie beinhaltet zum einen die Sicherung des freien Zugangs zum chinesischen Markt und zum anderen die automatische Gewährung derselben Handelsprivilegien für alle imperialistischen Mächte. Der Begriff geht auf den US-amerikanischen Außenminister John Hay und ein von ihm verfasstes Schreiben im Jahr 1899 zurück.

Opiumkrieg: Insgesamt zwei Kriege zwischen Großbritannien und China (Erster Opiumkrieg, 1839–1842) sowie zwischen Großbritannien, Frankreich und China (Zweiter Opiumkrieg, 1856–1860). Beide endeten mit Niederlagen für China. Einerseits ging es um die britischen Opiumexporte nach China, andererseits aber grundlegend um die wirtschaftliche Öffnung und Kontrolle Chinas durch auswärtige Mächte.

Parlament/Parlamentarisierung: In parlamentarischen Regierungssystemen ist das Parlament das oberste Staatsorgan. Es entscheidet mit Mehrheit über die Gesetze und den Haushalt und kontrolliert oder wählt die Regierung. Das Parlament kann aus einer oder zwei Kammern (Häusern) bestehen. Im Einkammersystem besteht das Parlament nur aus der Versammlung der vom Wahlvolk gewählten Abgeordneten (Abgeordnetenhaus), im Zweikammersystem tritt dazu ein nach ständischen oder regionalen Gesichtspunkten gewähltes oder ernanntes Haus. Im demokratischen Parlamentarismus herrscht allgemeines und gleiches Wahlrecht.

Qing-Dynastie: Die Dynastie der Qing geht auf die aus der Mandschurei stammenden Mandschu zurück, die 1636 die Qing-Dynastie ausriefen. 1644 eroberten sie die Hauptstadt Beijing des von der Ming-Dynastie beherrschten Kaiserreichs und eroberten in der Folge weitere Gebiete des Ming-Reiches. Im 18. Jh. setzten sie ihren Expansionskurs fort und eroberten u. a. Tibet, Xinjiang und Taiwan. Unter ihrer Herrschaft erreichte das chinesische Kaiserreich die größte territoriale Ausdehnung. Im 19. Jh. gerieten die Qing zunehmend unter Druck von innen und außen. 1911 endete mit der Abdankung des letzten Qing-Kaisers Pu Yi das chinesische Kaiserreich.

„Reich der Mitte": Die Bezeichnung für China hat eine geografische und eine politisch-kulturelle Bedeutung.

Geografisch sind damit ursprünglich die Gebiete rund um die Flüsse Chang Jiang (Yangzi) und Huang He gemeint, wo die chinesische Hochkultur entstand. In politisch-kultureller Hinsicht ist damit die Einteilung der Welt in Zonen mit China in der Mitte (auch als Mittelpunkt von Kultur und Zivilisation), den Tributstaaten drumherum und dem Rest der Welt als unzivilisierten „Barbaren" gemeint.

Reparationen (von lateinisch: *reparare* = wiederherstellen): Meint Geld-, Sach- und Dienstleistungen, die einem Besiegten nach einem verlorenen Krieg zur Wiedergutmachung der in den Siegerstaaten erlittenen Verluste auferlegt werden.

Repartimiento: (span. Zuteilung) Löste als reformiertes System die *Encomienda* ab. Inhaltlich gab es jedoch keine Änderungen und es ging nach wie vor um die freie Verfügung der Konquistadoren über die Arbeitskraft „ihrer" Indigenen.

Republik: Eine Staatsform, in der im Gegensatz zur Monarchie das Volk als Träger der Staatsgewalt angesehen wird. Dies können in der historischen Realität sowohl Demokratien als auch Diktaturen sein.

Revolution: Bezeichnung für eine grundlegende Umgestaltung der gesellschaftlichen Struktur, der politischen Organisation sowie der kulturellen Wertvorstellungen in einem bestimmten Gebiet bzw. Staat, meist verbunden mit einem Austausch von Führungsgruppen (Eliten).

Selbststärkungsbewegung: Die nach der Niederlage im Zweiten Opiumkrieg unter Vertretern der Qing-Regierung in China aufkommende Selbststärkungsbewegung hatte das Ziel, mithilfe von an westlichen Vorbildern orientierten Reformen v. a. in Militär, Technik und Bildung China zu modernisieren und gegen den Einfluss der imperialistischen Mächte zu stärken.

„Sohn des Himmels": (chin. *Tianzi*) Nach seinem Sieg über die Shang-Dynastie entwickelte der Herrscher der Zhou-Dynastie (ab 11. Jh. v. Chr.) die bis ins 20. Jh. gültige Auffassung, dass er vom Himmel für sein Herrscheramt beauftragt sei, dem Himmel eine angemessene Verehrung darzubringen. Dieser Auftrag, auch als Weltherrschaftsauftrag verstanden, konnte dem Kaiser vom Himmel entzogen werden.

Transformationsprozess: Grundlegender Wechsel oder Austausch des politischen Regimes und gegebenenfalls auch der gesellschaftlichen und wirtschaftlichen Ordnung.

„Ungleiche Verträge": China und Japan bezeichneten damit im Rückblick die Verträge, die ihnen im 19. Jh. von den Mächten des Westens aufgezwungen wurden. Die Ungleichheit macht die Verträge aus völkerrechtlicher Sicht nicht ungültig, da internationale Verträge oft nach Kriegen zwischen Siegern und Besiegten geschlossen werden, d. h. zwischen ungleichen Parteien.

Verfassung: Grundgesetz eines Staates, in dem die Regeln der Herrschaftsausübung und die Rechte und Pflichten eines Bürgers festgelegt sind. Demokratische Verfassungen beruhen auf der Volkssouveränität und dementsprechend kommt die Verfassung in einem Akt der Verfassungsgebung zustande, an der das Volk direkt oder durch von ihm gewählte Vertreter (Verfassungsversammlung) teilnimmt. Eine demokratische Verfassung wird in der Regel schriftlich festgehalten (zuerst in den USA 1787), garantiert die Menschenrechte, legt die Verteilung der staatlichen Gewalt (Gewaltenteilung) und das Mitbestimmungsrecht des Volkes (Wahlrecht, Parlament) bei der Gesetzgebung fest.

Vertragshafen: Vor allem Großbritannien, Russland und die USA erzwangen ab 1842 in China, Japan und Korea die Öffnung von bestimmten Häfen, um den Handel in diesen Ländern auszuweiten und Einfluss in den Regionen zu erhalten.

Zivilisation: Das Wort bedeutet ursprünglich die verfeinerte Lebensweise in den Städten gegenüber dem einfachen bäuerlichen Leben. Zivilisation bezieht sich auf den Entwicklungsstand und die Ausprägung von Wirtschaft (Landwirtschaft, Gewerbe, Verkehr, Arbeitsteilung usw.), Technik und Politik (Machtverteilung, soziale Organisation usw.) ebenso wie von Kunst, Philosophie, Religion und Wissenschaft. Der Begriff umfasst aber auch weiterhin Elemente der ursprünglichen Bedeutung, z. B. Umgangsformen, bestimmte Sitten. Im deutschen Sprachgebrauch wird Zivilisation häufig auf Wirtschaft und Technik eingeengt. Wissenschaft, Philosophie und Kunst werden dagegen mit dem positiv bewerteten Begriff der Kultur davon abgesetzt.

Zongli Yamen: („Hauptamt für die Verwaltung der auswärtigen Angelegenheiten") Diese Vorstufe eines Außenministeriums wurde 1861 im Zuge von Reformen der Selbststärkungsbewegung gegründet und handelte unter Leitung von Prinz Gong Verträge mit auswärtigen Mächten aus, gründete aber auch Schulen für westliche Sprachen und mit westlichem Lehrplan. Es bedeutete eine Abkehr vom System der Tributstaaten und passte sich damit den westlichen Modellen von Außenpolitik an.

Personenlexikon und Personenregister

Bitterli, Urs (1935–2021), Schweizer Historiker und Lehrer, der vor allem zu den Themen des frühneuzeitlichen Kolonialismus arbeitete. *12, 103 ff., 146*

Braudel, Fernand (1893–1959), französischer Historiker der Annales-Schule, die er durch seine Werke stark beeinflusste. Er unterschied verschiedene Zeitebenen bei der Rekonstruktion von Geschichte und prägte den Begriff *Longue durée*. *11, 16, 107 f., 148*

Burke, Peter (geb. 1937), britischer Kulturhistoriker und Professor. *12, 106*

Chiang Kai-shek (1888–1975), militärischer und politischer Führer der Guomindang als Nachfolger von Sun Yatsen. Er hatte an einer japanischen Militärakademie studiert und sich in dieser Zeit der „Revolutionären Allianz" von Sun Yatsen angeschlossen. Er stellte 1928 in China eine nationalistische Regierung auf und kämpfte gegen die Warlords sowie die Kommunisten um die Herrschaft in China. Von 1949 bis zu seinem Tod war er Staatspräsident der Guomindang-Regierung auf Taiwan (Republik China). *79*

Cixi, Kaiserinwitwe (1835–1908), Konkubine des Xianfeng-Kaisers und Mutter vom Tongzhi-Kaiser. 1861 übernahm sie die Regentschaft für ihren Sohn und übte diese faktisch zusammen mit einem konservativen Führungszirkel bis zu ihrem Tod aus. 1898 stellte sie den Guangxu-Kaiser unter Hausarrest und beendete so die Hundert-Tage-Reformen. Sie unterstützte die „Boxer" gegen die imperialistischen Mächte. Von ihr eingeleitete Reformen 1904 kamen zu spät, um die Qing-Herrschaft zu retten. *70, 74 ff., 81, 85, 88, 91, 93, 97, 99*

Daoguang-Kaiser (1782–1850), sein Regierungsmotto „Daoguang" bedeutet „Erleuchteter Weg". Er wurde 1821 Kaiser und musste sich mit dem wachsenden Druck der auswärtigen Mächte auf China auseinandersetzen. Er verbot 1839 den Opiumhandel, was letztlich zum Ersten Opiumkrieg führte. *38, 42*

Diderot, Denis (1713–1784), französischer Schriftsteller und Philosoph, Vertreter der Aufklärung. Neben der Herausgabe der großen französischen „Encyclopédie" (für die er selbst 6000 Artikel schrieb) verfasste er Romane und Erzählungen. *19, 24, 30 f.*

Fulcher von Chartres (1059–1127), Teilnehmer und einer der wichtigsten Geschichtsschreiber des Ersten Kreuzzuges. *121*

Georg III. (1783–1820), König von Großbritannien und Irland, der dritte britische Monarch aus dem Haus Hannover. Seine Herrschaftszeit war von vielen bewaffneten Konflikten geprägt. Er schickte Lord Macartney 1792/93 nach China, um bessere Handelsbedingungen zu erreichen. Gewinn von französischen Kolonien in Kanada, Verlust vieler nordamerikanischer Kolonien im Amerikanischen Unabhängigkeitskrieg. *41, 49 f., 64 f.*

Gong, Prinz (1833–1898), sechster Sohn des Daoguang-Kaisers, erhielt 1860 den Auftrag, mit den Briten die Konvention von Beijing (Ende des Zweiten Opiumkrieges) auszuhandeln, westlich gebildet, reformorientiert. Seit 1861 Leiter des Hauptamtes für auswärtige Angelegenheiten, bis 1884, dann erneut zwischen 1894 und 1898. *73 ff., 82*

Guangxu-Kaiser (1871–1908), sein Regierungsmotto „Guangxu" bedeutet „Brillante Nachfolge". Vetter des Tongzhi-Kaisers, wurde 1875 nach dessen Tod von Kaiserinwitwe Cixi als Kaiser ausgewählt. Er unterhielt enge Kontakte zu dem Philosophen Kang Youwei und setzte die Hundert-Tage-Reform mit in Gang. Er wurde aber noch im selben Jahr von Cixi unter Hausarrest gestellt, weil er angeblich einen Komplott gegen sie geschmiedet hatte. *70 f., 73, 75, 83 ff., 99 ff.*

Gützlaff, Karl (1803–1851), lutherischer Theologe und einer der ersten deutschen protestantischen Missionare in China. Er arbeitete als Lehrer, aber auch als Übersetzer für die Briten im Opiumkrieg. Er sprach Chinesische und trug chinesische Kleidung. *54*

Kang Youwei (1858–1927), konfuzianischer Beamtengelehrter und Philosoph. Wichtiger Vertreter der Hundert-Tage-Reform von 1898, der eine politische und wirtschaftliche Modernisierung Chinas auf der Basis der Grundlehren von Konfuzius befürwortete. Bereits Ende der 1880er-Jahre versuchte er mit seinen Reformideen den Kaiser zu überzeugen. Nach dem Scheitern der Reform floh er ins Exil nach Japan. Er verfasste dort die Schrift „Buch von der Großen Gemeinschaft". *75, 83 ff., 92, 100*

Kant, Immanuel (1724–1804), deutscher Philosoph der Aufklärung. Im Mittelpunkt seines Denkens steht die „Kritik der reinen Vernunft". Erst spät, 1770, wurde er Professor für Philosophie an der Universität Königsberg. *24, 29 f.*

Ketteler, Clemens August Freiherr von (1853–1900), arbeitete seit 1879 im Auswärtigen Dienst. Von 1880 bis 1890 arbeitete er als Dolmetscher in China, anschließend als Gesandter in den USA und Mexiko. 1899 kehrte er als Gesandter nach China zurück, wo er am 20. Juni 1900 im Zuge des „Boxeraufstands" erschossen wurde. Als Teil der Sühneaktionen, die China auferlegt wurden, wurde 1903 als Denkmal der „Kettelerbogen" in Beijing am Ort des Attentats errichtet. *77, 88 f.*

Konfuzius (ca. 551–479 v. Chr.), latinisierter Name für Meister Kong, Philosoph und Fürstenberater. Aus adliger Familie stammend entwickelte er in einer Zeit politischer Wirren eine Ethik für den „Edlen" im Gegensatz zum „gemeinen Mann", der aber durch Bildung aufsteigen konnte. Er legte in seinen Lehren Wert auf Regeln und die Werte des vergangenen „Goldenen Zeitalters". Sein Gesellschaftskonzept der „Fünf Beziehungen" betont die kindliche Ehrerbietung gegenüber den Eltern und die Loyalität zum Fürsten. Der Religion maß er geringe Bedeutung bei. Generationen nach seinem Tod wurden die überlieferten „Gespräche" von seinen Schülern als sein Hauptwerk aufgezeichnet. *22, 26 f., 75, 81, 90, 94*

Laozi (6. Jh. v. Chr.), chinesisch für „der alte Meister". Zeitgenosse von Konfuzius, über den wenig bekannt ist. Ihm wird das „Daodejing" (Buch vom Weg und der Tugend), die Hauptquelle der Philosophie des Daoismus zugeschrieben. Möglicherweise ist dieses aber erst im 4. Jh. aufgezeichnet worden. Im Gegensatz zu Konfuzius entwickelte er eine mystische Lehre, die Nachgiebigkeit und Natürlichkeit betont. *22, 27*

Las Casas, Bartolomé de (1474–1566), spanischer Dominikanermönch, Bischof von Chiapas (Mexiko), beteiligte sich an der Eroberung Kubas und erwarb dadurch eine Encomienda, aufgrund seiner Erfahrungen wurde er zu einem Kritiker des Encomienda-Systems und setzte sich für die Menschenrechte der Indios ein. Verfasser der *„Historia de las Indias". 127, 130 f., 134*

Liang Qichao (1873–1929), Schüler Kang Youweis. Er ging nach dem Scheitern der Hundert-Tage-Reform ins Exil nach Japan, gründete dort eine Zeitschrift und veröffentlichte weiter Schriften. Er wurde zum Befürworter einer liberalen Republik. *90, 92, 99*

Lin Zexu (1785–1850), Beamtengelehrter, 1838 als kaiserlicher Beauftragter zur Umsetzung des Verbots des Opiumhandles eingesetzt. Durch Beschlagnahmung und Vernichtung von Opium versetzte er dem britischen Opiumhandel einen Schlag und trug so zum Beginn des Opiumkrieges bei. *42, 51*

Macartney, Lord George (1737–1806), Botschafter in Russland und Gouverneur von Madras, Leiter der ersten offiziellen britischen diplomatischen Mission nach China 1792/93. Im Auftrag des britischen Königs sollte er Handelserleichterungen und die Etablierung einer dauerhaften Gesandtschaft erreichen. Die Mission traf auf Ablehnung des Qianlong-Kaisers. In der Forschung wurde lange die Rolle der verweigerten traditionellen Verbeugung (Kotau) durch Lord Macartney diskutiert. *38 f., 41, 48 ff., 65*

Mao Zedong (1893–1976), entstammte einer Bauernfamilie aus Hunan, in seinen jungen Jahren Lehrer und Hilfsbibliothekar. 1921 Gründungsmitglied der Kommunistischen Partei Chinas (KPCh). Nach einem von ihm organisierten, fehlgeschlagenen Aufstand 1927 Rückzug in einer Guerillabasis in der Provinz Jiangxi; während des „Langen Marsches" 1934/35 Anerkennung als Parteiführer. Er vertrat die These, dass die Bauern der marxistischen Revolution in China zum Durchbruch verhelfen würden. 1949 proklamierte er die Volksrepublik China und blieb bis zu seinem Tod ihr Führer. *79, 95*

Morrison, Robert (1782–1834), schottischer Presbyterianer und Missionar. 1807 reiste er nach China, lernte Chinesisch und trug chinesische Kleidung. Er übersetzte die Bibel ins Chinesische und arbeitete als Missionar. *44, 54*

Munqidh, Usama ibn (1095–1188), arabischer Schriftsteller. *121*

Pu Yi (1905–1967), letzter Kaiser der Qing-Dynastie, der 1908 als Dreijähriger auf den Thron kam. Er dankte 1912 offiziell ab, lebte dann noch eine Weile im Kaiserpalast in Beijing. Von 1932 bis 1945 von den Japanern als Spitze eines Marionettenregimes in Mandschuko eingesetzt. Nach 1945 „Umerziehung" in einem kommunistischen Gefängnis. *71, 78 f., 92*

Qianlong-Kaiser (1711–1799), sein Regierungsmotto „Qianlong" bedeutet „Stärke und Erhabenheit". Qianlong wurde 1736 Kaiser und regierte über 60 Jahre. Er ließ ab 1755 erfolgreich Feldzüge im Westen Chinas durchführen und brachte Vietnam und Burma unter seine Vorherrschaft. Bei drei militärischen Interventionen in Tibet stärkte er das Protektorat der Mandschu über Tibet durch die Institution zweier chinesischer Residenten in Lhasa. Bis dahin hatte China unter seiner Herrschaft in relativem Wohlstand gelebt; die Bevölkerung war gewachsen und die landwirtschaftliche Nutzfläche vergrößert worden. Aber die Feldzüge, hohe Ausgaben für Kultur und eine luxuriöse Hofhaltung belasteten die Finanzen. Obwohl er das kulturelle Leben förderte, ließ er in einer „literarischen Inquisition" 2300 Werke verbieten. Von 1776 bis zu seinem Tod gelang es einem Günstling He Shen, die Staatsfinanzen zu privaten Zwecken auszunutzen und das Reich bis weit in das 19. Jahrhundert zu schwächen. *8, 18, 22, 38, 41, 47 ff., 65, 72 ff.*

Ricci, Matteo (1552–1610), italienischer Jesuit, Begründer der China-Mission. Nach seiner Ankunft in China 1582 erhielt er 1601 die Erlaubnis, nach Beijing überzusiedeln; er erlangte fundierte Kenntnisse der chinesischen Sprache und Kultur und orientierte sich in seinem Verhalten an der chinesischen Bildungselite. Er stand in der Gunst des Kaisers und starb in China. Mit Matteo Ricci und seinen Nachfolgern begann die Rezeption der chinesischen Kultur in Europa. *21, 44*

Richthofen, Ferdinand Paul Freiherr von (1833–1905), deutscher Geograf, Kartograf und Forschungsreisender. Schwerpunkt seiner Reisen und Forschung war China. Begründer der modernen Geomorphologie. *88*

Said, Edward (1935–2003), US-amerikanischer Kultur- und Literaturtheoretiker und -kritiker palästinensischer Herkunft, wichtiges Werk „Orientalismus". *106*

Salah ad-Din (1137/38–1193), erster Sultan von Ägypten (ab 1171) und Syrien (ab 1174), Rückeroberung von Jerusalem und großer Teile der Kreuzfahrerstaaten, wurde als „Sultan Saladin" zum Mythos der muslimischen Welt. *112, 117, 120*

Sepulveda, Juan Gines de (um 1489–1573), spanischer Humanist, Theologe, Jurist, Philosoph und Chronist von Kaiser Karl V. *127, 131*

Sun Yatsen (1866–1925), geboren in der südchinesischen Provinz Guandong; besuchte seit seinem 13. Lebensjahr eine Missionsschule in Hawaii und studierte anschließend Medizin in Hongkong. Nach einem erfolglosen Memorandum 1894 gründete er noch im gleichen Jahre eine „Gesellschaft zur Erneuerung Chinas". Mit ihr unternam er einen überstürzten, erfolglosen Putschversuch in Kanton und musste danach ins Ausland flüchten. 1905 gründete er in Japan den „Chinesischen Revolutionsbund", den Vorläufer der „Guomindang". Er sammelte Geld unter den Auslandschinesen, knüpfte Kontakte zu chinesischen Geheimgesellschaften. Er stand in scharfem Gegensatz zu den konservativen Reformern um Kang Youwei. Seine „Drei Volksprinzipien" verbanden Nationalismus und Volkswohlfahrt, sahen aber keine umfassende Demokratie vor. Nach dem Erfolg der Revolution 1911 wurde er Staatspräsident, gab das Amt jedoch an den konservativen General Yuan Shikai ab. In seinen letzten Lebensjahren ließ er sich vom Erfolg der Revolution in Russland beeinflussen. Er starb 1925 während der Vorbereitungen zum Nordfeldzug, der China später einigen sollte. *71, 78f., 91ff.*

Vitoria, Francisco de (um 1483–1546), spanischer Dominikanermönch und Rechtsgelehrter, gilt aufgrund seiner Auseinandersetzung mit dem europäischen Herrschaftsanspruch in der „Neuen Welt" als Begründer des Völkerrechts. *134*

Waldersee, Alfred Graf von (1832–1904), er hatte verschiedene militärische Funktionen inne und entwickelte in den 1880er-Jahren Strategien für einen Präventivkrieg gegen Russland. Unter Kaiser Wilhelm II. Chef des Generalstabs. 1900 wird er im Zuge des „Boxeraufstands" als Generalfeldmarschall nach China geschickt. Da der Aufstand praktisch bei seiner Ankunft vorbei ist, leitet er „Strafexpeditionen". *89*

Wilhelm II. (1859–1941), deutscher Kaiser 1888 bis 1918, Ausbau der Flotte und „Weltpolitik", hielt am 27. Juli 1900 die sogenannte „Hunnenrede" vor deutschen Soldaten vor ihrem Aufbruch nach China zur Niederschlagung des „Boxeraufstands". Mitverantwortlich für den Ausbruch des Ersten Weltkrieges, nach der Abdankung 1918 Leben im Exil in den Niederlanden. *76f.*

Wilhelm, Richard (1873–1930), deutscher evangelischer Theologe, Missionar und Sinologe. Seit 1900 arbeitete er als Missionar und Lehrer im deutschen Pachtgebiet Qingdao. Er lebte bis 1920 durchgehend in China, 1922 bis 1924 kehrte als wissenschaftlicher Berater der deutschen Botschaft in Beijing noch mal zurück. 1925 wurde er Professor für Sinologie in Frankfurt. *54f.*

Xianfeng-Kaiser (1831–1861), sein Regierungsmotto „Xianfeng" bedeutet „Wohlergehen". Er wurde 1850 Kaiser, musste sich vor allem mit den britischen Forderungen und dem Zweiten Opiumkrieg auseinandersetzen. Er wurde 1860 von den britischen Invasionstruppen zur Flucht nach Jehol gezwungen, wo er im folgenden Jahr starb. *73f.*

Xi Jinping (geb. 1953), seit 2013 chinesischer Staatspräsident. 2018 wurde die Amtszeitbegrenzung aufgehoben. Xi setzt innenpolitisch auf Autorität und Überwachung, Minderheiten werden unterdrückt. Er treibt das Projekt einer „Neuen Seidenstraße" voran. *111*

Yongzheng-Kaiser (1678–1735), sein Regierungsmotto „Yongzheng" bedeutet „Wahre Harmonie". Er wurde 1723 zum dritten Kaiser der Qing-Dynastie, reformierte das Steuerwesen und die Bürokratie. Er legte damit den Grundstein für Expansion und Wohlstand unter seinem Sohn, dem Qianlong-Kaiser. *38, 42*

Yuan Shikai (1859–1916), mächtiger General der Qing-Herrschaft und Verbündeter der Kaiserinwitwe Cixi. In Absprache mit Sun Yatsen erreichte er die Abdankung des letzten Kaisers Pu Yi, wurde dann dessen Nachfolger als Präsident. Er wandte sich aber von der Republik ab, säuberte das Parlament und ernannte sich 1915, ein halbes Jahr vor seinem Tod, zum Kaiser. *71, 79, 93*

Zou Rong, alte Umschrift Tsou Jung (1885–1905), in Japan ausgebildeter Gegner der Qing-Dynastie, verfasste 1905 die Schrift „Die Revolutionäre Armee" und rief darin zur Revolution auf. Er starb im Gefängnis. *92*

Sachregister

Fettdruck: Erläuterungen im Begriffslexikon S. 167 ff.
Kursiv gesetzte Begriffe: Erläuterungen in der Marginalspalte

Aiyubiden 117
Akkomodation 106
Akkon 117, 120
Akkulturation 12, 105 f., 121
„Alles unter dem Himmel" 27 f.
„Allianz der acht Staaten" 77
Assimilation 121
Aufklärung 24, 29–31
Aufsatz, achtgliedriger 75
Azteken 131 f.

Barbarei, **„Barbaren"** 10, 14, 23, 36
Beamtenprüfung 75, 77, 80, 82 f., 99
„Boxeraufstand" 12 f., 71, 76 f., 85–89
„Boxer" (siehe auch *Yihetuan*) 12, 70 f., 76 f., 85–89
„Boxerprotokoll" 43, 77, 91
Buddhismus 22
„Bund der Revolutionäre" 78 f.

Chinabild 15
Chinoiserie 10
Christentum 23, 33, 55, 88

Daoismus 22
Dhimmi-System 117
„Doppelte Zehn"/„Doppelzehnter" 71, 78
Dschihad 119 f.
Dynastientafel 9

East India Company 40
École des Annales 11
Eigenbild 10
Encomienda 127
Encyclopédie 24, 30 f.
Entdeckungsreisen 126
Europa 8, 19, 23, 33
Europäer 10, 14, 20, 23 f., 33
Eurozentrismus 20, 33
Exotismus 10
Expansion 33, 35, 39, 46 f., 57, 103, 110, 134

Feindbild-Stereotype 10
First Open Door Note 44
Fremdbild 10, 15
Friedensvertrag von Nanjing 42

Gedächtnis, kollektives 20
Gesellschaftstransformation 109 f.
Großmacht 62

Guomindang 79, 91
Halbkolonie 13, 43, 71, 110 f.
Handelsgesellschaft 39 f., 73
Handelsverträge 12, 58 f.
Han-Dynastie 19, 28
Heiliger Krieg (siehe auch Dschihad) 114 f., 119 f.
Herrschaftslegitimation 26 f.
Herrschaftsverständnis, chinesisches 27
Hochimperialismus 57
Hochkultur, frühe 8
Hostienfrevellegende 116
Hundert-Tage-Reform 75, 83–85, 100
„Hunnenrede" 15, 77
Hybridisierung, Hybridität 106

imitatio christi siehe Nachfolge Christi
Imperialismus 12, 16, 44–46, 57, 95, 110
Imperialismus, informeller 44 f.
„Indianerschutzpolitik" 125
Indios 126–132
Industrialisierung 11, 13, 19, 24 f., 31 f., 71, 94, 110
Industrielle Revolution 31 f., 57 f., 82
Investitur, *Investiturstreit* 115

Japan 44 f., 58–63, 75
– Großmacht 43, 46, 58 f., 62, 76, 110, 116
– Industrialisierung 45, 58, 61
Jerusalem 112, 115–110
Judenpogrome 115 f.

Kaiserreich, chinesisches 8 f., 12, 17, 22 f., 28, 41, 43 f., 72–75
Kapitalismus 24
Kolonialismus, spanischer 12 f., 55
Kolonie 43
Kommunistische Partei Chinas 79, 95
Konfuzianismus 9, 26 f., 54
Konquista, *Konquistador* 127, 134
Konvention von Beijing 43, 72
Konzession 44, 76, 83, 110 f.
Koran 119
Kotau 37, 41, 50
Kreuzfahrerstaaten 116–122
Kreuzzug, Aufruf 118
– Begriff 113
Kreuzzug 13, 112–123
Krieg, Japanisch-Chinesischer 59
– Russisch-Japanischer 59
Kulturalismus 16 f.
Kulturberührung 12, 103 f.

Sachregister

Kulturbeziehung 12, 103
Kulturkonflikt 12, 103–106
Kulturkontakt 12, 103–106
Kulturverflechtung 12, 105
Kulturzusammenstoß 12 f., 103 f.

Macartney-Mission 39, 41, 48–50, 65
Mandschurei 43, 59, 62, 71, 83
Mandschuren 8 f., 22, 79, 83, 91–93
Meiji-Reformen 58, 60
Meiji-Restauration 58–63, 100
Miles christi 114 f.
Ming-Dynastie 29
Missionierung 13, 44, 54 f.
– katholische 13, 44
– protestantische 44, 54 f.
Moderne 11
Modernisierung 11, 32, 57 f., 63, 71, 73–75, 85, 109 f.

Nachfolge Christi (imitatio christi) 115
Nation 10, 79, 90, 94
Nationalismus 16 f., 36, 52, 71, 78, 91
Nationalstaat 10, 22, 29
„Neue Gesetze" 127
„Neue Politik" 77 f., 91, 99
„Neue Welt" 125 f., 130, 135

Open Door Policy 13, 44, 56
Opiumkrieg, Erster 39, 41 f., 51 f., 68
– Zweiter 44, 69, 72 f.
Opiumschmuggel 42
Opiumverbot 42
Othering 10

Pachtgebiet 43
Parlament/Parlamentarisierung 58, 78, 85
Pogrom 114 f.

Qingdao (ehem. Tsingtau) 55 f., 76, 83, 86
Qing-Dynastie 8, 13, 19, 28 f., 35, 40, 71 f.

Reformen 71, 73, 75, 78, 80–85, 107
„**Reich der Mitte**" 8, 13, 22 f., 27 f.
Religion, christliche 44
Reparationen 42 f., 76
Repartimiento 125, 127
Republik 22, 71, 78 f., 90–94, 111
Republik China 9, 71, 79, 90–94
Revolution 107
– chinesische 111
– Französische 10, 19, 24, 31
Ritterorden 117
Ritualmordlegende 116
Rumseldschuken 116

Schiiten 116
Selbststärkungsbewegung 12 f., 71, 73–75, 80–83
Selbstverständnis 9 f., 13, 17, 20
– europäisches 36, 103
Seldschuken 114–116
Shanghai 42, 52 f.
Sinologie 20
sinozentrisch 20
Sklaven, Sklaverei 10, 36, 104, 117, 125, 127–129, 131
„**Sohn des Himmels**" 8, 27
Song-Dynastie 28
Soziale Frage 24 f.
Sozialismus 25
Synkretismus 12, 106

Taiping-Aufstand 43, 57, 71, 73
Taiwan 9, 20, 43, 47, 59, 71, 79, 83
Transformation 11
Transformationsprozess, historischer 11, 106–110
Transkulturation 12, 106
Tributstaaten 8, 74 f.

Ungleiche Verträge 9, 13, 42 f., 52 f.

Verbotene Stadt 28
Verfassung 78, 85, 93, 99
Vertragshafen 43–45, 53, 56, 58, 72 f.
Vertrag von Nanjing 39, 42, 44, 52
– von Tordesillas 126
Völker, indigene 127
Volkskreuzzug 115
„Volksprinzipien" 91 f.
Volksrepublik China 9, 22, 79

Wandel, historischer 108 f.
Weltbild 20
– eurozentrisches/europäisches 20 f., 23 f.
– sinozentrisches 20 f.

Yihetuan (siehe auch „Boxer") 70 f., 76 f., 85 f., 88

Zivilisation 10, 14, 23, 111, 129
Zivilisationsstaat 22
„Zivilisierung" 44
Zongli Yamen 74, 77

Bildquellen

Cover: stock.adobe.com/zhu difeng 朱迪锋版权所有 **S. 2:** PEFC Deutschland e. V.; **S. 6** (a): akg-images, **S. 6** (b): bpk/adoc-photos, **S. 6** (c): akg-images/Roland and Sabrina Michaud, **S. 6** (d): Bridgeman Images/© Archives Charmet; **S. 7:** akg-images; **S. 8 M 1:** mauritius images/alamy stock photo/Zoonar GmbH; **S. 10 M 3:** akg-images; **S. 12 M 4:** akg-images; **S. 13 M 5:** akg-images; **S. 18 M 1:** akg-images/Pictures from History; **S. 19 M 2:** bpk; **S. 21 M 1:** Bridgeman Images/Pictures from History, **M 2:** akg-images/British Library; **S. 22 M 3:** bpk/RMN – Grand Palais/Thierry Ollivier; **S. 23 M 4:** Staatsbibliothek zu Berlin – PK / Link: http://resolver.staatsbibliothek-berlin.de/SBB0002091000000000 / S. 517; **S. 24 M 5:** akg-images; **S. 25 M 6:** bpk/Deutsches Historisches Museum/Arne Psille; **S. 27 M 9:** mauritius images/alamy stock photo/CPA Media Pte Ltd; **S. 28 M 12:** akg-images/Universal Images Group/Sovfoto; **S. 29 M 14:** akg-images; **S. 31 M 17:** akg-images; **S. 32 M 22:** akg-images; **S. 37 M 3:** Bridgeman Images/Pictures from History; **S. 38 M 1:** Bridgeman Images/Granger; **S. 40 M 1:** Bridgeman Images /© British Library Board. All Rights Reserved; **S. 41 M 2:** Bridgeman Images/© British Library Board. All Rights Reserved; **S. 42 M 3:** bpk; **S. 44 M 4:** Bridgeman Images; **S. 46 M 7:** Bridgeman Images/Granger; **S. 48 M 11:** Bridgeman Images/Everett Collection; **S. 52 M 20:** Bridgeman Images; **S. 53 M 24:** akg-images; **S. 55 M 30:** bpk/Deutsches Historisches Museum/Fotograf unbekannt, **M 31:** akg-images/Bruce Connolly; **S. 56 M 33:** Bridgeman Images/Everett Collection; **S. 58 M 1:** interfoto e.k./Mary Evans; **S. 59 M 2:** bpk; **S. 60 M 6:** Bridgeman Images/Lebrecht History; **S. 62 M 9:** interfoto e.k./Thomas Höfler; **S. 64 M 1:** Bridgeman Images/ Digital Image: Yale Center for British Art/Everett Collection; **S. 67 M 1:** Bridgeman Images/Pictures from History; **S. 69 M 3:** Bridgeman Images/Pictures from History; **S. 70 M 1:** akg-images/Science Photo Library; **S. 71 M 2:** Bridgeman Images/Universal History Archive/UIG; **S. 72 M 1:** bpk/Kunstbibliothek, SMB/Dietmar Katz; **S. 73 M 2:** Bridgeman Images/Universal History Archive/UIG, **M 3:** akg-images/Heritage Images/Heritage Art; **S. 74 M 4:** Imago Stock & People GmbH/Xinhua, **M 5:** bpk/adoc-photos; **S. 75 M 6:** Bridgeman Images/Universal History Archive; **S. 76 M 7:** Bridgeman Images/© SZ Photo/Scherl, **M 8:** akg-images; **S. 77 M 9:** Bridgeman Images/© Archives Charmet; **S. 78 M 10:** Bridgeman Images/© SZ Photo; **S. 79 M 11:** Bridgeman Images/United Archives/Carl Simon; **S. 80 M 13:** mauritius images/alamy stock photo/Michel & Gabrielle Therin-Weise; **S. 81 M 14:** Bridgeman Images; **S. 82 M 19:** akg-images; **S. 84 M 23:** bpk/Musée Nicéphore Niépce, Ville de Chalon-sur-Saône/adoc-photos; **S. 85 M 26:** Bridgeman Images/Universal History Archive/UIG; **S. 86 M 29:** bpk; **S. 87 M 31:** Bridgeman Images/Granger; **S. 89 M 34:** Bridgeman Images/© Look and Learn, **M 35:** mauritius images/alamy stock photo/jordiphotography; **S. 92 M 44:** Bridgeman Images/© British Library Board. All Rights Reserved; **S. 101 M 2:** Bridgeman Images/Pictures from History; **S. 103 M 2:** bpk/Kunstbibliothek, SMB/Dietmar Katz; **S. 105 M 5:** Imago Stock & People GmbH/robertharding; **S. 112 M 1:** akg-images/Bible Land Pictures/Jerusalem Z.Radovan; **S. 114 M 1:** akg-images/British Library; **S. 115 M 3:** akg-images/British Library; **S. 117 M 5:** Bridgeman Images/© Israel Museum, Jerusalem; **S. 123 M 2:** bpk/RMN - Grand Palais/Gérard Blot; **S. 124 M 1:** bpk/Hermann Buresch/© Banco de México Diego Rivera Frida Kahlo Museums Trust/VG Bild-Kunst, Bonn 2022; Diego Rivera: Die Ankunft der Spanier in Veracruz 1519, 1951; **S. 126 M 1 + M 2:** akg-images; **S. 127 M 3:** Bridgeman Images/Archivo de Indias, Seville, Spain/Mithra-Index; **S. 128 M 5:** bpk/Staatliche Kunstsammlungen Dresden/Jürgen Karpinski; **S. 129 M 6:** bpk/British Library Board/Robana; **S. 130 M 7:** akg-images; **S. 132 M 13:** akg-images/De Agostini Picture Lib./G. Dagli Orti; **S. 135 M 2:** interfoto e.k./Granger, NYC.

Illustrationen, Karten und Grafiken:
Cornelsen/Volkhard Binder: S. 114 M 2, S. 128 M 4;
Cornelsen/Carlos Borrell Eiköter: S. 35 M 1, S. 45 M 5, S. 59 M 3, S. 116 M 4;
Cornelsen/Uwe Rogal: S. 51 M 16.